MICHAEL COLLINS PIPER

DAS ROTHSCHILD-IMPERIUM
Das neue Babylon der Herrschenden

Die Pharisäer der Neuzeit und die historischen, religiösen und
wirtschaftlichen Ursprünge der Neuen Weltordnung

ⒼMNIA VERITAS.

MICHAEL COLLINS PIPER

Michael Collins Piper war ein US-amerikanischer politischer Schriftsteller und Radiomoderator. Er wurde 1960 in Pennsylvania, USA, geboren. Er war ein regelmäßiger Mitarbeiter von The Spotlight und dessen Nachfolger American Free Press, Zeitungen, die von Willis Carto unterstützt wurden. Er starb 2015 in Coeur d'Alène, Idaho, in den USA.

Das Rothschild-Imperium - Das neue Babylon der Herrschenden
Die Pharisäer der Neuzeit und die Ursprünge historische, religiöse und wirtschaftliche Hintergründe der Neuen Weltordnung

The New Babylon – Those who reign supreme
The Rothschild Empire: The Modern-Day Pharisees and the Historical, Religious and Economic Origins of The New World Order

Erstdruck in den USA: Juni 2009 American Free Press

Übersetzt und herausgegeben von Omnia Veritas Limited

OMNIA VERITAS.
www.omnia-veritas.com

INHALTSVERZEICHNIS

Die nomadischen Parasiten werden London verlassen und sich in Manhattan niederlassen. Und das wird unter der Tarnung nationaler Slogans präsentiert werden. Es wird als amerikanischer Sieg dargestellt werden. Es wird kein amerikanischer Sieg sein.

Solange wir nicht wissen, wer wem was geliehen hat, wissen wir nichts über Politik, nichts über die Geschichte und nichts über internationale Streitigkeiten.

- Ezra Pound

Über das Cover: Dieses klassische Werk des deutschen Künstlers George Grosz (1893-1959) aus dem Jahr 1926 mit dem Titel „Sonnenfinsternis" schildert die Korruption der Weimarer Republik, die der Schriftsteller Ian Baruma als von „autokratischen Medienmagnaten, unzufriedenen Generälen, engstirnigen Eliten, fundamentalistischen Reaktionären und ultranationalistischen Verschwörern" beherrscht beschreibt.

Diese Tabelle - und Barumas Einschätzung von Weimar - spiegeln ziemlich genau die schleichende Korruption der Elite der Neuen Weltordnung, der Neuen Pharisäer, wider, die heute im Bereich des Rothschild-Imperiums operieren. Wir bestreiten jedoch den Ausdruck „ultranationalistische Verschwörer", denn natürlich ist die globale jüdische Aristokratie keineswegs nationalistisch, sondern im Gegenteil sehr internationalistisch und arbeitet an der Verwirklichung des alten talmudischen Traums vom jüdischen Utopia. Diese Kriegstreiber, Finanzkönige und plutokratischen Räuber sollten und müssen in ihrem Tatendrang gestoppt und wie die Parasiten behandelt werden, die sie sind. Dieses Buch, *Das neue Babylon*, zeichnet ihre schäbige Geschichte nach.

FRANCOIS GENOUD

(1915-1996)

DEDICACE

An den Großen Strategen des Globalen Widerstands und des Kampfes gegen die Neue Weltordnung

FRANCOIS GENOUD-„SHEIK FRANCOIS"

Nur wenige Menschen kennen den Namen „François Genoud". Doch rund 60 Jahre lang war dieser Schweizer Bankier, Verleger und Geopolitiker - der einst als „der geheimnisvollste Mann Europas" bezeichnet wurde - der Stratege schlechthin - wenn auch im Hintergrund -, der sich für die globale Zusammenarbeit zwischen den Nationalisten der Welt einsetzte, die den unerbittlichen Willen des Rothschild-Imperiums, eine neue imperiale Weltordnung zu errichten, verdrängen wollten - ein alter Traum, der durch die höllischen Lehren des Babylonischen Talmuds an Dynamik gewann.

In den letzten Tagen des Zweiten Weltkriegs und danach spielte Genoud eine entscheidende Rolle bei der Flucht antikommunistischer europäischer Flüchtlinge, deren einziges Verbrechen darin bestand, ihre Nationen vor den rachedurstigen kommunistischen und judaistischen Kräften zu verteidigen, die den Kontinent überrannten.

Es gibt vielleicht Tausende von Menschen, die heute auf diesem Planeten leben und ihre Existenz der Tatsache verdanken, dass Genoud ihre Vorfahren vor der von der Siegerjustiz vorgesehenen Folter und Hinrichtung bewahrt hat.

Bereits 1936 schmiedete der junge Genoud das, was zu einer lebenslangen Freundschaft und Arbeitsbeziehung mit dem Großmufti von Jerusalem wurde, dem geistigen Führer der Muslime in Palästina, die - zusammen mit ihren christlichen Brüdern - schließlich die große Katastrophe von 1948 erlebten, die als Nakba bekannt wurde, den Raub ihres Heimatlandes, mit vorgehaltener Waffe aus ihren angestammten Häusern vertrieben wurden, um ins Exil zu gehen, viele von ihnen in schäbige Kloaken unter freiem Himmel - sogenannte „Flüchtlingslager" -, in denen so viele ihrer Nachkommen noch immer schmachten.

1958 gründete Genoud die Banque Commerciale Arabe in Genf, von wo aus er die Finanzen der nationalistischen Kräfte in der arabischen Welt verwaltete, die sich von den imperialen Unternehmen, die vom Rothschild-Imperium dominiert wurden, befreien wollten. Genoud spielte insbesondere eine wichtige Rolle dabei, die Entstehung der unabhängigen Arabischen Republik Algerien zu erleichtern.

In den folgenden Jahren arbeitete Genoud, ein leidenschaftlicher Verfechter der palästinensischen Sache, mit den christlichen Gründern der berühmten Volksfront für die Befreiung Palästinas, George Habash und Dr. Waddi Haddad, der seinen Schweizer Kollegen liebevoll „Scheich Franz" nannte, zusammen. Es versteht sich von selbst, dass

Genoud einer der wichtigsten Förderer der Palästinensischen Befreiungsorganisation war.

Gemeinsam mit anderen Freunden - wie dem amerikanischen Nationalisten Willis Carto und dem ehemaligen deutschen General Otto Remer - versuchte Genoud auch, die Sache der historischen Wahrheit - insbesondere der Ereignisse des Zweiten Weltkriegs - voranzutreiben, damit sie den Tatsachen entsprach. Zusammen mit einem weiteren langjährigen Geschäftspartner, dem freimütigen französischen Anwalt Jacques Verges, blieb der dynamische Genoud bis zum Ende seiner bemerkenswerten Karriere eine Kraft im Kampf gegen den globalen zionistischen Imperialismus.

Was für ein Mann - Cheik François

- MICHAEL COLLINS PIPER

Oben: Die fünf Rothschild-Brüder, die von ihrem Vater Meyer Amschel (im Medaillon) auf die Finanzhauptstädte Europas verteilt wurden: London, Frankfurt, Paris, Neapel und Wien. Der Inspiration ihres Vaters folgend, dessen Geisteshaltung laut einem bewundernden Biografen die eines Geschäftsmannes war, begaben sich die Rothschild-Brüder auf Abenteuerreise. Geleitet von den Grundsätzen des Talmuds schmiedeten die fünf Brüder ein bemerkenswertes Finanznetzwerk, das das weltweite Rothschild-Imperium begründete.

Vielleicht ist es möglich, jüdische Interessen von israelischen Interessen zu trennen, aber der Spieß ist noch nicht umgedreht. Was Israel betrifft, betrifft das Weltjudentum und umgekehrt. Puristen und Theoretiker mögen über die Trennung von Kirche und Staat, Juden und Israelis, Judentum und Zionismus diskutieren, aber in der realen Welt ist die Verbindung fest, schnell und scheinbar unteilbar.

- Gerald Krefetz, amerikanisch-jüdischer Autor in
Die Juden und das Geld: Die Mythen & die Wirklichkeit

Man muss anerkennen, wie es in der jüdischen Geschichte selten der Fall ist, dass [die] geäußerten Ressentiments und die gegen die Juden erhobenen Anschuldigungen keine völlig fiktiven Verleumdungen oder böswillig wiederbelebten und aktivierten Stereotypen waren, die einfach von paranoiden Hassverkäufern aus dem Gepäck der vormodernen antisemitischen Vergangenheit verbreitet wurden. In diesen negativen, übertriebenen und exzessiv erzeugten Bildern steckte gerade genug empirische Wahrheit, um ihnen eine überzeugende Kraft zu verleihen.

- Dr. Norman Cantor *Die heilige Kette: Die Geschichte der Juden*

Wenn man von der jüdischen Religion spricht, denkt man nur an die Bibel, an die Religion des Moses; das ist eine Illusion; die Juden des Mittelalters waren Talmudisten; nicht alle haben aufgehört, Talmudisten zu sein. Noch heute steht der Talmud in seiner Autorität über der Bibel. Das *israelitische Archiv* erkennt die absolute Autorität des Talmuds über die Bibel an und das *israelitische Universum* sagt: „2000 Jahre lang war und ist der Talmud ein Gegenstand der Verehrung für die Israeliten, deren religiöser Kodex er ist.

-Vicomte Léon de Poncins, *Die geheimen Mächte
hinter der Revolution*

Meyer Rothschild war ein eifriger Talmudgläubiger und wählte ihn als einziges Leitprinzip für all seine Handlungen.

-S. J. Cohen

Das beispielhafte Leben des unsterblichen Bankiers M. Meyer Amschel Rothschild

Dieses seltsame Gemälde aus dem Jahr 1849 (links), das eine jüdische religiöse Zeremonie im Londoner Palast der Rothschild-Dynastie zeigt, wurde in Wirklichkeit von der Familie selbst in Auftrag gegeben und zeigt damit ihre unerschütterliche Treue zu den Grundsätzen ihres Glaubens. Es ist daher nicht überraschend, dass diese Dynastie, die reichste der Welt, zur „königlichen" Familie der internationalen jüdischen Gemeinschaft geworden ist.

Die Grundlage ihres immensen Reichtums bildete auch weiterhin die Basis für die weltweiten jüdischen Geschäfte.

Unten lehrt ein Rabbiner einen Studenten die Philosophie des Talmuds, der unbestreitbaren Grundlage der jüdischen Religion. Im Talmud findet sich der Ursprung dessen, was heute oft als „Neue Weltordnung" bezeichnet wird.

DAS ZIEL DIESES BUCHES...

Während heute viel über ein Konzept gesprochen wird, das als „Neue Weltordnung" bekannt ist, bleibt die erbärmliche Tatsache bestehen, dass die meisten, die über die Neue Weltordnung sprechen, es ablehnen - und sich kategorisch weigern -, sich mit ihren wahren Ursprüngen, ihrer wahren Natur auseinanderzusetzen.

Im Laufe der Jahre wurden zahlreiche Dokumente veröffentlicht, die erklären, was die Neue Weltordnung ist. Das Ziel dieses Bandes ist es, die Dokumente, die die Neue Weltordnung und die Philosophie, auf der sie basiert, korrekt beschreiben, zu assimilieren und zusammenzustellen.

Eine außerordentliche Menge an falschen Informationen und absichtlichen Desinformationen über die neue Weltordnung ist heute im Umlauf, größtenteils über das Internet, dessen Einfluss ständig wächst.

Leider wird ein Großteil dieses völlig irreführenden Materials von selbsternannten „Patrioten" verkündet, die die unbequeme, kalte und harte Wahrheit ignorieren oder unterdrücken, dass die Ursprünge der Neuen Weltordnung in der als Talmud bekannten Reihe jüdischer religiöser Kommentare zu finden sind, einem oft niederträchtigen okkulten Werk, das heute die Grundlage des jüdischen religiösen Denkens bildet, genauso wie es war, als es erstmals während der jüdischen „Gefangenschaft" in Babylon auftauchte.

Die Eroberung der Welt ist das ultimative Ziel. Unser Amerika, das Blut seiner Jugend und unser Nationalschatz werden benutzt, um diese Agenda durch imperiale Kriege voranzutreiben, die eine Ära eingeläutet haben, in der der Menschheit ein nuklearer Holocaust droht.

Unser Ziel hier ist es, die philosophischen Grundlagen der Neuen Weltordnung zu definieren, wie sie eingerichtet wurde und wie diejenigen, die sie haben wollen, sie gerne hätten.

Die Ursprünge der neuen Weltordnung sind zweifellos klar, und die Kräfte, die sie hervorbringen, sind leicht zu erkennen. Ihre Anhänger haben reale Gesichter und Namen. Diese Pharisäer der Neuzeit verstecken sich nicht hinter obskuren und unmöglichen Entitäten wie den „Illuminaten" oder einer „deutschen Todessekte", wie uns manche glauben machen wollen.

Die Kräfte der Neuen Weltordnung haben sich um das internationale Imperium der Rothschild-Dynastie gruppiert, dessen Tentakel sich nun bis in die höchsten Ebenen des amerikanischen Systems erstrecken. Die Neue Weltordnung ist real und das ist es, worum es geht. Ich stehe persönlich in der Schuld all derer, die mir bei der Erforschung dieses beunruhigenden Themas in klaren Worten vorausgegangen sind. Ich hoffe, ich konnte ihrer Arbeit gerecht werden.

[Die Juden] sahen das Volk, das in Sicherheit, Ruhe und ohne Misstrauen lebte, dem es auf der ganzen Erde an nichts fehlte und das Reichtum besaß.

Steh auf [sagen die Juden] und lass uns ihnen entgegengehen; denn wir haben das Land gesehen, und es ist ein fruchtbares Land.

Zögert nicht, das Land in Besitz zu nehmen; denn es ist ein Volk, das nichts ahnt. Das Land ist weit, ja, und Gott hat es in unsere Hände gegeben; es fehlt an nichts auf der Erde.

-Richter 18:7-18:10

Obwohl die Juden gelernt haben, wie andere Amerikaner auszusehen, zu sprechen und sich wie sie zu kleiden, sind sie nicht vollständig assimiliert, weder in ihrem eigenen Geist noch in den Augen ihrer Nachbarn...

Um die Sache noch schlimmer zu machen, halten sich Juden oft - insgeheim oder nicht - für moralisch und intellektuell ihren Nachbarn überlegen... In der Tat sind Juden extrem erfolgreiche Außenseiter, die manchmal die Dreistigkeit besitzen, sich über sie lustig zu machen.

- Der amerikanische Jude Professor Benjamin Ginsberg schreibt in
The Fatal Embrace: The Jews and the State

Dieses Kunstwerk aus dem 15. Jahrhundert zeigt die öffentliche Verbrennung des jüdischen Talmuds im Jahr 1207 in Albi, Frankreich. Dominikus, der Gründer des Predigerordens (später Dominikanerorden genannt), leitet die Angelegenheit. Dominikus wird später von der römisch-katholischen Kirche in den Stand eines Heiligen erhoben. Die Enthüllung der hasserfüllten und antichristlichen Wahnvorstellungen und Lehren des Talmuds löste unter den Christen in Europa tiefe Abscheu aus und führte zur Entstehung dessen, was oft als „Antisemitismus" bezeichnet wird.

Es ist wichtig zu beachten, dass der Talmud seit der Zeit, als er von empörten Christen verbrannt wurde, von denjenigen, die seinen Lehren folgen, nicht ein Jota verändert worden ist.

DAS IST UNSERE THESE...

Um zu verstehen, was heute in unserer Welt geschieht, muss man zunächst einmal erkennen, dass es ein Problem gibt. Viele Menschen erkennen es nicht. Die Quelle des Problems zu identifizieren wird jedoch zu einem Problem an sich, da die Medien und Universitäten (von denen wir uns Wissen beschaffen wollen) von den Kräften kontrolliert werden, die das Problem ausmachen. Darüber hinaus sind wir mit der traurigen Tatsache konfrontiert, dass selbst viele gute Menschen, die versuchen, auf das Problem aufmerksam zu machen, die Gesamtsituation nicht verstehen.

Obwohl viele Menschen von der sogenannten „Neuen Weltordnung" erfahren haben und verstehen, dass räuberische Finanzkräfte an ihrer Umsetzung arbeiten, verstehen weitaus weniger die bizarren und mystischen Lehren, die der philosophischen Grundlage der Neuen Weltordnung zugrunde liegen.

Und obwohl einige anerkennen, dass die Bankiersfamilie Rothschild eine Schlüsselrolle bei der Errichtung einer neuen Weltordnung spielt, ist diese Dynastie immer noch Gegenstand zahlreicher Fehlinformationen und bewusster Desinformation. Viele bestehen darauf, dass die Rothschilds „nur ein Teil" des Problems sind und dass „die Rothschilds nicht alle Juden repräsentieren", und viele sagen, dass „die Rothschilds nicht einmal echte Juden sind". Aber dazu kommen wir später.

Die Wahrheit ist, dass man eine ganze Enzyklopädie über die Rothschild-Dynastie und ihren Einfluss auf den Lauf der Geschichte, ihre Manipulation praktisch aller Nationen der Welt, ihre parasitäre Ausbeutung des Finanzwesens und der Industrie, ihren verderblichen Einfluss auf die Medien, die Universitäten und andere Mittel zur Gestaltung der öffentlichen Meinung seit über 200 Jahren erstellen könnte.

Ziel dieses Buches ist es nicht, eine x-te Geschichte der Rothschilds zu präsentieren. Es gibt zahlreiche Bücher zu diesem Thema, in denen die Intrigen dieser Dynastie, ihre Beziehungen zu den europäischen Königshäusern und der Aristokratie, die erstaunlichen Berichte über den immensen Reichtum dieser Familie, ihre eleganten Paläste und ihre bemerkenswerten Kunst- und Literatursammlungen sowie ihre außergewöhnliche weltweite Ausstrahlung beschrieben werden.

Die Familie Rothschild ist der „König der Könige", schon allein wegen ihres immensen Reichtums. Und sie sind zweifellos die königliche

Familie der Judenheit. Es ist daher kein Zufall, dass Moses L. Pava, ein jüdischer Professor für Wirtschaftsethik, am 2. Januar 2009 in der jüdischen Zeitung *Forward* freimütig zugab, dass

> „Unsere jüdischen Gemeinden, die früher Rabbiner und Gelehrte ehrten, ehren heute fast ausschließlich diejenigen, die die dicksten Bankkonten haben. Und diejenigen, die die größten Bankkonten haben, sind die Rothschilds.

Obwohl wir uns auf den Seiten von *Das neue Babylon* auf die Rothschild-Dynastie konzentrieren, müssen wir gleich zu Beginn sagen, dass der Name „Rothschild" immer noch eine besondere Kraft symbolisieren würde, ein Phänomen, das weit über eine einzelne Familie hinausreicht, wenn es heute nicht einen einzigen lebenden Rothschild gäbe.

Aber um das Konzept dessen zu verstehen, was gemeinhin als „Neue Weltordnung" bezeichnet wird - die Idee einer „einzigen" oder „Weltregierung" -, müssen wir diese wesentlichen Faktoren erkennen:

- UND die Ursprünge dieses großen Projekts, der Neuen Weltordnung, finden sich (zweifelsfrei) in den alten Lehren des jüdischen Talmuds

- QUE, letztlich ist die Neue Weltordnung die Verwirklichung des talmudischen Traums von dem, was als „jüdische Utopie" bezeichnet wurde, d. h. ein globales jüdisches Imperium, die Beherrschung des Planeten durch die jüdische Elite

- Der Aufstieg der zionistischen Bewegung, die sich der Schaffung eines jüdischen Staates - des Staates Israel - als geografische und politische Einheit widmete, war ein integraler Bestandteil des Projekts der Neuen Weltordnung, der philosophischen Grundlage des jüdischen Imperiums

- QUE der Aufstieg der internationalen jüdischen Finanzwelt und das daraus resultierende Aufkommen der Rothschild-Dynastie als wichtigster Einfluss in diesem Bereich sind das Herzstück der Agenda, die Neue Weltordnung voranzutreiben

- DASS die Konsolidierung der Macht der Rothschilds über das Britische Empire den Grundstein für die Neue Weltordnung gelegt hat

- DASS die USA heute - aufgrund des Einflusses der Rothschilds in ihren Reihen - der virtuelle Motor der Rothschild-Macht sind, dass sie in der jüdischen Weltanschauung „das neue Babylon" darstellen, die

Kraft, die zur Verwirklichung der neuen Weltordnung eingesetzt werden muss.

In *Das neue Babylon* werden wir all dies und noch viel mehr erforschen. Wir werden die Hauptakteure - die neuen Pharisäer -, die als Satelliten der Rothschild-Dynastie vor allem in Amerika agieren, um die jüdische Utopie voranzutreiben, eingehend untersuchen.

Wir möchten betonen, dass wir nicht andeuten, dass „die Rothschilds", „die Juden" oder „die Zionisten" den Machtmechanismus in der heutigen Welt *vollständig* kontrollieren. Ihr Einflussniveau ist jedoch so groß, dass sie in gewissem Sinne als der Dreh- und Angelpunkt angesehen werden können, auf dem das Gleichgewicht der modernen Macht ruht: Jeden Tag arbeiten sie unermüdlich daran, sicherzustellen, dass sie letztendlich die absolute Macht erlangen.

Es gibt immer noch Kräfte, selbst auf hohen Ebenen, die sich der jüdischen Utopie widersetzen.

Allerdings haben viele nichtjüdische Mächte den jüdischen Einfluss schließlich als eine Realität akzeptiert, mit der man sich auseinandersetzen muss. Diese Elemente haben daher kapituliert und erlauben ihrem eigenen Machtstreben, ihre Zusammenarbeit mit der Neuen Weltordnung zu diktieren, in der Hoffnung, so nehmen wir an, dass ihnen ein paar Krümel zugestanden werden, wenn das jüdische Utopia das Licht der Welt erblickt.

Doch sie täuschen sich selbst, denn sie verstehen nicht die philosophischen Absichten der Neuen Weltordnung, die in den jüdischen Lehren so klar beschrieben sind. In Wahrheit war der jahrhundertealte jüdische Traum von einer Neuen Weltordnung - der im Talmud und davor sogar im Alten Testament dargelegt wurde - in einem definitiven Sinn die treibende Kraft hinter dem Aufstieg des Rothschild-Imperiums.

In diesem Sinne, und nicht leichtfertig, könnten wir an die jahrhundertealte Frage erinnern: „Was war zuerst da? Die Henne oder das Ei?"

Lassen Sie uns nun nach vorne blicken und der Neuen Weltordnung und dem, was sie ausmacht, entgegentreten. Und besiegen wir sie mit dem Wissen, das wir vor uns haben...

Es handelt sich um eine Reproduktion des Gemäldes „Sturm auf das Judenviertel von Venedig" von Robert Fleaux aus dem Jahr 1851, das an einen Aufstand venezianischer Bürger im 15. Jahrhundert gegen jüdische Kaufleute und Geldverleiher erinnert, die dazu übergegangen waren, die kommerziellen und öffentlichen Angelegenheiten des italienischen Stadtstaates zu dominieren. Ähnliche Ereignisse fanden in ganz Europa statt, als die Bürger entdeckten, dass ihre jeweiligen Volkswirtschaften in die Hände einer zunehmend mächtigen und vernetzten jüdischen Elite gefallen waren. Schließlich etablierte sich das Rothschild-Imperium gegen Ende des 18. und in den ersten Jahren des 19. Jahrhunderts als führende Kraft innerhalb der internationalen jüdischen Geldmacht und wurde zur treibenden Kraft hinter dem finanziellen und politischen Netzwerk, das wir heute als die bevorstehende Neue Weltordnung kennen.

Die Jahre werden kommen

Die Jahre vergehen

Königreiche steigen auf und stürzen ab

Der Zeitpunkt ist gekommen, die Kontrolle zu übernehmen

Die Welt gehört uns

- Auszug aus einem neueren Volkslied
mit dem Titel „Die Welt gehört uns".

Obwohl die Zerstörung des Tempels in Jerusalem im Jahr 70 n. Chr.
durch die Römer unter der Führung des großen Feldherrn Titus ein
einschneidendes Ereignis in der jüdischen Geschichte war (siehe oben),
erholte sich das jüdische Volk schnell wieder und dehnte in den folgenden
Jahrhunderten seinen Einfluss auf die ganze Welt aus. Nichtsdestotrotz
hatten die Juden mehrere hundert Jahre zuvor selbst unter einer
angeblichen „Gefangenschaft" in Babylon große Macht erlangt. In
Babylon wurde die jüdische Philosophie der Welteroberung in der als
Talmud bekannten kollektiven Reihe von Lehren und Debatten
ausgearbeitet, die bis heute die treibende Kraft der Neuen Weltordnung
ist.

VORWORT

Amerika, das „neue Babylon"

Die populäre Buchreihe „Left Behind" des TV-Evangelisten Tim LaHaye, weithin beworben und ein Bestseller, beschreibt „das neue Babylon" als eine glitzernde Metropole, die auf der antiken Stadt Babylon im Irak errichtet wurde, die in der Antike als Mesopotamien bekannt war.

In LaHayes Vision der zukünftigen Ereignisse wird Neu Babylon zum Sitz der Weltmacht - der Medien, des Handels, der Regierung, der Basis einer einzigen Weltreligion -, die vom Antichristen geleitet wird: die Hauptstadt der Neuen Weltordnung. Am Ende zerstört Gott das Neue Babylon und das Königreich Christi herrscht auf der Erde.

Obwohl LaHayes theologische Grundlagen nach Ansicht traditioneller christlicher Theologen bestenfalls zweifelhaft sind, ist seine kontextuelle Einschätzung von Neu-Babylon als Zentrum einer Neuen Weltordnung durchaus zutreffend. Aber das ist auch schon alles, was die Genauigkeit oder Zuverlässigkeit von LaHaye betrifft.

Während LaHaye und seinesgleichen uns glauben machen wollen, dass die Herrscher des Neuen Babylon die Feinde des jüdischen Volkes sind, sieht die Wahrheit ganz anders aus. Und während sich das alte Babylon der Geschichte in der heutigen arabischen Welt befand, werden wir auf den Seiten dieses Bandes entdecken, dass sich das *neue* Babylon an einem ganz anderen Ort befindet und bereits an Ort und Stelle ist.

Die Führer dieses neuen, sehr realen Babylons sind die Kräfte der internationalen jüdischen Finanzwelt, eine eng zusammengeschweißte Elite, die im Einflussbereich der Rothschild-Dynastie operiert. Sie sind die Elemente, die an der Umsetzung der Neuen Weltordnung - der jüdischen Weltherrschaft - arbeiten.

Es ist kein Zufall, dass LaHayes verdrehte Weltsicht in den jüdisch dominierten Print- und audiovisuellen Medien so viel Publizität erhält, weil LaHaye - wie eine Vielzahl anderer sogenannter „christlicher" Führer (darunter John Hagee und Pat Robertson) - sich vor dem Altar des Staates Israel verbeugt und in Wirklichkeit das jüdische Volk als den Messias betrachtet. Diese sogenannten

Die „Anführer" sind Judasböcke, die ihre Herde zur Schlachtbank führen.

Diesen Punkt sollte man sich immer vor Augen halten: Babylon nimmt nicht nur in der jüdischen Geschichte, sondern auch in den jüdischen theologischen Lehren eine zentrale Stellung ein.

Um all dies zu verstehen, muss man in die ferne Vergangenheit eintauchen.

Die Abteilung für Religion und Philosophie der britischen Universität Cumbria bietet uns einen Einblick in die Geschichte des jüdischen Aufenthalts in Babylon:

Die Geschichte der Juden in Babylonien beginnt mit dem babylonischen Exil, das in den letzten Jahrzehnten des 6. Jahrhunderts [v. Chr.] begann. In den Jahren 588-597 [v. Chr.] belagerte Nebukadnezar, der König von Babylon, die Mauern Jerusalems, verwüstete die Stadt und ordnete die Deportation eines Großteils der jüdischen Bevölkerung nach Babylon an. Auf der Website Babylon geht es den deportierten Juden recht gut. Sie behielten ihre Freiheit und durften ihre Berufe ausüben und ausbauen. Da sie ihre heiligen Schriften mitbrachten, konnten sie ihre eigene religiöse Identität bewahren, anstatt sich der umliegenden Bevölkerung anzupassen.

Nach dem Fall des babylonischen Reiches an den persischen König Kyros im Jahr 538 [v. Chr.] durften die Juden nach Palästina zurückkehren.

Während Tausende von Juden, die nach Palästina zurückkehren, eine vom Krieg völlig verwüstete Region vorfinden, geht es denjenigen, die in Babylon bleiben, unter ihren neuen persischen Herrschern weiterhin gut.

Die Juden nahmen voll am Wirtschaftsleben des persischen Reiches teil, bekleideten manchmal hohe politische Ämter und vermieden, obwohl sie wahrscheinlich keinen Tempel als Mittelpunkt des religiösen Lebens hatten, die Versuchung, die traditionellen jüdischen Glaubensvorstellungen aufzugeben.

Schwierigkeiten traten im zweiten Jahrzehnt des zweiten Jahrhunderts der gemeinsamen Ära auf, als sich die Juden in Babylon in Rebellion gegen das Römische Reich erhoben.

Im Anschluss an diese Rebellion brach 132 [n. Chr.] eine weitere, schwerwiegendere Rebellion unter der Führung von Simeon Ben Kochba aus, nachdem Kaiser Hadrian [117-138 n. Chr.] beschlossen hatte, auf dem Gelände der Ruinen des zweiten Tempels einen Tempel für Jupiter Capitolinus zu errichten.

Als die von Ben Kochba inspirierte Rebellion 135 [n. Chr.] von den Römern niedergeschlagen wurde, flüchteten viele Juden nach Babylon, was die jüdische Gemeinschaft dort wiederbelebte.

Wie aus den Archiven hervorgeht, wurden die Grundlagen des Judentums, wie wir es heute kennen, tatsächlich in Babylonien gelegt. Die Universität von Cumbria bietet uns eine Zusammenfassung des babylonischen Judentums:

Das babylonische Judentum hält sich an die Grundprinzipien des jüdischen Glaubens: den Glauben an einen einzigen Schöpfergott; den Glauben, dass Israel das von Gott auserwählte Volk ist, aus dem der Messias oder Gesalbte Gottes kommen wird, um das jüdische Volk im Land Israel zu vereinen; und die Autorität der Tora. Aus der babylonischen Gemeinde entstand der Babylonische Talmud, ein Kommentar zur Mischna (eine Sammlung rabbinischer Gesetze, die um 200 [n. Chr.] von Rabbi Juda zusammengestellt wurde).

Der Babylonische Talmud wurde Ende des fünften Jahrhunderts herausgegeben. Das talmudische Material besteht aus zwei Elementen: der Halacha, die sich mit rechtlichen und rituellen Fragen befasst, und der Aggadah, die sich mit theologischen und ethischen Fragen befasst.

Traditionelle Juden sind verpflichtet, die Halacha des Babylonischen Talmuds zu befolgen.

Die Tatsache, dass der Babylonische Talmud das Herzstück der jüdischen Religion ist und ihre Philosophie über die vielen Jahrhunderte hinweg weiterhin geleitet hat, ist ein wesentlicher Punkt, der schlichtweg nicht geleugnet werden kann. Der in Finnland geborene Dimont kam 1930 in die USA und diente später im US-Geheimdienst in Europa. 1962 wurde sein Buch *Jews, God & History* (*Juden, Gott und Geschichte*) mit großem populären Erfolg veröffentlicht und von der *Los Angeles Times* als „unbestritten die beste populäre Geschichte der Juden, die in englischer Sprache geschrieben wurde" beschrieben.

Dimonts erstaunliches Buch bietet eine provokative und ehrliche Studie des jüdischen Volkes, seiner Geschichte, seines Glaubens und seiner Haltung gegenüber „dem Anderen", d.h. denjenigen, die von den Juden als Nichtjuden oder „Gojim" bezeichnet werden, ein Begriff, der in dem Kontext, in dem ihn die Juden verstehen, einfach „Vieh" bedeutet. Mit anderen Worten: Nichtjuden - alle Nicht-Juden aller Rassen, Glaubensrichtungen und Hautfarben - sind nichts weiter als Tiere, Vieh, minderwertige Wesen.

Dimonts Werk *Jews, God & History* bleibt ein viel beachtetes Standardtestament des jüdischen Triumphs durch die Zeitalter und über das, was man sozusagen als die toten Zivilisationen der Vergangenheit der Gojim und die verrottenden Zivilisationen der Gegenwart der Gojim betrachtet. Er denkt über die ultimative jüdische Herrschaft über die Erde und ihre Völker nach. Über das Exil der Juden in Babylon stellt Dimont fest

> „Viele jüdische Geschichtsbücher zeichnen ein Bild des babylonischen Exils: Viele jüdische Geschichtsbücher beschreiben die babylonische Gefangenschaft der Juden aus dem Blickwinkel der Trauer und der Verwüstung. Glücklicherweise ist dieses Bild nicht korrekt. Im sechsten Jahrhundert v. Chr. wurde Babylonien von einer Reihe aufgeklärter Könige regiert, die ihre Gefangenen mit Toleranz behandelten".

Die Juden, die „an den Flüssen Babylons weinten", waren nur eine Handvoll Fanatiker; der Rest der Juden verliebte sich in das Land, gedieh und kultivierte sich.

Die babylonischen Handelswege führten die Juden in jeden Winkel der bekannten Welt und machten sie zu Menschen des internationalen Handels und Austauschs. In den Bibliotheken Babylons fanden die Juden einen weltweiten Schatz an Manuskripten. Sie erwarben die Liebe zu Büchern und die Lust am Lernen.

Sie haben sich gute Manieren, Anmut und Raffinesse angeeignet.

Der unbekannte Dichter, der in Psalm 137 sang: „Wenn ich Dich vergesse, Jerusalem, dann soll meine rechte Hand ihre List vergessen, wenn ich nicht an Dich denke, dann soll meine Zunge am Gaumen haften", drückte vielleicht ein Gefühl aus, das zu Beginn des Exils üblich war. Wenn ich mich nicht an Dich erinnere, soll meine Zunge am Gaumen kleben", drückte vielleicht ein gängiges Gefühl zu Beginn des Exils aus, aber sicherlich nicht ein vorherrschendes Gefühl 50 Jahre später. In der Zwischenzeit hatten sich die Worte und die Luft verändert.

Als der Schlitten der jüdischen Geschichte umkehrte, um nach Jerusalem zurückzukehren, waren nur wenige babylonische Juden an Bord.

Als Cyrus dann natürlich den Juden das Recht anbot, nach Jerusalem zurückzukehren, bemerkte Dimont, „löste dies widersprüchliche Emotionen und Loyalitäten aus". Laut Herrn Dimont stellten die Juden die Frage: „Warum nach Jerusalem zurückkehren? „Warum sollten wir nach Jerusalem zurückkehren, wo uns nur Trostlosigkeit, Armut und unaufhörliche harte Arbeit ins Gesicht blicken

Diese Situation, so Dimont, könne mit der Situation der amerikanischen Juden verglichen werden, die 1948 mit der Gründung des modernen Staates Israel konfrontiert waren. „Wie der heutige amerikanische Jude sagte auch der babylonische Jude: „Ich bin ein guter [amerikanischer] Babylonier, warum sollte ich gehen

In der Tat, wie Herr Dimont betonte:

> Die Juden waren im babylonischen Exil nicht nur gediehen und raffinierter geworden, sie hatten sich auch vermehrt. Während es zu Beginn des Exils weltweit nur knapp 125.000 Juden gab, waren es in Babylonien selbst 150.. Etwa ein Viertel von ihnen entschied sich, das Edikt [des persischen Herrschers] zu nutzen und nach Jerusalem zurückzukehren.

Nach ihrer Befreiung war der Aufenthalt der Juden in Babylon, so stellt Dimont fest, völlig „freiwillig". Die zurückgebliebenen jüdischen Intellektuellen schufen die erste Kulturhauptstadt der jüdischen Diaspora in Babylon und begannen von dort aus, das jüdische Leben im fernen Jerusalem zu beeinflussen.

In seinem neuesten Buch *Die unzerstörbaren Juden* beschreibt Max Dimont die blühende Existenz der Juden in Babylon:

> Die babylonischen Handelsrouten führten abenteuerlustige Juden durch die damals bekannte Welt und verwandelten sie von „Gemeindemännern" in kosmopolitische Bürger. Ihre Handelsposten wurden zu den Zentren wohlhabender jüdischer Gemeinden. In den Bibliotheken Babylons fanden jüdische Intellektuelle eine neue Welt neuer Ideen. Innerhalb von fünf Jahrzehnten stiegen die exilierten Juden an die Spitze der babylonischen Gesellschaft auf, in Handelsunternehmen, in der akademischen Welt und in den Kreisen des Hofes.

Sie wurden Unternehmer, Literaten und Berater von Königen, aber sie blieben Juden.

Tatsächlich spiegelt, wie wir sehen werden, der Status der Juden in Babylon genau die Rolle der Juden in Amerika (und in weiten Teilen des Westens) heute wider.

1937 erregte der Journalist Ferdinand Lundberg (der übrigens trotz seines Namens kein Jude war) Aufsehen mit seinem Buch *America's Sixty Families*, der ersten umfassenden Studie über die zunehmende Anhäufung von riesigem Reichtum und Einfluss durch eine kleine Gruppe von Amerikanern - viele Familien, die verheiratet oder durch Geschäftsbeziehungen miteinander verbunden waren -, die dazu gekommen war, die amerikanische Republik zu beherrschen. Lundberg schrieb:

> Die Vereinigten Staaten sind heute im Besitz und werden beherrscht von einer Hierarchie, die aus den sechzig reichsten Familien besteht, die von nicht mehr als neunzig weniger wohlhabenden Familien unterstützt werden. Außerhalb dieses plutokratischen Kreises gibt es vielleicht dreihundertfünfzig weitere Familien, die in Bezug auf Entwicklung und Reichtum weniger definiert sind, die aber den Großteil der Einkommen von 100.000 Dollar oder mehr ausmachen, die nicht an die Mitglieder des inneren Kreises gehen. Diese Familien sind das lebende Zentrum der modernen industriellen Oligarchie, die die Vereinigten Staaten beherrscht und diskret unter einer demokratischen Regierungsform de *jure* funktioniert, hinter der sich seit dem Bürgerkrieg allmählich eine de facto-Regierung herausgebildet hat, die in ihren Linien absolutistisch und plutokratisch ist.

Diese *De-facto-Regierung* ist in Wirklichkeit die Regierung der Vereinigten Staaten - informell, unsichtbar, dunkel. Es ist die Regierung des Geldes in einer Dollar-Demokratie. Unter ihren gierigen Fingern und in ihrem Besitz halten die sechzig Familien die reichste Nation, die jemals in der Werkstatt der Geschichte geformt wurde...

Die heutigen amerikanischen Großgrundbesitzer übertreffen historisch gesehen die stolze Aristokratie, die Ludwig XIV., Zar Nikolaus, Kaiser Wilhelm und Kaiser Franz Joseph umgab, und üben eine weitaus größere Macht aus.

Zu der Zeit, als Lundberg schrieb, gab es einen soliden Kern substanziellen jüdischen Reichtums unter den aufgelisteten „sechzig Familien". Die Zeiten haben sich jedoch geändert, und jüdischer

Reichtum und Einfluss haben exponentiell zugenommen, doch das Thema blieb damals wie heute weitgehend tabu.

Rund 30 Jahre nach der Veröffentlichung von *America's Sixty Families* ist Lundberg mit einer Fortsetzung zurückgekehrt. Der neue Band mit dem Titel *The Rich and the Super-Rich* (*Die Reichen und die Superreichen*) bietet einen Überblick über die aktuelle Situation in der weitgehend geheimen Welt der Superreichen an den Küsten Amerikas.

In *The Rich and the Super-Rich* zieht Lundberg eine recht interessante Bilanz der Situation im Amerika der Mitte der 1960er Jahre: Die meisten Amerikaner - Bürger des reichsten, mächtigsten und idealsten Landes der Welt - besitzen zu einem sehr großen Teil nichts weiter als ihren Hausrat, einige glänzende Gadgets wie Autos und Fernseher (meist auf Raten gekauft, oft gebraucht) und die Kleidung, die sie auf dem Rücken tragen. Eine Horde oder sogar die Mehrheit der Amerikaner lebt in Hütten, Slums, Mietskasernen, viktorianischen Häusern aus zweiter Hand, wackeligen Mietskasernen und klapprigen Wohnblocks... Gleichzeitig ist eine Handvoll Amerikaner mit extravaganten Mitteln ausgestattet, wie die Prinzen in den Märchen aus Tausendundeiner Nacht.

Jahrhundert, die heutige Elite: Sie sind Prinzen, aber sie sind nicht arabisch. Die amerikanischen Medien berichten über den Reichtum der arabischen Scheichs, doch der Reichtum, den die amerikanisch-jüdische Gemeinschaft angehäuft hat - und der daraus resultierende politische Einfluss - stellt den dieser arabischen Prinzen in den Schatten.

Zwar wird bis zu einem gewissen Grad zugegeben, dass es in Washington eine mächtige „Israel-Lobby" gibt - die von weniger vorsichtigen Personen manchmal sogar als „jüdische Lobby" bezeichnet wird -, doch das öffentliche Bild dieser Lobby ist das einer Lobby, die sich ausschließlich den Interessen des Staates Israel verschrieben hat. In jüdischen Zeitungen wird die Frage des Einflusses der jüdischen Gemeinschaft und ihrer Auswirkungen auf die Außenpolitik der Vereinigten Staaten frei diskutiert, aber auch sogenannte „Mainstream"-Zeitungen und -Zeitschriften beschäftigen sich gelegentlich mit diesem Thema.

Was jedoch nur wenige Amerikaner wissen und was die jüdische Gemeinschaft lieber geheim halten würde, ist das wachsende finanzielle, kulturelle und soziale Gewicht der jüdischen Gemeinschaft Amerikas. Zwar gibt es arme Juden, doch die Wahrheit ist, dass die amerikanischen Juden ausnahmslos zu Anwärtern auf den Titel „amerikanische Elite" werden.

Die amerikanischen Juden sind in der Tat die modernen Entsprechungen der Prinzen aus den Märchen von Tausendundeiner Nacht. Und auch wenn sie für *sich* genommen nicht die Mehrheit der Superreichen im berühmten „Forbes 400" stellen, so macht ihr kombinierter Reichtum dem der nichtjüdischen Elite sicherlich Konkurrenz (oder übertrifft ihn höchstwahrscheinlich).

Diese jüdische Elite operiert im direkten Einflussbereich der Rothschild-Dynastie, dem Finanzkoloss, der zunächst in Frankfurt ansässig war und später seinen Einfluss auf Großbritannien und ganz Europa und schließlich auf die ganze Welt ausdehnte.

Während das Britische Empire zunächst der Mechanismus für Rothschilds imperiale Reichweite war, erschienen die Vereinigten Staaten - im Laufe der Geschichte - nun als zentraler Motor für Rothschilds Macht. Und die Macht der Rothschilds war der Höhepunkt des generischen Aufstiegs der internationalen jüdischen Finanzwelt. Die Rothschild-Dynastie ist aus diesem jüdischen Finanznetzwerk hervorgegangen, um als Herrscher zu herrschen.

Es ist weder ein Fehler noch eine leichtfertige Wortwahl, dass Max Dimont in *Juden, Gott und Geschichte* in einem ganzen Kapitel mit diesem Titel direkt auf die Vereinigten Staaten als „das neue Babylon" Bezug nimmt. Er erklärt, dass „sich das Zentrum des jüdischen Geisteslebens von der Alten in die Neue Welt verlagert hat, so wie sich das Zentrum des jüdischen Geisteslebens in biblischer Zeit nach dem Fall Judas von Palästina nach Babylonien verlagert hatte...". Dimont fragte sich: Handelt es sich um eine oberflächliche Ähnlichkeit mit vergangenen Ereignissen oder um eine echte Wiederholung der Geschichte? Im sechsten Jahrhundert v. Chr. zerstörten die Babylonier das palästinensische Zentrum des Judentums, genauso wie Hitler im zwanzigsten Jahrhundert n. Chr. das europäische Zentrum des Judentums zerstörte. Doch die Idee des Judentums ist mit diesen beiden Zerstörungen nicht gestorben.

Als die Geschichte den Juden in Babylon einen Pass vorlegte, der ihnen die Rückkehr in ein wiederhergestelltes Palästina ermöglichte, lehnten sie die Einladung ab, genauso wie die amerikanischen Juden eine ähnliche Einladung zur Rückkehr in ein wiederhergestelltes Israel ablehnten. Durch ihre Ablehnung schufen die Juden in Babylon die Diaspora. Durch ihre Weigerung setzten die amerikanischen Juden die

Diaspora fort. In Babylonien gewann das Diaspora-Judentum langsam die intellektuelle Oberhand über das palästinensische Judentum.

Jahrhundert legte die Geschichte das Zepter des Diasporajudentums in die willigen Hände der amerikanischen Juden.

Dimont fragte, ob das amerikanische Judentum „eine Reihe von intellektuellen Giganten hervorbringen kann, die in der Lage sind, die für das Überleben der Diaspora notwendigen Ideen einzuhämmern"? Er argumentierte, es sei durchaus möglich, dass die Vereinigten Staaten die Rolle Babylons für das Judentum des 21. „Vielleicht beginnen wir bereits, die Entstehung eines neuen Judentums auf amerikanischem Boden zu sehen", fragte Dimont, „so wie ein neues Judentum auf babylonischem Boden entstand...". fragte Dimont: „Wird die historische Rolle des amerikanischen Judentums darin bestehen, die universalistische Phase [des Judentums] einzuleiten?".

Die Existenz einer Diaspora war also die einzige wesentliche Voraussetzung für das Überleben der Juden über die normale Lebensdauer einer Zivilisation hinaus. Wären sie nicht ins Exil gegangen, wären sie in Palästina geblieben, würden sie in der heutigen Welt wahrscheinlich genauso wenig eine kulturelle Kraft darstellen wie die Überreste der Karaiten [eine Sekte von Juden, die den Talmud als Grundlage des Judentums ablehnten].

Heute haben wir, wie früher, sowohl einen unabhängigen Staat Israel als auch die Diaspora. Aber wie in der Vergangenheit ist der Staat Israel heute eine Zitadelle des Judentums, ein Zufluchtsort, das Zentrum des jüdischen Nationalismus, in dem nur zwei Millionen der weltweit zwölf Millionen Juden leben. Die Diaspora, obwohl sie sich im Laufe der Zeit im Zuge der Zivilisationen verschoben hat, bleibt die universelle Seele des Judentums.

Mit anderen Worten: Der Staat Israel ist nicht die „universelle Seele" des jüdischen Volkes. Das jüdische Volk hat keine Grenzen. Die Welt gehört den Juden.

Wie ein Volkslied behauptete: „Die Jahre werden kommen. Die Jahre werden vergehen. Königreiche steigen auf und stürzen ab. Die Zeit ist gekommen, um die Kontrolle zu übernehmen. Die Welt gehört uns". Dies ist die Philosophie der Neuen Weltordnung.

Während wir also in einem früheren Buch, *Das neue Jerusalem*, die Frage aufwarfen, ob die Vereinigten Staaten zum „neuen Jerusalem" geworden sind - wobei die spirituelle Hauptstadt des Judentums in dieser Stadt in Palästina verbleibt -, legen die historischen, religiösen und wirtschaftlichen Fakten, die wir in diesem neuen Band rückblickend erforschen werden, nahe, dass die Vereinigten Staaten in jeder kritischen Hinsicht korrekter als „das neue Babylon" beschrieben werden können.

Thomas Jefferson: Das Judentum ist eine „verdorbene Religion".

Obwohl der geliebte Verfasser der Unabhängigkeitserklärung, Thomas Jefferson, ein leidenschaftlicher Verfechter der Religionsfreiheit in Amerika für Juden und alle Völker war, ist das, was in den Geschichtsbüchern sorgfältig zensiert wurde, die absolute Tatsache, dass Jefferson die jüdische Religion ganz klar als absolut abscheulich betrachtete. In einem Brief an John Adams vom 13. Oktober 1813 kommentierte der vielgelesene Intellektuelle den Talmud und andere jüdische Lehren: „Welche elende Verderbtheit der Gefühle und Sitten muss vorgeherrscht haben, dass solche verdorbenen Maximen überhaupt Kredit erhalten konnten! Es ist unmöglich, aus diesen Schriften eine kohärente Reihe von Morallehren abzuleiten".

Jefferson beschrieb sich selbst als „einen wahren Christen, d. h. einen Anhänger der Lehren Jesu" und schrieb an William Short (31. Oktober 1819), dass er Jesus als „den größten aller Reformatoren der verdorbenen Religion seines eigenen Landes" betrachtete, und fügte in einem späteren Brief an Short (4. August 1820) hinzu, dass Christus zwar „universelle Philanthropie, Nächstenliebe und Wohlwollen" predigte, die Juden aber Lehren befolgten, die ihnen „den unsozialsten Geist gegenüber anderen Nationen" einpflanzten. Jefferson schrieb, dass Jesus als „Reformator des Aberglaubens einer Nation" sich in einer „immer gefährlichen" Position befand, indem er sich den „Priestern des Aberglaubens" - den Pharisäern - widersetzte, die er als „blutrünstige Rasse... grausam und ohne Reue wie das Wesen, das sie als Gott der Familie Abrahams, Isaaks und Jakobs und als den lokalen Gott Israels darstellten", beschrieb. Wenn er heute leben würde, würde Jefferson gegen die Neue Weltordnung kämpfen: den Traum von einem globalen jüdischen Imperium.

Die Pilgerreise von Senator John McCain und seinem guten jüdischen Freund Joe Lieberman (beide links) zum Londoner Hauptsitz von Lord Jacob Rothschild (rechts) symbolisiert das Vordringen des Rothschild-Imperiums an die Küsten Amerikas. Diese beiden amerikanischen Abgeordneten zählen heute zu den wichtigsten Befürwortern der Neuen Weltordnung.

VORWORT

Diejenigen, die herrschen: John McCain, einer von vielen amerikanischen Jüngern des Rothschild-Imperiums

Einige Zyniker behaupten, dass der Besuch von Senator John McCain in London im Frühjahr 2008, um an einer von Lord Jacob Rothschild vom internationalen Bankenimperium organisierten Spendensammlung für seine Präsidentschaftskandidatur teilzunehmen, einfach ein Fall gewesen sein könnte, in dem McCain sich direkt an Rothschild wandte, um dessen Befehle entgegenzunehmen, anstatt sie von einem der vielen Rothschild-Diener überbringen zu lassen, die es sich zur Aufgabe gemacht haben, Politikern auf der ganzen Welt zu sagen, was sie wann und wie zu tun haben.

Wie um seine Loyalitäten zu unterstreichen, besuchte McCain vor seinem Besuch bei Rothschild Israel, den Staat im Nahen Osten, der die Rothschild-Familie zu seinen wichtigsten Förderern zählt, so dass ein früherer Rothschild, Edmond aus dem Pariser Zweig der internationalen Bankiersfamilie, heute auf der israelischen Währung geehrt wird.

Es ist vielleicht nicht überraschend, dass Herr McCain bei der Rothschild-Gala (und in Israel) von seinem guten jüdischen Freund und glühenden Verfechter Israels, Senator Joseph Lieberman (I-Conn.), begleitet wurde, der Herrn McCain unterstützt hat und oft als McCains Running Mate für die Vizepräsidentschaft oder als wahrscheinlicher Außenminister in einer Regierung von Herrn McCain genannt wurde.

Obwohl McCains Sponsor Lord Rothschild (als britischer Staatsbürger) nach amerikanischem Recht nicht befugt war, direkt zu McCains Wahlkampf beizutragen, durfte Rothschild einen groß angelegten Spendenempfang für McCain ausrichten, an dem Londoner Amerikaner teilnahmen, die dem Einflussbereich der Rothschilds angehörten und bereit waren, mindestens 1000 Dollar pro Person zu zahlen, um das Privileg zu erhalten, mit dem amerikanischen Kandidaten in Kontakt zu kommen, der damals eindeutig der Favorit der Familie Rothschild für die Nominierung der Republikanischen Partei der USA war.

Dass das Rothschild-Imperium McCain unterstützt, ist für diejenigen, die dessen Hintergrund kennen, keine Überraschung.

Zunächst einmal ist McCain ein langjähriges Mitglied des Council on Foreign Relations (CFR). *Am 30.* Oktober 1993 beschrieb *die Washington Post* den CFR als „das, was einem herrschenden Establishment in den Vereinigten Staaten am nächsten kommt" und behauptete, es handele sich um „die Leute, die seit mehr als einem halben Jahrhundert unsere internationalen Angelegenheiten und unseren militärisch-industriellen Komplex verwalten", „Was die *Post* nicht gesagt hat, ist, dass der CFR in Wirklichkeit nur eine in New York ansässige Abteilung des Royal Institute of International Affairs ist, das als außenpolitischer Arm der Rothschild-Dynastie fungierte, lange Zeit hinter den Kulissen der wichtigste Motor für die imperialen Unternehmungen Großbritanniens, die eigentliche Kraft hinter dem sogenannten „britischen" Empire.

Daher sind diejenigen, die es vorziehen, vom CFR als treibende Kraft der Neuen Weltordnung zu sprechen - aber die Rothschild-Verbindung nicht zu erwähnen - bestenfalls unehrlich.

Darüber hinaus sind McCains Beziehungen hinter den Kulissen seines Heimatstaates Arizona nicht minder faszinierend und machen noch deutlicher, warum die Rothschilds an McCain interessiert sind.

Wie die *American Free Press - als erstes* und einziges Medium - hervorhob, war McCains verstorbener Schwiegervater Jim Hensley eine führende Figur im Netzwerk des organisierten Verbrechens rund um einen gewissen Kemper Marley, der in Arizona als Fassade für die Bronfman-Familie diente - Hauptakteure eines mächtigen jüdischen Verbrechersyndikats, das oft (wenn auch fälschlicherweise) als „die Mafia" bezeichnet wird -, die Marley benutzte, um die beiden größten Parteien in diesem Staat zu kontrollieren.

Die Familie Bronfman ist seit langem mit den Rothschilds als einer der größten milliardenschweren Förderer Israels und der weltweiten zionistischen Bewegung verbündet, und zwar so sehr, dass Edgar Bronfman, das Oberhaupt der Dynastie, viele Jahre lang Präsident des Jüdischen Weltkongresses (WJC) war, der heute von seinem Sohn Matthew geleitet wird, der Vorstandsvorsitzender des WJC ist. (Als McCain im Jahr 2000 zum ersten Mal für das Amt des Präsidenten kandidierte, unterstützte Edgar Bronfman seine Kampagne. Damals zählte McCain zu seinen engsten Beratern den allgegenwärtigen Sprecher jüdischer Interessen, William Kristol, von der neokonservativen, dezidiert pro-israelischen Zeitschrift *The Weekly Standard*, deren Besitzer, der Medienbaron Rupert Murdoch, durch das Sponsoring der Familien Rothschild und Bronfman zu Reichtum und Macht gelangte.

Es ist erwähnenswert, dass Kristol an den geheimen Bilderberg-Treffen teilnahm, die jedes Jahr von der Rothschild-Familie in Partnerschaft mit ihren amerikanischen Handlangern, der Rockefeller-Familie, gesponsert werden (eine umfassende Geschichte der Bilderberger von dem einzigen Journalisten, der 30 Jahre lang um die Welt reiste, um ihre Aktivitäten zu verfolgen, finden Sie in Jim Tucker's *Bilderberg Diary*). Die Verbindung McCain-Bronfman-Rothschild ist also auf vielen Ebenen intim und erklärt zum großen Teil McCains langjährige Neigung, fieberhaft israelische (und jüdische) Interessen zu vertreten.

McCain erklärte, er werde von den „Wilsonschen Prinzipien" „geleitet", d. h. der internationalistischen Philosophie, nach der die militärische Macht der USA eingesetzt werden muss, um das durchzusetzen, was letztlich tatsächlich die Neue Weltordnung ist.

Aus dem Dossier geht hervor, dass McCain seit langem Teil einer Elitegruppe ist, die amerikanische Militäraktionen zur Verteidigung Israels fördert. Laut der Ausgabe des in London ansässigen *Jewish Chronicle* vom 2. August 1996 war McCain Mitglied der selbsternannten Commission on America's National Interest, die einen Bericht veröffentlichte, in dem Israel als erstrangiges Interesse der USA eingestuft wurde, für das es sich lohne, „Schätze und Blut zu vergießen" - eine Schlussfolgerung, die viele in Frage stellen könnten. Der Bericht stellt das Überleben Israels „auf die gleiche Stufe wie die Verhinderung von nuklearen und biologischen Angriffen auf die USA als vitales amerikanisches Interesse". Der *Chronicle* fasste den Bericht unter Berufung auf die Gruppe mit der Überschrift zusammen: „Amerikaner sollten Krieg führen, um Israel zu verteidigen".

Für seine enthusiastischen Bemühungen zugunsten Israels verlieh das Jewish Institute for National Security Affairs (JINSA) McCain 2006 seinen „Distinguished Service Award", benannt nach dem verstorbenen Senator Henry M. Jackson (D-Wash.), einem anderen „Goy", der wie McCain schamlos 24 Stunden am Tag für jüdische und israelische Interessen arbeitete, während er im Kongress saß.

Von der JINSA begrüßt zu werden, ist jedoch eine zweifelhafte Ehre, da mehrere mit der JINSA verbundene Personen, darunter ihr Gründer Stephen Bryen und Bryens enger Freund Richard Perle (ein weiterer regelmäßiger Teilnehmer an den Treffen der oben erwähnten Bilderberg-Gruppe) sowie Paul Wolfowitz (kurzzeitig und zuletzt Präsident der Weltbank), in den letzten Jahren alle Gegenstand von Ermittlungen des FBI wegen des Verdachts der Spionage für Israel gewesen sind.

Im Frühjahr 2008 erhielt McCain die offizielle und öffentliche Unterstützung der königlichen Familie des internationalen Zionismus, der Rothschilds.

Später, wie um diesen Punkt zu unterstreichen, trat Lynn Forrester de Rothschild, die in den USA geborene Ehefrau von Evelyn de Rothschild - einer weiteren der in London ansässigen Rothschilds - von ihrem Posten im Nationalen Politischen Komitee der Demokratischen Partei zurück (wo sie Hillary Rodham Clintons Präsidentschaftsambitionen unterstützt hatte) und unterstützte McCain statt den demokratischen Präsidentschaftskandidaten Barack Obama.

Ironischerweise sollte im selben Zusammenhang erwähnt werden, dass Edgar Bronfman, ein langjähriger McCain-Anhänger (und Rothschild-Satellit), seine Unterstützung für McCain verweigerte, nachdem der republikanische Präsidentschaftskandidat die umstrittene Gouverneurin von Alaska, Sarah Palin, als seine Running Mate ausgewählt hatte. Obwohl Palin eine starke Befürworterin Israels ist, fand Bronfman diese Frau unangenehm und entschied sich für die Unterstützung von Barack Obama.

Tatsache ist jedoch, dass Obama selbst - trotz der Gerüchte, die nahelegen, dass er Israel gegenüber nicht sehr freundlich eingestellt sei - stets unter der Aufsicht mächtiger jüdischer Interessengruppen operierte, die mit Israel und dem jüdischen Syndikat des organisierten Verbrechens verbunden sind, nämlich den in Chicago ansässigen Familien Crown und Pritzker (auf die wir später auf diesen Seiten noch zu sprechen kommen).

Letztendlich übten die Rothschild-Dynastie und die Neuen Pharisäer bei den Präsidentschaftswahlen 2008 eine effektive Kontrolle über die beiden Präsidentschaftskandidaten der größten Parteien in den Vereinigten Staaten aus.

In jedem Fall sollte klargestellt werden, dass es keinen Zweifel daran gibt, dass die Rothschilds die „Königsfamilie des internationalen

Judentums" sind. Der israelische Schriftsteller Amos Elon hat in seinem Buch *Founder: A Portrait of the First Rothschild and His Time* aus dem Jahr 1996 die Geschichte eines gewissen Juden, der auf die Frage, warum die Juden so stolz seien, obwohl sie keine Prinzen hätten und an keiner Regierung beteiligt seien, antwortete: „Wir sind keine Prinzen, und doch sind wir eine königliche Familie: Wir sind keine Prinzen, aber wir regieren sie.

Rabbiner Joseph Telushkin, ein prominenter moderner jüdischer religiöser Schiedsrichter und Sprecher für jüdische Anliegen, schrieb: „Bis heute bleiben die Rothschilds die Aristokraten des jüdischen Lebens... 'die' Symbole des Reichtums." (Überraschenderweise behauptete Teluschkin um der Genauigkeit willen dennoch, dass die Rothschilds nicht mehr die reichste Familie unter den Juden sind - eine Behauptung, die die Realität, wie sie auf den Seiten von *The New Babylon* beschrieben wird, im Gegenteil nahelegt).

Und die Tatsache, dass das Rothschild-Erbe immer den Prinzipien ihres jüdischen Glaubens verpflichtet war, ist ein Punkt, den man nicht vergessen darf. Er ist ein integraler Bestandteil des Verständnisses der gesamten Rolle, die die Familie Rothschild und ihre Satelliten in der internationalen Bankenwelt bei der Ausrichtung der Weltgeschäfte gespielt haben: ihr einzigartiges Streben nach einer neuen Weltordnung.

Auf unseren ersten Seiten zitierten wir einen der ersten Biografen des Gründers der Rothschild-Familie, den bewundernden Meyer, mit den Worten: „Rothschild war ein eifriger Talmudgläubiger und wählte ihn als einziges Leitprinzip für all seine Handlungen". Diese wesentliche Tatsache verdient es, noch einmal zitiert zu werden.

Der berühmte jüdische Historiker Chaim Bermant stellte fest, dass Meyer Amschel, der Gründer der Rothschild-Dynastie, in einer Rabbinerschule erzogen worden war und „alle jüdischen Traditionen hochhielt". Seine Frau Gittel war die klassische jüdische Matriarchin der Legende, was in allen Erzählungen über die Familie Rothschild belegt wird.

Über die Rothschilds schrieb der israelische Historiker Amos Elon in seiner eigenen Biografie über den Gründervater der Rothschilds: „Im Gegensatz zu anderen assimilierten Juden betonten sie ihre ethnische Zugehörigkeit und ihre Religion, ja, sie stellten sie sogar zur Schau.

Die Rothschilds waren in der Tat sehr religiöse Juden - *sehr* religiös.

Amschel in Frankfurt (Meyers Sohn) behielt seine „alten hebräischen Sitten und Gebräuche" bei, und es heißt, dass er als „der religiöseste Jude in Frankfurt" galt und sogar eine Synagoge in seinem eigenen Haus hatte. Die Rothschilds trauen Konvertiten vom Judentum zum Christentum nicht. „Es ist eine schlechte Sache", sagte James Rothschild, „wenn man es mit einem Apostaten zu tun hat".

Laut Niall Fergusons jüngster Studie über die Familie Rothschild (mit Hilfe der Familie Rothschild) waren die Rothschilds in ihrer Religiosität besonders hartnäckig: „Jede Schwächung der jüdischen Einheit traf [die Rothschilds] wie eine Niederlage in einer feindlichen Welt".

Die Rothschilds sind dafür bekannt, dass sie ein Mitglied ihrer eigenen Familie, Hannah, verfolgten, die einen Heiden geheiratet und sich zum Christentum bekehrt hatte.

Niall Ferguson stellte fest, dass Hannah „eine der wenigen Barrieren durchbrochen hatte, die zwischen den Rothschilds und der gesellschaftlichen Elite Europas bestanden, und vielleicht die einzige, die die Rothschilds selbst bewahren wollten". Es besteht also kein Zweifel daran, dass die Rothschilds trotz ihrer gemeinsamen Beziehungen zu den gekrönten Häuptern und christlichen Adelsfamilien Europas eine talmudische und jüdisch-zentristische Haltung beibehielten.

Dies ist umso bemerkenswerter, als andere jüdische Bankiersfamilien in England zahlreiche Mitglieder englischer Aristokratenfamilien heirateten. (Um es drastisch auszudrücken: Die Juden bekamen die Titel und das Prestige und die englischen Aristokraten bekamen das Geld von den Juden).

Niall Ferguson stellt fest, dass es eine Zeit gab, in der die Rothschilds „in den Augen der anderen Juden einen mythischen und talismanischen Status hatten; nicht nur die Juden der Könige, sondern auch die 'Könige der Juden' - gleichzeitig erhaben über ihren Reichtum und sich ihrer eigenen bescheidenen Herkunft bewusst".

Bereits 1835 und 1836 kommentierte sogar das kleine *Niles* (Ohio) *Weekly Register* in der neuen amerikanischen Nation, dass „die Rothschilds die Wunder des modernen Bankwesens sind..." und fügte mit Nachdruck hinzu: „Wir sehen die Nachkommen Judas nach einer 2000-jährigen Verfolgung über Könige blicken, sich höher erheben als Kaiser und einen ganzen Kontinent in ihren hohlen Händen halten: Wir sehen die Nachkommen Judas nach einer 2000-jährigen Verfolgung über Könige blicken, sich höher erheben als Kaiser und einen ganzen Kontinent in ihren hohlen Händen halten.

Die Rothschilds regieren eine christliche Welt. Kein Kabinett bewegt sich ohne ihren Rat. Sie reichen ihre Hand mit der gleichen Leichtigkeit von St. Petersburg nach Wien, von Wien nach Paris, von Paris nach London, von London nach Washington.

Baron Rothschild... ist der wahre König von Juda, der Prinz der Gefangenen, der Messias, auf den dieses außergewöhnliche Volk so lange gewartet hat. Er hält die Schlüssel zu Frieden oder Krieg, Segen oder Fluch in der Hand...

Sie sind die Makler und Berater der Könige Europas und der republikanischen Führer Amerikas. Was könnten sie sich mehr wünschen

Thomas Duncombe, Mitglied des britischen Parlaments, fasste die Anerkennung der immensen Macht dieser Familie sehr gut zusammen, als er Ende der 1870er Jahre sagte: „Es gibt [...] einen geheimen Einfluss hinter dem Thron, dessen Gestalt nie gesehen wird, dessen Name nie ausgesprochen wird, der Zugang zu allen Geheimnissen des Staates hat [...]. Eng verbunden mit dieser unsichtbaren, körperlosen Person ist eine sehr feste und substanzielle Form, eine neue und furchterregende Macht, die in Europa bisher unbekannt war; er ist Herr über grenzenlosen Reichtum und rühmt sich, dass er der Schiedsrichter über Frieden und Krieg ist und dass der Kredit der Nationen von seinem Nicken abhängt; seine Korrespondenten sind unzählig; seine Kuriere übertreffen die der souveränen Prinzen und der absoluten Herrscher; die Minister des Staates stehen in seinem Sold.

Er nimmt in den Kabinetten Kontinentaleuropas eine führende Stellung ein und strebt danach, auch das unsere zu beherrschen... Die Existenz dieser geheimen Einflüsse ist eine Frage der Bekanntheit... Ich glaube, dass ihr Zweck ebenso unrein ist wie die Mittel, mit denen ihre Macht erlangt wurde, und ich prangere sie und ihre Agenten an...

Einer der großen Kreuzritter gegen das Rothschild-Imperium im 19. Jahrhundert war der wortgewandte Franzose Edouard Drumont. Eines seiner berühmten Werke trägt den Titel *La France Juive (Das jüdische Frankreich)*. Über das Phänomen der jüdischen Macht schrieb er:

> Dank ihrer Genialität als Verschwörer und Händler haben sie wieder eine gefürchtete Geldmacht aufgebaut, nicht nur wegen der angeborenen Macht, die das Geld besitzt, sondern auch, weil die

Juden andere Mächte geschmälert oder zerstört haben, damit ihre eigene allein stehen bleibt; weil sie eine Gesellschaft geformt und gestaltet haben, in der das Geld der wahre Herrscher über alles ist.

Diese Geldmacht achtet wie alle Mächte auf ihre eigenen Interessen, sie geht in die Richtung, die ihr am profitabelsten erscheint.

Die Erkenntnis, dass die Rothschilds in vielerlei Hinsicht eine „internationale" Familie waren, wurde schließlich Teil der Legende, die dieses riesige Geldimperium umgibt. John Reeves schrieb das 1887 veröffentlichte Buch *The Rothschilds: The Financial Rulers of Nations*, in dem er unmissverständlich feststellte:

> „Die Rothschilds gehören keiner Nationalität an. Sie sind kosmopolitisch... Sie gehören keiner Partei an. Sie waren bereit, sich auf Kosten ihrer Freunde und ihrer Feinde zu bereichern".

Prinz Hermann Ludwig Heinrich von Pückler-Muskau, ein bekannter deutscher Adliger und Autor zahlreicher Bücher, verglich Rothschild mit dem Sultan des Osmanischen Reiches. Der Sultan, so sagte er, sei der Herrscher aller Gläubiger, während Rothschild „der Gläubiger aller Herrscher" sei.

Der deutsche Ökonom Freidrich List erklärte, Rothschild sei „der Stolz Israels, der mächtige Verleiher und Herr alles geprägten und ungemünzten Silbers und Goldes der alten Welt, vor dessen Sparschwein sich Könige und Kaiser demütig verneigen". Kurzum, wie Rothschilds Biograf Niall Ferguson feststellte, war Rothschild „der König der Könige". Man könnte jedoch hinzufügen, dass die meisten Menschen (zumindest im Westen) Jesus Christus als den König der Könige betrachten.

Im bereits erwähnten *Niles* (Ohio) *Weekly Register* aus dem Jahr 1830 wurde die Familie Rothschild als diejenigen bezeichnet, die das Heilige Land für das jüdische Volk fordern würden, und damit die Tatsache vorweggenommen, dass die Rothschilds tatsächlich zu den wichtigsten Förderern der zionistischen Bewegung werden sollten, die 1948 zur Gründung des Staates Israel führte:

> [Die Rothschilds] sind über alle Maßen reich, vielleicht sogar über alle Gier hinaus; und in einer solchen Situation ist es durchaus vernünftig anzunehmen, dass sie sich nach etwas anderem umsehen können, um ihren Ehrgeiz zu befriedigen...

Wenn sie sich den Besitz [Palästinas] sichern würden, der durch Geld erlangt werden kann, könnten sie sozusagen augenblicklich eine große

Nation zusammenstellen, die bald verteidigungsfähig werden und einen wunderbaren Einfluss auf den Handel und den Zustand des Orients haben würde - wodurch Juda wieder zum Aufbewahrungsort eines großen Teils des Reichtums der „alten Welt" werden würde.

Für den Sultan [des Osmanischen Reichs] hat das Land [Palästina] keinen großen Wert, aber in den Händen der Juden, die von Männern wie den Rothschilds geführt werden, was würde daraus nicht alles werden, und zwar in kürzester Zeit

Die Tatsache, dass die Rothschilds auf fast mystische Weise wahrgenommen wurden, ist insofern sehr deutlich, als einige (sehr zutreffend) vorhersagten, dass nicht nur Palästina, sondern auch ganz Europa in die Hände des Rothschild-Imperiums fallen würde.

Im Oktober 1840 behauptete die französische Zeitung *Univers*

> „Auf dem Thron Davids wird, sobald er wiederhergestellt ist, jene Finanzdynastie sitzen, die ganz Europa anerkennt und der sich ganz Europa unterwirft."

Der französische Sozialist Charles Fourier erklärte:

> „Die Wiederherstellung der Hebräer [in Palästina] wäre eine prächtige Krönung für die Herren des Hauses Rothschild. Wie Esra und Serubabel können sie die Hebräer nach Jerusalem zurückbringen und den Thron von David und Salomon erneut errichten, um eine Rothschild-Dynastie ins Leben zu rufen".

Interessanterweise war die jüdisch-britische „Cousinade" - wie sie von Chaim Bermant genannt wurde - in den ersten Jahren ihrer Blütezeit Bermant zufolge „fast durch und durch" antizionistisch und lehnte die Gründung eines jüdischen Staates ab. Insbesondere die Rothschilds - und das ist ein besonders wichtiger Punkt - waren besonders eifrig in ihrer Ablehnung des Zionismus, vielleicht mehr als andere Mitglieder dieser ineinander verwobenen Familien.

Lionel Rothschild war eine der wenigen Ausnahmen unter den Rothschilds, die den Zionismus ablehnten. 1915, nach dem Tod seines Vaters, wurde er zum Familienoberhaupt - er war also „Der" Rothschild - und indem er seine Position im Oberhaus übernahm, gab seine Unterstützung für den Zionismus der zionistischen Sache einen immensen Auftrieb. Es war Lionel, an den die berühmte Balfour-Erklärung gerichtet wurde. Es war jedoch Baron Edmond de Rothschild (Frankreich), der von den Juden in Palästina aufgrund seines großzügigen Mäzenatentums für den Zionismus als „der bekannte

Wohltäter" bezeichnet wurde, und es war der Bekehrung dieser jüdischen Dynastie zum Zionismus zu verdanken, dass der Staat Israel schließlich gegründet wurde.

So übernahm die internationale jüdische Finanzmacht, die von der Rothschild-Dynastie beherrscht wird, den Zionismus als Teil des Strebens nach einem jüdischen Utopia. Der Grundstein für die Entstehung der Neuen Weltordnung war gelegt. Und die Weltgeschichte schlug einen neuen und gefährlichen Weg ein.

Obwohl dieser alte jüdische Bauer (links) und der aufgeblähte Plutokrat Nathan Rothschild (rechts) sehr unterschiedliche Leben führten, waren

beide Anhänger des Talmuds, der das Rothschild-Imperium auf seinem Weg zur Macht leitete, von dem die gesamte jüdische Weltgemeinschaft in hohem Maße profitierte. Es heißt, dass Juden auf der ganzen Welt Rothschild nicht nur als den „König der Juden", sondern auch als den „König der Könige" betrachteten. Die unten stehende wütende antijüdische Karikatur parodierte die jüdische Emanzipation in Europa und suggerierte, dass die Juden erwarteten, dass ihre neu gewonnenen Freiheiten es ihnen ermöglichen würden, auf Kosten der Christen noch mehr zu profitieren. In Wirklichkeit wuchsen der Reichtum und die Macht der Juden exponentiell.

EINLEITUNG

Verflechtete Wirklichkeiten - Juden, Israel, Geld und Macht: Tabuthemen in unserer modernen Welt

Als Wilhelm Marr - der es lautstark wagte, die jüdische Finanzmacht herauszufordern (und dem häufig die Erfindung des Begriffs „Antisemitismus" zugeschrieben wird) - 1879, als sich Deutschland als Nation konsolidierte, aus deutscher Sicht schrieb, sagte er voraus, dass die jüdische Finanzwelt in seinem Heimatland herrschen würde, allerdings zu einem hohen Preis.

Ja, die Judenfeindschaft wird Deutschland zur Weltmacht erheben und es zum neuen Palästina Europas machen. Dies wird nicht durch eine gewaltsame Revolution geschehen, sondern durch die Stimme des Volkes selbst, sobald die deutsche Gesellschaft die höchste Stufe des sozialen Bankrotts und der Ratlosigkeit erreicht hat, auf die wir zu rasen drohen.

Unser germanisches Element hat sich angesichts der Fremdherrschaft kulturell und historisch als hilflos und unfähig erwiesen, irgendetwas zu erreichen.

Das ist eine Tatsache, eine brutale, erbarmungslose Tatsache.

Marr behauptete, dass die von Juden kontrollierten Medien in Deutschland Auswirkungen auf alle Aspekte der Gesellschaft hätten: „Der Staat, die Kirche, der Katholizismus, der Protestantismus, das Glaubensbekenntnis und das Dogma müssen sich vor dem jüdischen Areopag, der Tagespresse, verneigen", sagte er.

(Interessant ist übrigens, dass selbst zu dieser Zeit - wie Marr feststellte - der jüdische Einfluss auf die „Tagespresse" immer besorgniserregender wurde.) Und wie Marr vorausgesagt hatte, befand sich Deutschland in den Jahren nach dem Ersten Weltkrieg tatsächlich in einem Zustand des Bankrotts und der Dekadenz, und das Judentum nahm in Deutschland eine herausragende Stellung ein, mehr als je zuvor.

1933 fand in Deutschland jedoch eine Volksrevolution durch die Wahlurnen statt, die zum Aufstieg Adolf Hitlers und der Nationalsozialistischen Deutschen Arbeiterpartei führte, wodurch der jüdische Einfluss in Deutschland, wo die jüdischen Mächte zuvor geherrscht hatten, zurückging.

Deutschland ist nicht mehr, wie Marr gesagt hatte, „das neue Palästina".

In Wirklichkeit stellen wir heute fest, dass die Situation Amerikas der Deutschlands vor der deutschen Revolution von 1933 ähnelt.

Die amerikanische Wirtschaft liegt in Trümmern, die Wall-Street-Hacker - von denen viele, vielleicht sogar die meisten, Juden sind - haben die Nation an den Rand des Bankrotts gebracht, während ein amerikanischer Präsident - George W. Bush - den Schatz der Nation (und das Blut ihrer Jugend) in der Verfolgung von Kriegen dezimiert hat, die von der jüdischen Lobby gefordert werden. Dennoch beeinflussen die Interessen der jüdischen Macht - die alle im Einflussbereich des Rothschild-Imperiums agieren - weiterhin den Verlauf der amerikanischen Geschäfte.

Professor Norman Cantor, ein angesehener jüdischer Gelehrter, hat die immense Macht der Juden im heutigen Amerika zusammengefasst. In seinem umstrittenen Buch *Die heilige Kette*, das wegen seiner Offenheit weithin kritisiert wurde, schrieb Cantor: In den vier Jahrzehnten nach 1940 sind die Juden in der amerikanischen Gesellschaft heimisch geworden, in den komfortablen Vorstädten, an den Universitäten und in den privilegierten Hochburgen der gelehrten Berufe, in den Unternehmen, in der Politik und der Regierung und in den Medien, wo sie die Kontrolle ausüben. In den intellektuellen Berufen waren Juden um den Faktor fünf oder sechs überrepräsentiert.

1994 machten die Juden nur 3% der amerikanischen Bevölkerung aus, aber ihr Einfluss entsprach dem einer ethnischen Gruppe, die 20% der Bevölkerung ausmacht.

Nichts in der jüdischen Geschichte kam diesem Grad der jüdischen Erlangung von Macht, Reichtum und Vorrang gleich.

Weder im muslimischen Spanien, noch im Deutschland des frühen 20. Jahrhunderts, noch in Israel selbst, weil es in diesem kleinen Land keine vergleichbaren Niveaus von Reichtum und Macht im Weltmaßstab zu erreichen gab.

Cantor schloss: „Die Morgans, die Rockefellers, die Harrimans, die Roosevelts, die Kennedys, die Titanen vergangener Epochen, wurden vom Juden als Urheber makelloser Leistungen verdrängt...".

Als solches ist es in unserer heutigen Welt zu einem offenen Geheimnis geworden, dass es einen 300 Pfund schweren Gorilla im Raum gibt - die Rolle der organisierten jüdischen Gemeinschaft - allgemein, aber nicht immer korrekt als „zionistische Bewegung" bekannt -, die eine herausragende Macht in unserer modernen Gesellschaft ist, nicht nur in den Vereinigten Staaten, sondern im größten Teil des Westens und anderswo auf der Welt.

Die jüdischen Machtinteressen haben in den heutigen Vereinigten Staaten eine herausragende Stellung erreicht und mittlerweile (und nicht unbedingt als Folge davon, vielleicht trotz des jüdischen Einflusses) sind die Vereinigten Staaten praktisch die mächtigste Nation auf der Erdoberfläche, die vielleicht nur - in der Realität - von Israel selbst übertroffen wird. So ist die jüdische Gemeinschaft in den USA zur unbestrittenen Elite der heutigen Vereinigten Staaten geworden. Wir könnten sie als „die neue Elite" bezeichnen. Sie sind die Herrschenden.

Man sollte sich jedoch immer vor Augen halten, dass der Haupteinfluss innerhalb der jüdischen Gemeinschaft über mehrere hundert Jahre hinweg das in Europa ansässige Rothschild-Imperium war. Diese Dynastie hat ihre Tentakel auf amerikanischen Boden ausgebreitet, so dass es heute reiche und mächtige jüdische Familien und Finanzinteressen gibt, die in der Sphäre der Rothschilds operieren und die für sich genommen substanziell sind. Die Wurzeln dieses jüdischen Machtnetzes in Amerika gehen jedoch auf die europäische Rothschild-Familie zurück, die sich durch ihren Einfluss in Ländern wie Frankreich, Deutschland, Italien, Österreich und natürlich England als erste Bankengruppe zur Lenkung der Weltgeschäfte etabliert hat.

In unserer modernen Zeit und in der Zeit vor uns haben viele Menschen, die manchmal als „Antisemiten" bezeichnet werden, den Begriff „die Juden" verwendet, um verschiedene Aspekte der amerikanischen und internationalen Angelegenheiten zu bezeichnen, seien es interne Angelegenheiten oder die Durchführung der verschiedenen Außenpolitiken der Nationalstaaten. Es wäre jedoch unzutreffend zu sagen, dass sich die Verwendung des Begriffs „die Juden" tatsächlich auf alle Personen jüdischen Glaubens bezieht.

Tatsächlich verwenden viele, die den Begriff „die Juden" verwenden, ihn oft in Bezug auf das Verhalten - oder vielleicht sollten wir sagen „Fehlverhalten" - des Staates Israel oder der Juden in Amerika und anderswo, die Israel unterstützen.

Es gibt jedoch einen anderen Aspekt der Verwendung des Begriffs „die Juden", der vielleicht noch wichtiger ist. Noch einmal: Die Verwendung dieses Begriffs bezieht sich nicht auf das gesamte jüdische Volk, sei es in Israel oder anderswo.

Nein, die Verwendung des Begriffs „die Juden" in einem weiten und vielleicht allgemeinen Sinne bezieht sich in dieser Hinsicht tatsächlich auf die internationale Geldmacht.

Diese internationale Währungsmacht, deren Wesen einen unbestreitbaren jüdischen Aspekt aufweist, entspringt den Intrigen und Machenschaften einer globalen Bankendynastie, dem Rothschild-Imperium, dessen Tentakel sich über den ganzen Planeten erstrecken.

Im Gegenzug entdecken wir, dass es im Laufe der Zeitalter einen langjährigen jüdischen Traum von der Errichtung einer Weltordnung gab - eines neuen Imperiums - einer Neuen Weltordnung, wenn Sie so wollen. Und an der Spitze dieser Pyramide der Neuen Weltordnung finden wir den Namen Rothschild. Das Haus Rothschild und sein Imperium bilden das Fundament dieser neuen Weltordnung.

Es gab viele jüdische Bankiers und Wucherer in den vielen Jahren vor dem Aufstieg des Rothschild-Imperiums Ende des 18. Jahrhunderts, aber erst mit dem Aufstieg der Rothschild-Dynastie trat diese internationale Währungsmacht als die Kraft hervor, zu der sie sich entwickelt hat.

Es gab jüdische Bankiers und Wucherer, die an vielen Orten der westlichen Zivilisation und im Nahen Osten, in Afrika, Asien und Lateinamerika tätig waren, aber erst mit dem Aufstieg der Rothschild-Dynastie erreichte diese Macht eine Einheit, die sie zuvor nie gekannt hatte.

Tatsächlich könnte man - zu Recht - sagen, dass der Aufstieg der Rothschilds eine „Königsfamilie" des internationalen Judentums oder sogar eine Königsfamilie des internationalen Finanzwesens etabliert hat.

In den folgenden Jahren, Jahrzehnten und Jahrhunderten wurde das Vermögen der Rothschilds, das in Europa gemeinhin als „das Vermögen" bezeichnet wird, zu einer zentralen Kraft in der internationalen Steuerung der Geldpolitik und damit auch in der Steuerung der internationalen Politik der verschiedenen Nationalstaaten, der verschiedenen Königshäuser und sogar der verschiedenen „Demokratien", die in dieser Zeit, in der das Rothschild-Imperium eine Konstante blieb, bestanden und sich weiterentwickelt haben, Das Rothschild-Imperium blieb eine konstante, allgegenwärtige Kraft, die nicht nur hinter den Kulissen agierte, sondern auch offen durch ihren Einfluss auf Regierungen und Völker, nicht nur in der „zivilisierten" Welt, sondern letztlich auf der ganzen Welt, da sich das Britische Empire - insbesondere - über den gesamten Planeten erstreckte und das britische Außenministerium in vielerlei Hinsicht ein virtueller Arm der Rothschild-Dynastie war.

Ebenso begannen sie in anderen europäischen Ländern, die Rivalen Großbritanniens waren, ihren Einfluss auf andere Kontinente auszudehnen. Die verschiedenen Zweige der Rothschild-Familie in Wien, Paris, Frankfurt und Neapel, mit Satelliteneinflüssen in Hongkong, Shanghai und sogar in Australien, begannen, ihre Macht auszuüben.

So wurde in dieser Hinsicht der Begriff „die Juden" oft auf die internationale Währungsmacht angewandt, und diese internationale Währungsmacht hat aus einer Kombination von Gründen - religiösen, philosophischen, wirtschaftlichen, die alle zusammen in einer geopolitischen Kraft kombiniert wurden - tatsächlich die Grundlage für das gelegt, was heute im Volksmund als „die Neue Weltordnung" bekannt ist. „

Diese neue Weltordnung - die sich um die Operationen des Rothschild-Imperiums dreht, das sich als räuberische Kraft in den Angelegenheiten der Nationen und heute insbesondere der Vereinigten Staaten etabliert hat - wurde in der Tat mit einer langjährigen jüdischen Philosophie verwoben, die auf die Zeit des Babylonischen Talmuds zurückgeht, der die leitende Kraft des heutigen jüdischen religiösen Denkens ist. In dieser Hinsicht haben wir also ein neues Babylon vor uns.

Letztendlich ist es kein Zufall, dass der Vorwurf des „Antisemitismus" gegen Personen und Institutionen erhoben wird, die es gewagt haben, die Rolle der internationalen Währungsmacht im Weltgeschehen zu kritisieren, selbst gegen solche, die nicht ausdrücklich auf ihre jüdischen Einflüsse und Hintergründe hingewiesen haben. Dabei handelt es sich um ein über die Jahrhunderte hinweg übliches Phänomen.

In jüngerer Zeit wurden diejenigen, die es beispielsweise wagten, das als Federal Reserve System bekannte private und kontrollierte Geldmonopol zu kritisieren - das in Wirklichkeit, wie wir sehen werden, eine Schöpfung der mit den Rothschilds verbundenen und auf amerikanischem Boden operierenden internationalen Bankkräfte ist -, zumindest des Antisemitismus „verdächtigt" oder als „potenzielle" Antisemiten wahrgenommen, indem sie es sogar wagten, die Frage nach der Berechtigung der Existenz dieses Systems aufzuwerfen. Jede Diskussion über die internationale Währungsmacht, jede Diskussion über die so genannte „neue Weltordnung" wird als „Antisemitismus" oder „potenzieller Antisemitismus" betrachtet, eben weil jede Diskussion oder Forschung zu diesen Themen, wenn sie bis zu ihrem letzten Schluss geführt würde, in Richtung der Familie Rothschild, der Prinzen der globalen jüdischen Elite, zeigen würde.

Im Jahr 1777 erklärte Maria Theresia, die Kaiserin von Österreich: „Ich kenne keine Plage, die dem Staat lästiger ist als diese Nation, die die Menschen durch Betrug, Wucher und Finanzverträge in die Armut treibt und alle Arten von schädlichen Praktiken ausübt, die ein ehrenhafter Mann verabscheuen würde".

Das Wesen dieses plutokratischen Gebäudes, seine räuberische Struktur, wurde in einem provokativen und detaillierten Bericht deutlich, den die deutsche Regierung 1940 veröffentlichte - eine Studie, die sich auf die finanzielle Kontrolle der Rothschilds (und davor hauptsächlich der Juden) über das Britische Empire konzentrierte. Unter dem Titel „*Wie die Judenheit England in einen plutokratischen Staat verwandelte*" behauptete die Studie: Unter Plutokratie versteht man eine Regierungsform, in der die Wahl ihrer Mitglieder auf deren Besitz von Reichtum beruht. Das Wort Plutokratie leitet sich von den griechischen Wurzeln=Reiche und kratein=Regieren ab. Plutokratie bedeutet also: die Herrschaft der Macht des Geldes, oder freier ausgedrückt: die Regierung des jüdischen Goldes.

Das historische Beispiel für einen Staat, der von Reichtum und Besitz regiert wurde, ist Karthago, wo auch das jüdische Element vertreten war. Es wurde von den reichen Kaufleuten regiert, die von einer Art „Unterhaus" namens „Rat der Dreihundert" und einem „Oberhaus" namens „Rat der Dreißig" vertreten wurden. Das Volk durfte keinen Einfluss auf die Regierung ausüben.

Für die Judenheit ist die Plutokratie die geeignetste Regierungsform.

Durch die Plutokratie erhält der riesige jüdische Kapitalismus, egal wie viele Juden er repräsentiert, notwendigerweise eine politische Position, denn in einem plutokratischen Staat kann, wie uns die Geschichte lehrt, eine kleine jüdische Clique einem großen Staat ihre Gesetze diktieren, wenn sie im Besitz des nötigen Kapitals ist.

Die Anerkennung dieser Plutokratie wurde in vielerlei Hinsicht zu dem, was viele Kritiker als „das jüdische Problem" bezeichneten, was zum Aufkommen antijüdischer Gefühle führte, die wiederum von vielen jüdischen Schriftstellern selbst als „jüdisches Problem" bezeichnet wurden. Und es ist ein Problem, das auch heute noch besteht, wie einige jüdische Intellektuelle wiederholt zugegeben haben.

Papst Clemens VIII. (regierte von 1592 bis 1605) erklärte unmissverständlich: „Die ganze Welt leidet unter dem Wucher der Juden, ihren Monopolen und ihrer Täuschung. Sie haben viele Unglückliche in die Armut gestürzt, vor allem die Bauern [und] die Arbeiter...".

Im Zusammenhang mit dieser plutokratischen Herrschaft sollte man sich an die Äußerungen des deutsch-jüdischen Industriellen und Politikers Walter Rathenau (1867-1922) erinnern. Im Jahr 1909 schrieb Rathenau in der Wiener *Neuen Freien Presse*:

> „Dreihundert Männer, die sich alle kennen, lenken die wirtschaftlichen Geschicke des Kontinents und suchen ihre Nachfolger unter ihren Anhängern".

Obwohl Apologeten behaupteten, Rathenau habe in dieser provokativen Aussage nicht angedeutet, dass diese 300 Personen Juden seien oder die nationalen Regierungen anführten, sagte er dennoch, was er sagte.

Theodore Fritsch, ein für seine Kritik an der jüdischen Macht bekannter deutscher Schriftsteller und Autor des Bestsellers *Handbook of the Jewish Question*, hat sich mit Rathenaus Bemerkungen auseinandergesetzt.

In seinem Essay „Die Verzweiflungstat eines verzweifelten Volkes" von 1922 (der tatsächlich nach Rathenaus Ermordung geschrieben wurde) stellte Fritsch fest, dass Rathenaus Worte „ein bemerkenswertes Eingeständnis" darstellten, dessen Konsequenzen nicht vollständig verstanden worden waren. Fritsch bewertete die Frage: Nach den Konsequenzen dieser Worte war es klar, dass

[Rathenau] sprach nicht von Prinzen und Staatsmännern an der Macht, sondern von einer Machtgruppe außerhalb der Regierung, die über die Mittel verfügt, der Welt, einschließlich der Regierungen, ihren Willen aufzuzwingen. Da er außerdem von der Bestimmung von Nachfolgern sprach, ist es offensichtlich, dass es eine fest strukturierte Organisation gibt, die nach festgelegten Grundsätzen und einer Aufgabenverteilung funktioniert und ihre Ziele systematisch verfolgt.

Nach Fritsch,

> „beweist dies nicht mehr und nicht weniger, als dass eine geschlossene Gesellschaft, eine Schattenregierung oder Superregierung, schon lange existiert und die wirtschaftlichen und politischen Ereignisse über die Köpfe der Nationen und Regierungen hinweg lenkt".

Was war die Quelle dieser Schattenregierung, fragte Fritsch? Er gab die Antwort: „Die jüdische Hochfinanz und ihre bezahlten, verbündeten und über die ganze Welt verbreiteten Lakaien".

Fritsch betonte, dass viele Menschen aus den von Rathenau vorgelegten Fakten nicht die richtigen Schlüsse gezogen hätten. Über die zerstörerische Tragödie des Ersten Weltkriegs nachdenkend, erklärte Fritsch:

Wenn die 300 Männer der geheimen Weltregierung das Schicksal der Welt lenken würden, was wäre dann mit diesem Weltkrieg geschehen? Hätten die 300 ihn nicht verhindern können? Da sie ihn nicht verhindert haben, haben sie ihn gewollt. Wenn die 300 Geldmächte jahrzehntelang die Weltpolitik bestimmt haben, dann haben sie folglich auch den Weltkrieg verursacht.

Vielleicht [taten sie es], um schließlich ihre Herrschaft in aller Öffentlichkeit zu errichten und die Prinzen zu vertreiben.

„Es ist an der Zeit", schreibt Fritsch, „dass die Nationen diese Tatsache endlich anerkennen und die Schuldigen zur Rechenschaft ziehen". Er stellt fest, dass die in *The International Jew* veröffentlichten Arbeiten von Henry Ford „umfassende Beweise" dafür liefern, wie jüdische Finanzinteressen den Ersten Weltkrieg ausgelöst haben. Über jüdische Plutokraten schrieb Fritsch, dass „wer sich auch nur im Geheimen damit brüstet, das Schicksal der Welt zu lenken, sollte jetzt den Mut und den Anstand haben, die *Verantwortung* für die politischen Ereignisse der Welt *zu übernehmen*".

Ironischerweise starb Fritsch 1933, gerade als sein Heimatland Deutschland damit begann, an der Zerschlagung der Macht des Rothschild-Imperiums auf europäischem Boden zu arbeiten, während gleichzeitig die Grundlagen für den Aufstieg des zionistischen Staates in den Jahren nach dem Zweiten Weltkrieg kurz darauf gelegt wurden.

Tatsächlich ermöglichte die plutokratische Elite - die jüdische Aristokratie im Strudel der Rothschild-Dynastie - und insbesondere die Rothschilds den Aufstieg des politischen Zionismus. Der Zionismus war ein Auswuchs des globalen Imperialismus, der sich im Rahmen der weltweiten Ausweitung des Reichtums und der Macht der Plutokratie entwickelte.

Der palästinensischstämmige amerikanische Philosoph Edward Said stellte die Synchronizität zwischen Zionismus und Imperialismus fest: „Wenn wir von Zionismus und Imperialismus sprechen, sprechen wir von einer *Familie von Ideen*, die derselben Dynastie angehören und aus demselben Samenkorn hervorgehen". Said bezeichnete das zionistisch-imperialistische Konstrukt (im Zusammenhang mit der zionistischen Besetzung Palästinas) als „ein ganzes System der Einschließung, Enteignung, Ausbeutung und Unterdrückung, das uns immer noch festhält und uns unsere unveräußerlichen Rechte als Menschen verweigert", und doch ist die Wahrheit, dass die zionistische Besetzung Palästinas sozusagen nur ein Mikrokosmos ist, der die zionistische Besetzung des gesamten Globus widerspiegelt - die Etablierung der jüdischen Machtelite als mächtige Schiedsrichter über den Lauf der Weltangelegenheiten, ohne Ausnahme.

Aber es gibt auch diejenigen, die versuchen, zwischen den Rothschilds und „dem Durchschnittsjuden", zwischen der zionistischen Bewegung und „dem Durchschnittsjuden" zu unterscheiden. Ein beliebter und wohlmeinender Refrain, der oft als fast ritueller Gesang unter einem bestimmten Segment von Amerikanern, die sich als „Patrioten" bezeichnen, zu hören ist, lautet: „Der durchschnittliche amerikanische Jude ist genauso ein Opfer des Rothschild-Imperiums wie jeder andere Amerikaner". Die „Patrioten" fügen hinzu, dass „der durchschnittliche amerikanische Jude nicht Teil des Problems ist". Wenn der durchschnittliche amerikanische Jude von den Intrigen der Rothschilds erfahren würde, würde er genauso empört werden wie jeder andere Amerikaner, der die Natur des Problems versteht".

Im gleichen Zusammenhang hört man oft von denselben Patrioten die Behauptung, dass „nicht alle Juden den Zionismus unterstützen". Sie fügen hinzu, dass „der Zionismus nicht das Judentum und das Judentum nicht der Zionismus ist". Diese Patrioten beeilen sich zu betonen, dass es jüdische Gruppen wie die Neturei Karta gibt, die sich aktiv gegen den Zionismus stellen.

In Bezug auf die Neturei Karta sagte Rabbiner Joseph Telushkin - ein viel gelesener Publizist für das, was in unserer modernen Zeit als „die" jüdische Sichtweise anerkannt wird - jedoch Folgendes:

Antizionisten zitieren die Neturei Karta oft als Beweis dafür, dass man gegen das Existenzrecht Israels sein kann, ohne antisemitisch zu sein.

Es ist jedoch sinnlos, sich auf die Neturei Karta zu berufen, um irgendetwas über das jüdische Leben zu beweisen.

Diese kleine Gruppe ist für die jüdischen Ansichten so wenig repräsentativ wie die Sekten in West Virginia, die während des Gottesdienstes mit Giftschlangen hantieren, für das Christentum.

Die Neturei Karta akzeptieren auch nicht die antizionistische Behauptung, dass die Juden nur eine Religion und kein Volk seien.

Darüber hinaus glauben sie an das Recht der Juden auf das Land Israel und sind überzeugt, dass Gott eines Tages den Messias - wahrscheinlich in der unverwechselbaren Kleidung der Neturei Karta - schicken wird, um alle Juden dort wieder einzusetzen.

Andererseits haben viele amerikanische Juden, die nicht Mitglieder von Neturei Karta sind, Israel offen kritisiert und sich aktiv gegen den Zionismus gestellt, darunter mehrere langjährige Freunde dieses Autors: 1) der geschätzte Dr. Alfred Lilienthal (starb im Alter von 94 Jahren am 6. Okt. 6. Oktober 2008); 2) der verstorbene Haviv Schieber, einer der Gründerväter Israels und Mitglied der Jabotinsky-Bewegung, aus der das neokonservative Netzwerk im heutigen Amerika hervorging; 3) der verstorbene Jack Bernstein, Autor des weit verbreiteten Buches *The Life of an American Jew in Racist Marxist Israel*; und 4) Mark Lane, der erste Kritiker des Berichts der Warren-Kommission über die Ermordung von John F. Kennedy und unerschütterlicher Verfechter der bürgerlichen Freiheiten für alle Menschen.

All dies vorausgeschickt, stimmt es, dass die meisten amerikanischen Juden - die überwältigende Mehrheit - sich wie Schafe ins Lager des Zionismus haben treiben lassen und Israel unterstützen, ob zu Recht oder zu Unrecht.

Dennis Praeger und sein Kollege, Rabbiner Joseph Telushkin, sind zwei zeitgenössische jüdische Schriftsteller, die vom Thema „Antisemitismus" besessen waren. Ihr Buch *Why the Jews? The Reason for Anti-Semitism* (Neuauflage 2003) behaupten sie unter anderem, dass die Behauptung der Juden, sie seien von Gott auserwählt, „um die Mission zu erfüllen, die Welt zu Gott und seinem Moralgesetz zu bringen", eine der Hauptursachen des Antisemitismus ist.

Außerdem erklärten sie, dass der *Grund* für das Judentum darin bestehe, die Welt zu verändern, um sie besser zu machen, und dass dieser Versuch, die Welt zu verändern, „die religiösen oder säkularen Götter der sie umgebenden Gesellschaften herauszufordern und moralische Forderungen an andere zu stellen (selbst wenn dies nicht ausdrücklich im Namen des Judentums geschieht), immer eine Quelle von Spannungen gewesen sei".

Interessanterweise räumen Praeger und Telushkin ein, dass viele dieser „moralischen Forderungen", die Juden anderen auferlegten, nicht immer „ausdrücklich im Namen des Judentums" formuliert wurden.

(Daraus könnte man schließen, dass die beiden Autoren andeuten, dass die Juden zur Verfolgung ihrer Agenda „Fassadengruppen" benutzt haben: Gruppen und Sprecher, die an *sich* nicht jüdisch sind, aber eine jüdische Agenda vertreten. Die Suggestion, dass Juden anderen „moralische Forderungen" auferlegt haben, erinnert in gewisser Weise an den Hinweis des deutschen Politikers Adolf Stoecker, der bei einer Gelegenheit auf die „Bedeutungsansprüche" der Juden verwies. Er erinnerte auch an das, wie er es nannte, „Maß an Intoleranz [gegenüber Nichtjuden], das bald unerträglich sein wird", ein konstantes Phänomen, insbesondere in jüdischen Schriften). Praeger und Telushkin behaupten auch, dass es „tiefen Neid und Feindseligkeit unter vielen Nichtjuden" gegeben habe, und zwar aufgrund der Tatsache, dass, wie die beiden Autoren verkünden, „Juden in fast jeder Gesellschaft, in der sie gelebt haben, ein besseres Leben geführt haben als ihre nichtjüdischen Nachbarn".

(Den beiden jüdischen Publizisten scheint nicht bewusst zu sein, dass ein Großteil der Kritik am jüdischen Volk dadurch entstanden ist, dass die Juden von anderen so wahrgenommen wurden, dass sie Nichtjuden ausbeuteten und dass diese Ausbeutung den Juden ein „besseres Leben" ermöglichte). Einen weiteren Grund für den Antisemitismus sehen sie darin, dass andere dagegen waren, dass die Juden „nach ihrem Satz von Gesetzen lebten" und weil „die Juden auch ihre eigene nationale Identität behaupteten". Laut Praeger und Telushkin bedrohte diese

Behauptung der eigenen Identität den Nationalismus der anderen. Sie fügen hinzu, dass „die Beteiligung der Juden an der Illegitimität der Götter der anderen auch die Ursache für den Antisemitismus war".

Dies ist insofern interessant, als der durchschnittliche Christ, insbesondere in Amerika, im Allgemeinen glaubt, dass der jüdische Gott auch der christliche Gott ist, obwohl die beiden jüdischen Autoren implizit das Gegenteil zugeben - ein Punkt, der viele Menschen verwirren kann, die einfach nicht verstehen, dass der christliche Gott absolut NICHT der jüdische Gott ist, trotz aller Missverständnisse, Fehlinformationen - und von Juden gesponserten Fehlinformationen.

Die Juden, sehen Sie, wollen die Christen glauben machen, dass sie den Gott Israels mit den Juden teilen, obwohl nach der tatsächlichen jüdischen Sichtweise nichts weiter von der Wahrheit entfernt sein könnte. Und tatsächlich ist die jüdische Sichtweise, zumindest in dieser Hinsicht, vollkommen richtig, denn wie informierte Christen wissen - und wie wir bereits gesagt haben - ist der *christliche* Gott NICHT der *jüdische* Gott und war es auch NIE.

Interessanterweise behaupten die Autoren auch, dass der Jude sowohl Mitglied des jüdischen Volkes als auch der jüdischen Religion ist „und das seit Beginn der jüdischen Geschichte". Zu leugnen, dass die Nation ein Bestandteil des Judentums ist, schreiben sie, sei „ebenso unhaltbar wie zu leugnen, dass Gott oder die Tora Bestandteile des Judentums sind". Praeger und Telushkin behaupten, dass „dies heute besonders deutlich wird, da die jüdische Nation die einzige Komponente des Judentums ist, mit der sich sowohl religiöse Juden als auch engagierte säkulare Juden identifizieren".

Die Autoren kommentieren nicht die häufigen, in jüdischen Publikationen erschienenen Behauptungen, dass Juden genetisch oder intellektuell den Nichtjuden überlegen seien. Prominente Beispiele sind der viel beachtete Artikel „The Jewish Genius" von Charles Murray vom April 2007 in *Commentary*, der Stimme des American Jewish Committee, ein ähnlicher Essay in *Commentary* mit dem Titel „Chosenness and Its Enemies", der im Dezember 2008 veröffentlicht wurde, und der unverblümte Artikel vom 16. Oktober 2005 (veröffentlicht im *New York* Magazine) mit dem Titel „Sind Juden intelligenter?", der ein Zitat von Abe Foxman, dem Leiter der Anti-Defamation League, enthielt, der sagte: „Wenn es sich um eine genetische Bedingung handelt, liegt es nicht an uns, sie zu bejahen oder abzulehnen. Es ist, was es ist, und so wird der genetische Keks zerbröselt".

Die Autorin des letztgenannten Artikels fügte hinzu, sie habe „einen Hauch von Stolz" in Foxmans Stimme entdeckt, als er über die angebliche intellektuelle Überlegenheit der Juden gegenüber allen anderen nachdachte, und das von jemandem - Foxman -, der verkündet, dass es seine Aufgabe sei, Theorien des rassistischen Suprematismus zu bekämpfen (auf Englisch).

Auf diesen Seiten werden wir sehen, dass viele prominente jüdische Schriftsteller die jüdische Solidarität, die jüdische Exklusivität, das Auserwähltsein von Juden und sogar die jüdische Überlegenheit und Vorherrschaft unverblümt zum Ausdruck bringen.

George Bernard Shaw sagte einmal, es sei kein Zufall, dass die Nazis mit ihrer Förderung dessen, was als Thema der „rassischen Überlegenheit" beschrieben wurde (wenn auch nicht unbedingt korrekt), an die jüdische Doktrin von einem „auserwählten" Volk anknüpften.

In ähnlicher Weise stellte *Religion in Life*, eine liberale methodistische Zeitschrift, 1971 fest:

> „Es ist nicht überraschend, dass Hitler sich an der auserwählten Rasse rächte, indem er verfügte, dass nicht die jüdische, sondern die arische Rasse die auserwählte Rasse sei".

Diese Bestätigung des Judentums und der jüdischen Identität, wie sie von diesen jüdischen Schriftstellern - die die moderne jüdische Weltsicht widerspiegeln - beschrieben wird, widerspricht dem großen Thema der Wohltäter, die hofften, das jüdische Volk in die Gemeinschaft der Nationen aufzunehmen und es mit jeder der Nationen, in denen es als Volk lebte, zu assimilieren.

Graf Stanislas de Clermont-Tonnerre brachte diesen humanitären Standpunkt (den die Juden als Gruppe ablehnen) zum Ausdruck, als er 1789 in der französischen Nationalversammlung - während der Debatte darüber, ob den Juden gleiche Rechte zugestanden werden sollten - erklärte, dass „den Juden als Nation alles vorenthalten, als Individuen aber alles gewährt werden sollte.... Es kann keine Nation in einer anderen Nation geben...".

Die oben erwähnten angesehenen Verteidiger der Juden, Praeger und Telushkin, beklagen, dass diese Haltung gegenüber den Juden im Wesentlichen folgendermaßen war: „Um mit Nichtjuden gleichgestellt zu werden, mussten die Juden ihre nationale jüdische Identität aufgeben; das war der Preis für die Emanzipation. So lehnen die Juden die Assimilation ab und bestehen weiterhin darauf, dass sie das „auserwählte Volk Gottes" sind, das über allen anderen steht.

Praeger und Telushkin haben sich mit der Frage befasst, wie amerikanische Juden reagieren würden, wenn zwischen dem modernen Staat Israel und den USA ein Krieg ausbrechen würde. Sie behaupten auf außergewöhnliche Weise, dass es eine „Tatsache" sei, dass „Demokratien keinen Krieg gegeneinander führen", und dass die einzige Möglichkeit für die USA und Israel, in einen Krieg gegeneinander zu geraten , darin bestünde, dass eines der beiden Länder „seine demokratischen und anderen moralischen Grundsätze aufgibt". Diese Aussage ist an sich schon interessant, da sich manche (zu Recht) fragen, ob die beiden Länder tatsächlich „demokratischen und anderen moralischen Grundsätzen" folgen.

Wie dem auch sei, Praeger und Telushkin behaupten, dass, wenn Israel und die USA in einen Krieg verwickelt würden, ein Individuum - ob Jude, Christ oder Atheist - „verpflichtet wäre, den Geboten seiner moralischen Werte zu folgen, die höher sind (oder sein sollten) als die aller Regierungen. Die Loyalität gegenüber einem Land, egal welchem, sollte niemals bedeuten, dass man die Politik dieses Landes unterstützt, wenn sie moralisch falsch ist".

In gewissem Sinne ist es also nach ihrem Urteil (das heute die Hauptströmung des jüdischen Denkens repräsentiert) möglich, dass amerikanische Juden gegen die USA opponieren können, wenn sie der Meinung sind, dass die amerikanische Politik gegenüber Israel unter bestimmten besonderen Umständen „moralisch falsch" sein könnte.

Umfragen innerhalb der jüdischen Gemeinschaft in den USA zeigen zwar, dass es Menschen gibt, die an vielen Handlungen Israels sowohl auf nationaler als auch auf internationaler Ebene etwas auszusetzen haben, aber viele dieser Menschen geben, wenn sie in die Enge getrieben werden, zu, dass es ihnen schwerfallen würde, gegen Israel zu den Waffen zu greifen, wenn es als irgendeine Bedrohung für die Vereinigten Staaten wahrgenommen würde.

Natürlich lautet die durchschnittliche Antwort der organisierten jüdischen Gemeinschaft in den USA, dass es „nie" einen Fall geben würde, in dem Israel sich gegen die USA stellen würde, denn schließlich sind Israel und die USA trotz gelegentlicher Differenzen zwischen den USA und Israel - oder zumindest behaupten sie das - unerschütterliche Freunde. „Israel und die USA sind eins", hört man sie oft verkünden - vielleicht etwas zu enthusiastisch, als ob sie selbst nicht wirklich daran glaubten.

Dies ist natürlich eine allgemeine Annahme, wie um anzudeuten, dass die USA und Israel unter keinen Umständen eine ernsthafte Meinungsverschiedenheit haben könnten, die die viel gepriesene „besondere Beziehung" zwischen den beiden vermeintlichen „Verbündeten" beeinträchtigen könnte.

Insgesamt ist es also problematisch, wenn man sich mit dem Rothschild-Imperium und der internationalen Währungsmacht befasst, die eng miteinander verbunden sind, und damit, wie sie so eng mit dem Staat Israel und der weltweiten zionistischen Bewegung verbunden sind, die in der modernen Realität an sich weit über den Staat Israel hinausgeht.

Der Zionismus, wie wir ihn allgemein in seiner ersten offiziellen Verkörperung um die Wende vom 19. zum 20. Jahrhundert verstanden haben, sollte eine Bewegung zur Errichtung eines jüdischen Heimatlandes sein, ging aber weit darüber hinaus.

Und heute bleibt es ungeachtet aller Proteste dabei, dass die Interessen des Staates Israel mit den kulturellen, politischen, finanziellen, religiösen und philosophischen - und sogar emotionalen - Anliegen und Interessen der weltweiten jüdischen Gemeinschaft verknüpft sind. Sie sind praktisch untrennbar miteinander verbunden.

Und als die Rothschild-Familie sich für die zionistische Bewegung und den in Palästina entstehenden Staat Israel einsetzte, war dies eine wichtige geopolitische Entwicklung auf der Weltbühne. Vor dieser Zeit gab es (wie oben angemerkt) viele mächtige jüdische Familien - darunter auch Schlüsselmitglieder der Rothschild-Familie -, die das Konzept der Errichtung eines jüdischen Staates an irgendeinem Ort tatsächlich kaum unterstützten oder sogar ablehnten.

Aber die Entwicklung des Rothschild-Imperiums hin zu einem jüdischen Staat war ein entscheidender Wendepunkt, der keine Anzeichen einer Abschwächung zeigte. Auch wenn wir also hoffen (oder behaupten), dass insbesondere das jüdische Volk, z. B. in den USA, bereit wäre, jede Initiative der USA zu unterstützen, die darauf abzielt, Israel die Unterstützung zu entziehen oder sogar Israels Aktivitäten im Nahen Osten einzuschränken, selbst im Namen der Bewahrung Israels vor Gefahren, müssen wir anerkennen, dass sich die gesamte jüdische Gemeinschaft in den USA durch ihre Führer auf das Strikteste an die Förderung der Interessen Israels gebunden hat.

Darüber hinaus müssen wir berücksichtigen, dass Israel, größtenteils dank der Schirmherrschaft der USA, durch die jährliche Infusion von Milliarden US-Dollar, ganz zu schweigen von weiteren Milliarden Dollar, die Israel von Deutschland als Wiedergutmachung für den „Holocaust" zur Verfügung gestellt wurden, an sich als Supermacht auf der Weltbühne aufgetaucht ist.

Allein Israel ist eine der Atommächte der Welt, was ihm eine unangefochtene Position als zentrale Kraft nicht nur im Nahen Osten, sondern auf der ganzen Welt verleiht. Die israelischen Atomraketen zielen nicht nur auf Kairo, Bagdad, Teheran, Tripolis und Riad. Israel hat auch Raketen, die auf Moskau, Rom, Berlin und Paris gerichtet sind.

So agiert Israel - eine Schöpfung, die ursprünglich unter der Schirmherrschaft des Rothschild-Imperiums stand - als herausragende geopolitische und militärische Kraft in der globalen Arena. Und in dem Maße, in dem die Israel-Lobby in den USA zu einer mächtigen Kraft geworden ist, die sich völlig von der allgemeinen jüdischen Agenda zu inneren Angelegenheiten unterscheidet, bleibt es dabei, dass Israel selbst eine Erweiterung, ein weiterer Tentakel, der Rothschild-Familie und ihrer internationalen monetären Macht ist.

Das ist wirklich erstaunlich, wenn man bedenkt, dass Israel eine völlig künstliche Schöpfung ist, ein vollständig ausgeheckter künstlicher Staat, der keinerlei historische Grundlage hat, trotz der vielen Mythen, die das Gegenteil behaupten. (Eine Erkundung dieses wenig verstandenen Themas findet sich in John Tiffanys kraftvoller Darstellung „Ancient Israel: Myth vs. Reality" in der Mai/Juni 2007-Ausgabe von *The Barnes Review*). In einem modernen Kontext geht die Gründung Israels 1948 - und die Intrigen, die sie umgeben - jedoch auf die Balfour-Erklärung zurück und, wie wir sehen werden, auf den Versuch der Briten, die Vereinigten Staaten in den Krieg in der Alten Welt, bekannt als Erster Weltkrieg, zu verwickeln.

Die Balfour-Erklärung - datiert vom 2. November 1917 -, die vom britischen Außenminister Arthur James Balfour unter der Absicht Lord Rothschilds verfasst wurde, bekräftigte eine „Sympathieerklärung mit den jüdischen zionistischen Bestrebungen" und dass die britische Regierung „die Errichtung einer nationalen Heimstätte für das jüdische Volk in Palästina mit Wohlwollen betrachtet und alles in ihrer Macht Stehende tun wird, um die Erreichung dieses Ziels zu erleichtern".

Tatsächlich war die Balfour-Erklärung das Ergebnis einer internationalen Intrige, die speziell mit dem Ziel entworfen wurde, die

Vereinigten Staaten in den Krieg in Europa zwischen Großbritannien und Deutschland zu verwickeln. Ziel war es, die mächtigen jüdischen Interessen in den USA zu nutzen, um Druck auf Präsident Woodrow Wilson auszuüben, damit dieser amerikanisches Blut und amerikanische Staatskasse für die britischen Kriegsanstrengungen zur Verfügung stellte. Als Gegenleistung für ihre Hilfe im Namen Großbritanniens wurde den jüdischen Kriegstreibern die Unterstützung Großbritanniens bei der Gründung eines jüdischen Staates in Palästina versprochen.

Damit niemand glaubt, dass es sich hierbei um eine außergewöhnliche Verschwörungstheorie handelt, sei darauf hingewiesen, dass James Malcolm, eine zentrale Figur in den Umständen rund um die Veröffentlichung der Balfour-Erklärung, 1936 in einer damals vertraulichen (und längst veröffentlichten) Notiz an die britische Palästina-Kommission kategorisch erklärte, dass das erste Objekt in der Reihe von Ereignissen, die die Erklärung orchestrierte

> „Es ging darum, den erheblichen und notwendigen Einfluss der Juden, insbesondere der zionistischen oder nationalistischen Juden, zu erlangen, um uns zu helfen, Amerika in der kritischsten Phase der Feindseligkeiten in den Krieg zu führen."

In *Great Britain, the Jews and Palestine* schrieb Samuel Landman - der *zur Zeit der Verhandlungen, die zur Balfour-Erklärung führten, Sekretär des zionistischen Führers Chaim Weizmann war (und später Sekretär der Zionistischen Weltorganisation wurde)* - und bestätigte *Malcolms Einschätzung der Umstände, indem er erklärte: „Wir sind dabei, einen Aktionsplan für Palästina zu entwerfen:*

Die einzige (und wie sich herausstellte richtige) Möglichkeit, den amerikanischen Präsidenten zum Kriegseintritt zu bewegen, bestand darin, sich die Kooperation der zionistischen Juden zu sichern, indem man ihnen Palästina versprach, und so die bis dahin ungeahnten Kräfte der zionistischen Juden in Amerika und anderswo auf der Grundlage eines *„Quid pro quo"*-Vertrags für die Alliierten zu rekrutieren und zu mobilisieren.

Was bedeutet das alles? Die späteren Ereignisse, die zum Zweiten Weltkrieg führten - sicherlich - und zu späteren Engagement der USA im Nahen Osten, lassen sich auf die gleiche Weise zusammenfassen. Kurz gesagt, die jüdische Macht führte im Ersten Weltkrieg zum Verlust von 53.000 und im Zweiten Weltkrieg von 292.131

amerikanischen Leben - Kriege, die größtenteils, wenn nicht sogar ausschließlich, für jüdische Interessen geführt wurden.

Dies vorausgeschickt, sind wir nicht hier, um die These aufzustellen, dass *alle* Juden mit den Forderungen der internationalen Währungsmacht übereinstimmen, oder dass alle Juden geneigt sind, die Forderungen der jüdischen Lobby in den USA zu unterstützen (sei es in Bezug auf die Agenda, sei es auf nationaler oder internationaler Ebene), oder auch nur, dass alle Juden in Israel Teil des Problems sind.

Aber, unnötig zu sagen, es bleibt dabei, dass es eine substanzielle Anzahl mächtiger jüdischer Organisationen gibt, die einen großen Einfluss auf die Bildung der Geisteshaltung der „Juden" haben, und hier, wenn wir uns auf die Juden beziehen, beziehen wir uns auf die Juden als Volk und nicht nur auf die internationale Geldmacht, die unter der Kontrolle des Rothschild-Imperiums, der königlichen Familie des internationalen Judentums, steht. Diese Organisationen haben einflussreiche Sektionen, die in ganz Amerika und im Westen operieren. Zu ihnen gehören nicht nur die ADL, der American Jewish Congress und das American Jewish Committee - ganz zu schweigen von dem berüchtigten American Israel Public Affairs Committee (AIPAC) -, sondern auch viele andere. Ihr Einfluss auf das Denken möglichst vieler Juden ist in Bezug auf Reichweite und Tiefe enorm.

Damit soll nicht suggeriert werden, dass all diese Organisationen notwendigerweise vollkommen miteinander übereinstimmen. Dies ist nicht der Fall. Es gibt Meinungsverschiedenheiten zu einer ganzen Reihe von Themen. Im Großen und Ganzen kümmern sie sich jedoch um die Bedürfnisse und Wünsche der jüdischen Gemeinschaft als Ganzes.

Aber gleichzeitig hätten sie nicht ihre Macht und ihren Einfluss, wenn sie nicht letztlich ein integraler Bestandteil des internationalen Machtnetzwerks der Rothschild-Dynastie wären, insofern diese als wichtigste Finanzkraft existiert, die nicht nur die weltweite jüdische Gemeinschaft regiert und lenkt, sondern durch ihren Einfluss in den verschiedenen Nationalstaaten auch die Politik dieser Länder selbst. Und heute ganz besonders, und das ist aus amerikanischer Sicht traurig zu sagen, die Vereinigten Staaten von Amerika.

Die Vereinigten Staaten von Amerika sind in der Tat das wichtigste militärische und finanzielle Bollwerk der Neuen Weltordnung, des jüdischen Traums von einem weltweiten Imperium. Das ist die traurige, aber einfache Wahrheit.

Viele Jahre lang waren so viele amerikanische Patrioten von der Idee besessen, dass die Vereinten Nationen der Mechanismus sein würden - und (so glauben sie) immer noch sein könnten -, mit dem eine Neue Weltordnung errichtet werden sollte, doch wie wir bereits festgestellt haben, wurden die Vereinten Nationen ins Abseits gedrängt. Die Bücher des Autors, *The High Priests of War, The Golem* und *The Judas Goats (Die Hohepriester des Krieges, Der Golem* und *Die Judasböcke),* haben sich recht ausführlich mit diesem Thema befasst.

Nichtsdestotrotz sind die USA der wichtigste Mechanismus zur Schaffung einer neuen Weltordnung - eine unbequeme Tatsache, die sich nicht leugnen lässt und die amerikanische Patrioten in eine trostlose Lage bringt. Und in dieser Hinsicht ist es auch eine Tatsache, die den Menschen auf der ganzen Welt bekannt ist, die verstehen (mehr als die meisten Amerikaner), dass die US-Regierung von den Massenmedien und denen, die diese Medien kontrollieren, gefangen gehalten wird: der internationalen Macht des Geldes.

Nationen auf der ganzen Welt und ihre Führer, die sich der internationalen Macht des Geldes widersetzten, wurden ins Visier genommen, um zerstört zu werden. Saddam Hussein aus dem Irak war einer der bemerkenswertesten in den letzten Jahren.

Aber es lässt sich nicht leugnen - auch wenn einigen diese Behauptung unangenehm sein wird -, dass Adolf Hitler selbst in der Tat die erste große Persönlichkeit der Neuzeit war, die gezielt dafür eingesetzt wurde, genau wegen der Politik, die er umzusetzen versuchte, vernichtet zu werden - einer Wirtschafts- und Sozialpolitik, die darauf ausgelegt war, die Rolle der internationalen jüdischen Finanzwelt bei der Kontrolle und Ausrichtung der Zukunft Deutschlands und Europas zu verringern.

Es gäbe noch viel über die Situation in Deutschland vor Hitlers Aufstieg zu sagen, aber es genügt, noch einmal zu erwähnen, dass Hitler deshalb ins Visier genommen wurde, um vernichtet zu werden, weil er die nationale Souveränität Deutschlands gegenüber der jüdischen Plutokratie und dem, was heute als Neue Weltordnung bezeichnet wird, behauptete.

In dieser Hinsicht finden wir daher in den wichtigsten audiovisuellen und Printmedien häufig Hinweise auf Personen und Institutionen, die in die Rolle von Dämonen und Bösewichten gedrängt wurden, seien es amerikanische nationalistische Persönlichkeiten wie Willis Carto und David Duke (letzterer, an den uns die Medien ständig erinnern, ist ein

„ehemaliger Führer des Ku-Klux-Klan"), Personen wie der schwarze Muslimführer Louis Farrakhan von der Nation of Islam oder eine Vielzahl anderer Persönlichkeiten - eine Handvoll Politiker, von Akademikern, Kommentatoren und anderen -, die offen und regelmäßig als „Antisemiten" diffamiert werden, weil sie es wagen, Israel zu kritisieren oder die jüdische Agenda in irgendeiner Weise in Frage zu stellen, selbst wenn dies gerechtfertigt ist, die offen und regelmäßig als „Antisemiten" beschimpft werden, weil sie es wagen, Israel zu kritisieren oder die jüdische Agenda in irgendeiner Weise in Frage zu stellen, selbst wenn dies gerechtfertigt ist.

Es gibt jedoch eine interessante Wendung, denn viele Persönlichkeiten in den USA und anderswo gelten nicht unbedingt per *se* als „Antisemiten", sondern werden von den Massenmedien - die sich tatsächlich hauptsächlich in den Händen jüdischer Familien und Finanzinteressen befinden - als „antiamerikanisch" angegriffen, sogar als „Kommunisten" beschimpft oder als unter dem Einfluss des kubanischen Machthabers Fidel Castro stehend denunziert.

Wir beziehen uns speziell in erster Linie auf den starken Mann Venezuelas, Hugo Chávez, einen eingefleischten Nationalisten. Er war das bevorzugte Ziel der Medien in den USA.

Ein weiteres Ziel ist der russische Staatschef Wladimir Putin. Die US-Medien haben Fragen über Putin aufgeworfen und suggeriert, er sei eine Rückkehr zum Zarismus oder Stalinismus oder eine schreckliche moderne Kombination aus beidem. Selten jedoch hörten wir in den Massenmedien - zumindest anfangs - offen, dass Chavez oder Putin antijüdisch oder - wie der Begriff am häufigsten wiedergegeben wird - „antisemitisch" sein könnten. Aber sie wurden als große Bösewichte verunglimpft.

Allerdings ist Folgendes anzumerken: In Zeitschriften mit geringer Auflage, aber großem Einfluss, die in jüdischen Kreisen kursieren, sowie in politisch orientierten (vorgeblich „säkularen") Zeitschriften wie Rupert Murdochs israelfreundlichem *Weekly Standard* haben wir tatsächlich Antisemitismusvorwürfe gegen Chavez und Putin gefunden.

Erst vor relativ kurzer Zeit veröffentlichte *die Washington Post* einen prominenten Kommentar von Abraham Foxman, dem nationalen Direktor der Anti-Defamation League (ADL) der B'nai B'rith, in dem Foxman speziell auf den von ihm so genannten „Antisemitismus" von Chavez eingeht.

Solche Gerüchte über Chavez und Putin (und viele andere) in der jüdischen Presse waren jedoch regelmäßig und seit langem üblich.

Tatsache ist, dass es interessant ist, wie die Medien dieses Thema angegangen sind - oder nicht angegangen sind.

Für den *Volkskonsum* wurden Personen wie die nationalistischen Führer vom Schlage Chavez und Putin (und der Iraner Mahmud Ahmadinedschad) von den Medien als böse „Antiamerikaner" dargestellt, doch der wahre Grund *dafür* wurde uns verschwiegen: Der Grund ist, dass all diese Führer und ihre Länder sich der jüdischen Macht und dem jüdischen Einfluss, der jüdischen Utopie, d. h. der Neuen Weltordnung, widersetzen.

Wir würden es uns zu Herzen nehmen, wenn wir den ehemaligen Premierminister Malaysias, Dr. Mahathir Mohamad, nicht erwähnen würden, der kein Blatt vor den Mund nahm und einer der Hauptkritiker der Versuche internationaler Raubtiere war, die Politik seiner eigenen Republik zu diktieren. Dr. Mahathir wurde auch als „Antisemit" kritisiert, weil er es gewagt hatte, sich gegen den zionistischen Imperialismus zu stellen.

Tatsächlich repräsentiert Dr. Mahathir das Denken vieler Menschen, seien es große Namen oder weniger bekannte Personen.

(Und ich bin stolz darauf, sagen zu können, dass ich das Vergnügen hatte, Zeit mit Dr. Mahathir zu verbringen, der, wie ich schon oft gesagt habe, sowohl ein sanfter Mann als auch ein Gentleman ist. Mein Buch *Der Golem*, das Israels Streben nach nuklearer Vorherrschaft detailliert beschreibt, ist zum Teil diesem wahren Führer der Sache des Weltfriedens gewidmet). Auch der Fall eines anderen mächtigen Staatsmannes aus Südostasien, Ferdinand Marcos von den Philippinen, kommt mir in den Sinn.

Und hier kann ich Informationen aus erster Hand liefern, die diejenigen schockieren werden, die lieber den Mythos anbeten, dass die Juden heute nicht politisch und finanziell einflussreicher sind als andere Gruppen auf unserem Planeten.

Ende der 1980er Jahre veröffentlichte die populistische Wochenzeitung, für die ich als Korrespondent tätig war, *The Spotlight*, eine Reihe beunruhigender Artikel, in denen sie darlegte, wie internationale plutokratische Interessen - über die Reagan-Regierung und die CIA (und den israelischen Mossad) - versuchten, Marcos von seinem Posten als Führer der Philippinen zu verdrängen. Der Grund dafür war, dass Marcos sich weigerte, sich der plutokratischen Elite zu beugen und sich seine nationale Politik von der Macht diktieren zu lassen. Darüber hinaus kontrollierte Marcos einen riesigen Goldschatz, den sich diese Interessen aneignen wollten.

Wie *The Spotlight* berichtete, war Marcos' immenser persönlicher Reichtum in der Tat eine Folge der Tatsache, dass er sich einen erheblichen Teil eines Goldschatzes angeeignet hatte, den die Japaner während des Zweiten Weltkriegs angehäuft hatten, als sie die von ihnen eroberten asiatischen Nationen ausplünderten. Kurz gesagt: Marcos' Reichtum entstand nicht, wie von den „Mainstream"-Medien behauptet, durch die Veruntreuung von Geldern aus der Staatskasse seines Landes oder durch die Auslandshilfe der USA für die Philippinen.

Ferdinand Marcos erfuhr von dem wahrheitsgetreuen Bericht von *The Spotlight* und seinem Chefkorrespondenten Andrew St. George und lud ihn zu einem Besuch im Haus der Familie Marcos im Exil auf Hawaii ein.

George hatte das Vergnügen, Zeit mit der Familie Marcos in ihrer Villa in Honolulu zu verbringen, aber auch unser Verleger Willis Carto und ich taten dies bei anderen Gelegenheiten.

Tatsächlich verbrachte ich einen ganzen denkwürdigen Tag bei den Marcos', hauptsächlich in Begleitung von Imelda, die sehr charmant ist und zu Recht als „die schönste Frau Asiens" bezeichnet wurde. Und obwohl der Präsident sehr beschäftigt war, nahm er sich die Zeit, ein paar Minuten innezuhalten und sagte mir sehr deutlich: „Danke für all die gute Arbeit, die *The Spotlight* leistet. Wir haben sie sehr geschätzt".

Und aus diesem Grund sagte Imelda zu mir - ganz offen, aber völlig ungezwungen und nachdenklich -, dass „solange wir mit den jüdischen Menschen in New York gut auskommen, alles für uns in Ordnung ist".

Aber als sie sich gegen uns wandten, brach alles zusammen".

Genau das sagte sie mir an jenem Tag im April 1987, als wir auf ihrer Veranda mit Blick auf den Pazifik saßen und uns eine Schachtel Pralinen teilten.

Und ich kann Ihnen sagen, dass ich zwar von der enormen Macht der internationalen jüdischen Gemeinschaft wusste, ihr Kommentar mir jedoch einen kalten Schauer über den Rücken jagte.

Ich meine es ernst.

Einer der reichsten und mächtigsten Menschen der Welt erzählte mir unumwunden, dass es die Juden waren, die den Sturz des Marcos-Regimes herbeigeführt hatten.

Wenn Imelda vom „jüdischen Volk von New York" sprach, meinte sie nicht die Rabbiner im Diamantenviertel, die Kürschner auf der Fifth Avenue, die orthodoxen Metzger in Brooklyn oder die Pfandleiher in Harlem. Nein, sie meinte die internationalen Banken des Rothschild-Imperiums.

Und es sollte - im Lichte des aktuellen Finanzskandals, der im amerikanischen System verheerende Folgen hat - hervorgehoben werden, dass *The Spotlight* speziell Maurice „Hank" Greenberg, die mittlerweile berühmte Figur hinter dem Versicherungsriesen AIG, als einen der wichtigsten Akteure hinter den Kulissen der Verschwörung zur Vernichtung der Marcos-Familie bezeichnet hat.

Ebenso ist es kein Zufall, dass der Zionist Paul Wolfowitz, der später als einer der „Neokonservativen" in der Regierung von George W. Bush bekannt wurde, indem er den Krieg gegen den Irak forcierte, auch zu denjenigen gehörte, die gemeinsam gegen Ferdinand und Imelda Marcos vorgingen.

Eine letzte Bemerkung zu Frau Marcos und ihrer berühmten „Schuhsammlung".

Entgegen den Lügen der von Zionisten kontrollierten Medien wurden ihr die meisten der Tausenden von Schuhen, die in ihren berühmten Schränken im Malacanang-Palast in Manila aufbewahrt werden, von der philippinischen Schuhindustrie geschenkt. Das hat sie mir selbst erzählt. Es scheint, dass praktisch jedes Mal, wenn eine Schuhfirma eine neue Linie herausbrachte, sie der First Lady Muster in allen Farben schickte. Viele der Schuhe passten ihr nicht einmal

Aber es wäre natürlich für die First Lady der Republik unschicklich gewesen, entdeckt zu werden, wie sie die Schuhe in die Mülleimer des *Palastes* warf, und so wurden sie beiseite gestellt - nur um entdeckt zu werden, als der Palast nach dem von der CIA und dem Mossad geleiteten Staatsstreich, der die Familie Marcos ins Exil zwang und sie zu einer sensationellen *Causa célèbre machte,* von den Medien in aller Welt besetzt wurde, die dieselben Schuhe als „Beweis" dafür verwendeten, dass die Marcos Millionen oder gar Milliarden aus der Staatskasse veruntreut hatten, obwohl, wie wir gesehen haben, nichts weiter von der Wahrheit entfernt sein könnte.

Und als Anekdote: An dem Tag, an dem ich Imelda besuchte, bemerkte sie lachend, dass sie ein Paar Sandalen für 10 Dollar trug, die sie in einer Discounterkette gekauft hatte.

Obwohl also Imeldas mittlerweile legendäre Schuhkollektion jedem Mann, jeder Frau und jedem Kind auf der ganzen Welt bekannt war, der eine Zeitung oder Zeitschrift aufschlug, sie Gegenstand unzähliger komischer Monologe im Fernsehen war und wochenlang in Cartoons karikiert wurde, wussten Hunderte Millionen Menschen auf der ganzen Welt absolut nichts über das Gold, das die wahre Quelle ihres Reichtums war.

So haben die US-Medien durch den Einsatz von Lügen und Desinformation die Familie Marcos zu einem Bösewicht gemacht, so wie sie im letzten Jahrhundert so viele andere Menschen, die sich in der einen oder anderen Form gegen die jüdische Elite gestellt haben, zu Bösewichten gemacht haben. Das ist eine Tatsache des politischen Lebens, die man nicht leugnen kann, genauso wenig wie man die herausragende Rolle des jüdischen Einflusses in den heutigen Massenmedien leugnen kann.

So ist die Manipulation der öffentlichen Wahrnehmung ausländischer Führer in den USA durch die Presse geschickt kalkuliert und stellt eine sehr reale Agenda dar, die in Wirklichkeit die Agenda des internationalen Zionismus ist, wie er mit der internationalen Geldmacht verflochten ist: dem Rothschild-Imperium und seinen weltweiten Tentakeln, jenem Machtblock, auf den wir uns in Wirklichkeit korrekt - wie es im Laufe der Jahrhunderte immer wieder getan wurde - als „die Juden" beziehen können.

Der große amerikanische Dichter Ezra Pound, ein unerschütterlicher Kritiker der jüdischen Plutokraten, ja aller Plutokraten, nahm den Aufstieg nationalistischer Führer wie Ferdinand Marcos, Wladimir Putin, Hugo Chavez, Mahmoud Ahmadinejad und Dr. Mahathir Mohamad vorweg, als er schrieb: „Einige Teile der Welt ziehen die lokale Kontrolle, ihre eigene Geldmacht und ihren eigenen Kredit vor: Einige Teile der Welt ziehen die lokale Kontrolle, ihre eigene Geldmacht und ihren eigenen Kredit vor. Es mag (in den Augen der Wall Street und Washingtons) bedauerlich sein, dass solche Bestrebungen nach persönlicher und nationaler Freiheit fortbestehen, aber so ist es nun einmal.

Manche Völker, manche Nationen ziehen ihre eigene Verwaltung der von Baruch und den Sassoons vor, und das Problem ist: Wie viele

Millionen Briten, Russen und Amerikaner im Norden und Süden des amerikanischen Kontinents, plus Zulus, Basutos, Hottentotten usw. und die sogenannten minderwertigen Rassen, die Geisterregierungen, Makkabäer und ihre Nachfolger, sollen bei dem Versuch sterben, die Unabhängigkeit Europas und Japans zu zerschlagen

Warum sollten alle Männer unter 40 Jahren sterben oder verstümmelt werden, um eine himmelschreiende Ungerechtigkeit, ein Monopol und den schmutzigen Versuch, 30 Nationen zu strangulieren und auszuhungern, zu unterstützen

Pound hatte Recht. Das Konzept der Weltplutokratie und die herausragende Rolle der internationalen jüdischen Geldmacht sind Elemente, die den Lauf der Weltgeschäfte tatsächlich beeinflussen.

Dies sind unbequeme Diskussionsthemen, insbesondere für den Durchschnittsamerikaner, der von den Medien darauf konditioniert wurde, Themen, die das jüdische Volk betreffen, zu misstrauen, außer auf die positivste Art und Weise, die man sich vorstellen kann. Das Bild von „Adolf Hitlers Schrecken" war für viele Amerikaner, die wiederholt über das Leiden des jüdischen Volkes informiert wurden, ein Gegenstand von Albträumen. Diese Amerikaner sind sich jedoch der vielen Ereignisse, die zu Hitlers Aufstieg führten, und der Umstände, die zur Entwurzelung des jüdischen Volkes im Zweiten Weltkrieg führten, nicht bewusst.

Und es muss betont werden, dass Millionen und Abermillionen Menschen in ganz Europa - Menschen aus vielen Nationen und Kulturen - sich Hitlers Politik in Bezug auf die Macht des jüdischen Geldes anschlossen. Selbst der jüdische Historiker Saul Friedlander hat in seinem zweibändigen Werk über den Holocaust auf die wenig bekannte Tatsache hingewiesen, dass viele Führer und Mitglieder der antinazistischen Widerstandsbewegungen in verschiedenen Nationen tatsächlich Hitlers Politik in Bezug auf die Macht des jüdischen Geldes guthießen, obwohl sie sich immer noch gegen die Besetzung ihrer Länder durch deutsche Truppen wehrten - in der Tat eine erstaunliche Tatsache.

Aber all dies ist nur ein einleitender (wenn auch notwendigerweise langer) Kommentar zu einem brisanten Thema, das vollständig verstanden werden muss. All dies soll die „kontroverse" Natur dieses Themas anerkennen, über das so viel geschrieben wurde und das dennoch so esoterisch und geheimnisvoll bleibt, was zum Teil auf die oft unsinnigen und weit hergeholten Themen über die Neue

Weltordnung zurückzuführen ist, die von „großen Namen" und „großen Mündern" in den alternativen Medien, im Internetradio und in einer Vielzahl von albernen Videos und anderen Arbeiten stammen, denen es nicht gelingt, die Situation als Ganzes anzugehen.

Wir beginnen also unsere Untersuchung der Fakten - und nicht der Mythen - über das Rothschild-Imperium und was die Neue Weltordnung *tatsächlich* ausmacht, trotz der weit verbreiteten Unwahrheiten und Desinformationen...

Links eine moderne israelische Briefmarke zu Ehren des aus Spanien stammenden Rabbiners Moses ben Maimon, der heute sowohl unter dem Namen „Maimonides" als auch „Rambam" bekannt ist. Im 12. Jahrhundert (dem Mittelalter) hat Maimonides im Wesentlichen den Talmud „popularisiert" und seine philosophischen Lehren der gesamten jüdischen Zivilisation zugänglich gemacht. Er gehört zu den Philosophen, die dazu beigetragen haben, den Talmud als treibende Kraft des weltweiten jüdischen Denkens zu institutionalisieren. Kein ernsthafter Student der Neuen Weltordnung kann die Tatsache bestreiten, dass das, was der Talmud und andere zentrale jüdische Schriften hervorheben, genau das Konzept ist, das heute als Folge der jüdischen Weltmacht in den Händen des Rothschild-Imperiums umgesetzt wird.

Während das Rothschild-Imperium zunächst gegen die Gründung eines jüdischen Staates war, wurde es zum größten Förderer des Zionismus, sobald es die Vorteile eines strategisch platzierten jüdischen Staates in Palästina als Basis für globale Machenschaften erkannte. In dieser Eigenschaft wird Edmond Rothschild als „Vater Israels" gefeiert und heute auf der israelischen Währung geehrt.

KAPITEL I

Der Talmud und die Ursprünge der Neuen Weltordnung

Obwohl die als Talmud bekannten heiligen jüdischen Lehren - über die wir auf den folgenden Seiten viel erfahren werden - die Hauptquelle dessen sind, was wir heute als Neue Weltordnung bezeichnen, ist die Wahrheit, dass die Lehren des Alten Testaments von Anfang an ein beständiges jüdisches Thema demonstrieren, wonach die Welt den Juden gehört und alle anderen auf dem Planeten der Gnade und der Laune der jüdischen Interessen unterliegen.

Zwei Zitate aus dem Deuteronomium veranschaulichen dies sehr gut

> Wenn der HERR, dein Gott, dich in das Land bringt, das du betreten und besetzen wirst, und große Völker vor dir vertreibt..., wenn der HERR, dein Gott, sie dir übergibt und du sie besiegst, dann sollst du sie verurteilen.

> Schließt kein Bündnis mit ihnen und habt kein Mitleid mit ihnen...

> So sollt ihr mit ihnen verfahren: Zerstört ihre Altäre, zerbrecht ihre heiligen Säulen, schneidet ihre heiligen Pfähle um und zerstört ihre Götzenbilder mit Feuer.

> Denn du bist dem HERRN, deinem Gott, ein heiliges Volk; er hat dich aus allen Völkern auf dem Antlitz der Erde erwählt, um ein Volk zu sein, das ihm ganz allein gehört...

> Ihr werdet alle Völker verzehren, die der HERR, euer Gott, euch geben wird...

> Schlagen Sie sie in die Flucht, bis sie vernichtet sind.

> Er wird ihre Könige in deine Hand geben, und du wirst ihren Namen unter dem Himmel auslöschen.

> Niemand kann sich Ihnen widersetzen, bis Sie deren Machenschaften ein Ende setzen.

> Deuteronomium

Wenn du gegen deinen Feind in den Krieg ziehst... biete ihm zuerst Friedensbedingungen an.

Wenn er Ihre Friedensbedingungen akzeptiert und seine Tore für Sie öffnet, werden alle Bewohner dort Ihnen im Rahmen von Zwangsarbeit dienen.

Wenn er sich weigert, mit dir Frieden zu schließen, und dir den Kampf anbietet, so belagere ihn; und wenn der HERR, dein Gott, ihn in deine Hand gegeben hat, so lasse alles, was männlich ist sich darin befindet, durch die Schärfe des Schwerts gehen

Frauen, Kinder, Vieh und alles, was es wert ist, geraubt zu werden, sollt ihr aber als Beute nehmen und diese Beute eurer Feinde, die der HERR, euer Gott, euch gegeben hat, verwenden. So sollt ihr auch mit jeder Stadt verfahren, die in großer Entfernung von euch liegt und nicht zu den Völkern dieses Landes gehört.

Aber in den Städten der Nationen, die der HERR, dein Gott, dir zum Erbe gibt, sollst du nicht einen einzigen Menschen am Leben lassen.

Sie müssen sie alle verurteilen...

Deuteronomium

Worte, die jedem Nichtjuden einen kalten Schauer über den Rücken jagen. Doch genau das ist es, was die Juden in der Antike und heute als das Wort ihres Gottes betrachten. Es ist daher richtig, dass Martin Luther selbst die käufliche Natur so vieler jüdischer Einstellungen gegenüber „dem Anderen" erkannt hat. Er schrieb: „Die Sonne hat nie über solchen Einstellungen geschienen: Die Sonne hat nie über einem Volk geschienen, das so blutdürstig und rachsüchtig ist. Kein Volk unter der Sonne ist gieriger als sie, sie waren es und werden es immer sein, wie man an ihrem verfluchten Wucher sehen kann. Sie trösten sich mit dem Gedanken, dass, wenn ihr Messias kommt, er alles Gold und Silber der Welt einsammeln und unter ihnen aufteilen wird...

Wie die Juden das Buch Esther lieben, das so gut zu ihren blutrünstigen, rachsüchtigen und mörderischen Appetitlichkeiten und Hoffnungen passt... Ich rate dazu, ihre Synagogen zu verbrennen. Was nicht verbrannt wird, wird mit Erde bedeckt, so dass nichts gesehen werden kann...

Es müssen alle Gebetbücher und Exemplare des Talmuds vernichtet werden, in denen sie so viele Unverschämtheiten, Lügen, Flüche und Gotteslästerungen lernen.

Junge Juden und Jüdinnen sollten einen Dreschflegel, eine Hacke, eine Axt, einen Spaten, einen Spinnrocken und eine Spindel erhalten, damit sie sich ihr Brot im Schweiße ihres Angesichts verdienen können.

Das provokative Werk des jüdischen Schriftstellers Samuel Roth, *Jews Must Live (Juden müssen leben)*, das 1934 veröffentlicht wurde, thematisiert offen die jüdischen Vorstellungen von „Auserwähltheit" und „Überlegenheit", die dem Denken des jüdischen Volkes im Laufe der Geschichte immer wieder eingeimpft worden waren.

> Ausgehend vom Gott des Herrn Israels selbst waren es die aufeinanderfolgenden Herrscher Israels, die nacheinander die tragische Karriere der Juden zusammenfassten und lenkten - tragisch für die Juden und nicht weniger tragisch für die benachbarten Nationen, die sie erlitten.

> Aber wir müssen anfangs ein ziemlich schreckliches Volk gewesen sein. Unser großes Laster von damals wie von heute ist das Schmarotzertum.

> Wir sind ein Volk von Geiern, das von der Arbeit und dem guten Willen des Rests der Welt lebt. Aber trotz unserer Fehler hätten wir niemals so viel Schaden in der Welt angerichtet, wenn wir nicht das Genie gehabt hätten, schlecht zu regieren.

> Ich erkenne unseren Parasitismus an. Aber Parasitismus ist sowohl eine Tugend als auch ein Übel. Bestimmte Keimparasiten sind für die regelmäßige Zirkulation des Blutes in den Arterien eines organischen Körpers unerlässlich. Bestimmte Sozialparasiten sind durch die gleiche Dispensation wichtig für die Funktion des Blutes eines politischen Körpers.

> Die Schande Israels rührt nicht daher, dass wir die Bankiers und Ältesten der Welt sind. Sie rührt vielmehr von der atemberaubenden Heuchelei und Grausamkeit her, die uns unsere verhängnisvollen Führer aufzwingen und die wir dem Rest der Welt aufzwingen.

Roth beschrieb die Art der jüdischen religiösen Lehren, die ihm in seinen frühen Jahren vermittelt wurden:

> Was die Gojim [Nichtjuden] hatten, war nur ein vorübergehender Besitz, den das dumme Gesetz der Heiden zu einem dauerhaften zu machen versuchte. Waren die Juden nicht die Auserwählten Gottes

Hat Gott nicht von Anfang an gewollt, dass alle guten Dinge der Welt seinen Günstlingen gehören

Der Jude musste sich jederzeit daran erinnern.

Insbesondere in seinen Beziehungen zu den Gojim. Es war praktisch eine moralische Verpflichtung für jeden gewissenhaften Juden, die Nichtjuden zu täuschen und zu betrügen, wann immer es möglich war.

Der Eindruck, den diese Bestimmung damals bei mir hinterließ, war, dass die Welt von Gott für die Behausung und den Wohlstand Israels geschaffen worden war.

Der Rest der Schöpfung - Kühe, Pferde, Brennnesseln, Eichen, Dung und die Gojim - wurde zu unserer Bequemlichkeit für uns Juden dort platziert oder um uns zu behindern, je nachdem, wie Gott im Moment gelaunt ist.

Da wurde mir klar, dass Gottes Haltung gegenüber seinen Auserwählten eine Haltung der strengen Missbilligung war - und viele Jahrhunderte lang gewesen war.

Das ist der Grund, warum die Gojim alles hatten und wir praktisch nichts.

Wenn wir an Sabbattagen regelmäßig in die Synagoge gingen, insbesondere an Jom Kippur - dem Sabbat der Sabbate - würde Gott schließlich nachgeben und alle göttlichen Gunstbezeugungen, die wirklich für uns bestimmt waren, von den groben Knien der Gojim entfernen.

Wir verachteten den Goi und wir hassten seine Religion. Der Goj war laut den Geschichten, die in die Ohren der Kinder gesummt wurden, und betete nur ein unansehnliches Geschöpf namens *Yoisel* an - *und* ein Dutzend anderer Namen, die zu grob waren, um sie zu wiederholen. Der *Yoisel* war ein Mensch und ein Jude gewesen. Doch eines Tages hatte er den Verstand verloren und in diesem Zustand erbärmlicher Verwirrung verkündet, dass er Gott der Herr selbst sei.

Um dies zu beweisen, schlägt er vor, wie ein Engel über die Bevölkerung zu fliegen.

Mithilfe einer blasphemisch aus der Heiligen Schrift entnommenen Seite, die er unter seinem schwitzenden Arm platzierte, flog der *Joisel* über die Scharen von Juden in den überfüllten Straßen

Jerusalems hinweg. Der Anblick, den er bot, war so beeindruckend, dass selbst die frommsten Juden sich nach ihm umdrehten.

Doch Rabbi Schammai, wütend über die Unverschämtheit dieses wahnsinnigen Geschöpfs und aus Angst vor einer möglichen religiösen Krise auf der Erde, riss zwei Blätter von den Seiten der Heiligen Schrift ab und flog, eines unter jeden Arm geklemmt, noch höher als der *Yoisel*, mit nur einer Seite der Heiligen Schrift als treibende Kraft. Er flog selbst über den *Yoisel* und urinierte auf ihn.

Augenblicklich wurde die Macht des *Yoisel-Stücks* aus der Heiligen Schrift aufgehoben und der *Yoisel* fiel auf den Boden unter dem Spott und Hohn der wahren Gläubigen in den Straßen Jerusalems.

Roth beschreibt das Märchen als „eine außergewöhnliche Karikatur des Gründers der gegnerischen Religion". Und natürlich war der *Yoisel* in diesem Märchen Jesus Christus.

Die hasserfüllte Philosophie des jüdischen Talmuds - die, wie wir sehen werden, die wichtigste Grundlage des heutigen Judentums und sicherlich ein virtueller Leitfaden für das jüdische Ziel eines weltweiten Imperiums ist - ist etwas, das nur wenige „Gojim" kennen. Aber sie sollten es wissen.

Auguste Rohling, Ende des 19. Jahrhunderts Professor an der Universität Prag, studierte Hebräisch und verfasste eine Übersetzung des Talmuds. Folgendes beschrieb Rohling als Grundlage des Talmuds

1) Die Seele des Juden ist ein Teil von Gott selbst; die Seelen der anderen Völker kommen vom Teufel und ähneln denen von Unmenschen

2) Die Herrschaft über andere Völker ist das alleinige Recht der Juden

3) In Erwartung der Ankunft des Messias leben die Juden in einem Zustand ständigen Krieges mit anderen Völkern

4) Wenn der Sieg der Juden errungen ist, werden die anderen Völker die jüdische Religion annehmen, die Christen jedoch werden dieses Privileg nicht haben und ausgerottet werden, weil sie dem Teufel angehören.

5) Der Jude ist die Substanz Gottes; der Heide, der ihn schlägt, verdient den Tod

6) Nicht-Juden werden geschaffen, um den Juden zu dienen

7) Es ist einem Juden verboten, Mitleid mit seinen Feinden zu zeigen

8) Ein Jude kann gegenüber einem Nichtjuden heucheln

9) Es ist erlaubt, einen Nichtjuden zu berauben

10) Wenn jemand einem Christen zurückgibt, was er verloren hat, so wird Gott ihm nicht vergeben

11) Gott hat befohlen, dass der Jude von dem Nichtjuden Wucher nimmt, um ihn zu schädigen

12) Die Besten der Nichtjuden sollen ausgerottet werden; das ehrliche Leben eines Nichtjuden soll zum Gegenstand des Hasses werden

13) Wenn ein Jude einen Heiden täuschen kann, indem er sich als Nichtjude ausgibt, darf er dies tun.

1975 wies der russische Schriftsteller Valery Skurlatov in seinem Buch *„Zionismus und Apartheid"* auf die babylonischen Ursprünge des Talmud und dessen These - die bis heute im Zentrum des jüdischen Denkens steht - von Gottes auserwähltem Volk hin: Die These von der Auserwählung der Juden durch Gott, die im biblischen Pentateuch (der Tora) dargelegt wird, wurde während der Zeit der jüdischen Aktivität, als Händler und Vermittler von Palästina nach Mesopotamien [Babylon] und Europa zogen, ausführlich entwickelt.

In der Diaspora [der Zerstreuung der Juden] musste die alte jüdische Elite unter „ihren eigenen Leuten" eine strenge Disziplin aufrechterhalten.

Deshalb betonten der Talmud in der ersten Hälfte des ersten Jahrtausends und der Schulchan Aruch im 14. Jahrhundert, die offiziellen Kodizes der Diasporazeit, die „Exklusivität" der Juden, ihre angeborene Überlegenheit gegenüber den Gojim und ihr Recht auf Weltherrschaft.

Viele Jahrhunderte lang wurde das Leben der jüdischen Gemeinschaft streng und unnachgiebig durch diese Vorschriften des talmudischen Judentums geregelt, die von jedem orthodoxen Juden verlangten, sich einfach auf Kosten der Gojim zu bereichern, und ihn lehrten, in geschäftlichen Angelegenheiten Eigeninitiative zu zeigen und sich stets seines „hohen Status" im Vergleich zu den Gojim bewusst zu sein.

Skurlatov wies insbesondere darauf hin, dass Zionisten und Judaisten die nichtjüdische Öffentlichkeit in aller Welt irreführen wollten, indem sie die vordergründigen Unterschiede zu sehr betonten und versuchten, den Zionismus als eine rein politische und völlig moderne Doktrin darzustellen, die sich vom klassischen Judentum unterscheide. „In Wirklichkeit haben sowohl das Judentum als auch der Zionismus die gleiche sozioökonomische Grundlage und damit ein gemeinsames Ziel: die Weltherrschaft. Das Judentum, so betonte er, „enthält in verschlüsselter Form die in Klassengesellschaften universelle Strategie des „auserwählten Volkes". Nur die „eigenen" Leute werden in diese geheime Strategie eingeweiht". Der Zionismus, so sagte er, „verkündet die Taktik, die für eine bestimmte Zeit am besten geeignet ist".

Der jüdische Schriftsteller und Apologet Bernard Lazare bezeichnete den Talmud als „Schöpfer der jüdischen Nation und als Gussform der jüdischen Seele".

Und es wurde festgestellt, dass für die große Mehrheit der modernen orthodoxen Juden der Talmud das Alte Testament fast vollständig verdrängt hat, das viele Christen nach wie vor als das „heilige Buch" der Juden und Christen betrachten.

Der französische Analytiker Gabriel Malglaive, dessen Buch *Jude oder Franzose?* -, das 1942 veröffentlicht wurde, über die Rolle der jüdischen Religion und des Talmudismus und ihre Auswirkungen auf die Gesellschaft nachdenkt. Malglaive schreibt

> „Die jüdische Religion hat mehr getan, als ihr Ideal umzusetzen. Sie hat aus einer mystischen Religion eine Doktrin der materiellen und physischen Herrschaft gemacht".

Der berühmte jüdische Autor Herman Wouk schrieb [in *The Talmud: Heart's Blood of the Jewish Faith*]:

> Der Talmud ist auch heute noch das Herzblut der jüdischen Religion. Welche Gesetze, Bräuche oder Zeremonien wir auch immer beachten - ob wir nun orthodox, konservativ, reformorientiert oder einfach nur krampfhafte Sentimentalisten sind - wir folgen dem Talmud. Er ist unser allgemeines Recht.

In der Geschichte hat sich ein Teil des jüdischen Volkes gegen den Talmud erhoben. Es handelt sich dabei um die Karaiten. Die verstorbene Elizabeth Dilling, eine der großen amerikanischen Kritiker des Talmudismus, beschrieb die Geschichte der Karaiten in ihrem Klassiker *The Jewish Religion: Its Influence Today*: Die Karaiten entstanden im 8^{igsten} Jahrhundert in Babylonien unter Anan, um das überlegene pharisäische Element zu quälen, indem sie den Talmud verachteten und das Alte Testament zur höchsten Autorität machten.

Eine schmelzende Flut von Hass richtete sich daher gegen sie. Mit echter talmudischer „Brüderlichkeit" und „Toleranz" wurde Anan aus Babylonien vertrieben und gründete in Jerusalem die Sekte der Karaiten.

Als später die wenigen verbliebenen Karaiten vom russischen Zaren begünstigt wurden, obwohl sie von den Talmudisten als „unantastbar" eingestuft wurden, boten die Talmudisten an, sich den Karaiten anzuschließen, um Immunität gegen die Unzufriedenheit des Zaren zu erlangen, doch die Karaiten lehnten sie als Heuchler ab.

Frau Dilling wies darauf hin, dass die Karaiten mit den Christen „die höchsten Flüche" der Talmudisten teilten. Es ist kein Zufall, dass die „Herrlichkeit" Babylons im Talmud erwähnt wird, merkt Frau Dilling an. Was das Kreuz für das Christentum bedeutete, schreibt sie, bedeutete „Babylon die Große" für das, was sie „den Kult des Talmudismus" nennt, d. h. das Judentum, wie wir es heute kennen.

Die Jewish Publication Society of America, eine der renommiertesten jüdischen Literaturinstitutionen, veröffentlichte 1946 einen Band mit dem Titel *The Pharisees: The Sociological Background of Their Faith*, der von Louis Finkelstein verfasst wurde. In diesem Band heißt es in sehr deutlichen Worten, dass

> „der Pharisäismus wurde zum Talmudismus, der Talmudismus wurde zum mittelalterlichen Rabbinismus, und der mittelalterliche Rabbinismus wurde zum modernen Rabbinismus". Aber durch diese Namensänderungen, die unvermeidliche Anpassung der Bräuche und die Anpassung des Gesetzes hindurch lebt der Geist des alten Pharisäers unverändert weiter".

Laut dem jüdischen Historiker Max Dimont (zitiert in unserem Vorwort), der in seinem Buch *Die Juden, Gott und die Geschichte* schreibt, kämpften die Juden im Anschluss an die sogenannte „Diaspora" - d. h. die Zerstreuung der Juden über die ganze Welt - darum, die Assimilation und das Aufgehen in fremden Kulturen zu verhindern: „Die Juden stellten sich dieser Herausforderung, indem sie einen juristisch-religiösen Kodex - den Talmud - schufen, der als einigende Kraft und spiritueller Sammelpunkt fungierte.

So entstand in Babylon, so sagt er, „das talmudische Zeitalter... [in der] der Talmud die Juden fast 1500 Jahre lang fast unsichtbar regierte". Der Talmud, der in dieser „Hauptstadt" Babylon entstand, war das Instrument des jüdischen Überlebens und übte 1500 Jahre lang einen entscheidenden Einfluss auf den Verlauf der jüdischen Geschichte aus", erklärt Dimont in *Juden, Gott und Geschichte.*

Der Talmudismus hat drei Dinge erreicht:

Sie hat das Wesen Jehovas verändert. Sie hat die Natur des Juden und die jüdische Vorstellung von Regierung verändert. Die Bibel hatte den nationalistischen Juden geschaffen; der Talmud brachte den universell anpassungsfähigen Juden hervor und lieferte ihm einen unsichtbaren Rahmen für die Regierung des Menschen.

Das sind bemerkenswerte Worte: „ein unsichtbarer Rahmen für die Herrschaft des Menschen". Nicht ein „sichtbarer" Rahmen, sondern ein „unsichtbarer" Rahmen, der hinter den Kulissen operiert. Und kein Rahmen für die Regierung der Juden, sondern vielmehr ein Rahmen für die Regierung des „Menschen" - ein unsichtbarer Rahmen noch dazu, der es nicht erlaubt, „den Anderen", die Gojim, die Nicht-Juden, zu studieren oder zu verstehen

Dimont erklärte, der Babylonische Talmud habe das mosaische Gesetz auf die gleiche Weise geändert oder neu interpretiert, wie die Amerikaner die Verfassung ändern oder neu interpretieren, um neue Probleme zu bewältigen. Anstatt die neuen Herausforderungen in die Schemata der Vergangenheit zu pressen, haben die Juden neue Schemata geformt, um sie an die neuen Umstände anzupassen".

Die Pharisäer, merkt Dimont an, waren die großen „Verteidiger" dieser neuen Interpretationen, die wir heute als Talmud kennen.

Der Talmud, so Dimont, „hatte die Funktion, die Juden zu einem einheitlichen religiösen Körper und einer kohäsiven bürgerlichen Gemeinschaft zusammenzuhalten". Er fügte hinzu

> „Der Talmud hat die jüdische Geschichte durchlaufen: Während der gesamten jüdischen Geschichte musste der Talmud neue religiöse Interpretationen liefern, um sich an die veränderten Lebensbedingungen anzupassen, sowie neue und expandierende Regierungsrahmen, da die alten Reiche zerfielen und junge Staaten entstanden.

Mit der Ausbreitung der jüdischen Welt musste sich auch der Rahmen für talmudisches Denken und Handeln erweitern, um zur richtigen Zeit präsent zu sein und die richtigen Lösungen zu finden, um das Überleben der jüdischen Ideale zu sichern.

Wir könnten anmerken, dass dies der Art und Weise ähnelt, wie sich Mitte des 20. Jahrhunderts der jüdische Trotzkismus - die

Kommunistische Internationale - eine moderne Erscheinungsform des Talmudismus - so weit angepasst hat, dass wir heute, ganz am Anfang des 21. Jahrhunderts, beobachten konnten, wie sich die Trotzkisten in „Konservative", in diesem Fall in „Neokonservative", verwandelten.

Dimont stellte außerdem fest, dass Juden *schon in den ersten Tagen ihres* babylonischen *Exils* hohe Regierungsämter in Babylon besetzten:

In all diesen Jahrhunderten hat sich das talmudische Konzept der Regierung parallel zum Konzept Jehovas entwickelt. Die Propheten verwandelten Jehova, der ein jüdischer Gott war, in einen universellen Gott. Die Talmudisten verwandelten das jüdische Konzept der Regierung, das ausschließlich für Juden bestimmt war, in Ideen, die auf die universelle Regierung des Menschen anwendbar waren.

Die Propheten konzipierten das Judentum so, dass es spezielle Gebote für die Juden und allgemeine Grundsätze für das ganze Volk enthielt.

Die Talmudisten entwickelten Gesetze, die es dem Juden ermöglichten, weiterhin nicht nur Jude, sondern auch ein universeller Mensch zu sein.

Für die Talmudisten waren die Juden aller Länder ein Symbol für die Aufteilung der Menschheit in Nationalitäten. Es mussten Gesetze formuliert werden, um den besonderen Bedürfnissen jeder nationalen Einheit gerecht zu werden, und es mussten Gesetze formuliert werden, die es allen Nationen ermöglichten, in einer vereinten menschlichen Nation zusammenzuleben.

Die universellen Regierungskonzepte des Talmuds wurden zum Fleisch von Jesajas Träumen von der Brüderlichkeit der Menschen.

Interessanterweise betonte Dimont, dass „solange es starke und vereinte Imperien gab, der Talmud universell funktionieren konnte". Er fügte jedoch hinzu, dass, als die Weltreiche zu kollabieren begannen, der universelle Einfluss des Talmuds zunichte gemacht wurde. Von seinem Wesen her *gedeiht der Talmudismus unter dem Imperium und dem Imperialismus.* Und das ist auch heute noch der Fall.

Maimonides - der Name, unter dem Rabbi Moses ben Maimon (der von 1135 bis 1204 lebte) allgemein bekannt ist - war der jüdische Philosoph, der das lieferte, was Dimont als „den vollständigsten, aber vereinfachten, modernisierten, gekürzten und indizierten Talmud, den jeder alphabetisierte Mensch als Referenzbuch verwenden kann" erinnerte. Dieser Band von Maimonides war als *Mishneh Torah, die* „zweite Torah", bekannt.

Später jedoch schrieb ein spanischstämmiger Jude namens Joseph Caro, der von 1488 bis 1575 lebte und sich später in Palästina niederließ, wo er ein Zentrum für religiöse Bildung aufbaute, etwas, das er *Schulchan Aruch* nannte (was übersetzt so viel wie „Der vorbereitete Tisch" bedeutet). Es handelte sich, wie Dimont sagt, um eine neue „Ausgabe des Talmuds für jedermann... ein Taschentisch, der das letzte Wort über alles haben sollte". Diese Kodifizierung des Talmuds ist das, was im Wesentlichen die „populäre" Version des Talmuds heute noch ist - immer noch eine Anleitung (und ein Einblick) in die jüdische Philosophie hinter dem Wunsch nach Weltherrschaft.

Ein weiteres wichtiges Werk von Max Dimont, *The Indestructible Jews*, das 1971 veröffentlicht wurde (und ebenfalls in unserem vorherigen Kapitel zitiert wurde), ist eine offene Darstellung des Konzepts der jüdischen Vorherrschaft. In diesem Werk stellt er

> „Die jüdische Geschichte besteht aus einer einzigartigen Reihe von - zufälligen oder absichtlichen - Ereignissen, die den praktischen Effekt hatten, die Juden als Juden in einem „Exil" zu bewahren, um ihre erklärte Mission zu erfüllen, eine menschliche Bruderschaft zu eröffnen.

> Ob diese Mission von Gott initiiert oder rückwirkend von den Juden selbst Gott zugeschrieben wurde, ändert nichts an unserer These von einem manifesten jüdischen Schicksal.

> Wir argumentieren, dass dieses Exil keine Strafe für Sünden war, sondern ein Schlüsselfaktor für das Überleben der Juden. Anstatt die Juden zum Aussterben zu verurteilen, führte es sie in die Freiheit.

Dimonts Behauptung, die Juden hätten trotz der Zerstörung der Gesellschaften, in denen sie lebten, weiter überlebt, ist durchaus bemerkenswert: Nachdem der Strom einer Zivilisation ihren Höhepunkt erreicht hat, sehen wir, wie sie langsam zurückfließt und schließlich in den Tiefen des historischen Vergessens versinkt. Und wir sehen, wie die Juden dieser Zivilisation mit ihr untergehen. Doch während jede versunkene Zivilisation unter Wasser bleibt, tauchen die Juden immer wieder aus einer scheinbar fatalen Situation auf und klettern auf den Kamm einer neuen Zivilisation, die sich dort niederlässt, wo die alte untergegangen war.

Die Juden tauchen in der Geschichte erstmals in der babylonischen Welt um 2000 v. Chr. auf. Als der babylonische Staat untergeht, kündigen die Juden ihren Eintritt in das persische Reich an. Als die persische Welt zerfällt, kündigen sie ihren Eintritt in den hellenischen

Salon an. Als Rom die Welt „erobert", lassen sie sich in Westeuropa nieder und helfen den Römern, das Banner des Handelsunternehmens in das barbarische Gallien zu tragen. Als der Stern des Islam aufging, stiegen die Juden mit ihm zu einem goldenen Zeitalter intellektueller Kreativität auf. Als sich der Feudalismus in Europa etabliert, werden sie zu seinen Bankiers und Gelehrten. Und als die Moderne Einzug hält, werden sie Teil des Architektenteams und gestalten es.

Obwohl der durchschnittliche Christ, vor allem in Amerika, davon ausgeht, dass die Juden als „Volk des heiligen Buches" glauben, dass ihr Schicksal in Gottes Hand liegt, hat Max Dimont einen anderen Ansatz; oder besser gesagt, er wirft interessante Fragen auf.

Unter Bezugnahme auf die Ereignisse, wie er sie beschrieben hat, fragt Dimont, „wer einen solchen Plan" für den Verlauf der jüdischen Geschichte und ihre Beteiligung an den verschiedenen großen Zivilisationen verfasst hat - von denen übrigens keine von den Juden selbst geschaffen wurde, in denen sie aber oft eine zerstörerische Rolle gespielt haben.

Auf seine eigene Frage, „wer" einen solchen Plan verfasst habe, antwortet Dimont mit einer eigenen Frage: „Gott? Oder die Juden selbst? Ein Zyniker könnte meinen, dass Dimont die Juden vor Gott selbst stellt

Dimont scheint sich der Vorstellung zu widersetzen, dass sich die Juden als Volk im Laufe der Zeit weiterentwickelt haben. Viele Menschen reagieren heute auf Kritik am jüdischen Gesetzbuch, dem Talmud - das heute das Herzstück des Judentums ist wie seit der Zeit, als der Talmud während des Exils der Juden in Babylon auftauchte - mit der Behauptung, dass der Talmud nicht mehr das jüdische Volk oder sein Denken repräsentiere, dass sich das jüdische Denken entwickelt habe, dass die im Talmud enthaltenen unangenehmen Dinge über Christus und die Christen zum Beispiel nicht wirklich die jüdische Geisteshaltung repräsentieren würden.

Allerdings schreibt Dimont

> „Die Juden von heute gehören immer noch derselben „Kultur" und demselben Volk an wie die Juden von gestern. Sie repräsentieren ein Kontinuum von Ideen, das sich ununterbrochen viertausend Jahre zurück bis zu Abraham erstreckt".

Dimonts These ist, dass

„die jüdische Geschichte besteht aus einem Ansturm von Ideen, die Imperien stürzten und eine neue Art des Denkens einleiteten".

Beachten Sie nun, dass der Durchschnittsbürger, wenn er mit der Geschichte des Zweiten Weltkriegs und dieser Reihe von Ereignissen konfrontiert wird, die allgemein als „Holocaust" beschrieben werden, sagen würde, dass der Zweite Weltkrieg ein großes Unglück für die Juden war, da die üblichen Lehren über diese Zeit - von denen viele von jüdischen Autoren stammen, die sich an ein populäres Publikum wenden (das natürlich größtenteils nichtjüdisch ist) - tatsächlich darauf bestehen, dass der Zweite Weltkrieg eine außergewöhnliche Tragödie für die Juden war.

Der jüdische Philosoph Max Dimont hat jedoch eine interessante Sichtweise auf all das. Er schrieb: „Der Glückszyklus Europas ist unter zu Ende gegangen, und die WASPs regieren nicht mehr die Welt". Er fragte sich, ob der Zweite Weltkrieg in Wirklichkeit ein Pyrrhussieg für den Westen war, und deutete in scheinbar hoffnungsvoller Prosa an, dass die Tage der westlichen Zivilisation im Niedergang begriffen waren, dass die Tage der westlichen Zivilisation gezählt waren.

Für die Juden hingegen begrüßte Dimont den Zweiten Weltkrieg als „einen entscheidenden Wendepunkt". Als Folge des Zweiten Weltkriegs, so schrieb er, „haben die Juden nun auf allen Kontinenten in der Diaspora Vorposten an strategischen Positionen, um den dritten Akt ihres manifesten Schicksals zu vollziehen".

Dimonts judeozentrische (und sogar judeosuprematistische) Sichtweise wird nirgendwo deutlicher als in seinem Kapitel über „Die zionistische Revolution", die laut Dimont ein integraler Bestandteil des gesamten jüdischen Plans zur Errichtung einer neuen Weltordnung auf der Grundlage jüdischer Prinzipien ist.

Über die Entstehung Israels als Nationalstaat im Jahr 1948 schrieb Dimont: Es ist das einzige Land, das nach dem Zweiten Weltkrieg entstanden ist, das, ohne andere Nationen zu versklaven, einen Teil seiner eigenen Bevölkerung auszubeuten oder sein Schicksal an eine äußere Macht zu binden, einen Lebensstandard, Freiheit und Rechtsstaatlichkeit gewährleisten konnte, der mit dem der fortschrittlichsten westlichen Nation vergleichbar ist.

Wie konnte all dies in so kurzer Zeit, in weniger als einer Generation, erreicht

Wie konnte dieses kleine Land, das zweitausend Jahre lang von Römern, Byzantinern, Sassaniden, Arabern, Kreuzrittern, Mamelucken, Türken und Engländern verwüstet, entblößt und beraubt wurde, innerhalb von fünf kurzen Jahrzehnten von der Leibeigenschaft zur Unabhängigkeit, vom Betteln zum Reichtum, von kultureller Armut zur intellektuellen Prominenz aufsteigen...?

Woher kommt das Kapital, das benötigt wird, um Industrieanlagen, einen hohen Lebensstandard und kulturelle Aktivitäten zu bezahlen

Dimont spricht lange auf diese großartige Weise, ohne jemals die Tatsache anzuerkennen, dass dieses Land (Israel), das nach dem Zweiten Weltkrieg entstanden ist, tatsächlich andere Nationen versklavt hat, bevor es seinen Status als Staat erlangt hat. Wir beziehen uns natürlich auf die christlichen Palästinenser und die muslimischen Palästinenser. Wir beziehen uns auch auf das deutsche Volk, dessen Zukunft als Nationalstaat (zumindest zum jetzigen Zeitpunkt) für immer mit dem Staat Israel verbunden zu sein scheint, und zwar aufgrund der Tatsache, dass das deutsche Volk unterdrückt und versklavt wurde, durch die Milliarden Dollar an jährlichen „Reparationszahlungen", die dem deutschen Volk abgenommen und an Israel gezahlt werden.

Dimont behauptet, dass das jüdische Volk Israels einen Teil seiner eigenen Bevölkerung nicht ausgebeutet hat.

Dies ist nicht der Fall.

Die Geschichte zeigt das Gegenteil.

Wir stellen fest, dass jüdische Terrorgruppen im Rahmen der Bemühungen um die Errichtung des jüdischen Staates in Palästina Terrorakte gegen ihre jüdischen Mitbürger verübt haben.

Außerdem darf nicht vergessen werden, dass nach der Gründung des Staates Israel jüdische Terroristen, die von der israelischen Regierung in die arabischen Länder geschickt wurden, Terrorverbrechen gegen diese jüdischen Bevölkerungsgruppen verübten, um diesen Menschen Angst zu machen und sie (fälschlicherweise) davon zu überzeugen, dass sie diese Angriffe von ihren arabischen Gouverneuren erlebten, um sie zu zwingen, diese Länder zu verlassen und sich im besetzten Palästina, das damals als „Israel" bekannt war, niederzulassen.

Also ja, die Juden haben Teile ihres eigenen Volkes ausgebeutet.

Und dann sagt Dimont natürlich, dass Israel sein Schicksal nicht an eine äußere Macht gebunden hat. Nichts könnte falscher sein.

Wir haben bereits die Abhängigkeit der Juden von den deutschen Reparationen erwähnt. Doch damit ist es noch nicht getan. Der Staat Israel stützte sich damals sehr stark auf Frankreich und Rotchina, um sein Arsenal an nuklearen Massenvernichtungswaffen zu entwickeln, das von Anfang an den Eckpfeiler der gesamten geopolitischen und nationalen Verteidigungsstrategie Israels bildete, die Grundlage seines großen Plans, seinen Einfluss - bis an seine eigenen Grenzen - in der Region und generell auf dem ganzen Planeten auszuweiten.

Und nun gibt es natürlich die berühmte „Sonderbeziehung" zwischen den USA und Israel, die im Lauf der Weltgeschäfte zentral geworden ist. Wie wir wissen, ist diese Sonderbeziehung eine direkte Folge des wachsenden zionistisch-jüdischen Einflusses in Amerika, ebenfalls in Verbindung mit der Aufwärtsspirale der internationalen Geldmacht und ihrer Kontrolle über die Massenmedien in Amerika.

Israel erhält von den USA Milliarden Dollar in Form von Zuschüssen und direkten Krediten, deren Details verblüffend sind.

In Anbetracht dessen müssen wir offen gesagt über Herrn Dimonts Frage nach der Herkunft des Kapitals lachen, das die massive interne Entwicklung des Staates Israel finanziert hat, diese „Blüte in der Wüste", wie sie so oft genannt wird. Mit wie vielen Billionen US-Dollar an US-Kapital wurde diese Blume gezüchtet

Doch Dimonts Dreistigkeit, seine Heuchelei - nennen Sie sie ruhig „Chuzpe" - spiegelt in Wirklichkeit genau die Haltung wider, die schon immer die jüdische Haltung gegenüber dem Rest der Welt bestimmt hat: die, die sie „die Anderen", „die Heiden", „die Gojim" nennen - die Nicht-Menschen, das Vieh, die Werkzeuge Satans.

Tatsächlich ist Israel nur durch Betteln zu Reichtum gekommen, was es sicherlich zum reichsten Bettler der Welt macht.

Wenn doch nur die obdachlosen Bettler auf den Straßen von Washington, DC - der amerikanischen Hauptstadt, von wo aus die Billionen Dollar der amerikanischen Steuern in die Kassen Israels fließen - so gut tun könnten. Wenn doch nur die 5000 obdachlosen amerikanischen Kriegsveteranen, die auf den Straßen Washingtons leben, genauso gut tun könnten.

Die erstaunliche Wahrheit über Israel - als Staat, als Entität, als Wirtschaftswesen - ist, dass, wie Dr. Norman Cantor *in* seinem Buch

The Sacred Chain (erschienen bei HarperCollins) aus dem Jahr 1994 schrieb, *„Fakt ist, dass die jüdische Wirtschaft in* Israel, vom ersten Jahrzehnt des Jahrhunderts bis heute, niemals lebensfähig war": Fakt ist, dass die jüdische Wirtschaft in Israel, vom ersten Jahrzehnt des Jahrhunderts bis heute, niemals lebensfähig gewesen ist. Die Juden in Zion waren nie in der Lage, ihren Lebensunterhalt zu bestreiten. Die Bilanz war immer negativ. Sie überlebten nur, indem sie ihre Defizite durch ausländische Hilfe deckten - die reichlich vergebene jüdische Wohltätigkeit aus dem Ausland und, seit etwa 1970, die umfangreiche US-Regierungshilfe.

[Israel] ist ein Land, in dem jeder Quadratzentimeter seines alten Bodens verehrt wird und archäologische Entdeckungen mit einer nationalen Feier begrüßt werden, das aber mit seiner empfindlichen Ökologie mit einer Sorglosigkeit umgeht, die einen Amerikaner oder Kanadier in Erstaunen versetzt. Es kontrolliert die Schadstoffemissionen seiner Autos nicht und leitet Rohabwasser ins Mittelmeer, wodurch seine eigenen Strände verunreinigt werden.

Das Schlimmste für Israel in den 1980er und frühen 1990er Jahren war, dass es sich völlig von der Hilfe der US-Regierung abhängig machte, sowohl für militärische als auch für zivile Zwecke...

Wenn man bedenkt, dass jüdische Wohltätigkeitsorganisationen im Ausland jedes Jahr eine ähnliche Summe bereitstellen, muss Israel als eine schwer verschuldete Nation anerkannt werden, ein kolonialer Staat, der nicht in der Lage ist, für sich selbst zu sorgen, und der mit Gier und Rücksichtslosigkeit daran gewöhnt ist, vom Geld anderer zu leben.

[Israel] berauschte sich nicht wie viele seiner mittellosen Vorfahren an mystischer Religion, sondern an militärischem Glamour und triumphalistischen Bildern - eine gefährliche und selbstzerstörerische Geisteshaltung in einer nüchternen und wettbewerbsorientierten Welt am Ende des 20. Jahrhunderts.

Überraschenderweise schlug Dimont - der jüdische Philosoph - vor, dass das „ideologisch" kommunistische China eine „fruchtbare Zivilisation" für die globale jüdische Agenda sein könnte, für Juden, die in der „Diaspora" (d. h. außerhalb des Staates Israel) leben.

Der Grund dafür war, dass die Chinesen laut Dimont „noch stärker judaisiert waren als die Puritaner im kolonialen Amerika".

Dimont sagte, dass „obwohl die Chinesen sich nicht auf ein jüdisches Erbe berufen, obwohl sie einen Juden nicht von einem Christen unterscheiden, ihre Ideologie eher „jüdischen Ursprungs" ist als die der westlichen Zivilisation", und fügte hinzu: „Neue Zivilisationen entstehen aus der Kombination einer neuen Weltreligion, eines neuen Naturbegriffs und eines neuen Menschenbildes: Nach Ansicht von Metahistorikern entstehen neue Zivilisationen aus der Kombination einer neuen Weltreligion, eines neuen Naturbegriffs und eines neuen Menschenbildes. Im heutigen China werden die Einflüsse des Konfuzianismus, Buddhismus und Daoismus durch ein neues religiöses, wissenschaftliches und psychologisches Denken ersetzt. So wie die Bibel die Ideologie ist, die die eine Milliarde Christen auf der Welt motiviert, ist *Das Kapital* die Ideologie, die die eine Milliarde Chinesen auf der Welt motiviert. Die „Religion" Chinas ist die Wirtschaftslehre eines Juden, Karl Marx. Seine Wissenschaft ist die theoretische Physik eines Juden, Albert Einstein. Seine Psychologie ist die Psychologie eines Juden, Sigmund Freud.

Die Tatsache, dass Dimont den totalitären kommunistischen Staat China in den 1960er Jahren für alle Zwecke als Spiegelbild der jüdischen Kultur in ihrer besten Zeit, auf ihrem Höhepunkt, darstellt, ist aufschlussreich und entlarvend.

Dimont sagte, dass „nach Präzedenzfällen [...] Diasporazentren in Zivilisationen lebendig zu werden scheinen, die sich in ihrer Frühlings-, Sommer- oder Herbstphase befinden, und nicht in ihrer Winterphase". Er fügte hinzu, dass

> „das Judentum könnte eine Rolle bei der Entwicklung einer universellen Religion und einer universellen Diaspora für einen Bürger der neuen Welt spielen".

> „Sollte das Weltraumzeitalter den Nationalstaat überflüssig machen", sagt Dimont, „können wir die Bildung neuer, bedeutungsvollerer Aggregate vorhersehen, für die die Diaspora bereits ein Modell etabliert hat."

Dimont fuhr fort, dass es „immer in Mode ist, das Judentum zu verunglimpfen, weil es das Credo von nur 12 Millionen Seelen ist", doch er entgegnete, dass die Geschichte „nicht nach der Quantität, sondern nach der Qualität" urteile.

Große Ideen, so sagte er, werden in der Regel anfangs verachtet, was implizit darauf hinausläuft, dass das Judentum eine dieser „großen Ideen" ist.

Dennoch behauptete Dimont auf der anderen Seite:

> „Alle großen Religionen, die die Welten erobert haben, brechen heute zusammen. Das Schwert Konstantins und der Krummsäbel Mohamads sind an Marx übergegangen. Heute bekennen sich die 200 Millionen Slawen in Russland zu diesem neuen Glauben; das rote China hat sich zum Zyklus bekehrt wie Karl der Große zum Kreuz; die Millionen Schwarzen in Afrika sind dabei, ihn zu erwerben. Hunderte Millionen von Muslimen, Hindus und Buddhisten schwanken zwischen ihrem alten Glauben und diesem aktuellen Glaubensbekenntnis

Offensichtlich sah er das Judentum als DIE große Idee - die früher verachtet wurde -, die schließlich die Welt im Zuge der anderen großen Religionen erobern würde, die zusammenbrachen, während er mit der bevorstehenden jüdischen Blütezeit prahlte. „Das Pendel", so Dimont, „schlug von einem leeren Szientismus zu einem prophetischen Humanismus aus, denn der Marxismus ist ein wirtschaftliches Credo und kein spirituelles Evangelium.

Der Rest der Welt war dabei, sich einzurichten und (hoffentlich) die jüdischen Ideale zu übernehmen. Alle Völker kämpften gegen ihre eigenen Schwächen und würden unweigerlich bereit werden, sich vom jüdischen Weltimperium leiten zu lassen, von dem Dimont seinen Lesern versicherte, dass es eine *vollendete Tatsache sei:* Seht die Heiden Afrikas, die aus der Steinzeit ins Atomzeitalter des 20. Jahrhunderts katapultiert wurden, verwirrt durch den Verlust ihres Stammes und ihres Glaubens. Hier die halbe Milliarde Seelen in Indien auf der Suche nach einer Religion, die sie nicht in der Mythologie ertränkt und nicht im Materialismus erstickt. Sehen Sie die Chinesen, ein spirituell sensibles Volk, das plötzlich seiner Religion beraubt wurde. Siehe die Russen, denen ein halbes Jahrhundert lang Atheismus gelehrt wurde, die aber immer noch nach einer Religion suchen, die ihr spirituelles Bedürfnis befriedigt. Und da ist die christliche Welt selbst, die verkündet, dass „Gott tot ist", aber nach neuen Werten sucht.

Sind die Völker der heutigen Welt bereit, das Judentum zu umarmen, so wie die Heiden des Römischen Reiches bereit waren, das Christentum zu akzeptieren? Kann das Judentum in dieser Zeit des materialistischen Reichtums und des geistigen Zerfalls in die entscheidende Lücke stoßen? Kann diese winzige, amorphe ethnische Gruppe, die als Juden bekannt ist, das erreichen, was alle großen „Ismen" nicht geschafft haben

Sind Rationalismus, Kommunismus, Nationalsozialismus oder Rassismus vielversprechender als die Ethik des Judentums? Hat sich das Alte Testament nicht als überlegen gegenüber den Philosophien von Platon, Hagel oder Kant erwiesen

Fühlen wir uns sicherer, wenn der Finger eines Wissenschaftlers oder der Finger Gottes am Abzug der Wasserstoffbombe

Wird es das Schicksal der Juden im dritten Akt sein, eine an ihrer wissenschaftlichen Seele kranke Diasporawelt, die vielleicht endlich bereit ist, ihre prophetische Botschaft zu akzeptieren, über den universellen Aspekt ihres Glaubens zu missionieren? Ist es möglich, dass das Christentum, der Mohammedanismus und der Kommunismus nur Sprungbretter waren, um dem Diaspora-Menschen den Übergang zu einem universellen Judentum zu erleichtern

So wie das Christentum ein jüdisch-religiöses Sprungbrett für eine geistige Bruderschaft ist, kann der Marxismus ein jüdisch-säkulares Sprungbrett für eine soziale Bruderschaft sein.

„Am Ende des ersten Aktes", behauptete Dimont, „verkündete Jesus eine religiöse Bruderschaft für die Menschen im Himmel. Am Ende des zweiten Aktes verkündete Marx eine wirtschaftliche Brüderlichkeit der Menschen auf der Erde. Was wird am Ende des dritten Akts verkündet?", fragte Dimont.

Wird der christliche Jesus wieder auftauchen, wie es die Evangelien versprechen, oder ein jüdischer Messias, wie es die Propheten versprechen? Was ist, wenn sich beide Vorhersagen erfüllen? Wird es sich dann um zwei verschiedene Messiasse handeln oder um ein und denselben Messias? Es heißt, dass der Mensch einen Helden wählt, um ihn zu retten, aber Gott wählt ein Volk, um die Menschheit zu retten. Die Christen wählten Jesus als ihren Helden, um sie zu retten. Hat Gott die Juden ausgewählt, um die Menschheit zu retten

Im dritten Akt wird der Mensch selbst vor eine existentialistische Wahl gestellt: Soll er das christliche Paradies im Himmel wählen, mit dem rachsüchtigen Jesus, der zurückkehrt, um der Menschheit durch das jüngste Gericht ein Ende zu setzen, oder soll er das jüdische Paradies auf der Erde wählen, das durch ein messianisches Konzept der Brüderlichkeit herbeigeführt wird.

Das ist, gelinde gesagt, erstaunlich.

Welche Funktion hat also der Staat Israel selbst, so Dimont? „Letztendlich war die motivierende Kraft des Zionismus die Existenz des Messianismus, die Mystik der Propheten.

Dimont zitierte den Gründungsvater Israels, David Ben-Gurion, mit den Worten: „Meine Vorstellung von der messianischen Idee ist nicht metaphysisch, sondern soziokulturell... Ich glaube an unsere moralische und intellektuelle Überlegenheit, an unsere Fähigkeit, als Vorbild für die Erlösung der menschlichen Rasse zu dienen... Die Herrlichkeit der göttlichen Gegenwart ist in uns, in unseren Herzen und nicht außerhalb von uns".

Dimont zufolge sind die Christen nicht in der Lage, die dem Menschen von Gott zugewiesene Aufgabe zu erfüllen, und wälzen diese Aufgabe durch Jesus auf Gott ab. Im Judentum ist der Mensch bereit, für die Erfüllung von Gottes Auftrag zu arbeiten, auch wenn die Arbeit manchmal hoffnungslos und sinnlos erscheint.

Auch das ist außergewöhnlich.

Aber auch sehr aufschlussreich.

„Ohne Israel [das als Staat existiert]", sagte Dimont, „hat die Diaspora [die Zerstreuung des jüdischen Volkes über die ganze Welt] keinen Sinn, und die Welt hat vielleicht keine Hoffnung". Vielleicht hat Jesaja doch recht. Könnte es sein, dass „aus Zion das Gesetz kommt und aus Jerusalem das Wort des HERRN"

Mit anderen Worten: Israel wird der Ort des Gesetzes sein, das Zentrum der jüdischen Herrschaft über den gesamten Planeten.

Herr Dimont erklärte, dass das jüdische Volk überleben werde, „solange die Juden an der Ethik der Tora und der Ideologie der Propheten festhalten". Auf diese Weise würden die Juden „unzerstörbar bleiben".

Wenn alle Menschen diese jüdische Ideologie annehmen, werden sie symbolisch zu „Juden", so Dimont:

Dann wird es nur noch den Menschen geben. Die innere Mission ist beendet. Es ist an der Zeit, zum Welttheater zurückzukehren, wo der letzte Akt unseres manifesten Schicksals gleich gespielt wird.

Die Türen führen jedoch zu einer leeren Bühne, die sich allmählich mit Menschen füllt. Es gibt keinen Vorhang. Wir sind keine Zuschauer mehr. Wir sind die Akteure eines lebendigen Theaters.

Dimont stellt die Frage: „Gibt es ein manifestes Schicksal in der jüdischen Geschichte? Sind die Juden die Opfer oder die Sieger der Geschichte? War ihr tragisches Leiden die Strafe für ihre Sünden oder das geheime Mittel ihres Überlebens, während andere Kulturen und Religionen im Sand der Zeit begraben wurden

Um zu verstehen, was Dimont uns über die jüdische Weltanschauung erzählt, müssen wir Adolf Hitlers Beziehung zum deutschen Volk und in diesem Fall zu Millionen von Menschen in Europa, Asien, Afrika und sogar Amerika untersuchen, die, um es drastisch auszudrücken, glaubten, dass „Hitler Recht hatte".

Hören Sie, was Dimont geschrieben hat. Er stellte die Frage: „Woher kommt Hitlers Einfluss auf das deutsche Volk?". Laut Dimont

> Alle Ideen [Hitlers], seine antisemitischen Tiraden, seine Theorie der Blutgemeinschaft, sein Mythos der arischen Rassenüberlegenheit, seine Vorstellung von der Geschichte als sexueller Orgie - sie alle waren nur sekundäre Ausarbeitungen der rassistischen *Pornografie,* die Jahrzehnte vor seiner Ankunft an die Wände der *Pissoirs* in Europa gekritzelt worden war.

> Hitlers Genie liegt nicht in der Originalität seiner Ideen, sondern in seiner erstaunlichen Fähigkeit, verbotene Fantasien von Sadismus und Mord in akzeptable Formen des Staatsmannes zu verwandeln.

> ... Er umgab sich mit einem Klüngel von Drogensüchtigen wie Göring, Päderasten wie Röhm, Sadisten, Fetischisten und Mördern wie Heydrich, Frank und Himmler, die unter dem Deckmantel der Legalität den Dekalog und das Evangelium durch einen Kodex der Entartung ersetzten.

Obwohl Dimonts hysterische Einschätzung ganz und gar außergewöhnlich ist, voller Lügen und Verleumdungen der übelsten Sorte, heftig widerlegt und verpönt durch das, was der britische Historiker David Irving zu Recht „die wahre Geschichte" genannt hat - durch das, was der amerikanische Historiker Harry Elmer Barnes als „die Geschichte mit den Tatsachen in Einklang bringen" beschrieben hat -, zeigt Dimonts eindeutig jüdische Sichtweise, dass nach der jüdischen Philosophie diejenigen, die die jüdische Agenda unterstützen, „gut" und von Gott sind und diejenigen, die sich ihr widersetzen, „böse" und vom Teufel sind. Er fügte hinzu

> „Hat Deutschland wie Faust den gespaltenen Huf des Teufels wahrgenommen, als er seine Hand auf sie legte? Ist es diesem

Bettler des Todes freiwillig in einen Krieg gegen die Welt gefolgt? Die Geschichte hat ihr Urteil bereits gefällt. Sie hat es getan

Jesus Christus hatte jedoch einen anderen Standpunkt. Den jüdischen Führern seiner Zeit sagte Christus

„Ihr seid von eurem Vater, dem Teufel: „Ihr seid von eurem Vater, dem Teufel, und ihr werdet die Wünsche eures Vaters tun. Er ist ein Mörder von Anfang an, und bleibt nicht in der Wahrheit, weil keine Wahrheit in ihm ist. Wenn er eine Lüge ausspricht, so spricht er von sich selbst, denn er ist ein Lügner und der Vater der Lüge. O Generation von Schlangen, wie könnt ihr, da ihr böse seid, Gutes reden, denn aus der Fülle des Herzens redet der Mund".

Voltaire, der große französische Freidenker der Aufklärung, galt zwar als „Atheist", teilte aber weitgehend die Anliegen Christi und spiegelte in seinen häufigen Schriften zum Judenproblem - auch bekannt als „Judenfrage" - eine Sichtweise wider, die auf ihre Weise die von Max Dimont so viele Jahrhunderte später formulierte jüdische Geisteshaltung erkannte. Voltaire schrieb

Die Juden sind nichts anderes als ein unwissendes und barbarisches Volk, das lange Zeit die verabscheuungswürdigste Habgier mit dem abscheulichsten Aberglauben und einem unauslöschlichen Hass auf alle Völker, von denen sie geduldet werden und durch die sie sich bereichern, kombiniert hat.

Die Juden sind ein Horror für alle Völker, die sie aufgenommen haben... Zu allen Zeiten haben die Juden die Wahrheit mit absurden Fabeln verunstaltet.

Die Juden sind die größten Schurken, die jemals diese Erde befleckt haben. Die kleine jüdische Nation wagt es, einen unversöhnlichen Hass gegen das Eigentum anderer zu zeigen.

Und während Max Dimont damit prahlte, wie „unzerstörbar" die Juden seien und wie sie die Dekadenz, den Zusammenbruch und die Zerstörung anderer Religionen und Zivilisationen überlebt hätten, erklärte Charles Newdigate, ein freimütiges Mitglied des britischen Unterhauses, 1858, er habe das Wesen der jüdischen Rolle in der Geschichte ausgerechnet aus dem Talmud herausgelesen, über den Dimont später so viel Lob geschrieben hatte. Newdigate spricht von den „Tendenzen" des Talmuds, die „unmoralisch, antisozial und antinational" seien. Er stellte

„Die Juden haben direkt und indirekt den Zusammenbruch Europas herbeigeführt: Die Juden haben direkt und indirekt Unruhen und

Revolutionen herbeigeführt. Sie haben den Ruin und das Elend ihrer Mitmenschen durch die gemeinsten und raffiniertesten Mittel verursacht. Die Ursache der Schmach, die ihnen entgegengebracht wird, liegt im Charakter des Judentums selbst, das seinen Anhängern keinen auf Moral beruhenden Zentralisationspunkt bietet.

Und während viel über die schändlichen antichristlichen und antichristlichen Wahnvorstellungen des Talmuds geschrieben wurde, wird oft vergessen, dass der Talmud, wie er in Babylon entstand, tatsächlich - wie Max Dimont (neben vielen anderen) bezeugt - die Grundlage für die langfristige jüdische Weltsicht bildete, die den ultimativen Triumph der Juden, die Einrichtung dessen, was wir heute als Neue Weltordnung kennen, vorsieht.

In dem umfangreichen Werk, das als Talmud bekannt ist, wird deutlich, dass Nichtjuden von der Philosophie dieses außergewöhnlichen Werkes ferngehalten werden müssen: Einem Nichtjuden etwas über unsere religiösen Beziehungen mitzuteilen, wäre gleichbedeutend mit der Tötung aller Juden, denn wenn die Nichtjuden wüssten, was wir über sie lehren, würden sie uns offen töten.

Ein Jude sollte und muss einen falschen Eid ablegen, wenn Nichtjuden fragen, ob unsere Bücher etwas gegen sie enthalten.

Der Grund, warum der Talmud vor Nichtjuden verborgen werden muss, ist ebenfalls klar, denn eine Anweisung (ähnlich wie viele andere im Talmud) erklärt kategorisch, dass „die Juden Menschen sind, aber die Nationen der Welt sind keine Menschen, sondern Tiere...".

An anderer Stelle im Talmud heißt es, dass

> „Jehova hat den Nichtjuden in Menschengestalt erschaffen, damit der Jude nicht von Tieren bedient werden muss. Der Nichtjude ist also ein Tier in Menschengestalt, das dazu verurteilt ist, dem Juden Tag und Nacht zu dienen".

Diejenigen, die es wagen, die Juden herauszufordern, werden vernichtet: „Es ist erlaubt, einen jüdischen Denunzianten überall zu töten. Es ist erlaubt, ihn zu töten, noch bevor er denunziert". (Das erklärt vielleicht die Doktrin des Präventivkriegs, die von der jüdisch dominierten Regierung von George W. Bush formell als Politik übernommen wurde, als sie den Krieg gegen den Irak fortsetzte und einen Krieg gegen den Iran führen wollte - einen Krieg, der immer noch nicht beendet ist).

Und zur Erinnerung: Während wir unsere Untersuchung des jüdischen Traums von einem Planeten unter jüdischer Herrschaft fortsetzen, müssen wir zur Kenntnis nehmen, dass der Talmud dem jüdischen Volk sagt: „Wenn der Messias kommt, wird jeder Jude 2800 Sklaven haben" und „Alle Besitztümer anderer Nationen gehören der jüdischen Nation, die daher das Recht hat, sie ohne Skrupel an sich zu reißen".

Der Talmud erklärt, dass die Nichtjuden besiegt werden, wenn die Juden als Herren über die Erde herrschen:

> Sobald der Messias-König sich erklärt hat, wird er Rom zerstören und es in eine Wüste verwandeln. Dorn und Spreu werden im Palast des Papstes wachsen. Dann wird er einen gnadenlosen Krieg gegen die Nicht-Juden entfachen und sie zermalmen. Er wird sie massenhaft abschlachten, ihre Könige töten und das gesamte römische Land verwüsten. Er wird zu den Juden sagen: „Ich bin der König-Messias, auf den ihr wartet. Nehmt das Silber und das Gold der Nichtjuden".

Ja, der Talmud ist der Ursprung dessen, was wir als Neue Weltordnung bezeichnen.

Auf den folgenden Seiten erfahren wir viel mehr über dieses teuflische Projekt, wie es in den jüdischen Schriften offen dargelegt wurde.

Diese Karikatur zeigt die gekrönten Häupter Europas - die vordergründigen Herrscher der damaligen Zeit -, die sich vor Lionel Rothschild auf seinem Thron aus Hypotheken, Krediten und Bargeld verneigen. Tatsächlich war dies die Realität der damaligen Zeit, die tatsächliche Verwirklichung des alten jüdischen Traums von einer neuen Weltordnung - einer jüdischen Utopie -, in der alle anderen Völker der Welt niederknien und das jüdische Volk als neuen Herrn der Erde anbeten würden. Nicht umsonst wurde Rothschild als „König der Könige" bezeichnet.

KAPITEL II

Die jüdische Utopie: Die Neue Weltordnung

1932 *stellte* Michael Higger, Doktor der Philosophie, ein bemerkenswertes Werk mit dem Titel *Die jüdische Utopie* zusammen, das er der Hebräischen Universität in Jerusalem widmete, die er als „Symbol der jüdischen Utopie" bezeichnete. Higgers Werk ist ein bemerkenswertes Dokument, das der verstorbene Robert H. Williams, ein amerikanischer nationalistischer Schriftsteller der 1950er und 1960er Jahre, als eine Zusammenfassung der Philosophie beschrieb, die dem zugrunde liegt, was Williams als „Ultimate World Order", also als Neue Weltordnung, bezeichnete.

Bemerkenswert an Higgers Buch ist, dass sich das Exemplar, das Robert H. Williams entdeckte und unter amerikanischen Nationalisten populär machte, in der Sammlung Abraham I. Schechter-Sammlung hebräischer und judaistischer Werke in der Bibliothek der Universität von Texas befindet, die von der Kallah der texanischen Rabbiner gestiftet wurde. Die texanische Rabbinerorganisation hielt so viel von dem Werk, dass sie dieses Exemplar der Bibliothek der Universität von Texas schenkte.

Das Buch von Dr. Higger. Das Buch von Higger war eine Zusammenstellung von Higgers Studie über das, was Williams als „die Gesamtsumme der Prophezeiungen, Lehren, Pläne und Interpretationen der wichtigsten jüdischen Rabbiner und Stammesführer über einen Zeitraum von rund 2.500 Jahren" beschrieb, seit der Zeit des mündlichen Gesetzes und dem Beginn des Babylonischen Talmuds, in dem sich das findet, was Williams als „Doppelmoral für Juden und Nichtjuden und seine nationalistische und militaristische Interpretation der Tora" beschreibt (wobei mit Tora natürlich die ersten fünf Bücher des Alten Testaments gemeint sind - die „fünf Bücher Mose").

In den Büchern wird von den „Gerechten" und den „Nicht-Gerechten" gesprochen. Am Ende, so Higgers Interpretation der jüdischen Tradition, werden die „Nicht-Gerechten" zugrunde gehen". schreibt Higger:

Um die rabbinische Vorstellung von einer idealen Welt zu verstehen, muss man sich nur eine Hand vorstellen, die von Land zu Land, von Land zu Land, vom Indischen Ozean bis zum Nordpol wandert und „gerecht" oder „böse" auf die Stirn jedes einzelnen der sechzehnhundert Millionen Menschen auf unserem Erdball markiert. Dann wären wir auf dem richtigen Weg, um die großen Probleme zu lösen, die so schwer auf den Schultern der leidenden Menschheit lasten.

Tatsächlich sollte die Menschheit in zwei - und nur zwei - unterschiedliche und unleugbare Gruppen eingeteilt werden, nämlich in die Gerechten und die Bösen. Den Gerechten würde alles gehören, was Gottes wunderbare Welt zu bieten hat; den Bösen würde nichts gehören.

In der Zukunft werden sich die Worte Jesajas in der Sprache der Rabbiner erfüllen: „Siehe, meine Knechte sollen essen, aber ihr sollt hungern; siehe, meine Knechte sollen trinken, aber ihr sollt durstig sein; siehe, meine Knechte sollen sich freuen, aber ihr sollt hungern. Meine Knechte sollen trinken, aber ihr sollt Durst haben; meine Knechte sollen sich freuen, aber ihr sollt euch schämen".

Das ist die Kraft der Prophezeiung des Maleachi, der sagt

> „Dann werdet ihr wieder unterscheiden zwischen dem Gerechten und dem Gottlosen, zwischen dem, der Gott dient, und dem, der ihm nicht dient".

Und aus Higgers Schriften (die auf seiner Analyse der Werke der großen jüdischen Rabbiner und spirituellen Führer beruhen) geht klar hervor, dass die „Gerechten" die Juden und diejenigen sein werden, die sich dafür entscheiden, sich als Diener der Juden auszurichten, und dass die „Bösen" diejenigen sein werden, die von den Juden als gegen ihre Interessen gerichtet wahrgenommen werden

Higger zitiert die Worte aus dem Talmud

> „Es ist ein Erbe für uns [die Juden], nicht für sie [gemeint sind alle anderen - alle anderen Menschen auf der Oberfläche des gesamten Planeten]".

Higger fährt fort, indem er betont, dass im Rahmen dieser neuen Weltordnung (die er als „jüdische Utopie" bezeichnet),

> „Alle Schätze und natürlichen Ressourcen der Welt werden schließlich in den Besitz der Gerechten gelangen. Dies", sagte er, „würde der Prophezeiung Jesajas entsprechen: In seinem Gewinn und in seinem Lohn wird Heiligkeit für den Herrn sein; es wird keinen Schatz und keinen Vorrat geben, denn sein Gewinn wird für

die sein, die vor dem Herrn wohnen, damit sie satt essen und sich elegant kleiden können

Aber das ist noch nicht alles. Die Juden und ihre Söldner würden in der jüdischen Utopie noch mehr Reichtümer besitzen. Higger stellte fest: „Ebenso werden die Schätze an Gold, Silber, Edelsteinen, Perlen und wertvollen Schiffen, die in den Jahrhunderten in den Meeren und Ozeanen verloren gegangen sind, wieder an die Oberfläche gebracht und den Gerechten übergeben werden...". Higger fügte hinzu: In der heutigen Zeit haben die Bösen oder die gewöhnlichen Reichen viele Annehmlichkeiten im Leben, während die Gerechten arm sind und die Freuden des Lebens vermissen. Aber im idealen Zeitalter wird der Herr den Gerechten alle Schätze öffnen, und die Ungerechten werden leiden.

Gott, der Schöpfer der Welt... wird sozusagen nur in dem kommenden Zeitalter glücklich sein, in dem die Welt von den Taten aufrechter Menschen regiert wird.

Hier ist Higgers erstaunliche Zusammenfassung: Im Allgemeinen werden die Völker der Welt in zwei Hauptgruppen unterteilt sein: die Israelis und die Nicht-Israelis. Erstere werden gerecht sein; sie werden in Übereinstimmung mit den Wünschen eines universellen Gottes leben, sie werden wissensdurstig und bereit sein, bis zum Märtyrertod zu gehen, um ethische Wahrheiten in der Welt zu verbreiten.

Alle anderen Völker hingegen werden für ihre verabscheuungswürdigen Praktiken bekannt sein: Götzendienst und andere Schlechtigkeiten.

Sie werden vernichtet und von der Erde verschwinden, bevor das ideale Zeitalter anbricht.

Kurz gesagt, es handelt sich eigentlich um eine Diskussion über die Massenvernichtung derjenigen, die sich der jüdischen Utopie - der Neuen Weltordnung - widersetzen. Der Text wird wie folgt fortgesetzt: Alle diese ungerechten Nationen werden zum Gericht gerufen, bevor sie bestraft und verurteilt werden. Das harte Urteil zu ihrer Verurteilung wird erst nach einem fairen Prozess ausgesprochen, wenn klar wird, dass ihre Existenz den Anbruch des idealen Zeitalters behindern würde.

Wenn also beim Kommen des Messias alle rechtschaffenen Nationen dem idealen Führer huldigen und ihm Geschenke machen, werden die bösen und korrupten Nationen, die erkennen, dass ihr Ende naht, dem Messias ähnliche Geschenke bringen.

Ihre Gaben und ihre angebliche Anerkennung des neuen Zeitalters werden gnadenlos zurückgewiesen, denn die wirklich bösen Nationen müssen ebenso wie die wirklich bösen Individuen von der Erde verschwinden, bevor eine ideale menschliche Gesellschaft aus gerechten Nationen errichtet werden kann.

Und wenn man bedenkt, dass das jüdische Konzept des Messias oft so verstanden wird, dass das jüdische Volk selbst „der Messias" ist, gewinnt das, was Higger beschrieben hat, noch mehr an Bedeutung.

Wie steht es um das Armageddon? Hierbei handelt es sich um ein legendäres Thema.

In der jüdischen Tradition ist Armageddon die letzte Schlacht, in der die Juden ein für alle Mal ihre absolute Herrschaft über die Erde errichten werden. Gemäß Higgers Analyse der jüdischen Lehren in dieser Hinsicht

> „Israel und die anderen rechtschaffenen Nationen werden gegen die vereinten Kräfte der Bösen und Schlechten kämpfen: So werden Israel und die anderen rechtschaffenen Nationen gegen die vereinten Kräfte der bösen und ungerechten Nationen unter der Führung von Gog und Magog kämpfen.

> Als sie sich versammelten, um die gerechten Nationen in Palästina nahe Jerusalem anzugreifen, erlitten die Ungerechten eine vernichtende Niederlage und Zion blieb fortan das Zentrum des Reiches Gottes.

> Die Niederlage der Ungerechten wird die Vernichtung der Macht der Bösen, die sich dem Reich Gottes widersetzen, markieren, die Errichtung des neuen idealen Zeitalters.

Beachten Sie die Verwendung des Ausdrucks „neues ideales Zeitalter".

Es ist kein Zufall, dass die Terminologie den Begriff „Neue Weltordnung" widerspiegelt und an ihn erinnert, denn genau das ist es, was die jüdische Utopie - dieses „neue ideale Zeitalter" - werden soll.

Dieser Kampf wird nicht nur ein Kampf Israels gegen seine „nationalen Feinde" sein, sondern der Höhepunkt des Kampfes zwischen den „Gerechten" und den „Ungerechten". So sagen es die jüdischen Weisen.

Wer sind die „Bösen"? Higger erklärt, dass „Bosheit" „ein Hindernis für das Reich Gottes" ist. Er weist darauf hin, dass „keine exakte Definition" formuliert werden kann, dass es jedoch rabbinische Passagen zu diesem Thema gibt, die eine allgemeine Vorstellung von der Bedeutung der Begriffe „böse" und „Schlechtigkeit" im Rahmen einer jüdischen Utopie vermitteln. Zu beachten ist, dass er darauf hinweist, dass diese Begriffe im Rahmen einer *jüdischen* Utopie definiert werden. Higger behauptet: Erstens wird keine Linie zwischen bösen Juden und bösen Nicht-Juden gezogen.

Für die Ungerechten, ob Juden oder Nichtjuden, wird es im Reich Gottes keinen Platz geben. Sie werden alle verschwunden sein, bevor das ideale Zeitalter auf dieser Erde eintritt. Die ungerechten Israeliten werden genauso bestraft werden wie die Bösen aus den anderen Völkern. Dagegen werden alle Gerechten, ob Hebräer oder Heiden, einen gleichen Anteil an dem Glück und der Fülle des idealen Zeitalters haben.

Im Gegensatz zu dem, was der durchschnittliche amerikanische Christ *über* all dies denken oder im Kontext seines christlichen Glaubens wahrnehmen würde, der ein universelles Reich Gottes im Paradies erwartet, ist das Paradies, auf das in der *Jüdischen Utopie*, die das „neue ideale Zeitalter" - die Neue Weltordnung - beschreibt, durchgehend Bezug genommen wird, „ein universelles Paradies der Menschheit... das in *dieser* Welt errichtet wurde", ohne jeglichen Bezug auf eine zukünftige Welt.

Wer wird diese neue Weltordnung anführen? Nach Higgers Einschätzung der jüdischen Tradition: „Er wird ein Nachkomme des Hauses David sein".

Higger informiert uns darüber, dass die talmudische Tradition besagt, dass „ein Nachkomme aus dem Hause Davids erst dann als Führer des „idealen Zeitalters" erscheinen wird, wenn die ganze Welt neun Monate lang ununterbrochen unter einer bösen und korrupten Regierung wie dem in der Geschichte traditionell bösen Edom gelitten hat".

(Anmerkung: Es gibt heute eine offizielle internationale jüdische Organisation, Davidic Dynasty, die sich offen darum bemüht, alle Nachkommen des Hauses David zu finden und zu vereinen. Hierbei handelt es sich nicht um eine „Verschwörungstheorie". Es handelt sich um eine Tatsache.

Wenn man weiß, was der Talmud über diejenigen lehrt, die die Welt regieren werden, können wir vielleicht die Motivation dieser Gruppe verstehen). Und, so verkündete Higger, die ganze Welt werde „allmählich zu der Erkenntnis gelangen, dass Frömmigkeit mit Gerechtigkeit identisch ist" und dass Gott „an Israel hängt und Israel die ideale gerechte Nation ist".

Gemäß diesen rabbinischen Lehren, die dem jahrhundertealten jüdischen Traum von der Errichtung der Neuen Weltordnung zugrunde liegen, werden die Völker der Erde dann den jüdischen Führern verkünden

> „Wir werden mit euch gehen, denn wir haben gehört, dass Gott mit euch ist".

So kam es, wie die Rabbiner verkündeten

> „Das Volk Israel wird die Völker der Erde geistig erobern, so dass Israel über alle Nationen erhoben wird in Lob, Namen und Herrlichkeit".

Beachten Sie das Konzept der „Eroberung" - wie in einer Schlacht. Beachten Sie das Konzept von Israel, das über alle anderen erhoben wird - wie bei Suprematie und Überlegenheit. Gewalt und Rassismus gegenüber Nichtjuden: So einfach ist das.

Es ist kein Zufall, dass viele andere jüdische Schriftsteller und Philosophen erklärt haben, dass es eines Tages eine Weltreligion geben wird, und in der Tat haben wir Bemühungen (von jüdischen Elementen) gesehen, alle Weltreligionen zu infiltrieren und zu verändern, um sie einander anzunähern, was laut Higger Teil der Prophezeiung war

> „Die Nationen sollen sich zuerst zu dem Zweck vereinen, den Namen des Herrn anzurufen, um ihm zu dienen.

Mit anderen Worten: Es gäbe eine Weltregierung und eine Weltreligion, und wie Higger und andere feststellten, wäre diese internationale Religion das Judentum. Dies wäre die „spirituelle Eroberung" der Welt.

Was ist mit Gold? Was ist mit dem Reichtum? Laut Higger spielte Gold zwar eine Rolle bei der Eroberung der Gerechten, denen es von Gott gegeben wurde, im neuen idealen Zeitalter, doch „Gold wird in der neuen sozialen und wirtschaftlichen Ordnung von untergeordneter Bedeutung sein. Aber die Stadt Jerusalem wird den größten Teil des Goldes und der Edelsteine der Welt besitzen... Die Herabsetzung der Bedeutung von Gold und Goldähnlichem bedeutet nicht notwendigerweise die Einführung eines Systems des Gemeineigentums

Mit anderen Worten: Die Juden werden die Kontrolle über all das haben, und da die Juden - durch die Stadt Jerusalem - das Gold kontrollieren werden, wird es in der Neuen Weltordnung, in der die Juden herrschen, wirklich keine Auswirkungen haben.

Higger fügte hinzu:

Die untergeordnete Bedeutung, die dem Gold in der neuen Gesellschaftsordnung beigemessen wird, lässt sich vor allem durch zwei Gründe erklären:

1) Die gleichmäßige Verteilung von Privateigentum und anderen Lebensnotwendigkeiten wird automatisch die Bedeutung von Gold und anderen Luxusgütern abwerten

2) Die Menschen werden darin geschult und erzogen, zwischen realen und spirituellen Werten und materiellen Werten zu unterscheiden.

Denn es ist die jüdische Macht, die in Jerusalem sitzt und von einem Nachkommen aus dem Haus Davids - genannt „der Heilige" - angeführt wird, die die Güter der Welt verteilen wird.

Wer wird dieses Eigentum erhalten? Die Antwort, wie sie von der rabbinischen Autorität festgelegt wurde

> „Den Gerechten werden alle Reichtümer, Schätze, Industriegewinne und sonstigen Ressourcen der Welt gehören; den Ungerechten wird nichts gehören."

Die ungerechten Nationen „werden nicht am idealen Zeitalter teilhaben". Ihre Herrschaft wird zerstört und verschwindet, bevor die Neue Weltordnung eintritt.

Die „Schlechtigkeit" dieser Nationen wird vor allem darin bestehen, Geld anzuhäufen, das dem „Volk" gehört, und die „Armen" zu unterdrücken und zu berauben.

Obwohl Higger dies nicht mit Nachdruck sagt, wissen diejenigen, die mit der talmudischen Tradition, Logik und Argumentation vertraut sind, dass das „Volk" und die „Armen" die Juden sind: Der Talmud lehrt, dass nur die Juden die Menschheit sind und dass alle anderen Tiere sind. Die „Armen" sind natürlich die Juden, die sich immer als die Opfer und Unterdrückten dargestellt haben, wie in „Die armen verfolgten Juden".

Eine weitere Gruppe „böser" Nationen wird das gleiche Schicksal erleiden wie die erste

> „Ihre Missetat wird gekennzeichnet sein durch ihre korrupten Regierungen und durch die Unterdrückung, die sie über Israel ausüben werden".

Mit anderen Worten: Jede Regierung, die sich gegen die Juden stellt, wird als böse und ungerecht angesehen, wenn sie es wagt, die globale Agenda der Juden in Frage zu stellen: die Neue Weltordnung.

Letztendlich, so Higger, wird das Motto dieser globalen jüdischen Forderung nach einem Utopia ihrer Vision und ihres Traums wie folgt lauten - und notieren Sie es aufmerksam: „Gerechte vereinigt euch! Besser die Zerstörung der Welt als eine böse Welt". Das ist richtig: Die jüdische Philosophie lautet, dass es besser ist, wenn die Welt zerstört wird, es sei denn natürlich, die „Gerechten" - also die Juden und diejenigen, die sie verehren - siegen über die „Bösen", also die Nicht-Juden, die es wagen, die jüdische Macht herauszufordern.

Das ist in der Tat erschreckend, zumal die jüdische Elite in den USA eine herausragende Macht über das amerikanische System ausübt: seine Schatzkammer, seine Armee, sein Atomwaffenarsenal. Dann muss man die schreckliche Tatsache berücksichtigen, dass selbst das „winzige Israel" als eine der fünf großen Atommächte der Welt gilt.

In Bezug auf Israels Atomwaffenarsenal sollte man sich die entscheidende Tatsache vor Augen halten, dass Israels geopolitische Strategie, die die Grundlage seiner nationalen Verteidigungsstruktur bildet, von Anfang an auf dem letztlich erfolgreichen Streben nach einem Atomwaffenarsenal beruhte.

In dem Buch *The Golem: Israel's Nuclear Hell Bomb and the Road to Global Armageddon* haben wir darauf hingewiesen, dass Israels Abhängigkeit von seinem Atomwaffenarsenal auf dem beruht, was als „Samson-Option" beschrieben wurde.

Im Rahmen der Samson-Option sind die Israelis im Wesentlichen bereit, notfalls „die Welt in die Luft zu sprengen" - sich selbst eingeschlossen -, wenn sie dies tun müssen, um die von ihnen so verhassten arabischen Nachbarn zu vernichten. Wie Samson in der Bibel, der nach seiner Gefangennahme durch die Philister den Tempel Dagons niederriss und zusammen mit seinen Feinden Selbstmord beging, ist Israel bereit, dasselbe zu tun.

Und Tatsache ist, dass es in jüngster Zeit mindestens zwei bekannte öffentliche Darstellungen dieser schrecklichen Weltanschauung von zwei bedeutenden jüdischen Schriftstellern gegeben hat.

In einem Fall schrieb der jüdisch-amerikanische Professor David Perlmutter von der Louisiana State University in der *Los Angeles Times* vom 7. April 2002 Folgendes:

Was soll Israel tun? Ich habe auch andere Träume, apokalyptische Träume. Ich glaube, dass Israel seit dreißig Jahren Atomwaffen herstellt. Die Juden haben verstanden, was die passive und hilflose Hinnahme des Unglücks in der Vergangenheit für sie bedeutete, und sie haben sich dagegen gewappnet. Massada war kein Vorbild - er hat den Römern nicht den geringsten Schaden zugefügt, aber Samson in Gaza? Mit einer H-Bombe

Was würde der jüdischen Welt als Rückzahlung für Tausende von Jahren des Massenmords einen besseren Dienst erweisen als ein nuklearer Winter

Oder all diese europäischen Staatsmänner und Friedensaktivisten einladen, sich mit uns in die Öfen zu stellen

Zum ersten Mal in der Geschichte hat ein Volk, das von der Ausrottung bedroht ist, während die ganze Welt kichert oder wegschaut, die Macht, die Welt zu zerstören. Die ultimative Gerechtigkeit

Einer der wichtigsten geopolitischen und militärischen „Vordenker" Israels, Dr. Martin van Crevald von der Hebräischen Universität in Jerusalem, sprach diese schrecklichen und mörderischen Gefühle aus. Er schrieb:

Wir [die Israelis] besitzen mehrere hundert Atomsprengköpfe und Raketen und können sie auf Ziele in allen Richtungen abfeuern, vielleicht sogar auf Rom. Die meisten europäischen Hauptstädte sind Ziele für unsere Luftwaffe. Unsere Streitkräfte sind nicht die dreißigstärksten der Welt, sondern eher die zweit- oder drittstärksten. Und ich kann Ihnen versichern, dass dies geschehen wird, bevor Israel untergeht.

Die Gojim - die „Bösen" - wurden also gewarnt.

Und täuschen Sie sich nicht - wie Michael Higgers Bewertung der talmudischen Philosophie deutlich zeigt: Die Anhäufung des Reichtums der Welt war ein integraler Bestandteil des alten jüdischen Programms, das wir im Rahmen des Strebens nach einer jüdischen Utopie - der Neuen Weltordnung - in Gang gesetzt sehen.

Denn wie das monumentale Werk des deutschen Historikers Werner Sombart aus dem Jahr 1914, *Die Juden und der moderne Kapitalismus*, zeigt, sind das Konzept des Geldes und seine Macht ein zentraler Bestandteil des Talmuds.

Sombart war Professor an der Universität Breslau in Deutschland. Seine Studie wurde abwechselnd von Juden und Nichtjuden weitgehend gelobt und weitgehend verurteilt. Sie war Gegenstand zahlreicher Diskussionen. Doch nur wenige würden behaupten, dass Sombarts Analyse nicht tiefgründig ist.

Sombart erklärte, dass

> „wenn man die Seiten des Talmuds durchblättert, stellt man fest, dass das Verleihen von Geld für die Juden nicht einfach eine dilettantische Tätigkeit war. Sie machten daraus eine Kunst; sie erfanden wahrscheinlich (sie benutzten sicherlich) einen hoch organisierten Verleihmechanismus... Wenn wir uns an die Zeit erinnern, in der der Talmud entstand, von 200 v. Chr. bis 500 n. Chr., und wenn wir das, was er im Bereich der Wirtschaft enthält, mit all den wirtschaftlichen Ideen und Vorstellungen vergleichen, die uns die antike und mittelalterliche Welt überliefert hat, dann klingt das nicht weniger als wunderbar".

Er erklärte freimütig, dass einige der im Talmud zitierten Rabbiner sprachen

> „als ob sie Ricardo und Marx beherrschten, oder zumindest als ob sie mehrere Jahre lang Börsenmakler gewesen wären oder als ob sie viele wichtige Geldverleihgeschäfte beraten hätten".

Sombart erinnert daran, dass die jüdischen Exilanten in Babylon kurz nach ihrer Ankunft Gold und Silber nach Jerusalem schicken konnten und dass es unter den Juden viele reiche Männer gab - einige von ihnen sehr reich - und unter ihnen die Talmudrabbiner.

> „Die ständigen Ortswechsel der Juden", schreibt Sombart, „erforderten, dass sie über leicht transportierbare Reichtümer verfügten. Wenn Juden auf die Straße geworfen wurden, „war Geld ihr einziger Begleiter". Infolgedessen „[lernten die Juden] [das Geld] zu lieben, da sie sahen, dass sie allein mit seiner Hilfe die Mächtigen der Erde unterwerfen konnten. Geld wurde zum Mittel, mit dem sie - und durch sie die gesamte Menschheit - Macht ausüben konnten, ohne selbst stark zu sein."

Sombart sprach vom „jüdischen Genie", das den besonderen Einfluss der Juden auf das Wirtschaftsleben ermöglichte, einen Einfluss, der seiner Meinung nach „so verhängnisvoll für das Wirtschaftsleben und die moderne Kultur insgesamt" gewesen sei.

Über den Talmud schreibt Sombart: „Der Talmud war das wertvollste Gut des Juden; er war der Atem seiner Nasenlöcher, er war seine Seele selbst. Der Talmud wurde Generation für Generation zu einer Familiengeschichte, mit der jeder vertraut war. Der Talmud, so sagt er, „schützte die Juden vor allen äußeren Einflüssen und hielt ihre innere Stärke lebendig", und interessanterweise stellt er fest, dass unter den bekennenden Juden die reichsten oft Talmudgelehrte waren.

„War die Kenntnis des Talmuds ein Weg zu Ehre, Reichtum und Gunst? „Die gelehrtesten Talmudisten waren auch die geschicktesten Finanziers, Ärzte, Juweliere und Kaufleute. (Tatsächlich war Meyer Amschel Rothschild, wie wir gesehen haben, selbst ein hingebungsvoller Talmudgelehrter). Das babylonische Judentum, stellt Sombart fest, war zur Zeit des Talmuds das neue Zentrum des jüdischen Lebens, und der Talmud war „die rechtliche und konstitutionelle Grundlage des jüdischen Gemeindelebens in Babylon". Der Talmud, so Sombart, sei zu Recht - und wie alle traditionellen jüdischen Quellen bestätigten - „zum wichtigsten Verwahrer des jüdischen religiösen Denkens" geworden. Sombart behauptet, dass „die jüdische Religion die gleichen Leitgedanken hat wie der Kapitalismus".

Er sagte, er sehe in beiden denselben Geist: Sowohl die jüdische Religion als auch der Kapitalismus basieren auf der Idee des Vertrags, und der Vertrag ist ein integraler Bestandteil der zugrunde liegenden Ideen des Judentums, mit der Folge, dass derjenige, der den Vertrag erfüllt, eine Belohnung erhält und derjenige, der ihn bricht, eine Strafe erhält.

Mit anderen Worten: Die rechtliche und ethische Annahme, dass die Guten gedeihen und die Bösen eine Strafe erleiden, war zu allen Zeiten ein Konzept der jüdischen Religion.

In Bezug auf das Konzept des Wohlstands auf der Erde erklärte Sombart

> „Wenn Sie die jüdische Literatur und insbesondere die heiligen Schriften des Talmuds durchforsten, werden Sie zugegebenermaßen einige Stellen finden, in denen die Armut als etwas Höheres und Edleres als der Reichtum gepriesen wird. Aber auf der anderen Seite werden Sie Hunderte von Stellen finden, in denen Reichtum als Segen des Herrn bezeichnet wird. Und nur vor ihrem Missbrauch oder ihrer Gefahr wird gewarnt".

(Anzumerken ist, dass einige darauf hinweisen, dass der Talmud vor finanziellem Missbrauch durch Juden gegenüber anderen Juden warnt, dass aber finanzieller Missbrauch gegenüber Gojim - Nichtjuden - völlig korrekt und angemessen ist). Tatsache ist also, dass die jüdische

Utopie - die Neue Weltordnung - schon immer auf dem Wunsch der jüdischen Machtelite beruhte, die riesigen Reichtümer der Welt für sich selbst anzuhäufen.

Der schärfste deutsche Kritiker der jüdischen Macht, Wilhelm Marr, erklärte, er sei überzeugt, laut ausgesprochen zu haben, was Millionen von Juden insgeheim dachten: „Dem Semitismus gehört die Weltherrschaft". Und die Juden forderte er eindringlich auf:

> „Seien Sie offen und aufrichtig in Ihren Gedanken. Ihr habt sicherlich die Macht, dies zu tun. Wir werden uns nicht mehr beschweren, sondern der Heuchelei zwischen [Juden und Nichtjuden] ein Ende setzen...

> Vielleicht ist Ihre realistische Sicht der Welt und des Lebens richtig.

> Vielleicht will das Schicksal, dass wir Ihre Sklaven werden. Wir sind auf dem besten Weg dorthin. Vielleicht ist der Geist, der euch in den Westen gebracht hat und den die Oberen und die Unteren heute anbeten, der einzig wahre...

> Die „Götterdämmerung" hat für uns begonnen. Ihr seid die Herren, wir sind die Sklaven. Was gibt es noch zu sagen

> Eine Stimme in der Wüste war zu hören und bestätigte nur die Tatsachen, unbestreitbare Tatsachen. Versöhnen wir uns also mit dem Unausweichlichen, da wir nichts daran ändern können

Beten wir, dass Marr sich geirrt hat. Wir müssen uns bemühen, das „Unvermeidliche" zu ändern.

Indem wir uns der *Wahrheit* über die Neue Weltordnung stellen, können wir siegen.

Links eine französische Ausgabe der umstrittenen Protokolle der Weisen von Zion. Unten eine Ausgabe in portugiesischer Sprache. Obwohl sie als „Fälschungen" bekannt sind, gibt es eine Vielzahl anderer sehr realer jüdischer philosophischer Werke, die belegen, dass die These der Protokolle tatsächlich seit langem jüdisches religiöses und geopolitisches Denken repräsentiert.

Unten links die jüdische Ikone Asher Ginsberg (bekannt als Ahad Ha'am), der wahrscheinliche Autor der Protokolle und sicherlich ein Verfechter der in ihren Seiten enthaltenen Philosophie.

KAPITEL III

Zionismus ist Judentum: Die Gründung eines jüdischen Weltreichs

Das Wort *Alija* - hebräisch für „nach Israel ziehen und dort leben" - bedeutet wörtlich übersetzt „aufsteigen". Laut Rabbiner Joseph Telushkin (dem oben erwähnten, sehr bekannten Publizisten der jüdischen Agenda) impliziert dieses Konzept der *Aliyah* also „die moralische und spirituelle Überlegenheit des Lebens in Israel". *Sich von Israel zu entfernen*, so Teluschkin, „inspiriert jedoch einen Begriff im Hebräischen, der viel stärker belastet ist als das englische Wort „emigrate", nämlich das Wort *yerida*, das genau das Gegenteil von *Alija* bedeutet. Es bedeutet „absteigen".

Kurz gesagt: Der Weg nach Israel ist gut, gerecht und richtig. Die Abkehr von Israel ist schlecht - ein Abstieg, vielleicht in die Hölle

Wie wir im vorigen Kapitel erfahren haben, predigen die alten jüdischen Lehren, die von Dr. Michael Higger als in Richtung „jüdische Utopie" gehend zusammengefasst wurden, tatsächlich die Vorherrschaft des jüdischen Volkes und seinen endgültigen Triumph bei der Kontrolle der Welt und ihrer Reichtümer.

Doch das Konzept des politischen Zionismus - der als formale, fast „offizielle" Bewegung im späten 19. Jahrhundert entstand - unterscheidet sich in gewissem Sinne vom Judentum im Allgemeinen, da der Zionismus auf die tatsächliche Errichtung eines jüdischen Staates ausgerichtet war (und ist). Wie wir jedoch sehen werden, ist der Zionismus entgegen dem, was viele glauben möchten, ein Kernstück des Judentums.

Im Jahr 1948 wurde auf dem historischen arabischen Territorium Palästinas ein jüdischer Staat gegründet. Die Umstände dieses Ereignisses (was ihm vorausging und was ihm folgte) würden den Rahmen dieses Buches sprengen, aber für diejenigen, die sich mit der gesamten hässlichen Geschichte auseinandersetzen wollen, ist *The Zionist Connection* des verstorbenen Dr. Alfred Lilienthal, des amerikanisch-jüdischen Kritikers des Zionismus, wahrscheinlich die umfassendste Studie, die man finden kann.

Was wir hier ansprechen wollen, ist die wenig verstandene Natur der Strategie des Zionismus in Bezug auf die globale jüdische Agenda, wie sie im Talmud definiert wird. Tatsächlich ist der Zionismus untrennbar mit dieser Agenda verbunden und bildet die Grundlage für ein globales jüdisches Imperium.

Zunächst einmal: Was ist Zionismus? Der Begriff „Zionismus" wurde 1886 von Nathan Birnbaum geprägt und 1897 auf dem ersten Zionistenkongress in Basel in der Schweiz angenommen. Wie ein Autor bemerkte, stellt sich der Zionismus für Nichtjuden als das Ideal der Rückkehr aller Juden in ihre geliebte Heimat Palästina und des Wiederaufbaus eines jüdischen Staates in dieser Region dar.

Die Tatsache, dass eine solche Erklärung überhaupt möglich war, ist ein schlagender Beweis für die Unwissenheit der Welt in Bezug auf die Ziele und die nationale Organisation der Juden.

Eine gründliche Untersuchung der jüdischen Literatur, sowohl der zionistischen als auch der nicht-zionistischen, offenbart, dass der Zionismus eine Bewegung ist, die das jüdische messianische Ideal der Weltherrschaft erreichen will. Man muss verstehen, dass es einen tiefen Unterschied zwischen der christlichen und der jüdischen Vorstellung vom Messias gibt.

Einerseits ist es die des Sohnes Gottes, der sich inkarniert und auf die Erde kommt, um die gesamte Menschheit zu erlösen und den Weg zum wahren Reich Gottes zu weisen. Andererseits ist es die eines Individuums, das ein Weltherrscher sein wird und das jüdische Volk als eine speziell auserwählte Nation zur geistigen und materiellen Herrschaft führen wird.

Zweifellos des Wartens auf den Messias müde geworden, neigten die Juden in jüngerer Zeit dazu, die Messianität mit der jüdischen Nation selbst und nicht mit einem bestimmten Individuum zu identifizieren.

Für den Moment müssen wir jedoch einen kritischen Exkurs machen, um die viel diskutierte Beziehung zwischen Nazi-Deutschland und der zionistischen Bewegung zu erkunden. Dieses Thema war Gegenstand so vieler Fehlinformationen und bewusster Desinformation, die meist von wohlmeinenden Personen verbreitet wurden, die die Gesamtsituation nicht verstehen.

Zwar haben einige zu Recht darauf hingewiesen, dass die deutsche Regierung in den ersten Jahren des Nazi-Regimes von Adolf Hitler tatsächlich mit Teilen der zionistischen Bewegung in Deutschland und anderswo zusammengearbeitet hat, doch wurde dieser Punkt weitgehend missverstanden und falsch interpretiert.

Einige, die naiver und aufgeregter waren, erklärten, dies sei der Beweis dafür, dass „Hitler ein Zionist war" und dass der Zweck der Gründung des Dritten Reichs darin bestand, den Holocaust in Gang zu setzen, damit ein zionistischer Staat aus der Asche der Toten hervorgehen konnte. Dies ist eine sehr lebendige These, die jedoch im Wesentlichen auf viel Phantasie und einer fantastischen und phantastischen Abhängigkeit von einer Vielzahl von Kräften und Ereignissen beruht - die nicht unbedingt miteinander verbunden sind -, die in Gang gesetzt werden, um das Endziel zu erreichen: einen zionistischen Staat.

Obwohl das deutsche nationalsozialistische Regime anfänglich einige informelle Bemühungen zur Zusammenarbeit mit den Zionisten in Europa und Palästina unternahm, da es darin eine ideale Möglichkeit sah, die Juden zu überzeugen und zu überreden, Europa zu verlassen, zerfielen diese Verbindungen im Allgemeinen, als die Deutschen in Kriegszeiten erkannten, dass die Zusammenarbeit mit den antizionistischen Arabern in Nordafrika und im Nahen Osten für die deutschen Ziele weitaus produktiver war. Wenn es also stimmt, dass die Deutschen mit den Zionisten zusammengearbeitet haben, wurde die Frage von Leuten, die nicht gewillt oder einfach unfähig sind, das viel größere und wichtigere geopolitische Bild zu betrachten, weit übertrieben.

Man muss auch sagen, dass viele derjenigen, die die Position vertreten, dass die

Der Begriff „Hitler war Zionist" wird oft von Personen, so gut sie es auch meinen, verwendet, um zu „beweisen", dass sie nicht „antisemitisch" sind, etwa um zu sagen: „Nun, auch wenn ich Israel kritisiere, bin ich nicht „wie Hitler", da es schließlich Hitler war, der zur Gründung des Staates Israel beigetragen hat".

Diejenigen, die diese Linie vertreten, verstehen nicht, dass die jüdische Elite und die zionistische Bewegung sich über diese Position lustig machen und jeden, der mit dieser Theorie kokettiert, als genauso schlecht ansehen wie andere, die Israel, den Zionismus und die jüdische Agenda offen kritisieren.

Die seriösesten Studien zur deutsch-zionistischen Kollaboration finden sich in den Arbeiten von Lenni Brenner, einem amerikanischen Marxisten orthodoxer jüdischer Herkunft, dessen Buch *Zionism in the Age of the Dictators (Zionismus im Zeitalter der Diktatoren)* und sein späterer Band *51 Documents: Zionist Collaboration With the Nazis*, die Frage korrekt in den richtigen Kontext gestellt haben. Dies hinderte Sensationslüstlinge jedoch nicht daran, die Wahrheit zu verzerren.

Es gibt auch eine Legende, der zufolge „jüdische Bankiers" oder „zionistische Bankiers" (die oft austauschbar verwendet werden) Hitler finanziert hätten. Dies entspricht nicht der Wahrheit.

James Pool weist in seinem maßgeblichen Buch *Who Financed Hitler?* das genaue Gegenteil nach.

In einem Fall hat ein deutsch-jüdischer Finanzier tatsächlich der Nazipartei Geld gegeben - bevor Adolf Hitler an die Macht kam -, aber diese Gelder waren dazu bestimmt, der Opposition in Hitlers Partei zu helfen, Hitler *zu stoppen*. Trotzdem behaupten einige „Patrioten" immer noch, dass „die Juden Hitler unterstützt haben".

Viele derjenigen, die sich vor dem Altar dieses Unsinns verbeugen, zitieren ein offensichtlich betrügerisches Dokument mit unklarer Herkunft mit dem Titel *Hitler's Secret Bankers*, das angeblich von einem gewissen „Sidney Warburg", einem dieser „jüdischen *Bankiers*", verfasst wurde.

Dieses Dokument ist jedoch, wie bereits erwähnt, ein Betrug.

Das Buch des verstorbenen Antony Sutton, *Wall Street and the Rise of Hitler*, förderte diese Theorie, die zum Teil auf Warburgs Parodie beruhte, und institutionalisierte diese Mythologie unter Missachtung der Wahrheit weiter.

Amerikanische Banken und Unternehmen haben mit dem Hitler-Regime zusammengearbeitet, meist als Fortsetzung früherer, Jahrzehnte zurückliegender Finanzvereinbarungen, aber das war nicht Teil einer großen Verschwörung, um Hitler an die Macht zu bringen. Die Behauptung, die Bush-Familie habe zu Hitlers Aufstieg beigetragen, ist ein weiterer Mythos.

Kevin Phillips - kein Bewunderer der Bush-Dynastie - untersucht in seinem Buch *American Dynasty: Aristocracy, Fortune, and the Politics of Deceit in the House of Bush* die tatsächlichen Umstände rund um das Bush-Hitler-Szenario und rückt die Fakten in *das* richtige *Licht*.

Eine weitere absurde Behauptung, Hitler und die meisten hohen Nazifunktionäre seien in Wirklichkeit Juden oder teilweise Juden gewesen, hat ihren ursprünglichen Ursprung in einem praktisch undurchdringlichen und völlig bizarren Werk mit dem Titel *Adolf Hitler: Founder of Israel.*

Leider wurde dieses Werk, das die meisten, die es zitieren, nie gelesen haben, im Internetzeitalter weit verbreitet, sogar von einer Handvoll ansonsten verantwortungsbewusster Seelen, die anscheinend glauben wollen, dass Hitler Teil der „jüdischen Verschwörung" war.

Der talentierte amerikanische Schriftsteller Martin Kerr hat eine maßgebliche Studie mit dem Titel „The Myth of Hitler's Jewish Grandfather" (Der Mythos von Hitlers jüdischem Großvater) verfasst, die im Internet zu finden ist und in der er alle Theorien und Mäander zu diesem Thema untersucht und die Theorie in die Schranken verweist. Aber auch das hält Sensationslüsterne nicht davon ab, zu sagen: „Es muss wahr sein: Hitler war Jude und Zionist".

Obwohl all dies ein separater Exkurs war, war er notwendig, gerade weil es so viele bewusste Fehlinformationen über die Beziehung zwischen Adolf Hitler und den Nazis und die zionistische und jüdische Agenda gibt, die das Internet und die im letzten halben Jahrhundert veröffentlichten Bücher übersät haben.

Um die Geschichte mit den Fakten in Einklang zu bringen, ist es also leider unerlässlich, sich mit dem Unsinn auseinanderzusetzen.

Zur Erinnerung: Kehren wir zu unserem Analysethema zurück - die Frage des Zionismus und des Judentums (angesichts dessen, was wir heute als Neue Weltordnung bezeichnen). Und stellen wir Folgendes fest: Die Wahrheit ist, dass es im Laufe der Jahre viele - zugegebenermaßen antijüdische - Menschen gegeben hat, die im Zionismus im Allgemeinen eine gewisse Weisheit gesehen haben.

Mit anderen Worten: Sie betrachteten die Vertreibung der Juden aus ihrem Land und die Konzentration der jüdischen Bevölkerung in einem Staat, der allen Juden gehört (aber nicht unbedingt im arabischen Palästina), als Mittel, um den jahrhundertealten Konflikt zwischen den Juden und allen anderen endlich zu lösen.

1922 bekannte sich Theodore Fritsch, ein bekannter deutscher antijüdischer Schriftsteller, zu seiner Bewunderung für die zionistische Ideologie: „Wir betrachten die Zionisten immer noch als die ehrlichsten Juden, weil sie zugeben, dass es keine Vermischung mit nichtjüdischen

Völkern gibt, dass die verschiedenen Rassen sich gegenseitig in ihrer Entwicklung und Kultur stören. Deshalb fordern wir gemeinsam mit den Zionisten „eine klare Trennung" und die Errichtung eines ausschließlich jüdischen Dominions...

In ähnlicher Weise schrieb 1921 der französische Autor Georges Batault in *Le problème juif:*

> „Wenn das wiederhergestellte jüdische Volk sich zu einer Nation unter den Nationen erheben will, ist es die Pflicht und das Interesse eines jeden, ihm dabei zu helfen. Wenn es hingegen plant, sich international zu organisieren, um die Nationen zu ruinieren und zu beherrschen, ist es die Pflicht der Nationen, sich zu erheben und es zu verbieten."

Batault räumt jedoch ein, dass die jüdische Lehre letztlich lehrt, dass die Juden kommen werden, um die Erde in ihrer Gesamtheit zu regieren

> „Was das Endergebnis der messianischen Revolution betrifft, so wird es immer dasselbe sein: Gott wird die Könige stürzen und Israel und seinen König triumphieren lassen; die Nationen werden zum Judentum bekehrt und gehorchen dem Gesetz unter Androhung der Vernichtung, und die Juden werden die Herren der Welt sein.

In Frankreich war während des Zweiten Weltkriegs die Opposition gegen jüdischen Einfluss weit verbreitet, nicht nur im südfranzösischen Vichy-Regime, einem unabhängigen Regime, das mit Nazi-Deutschland kollaborierte, sondern auch in der von den Deutschen besetzten Region Nordfrankreichs.

(Beachten Sie diese interessante Klammer: Viele Menschen nehmen heute, insbesondere schlecht informierte Amerikaner, das Vichy-Frankreich als die „Bösen" wahr, die „antisemitisch" waren, und das von den Deutschen besetzte Frankreich als die „Guten", die „die Nazis hassten und sich ihren antisemitischen Ansichten widersetzten", aber die Wahrheit ist, dass die Opposition gegen jüdische Macht und jüdischen Einfluss trotz der Legenden des Zweiten Weltkriegs in ganz Frankreich weit verbreitet war). Wie dem auch sei, einer der Schriftsteller, der über diese Bedenken unter den Franzosen sprach, war Gabriel Malglaive, dessen 1942 erschienenes Buch *„Juif ou Français?"* sich mit den Maßnahmen befasste, die im Vichy-Frankreich ergriffen wurden, um die Macht der Juden zu beschneiden. Seiner Meinung nach lagen diesen Maßnahmen vier Hauptziele zugrunde

1. Entschlossene Trennung der Juden von der Regierung... Dies war die erste und relativ einfachste Aufgabe, da sie nur eine kleine Zahl betraf...

2. ihren *intellektuellen* Einfluss, ihre Unterstützung und die Ausweitung ihrer Einmischung in den Staat bekämpfen; sie zu diesem Zweck von den freien Berufen, dem Bildungswesen, der Presse usw. trennen

3. Beseitigung ihrer „wirtschaftlichen und finanziellen" Vorherrschaft, ihres Übergewichts in allen Bereichen der Industrie, des Handels, der Börse und des Bankwesens, d. h. Entjudung dieses Bereichs, der einst ihre Domäne war. Sie sollten so handeln, dass sie nicht mehr die am meisten gefürchtete Macht über Geld behalten, denn wenn sie diese behalten hätten, hätten sie in der Praxis auch alle anderen behalten

4. endlich ihre okkulte Macht zu beseitigen, indem man sie von den Konzernen fernhält, indem man [...] die Presse und die Agenturen reinigt, über die sie eine raffinierte Propaganda und [ihre] *De-facto-Zensur* [...] etabliert haben.

Letztendlich schrieb er, dass das, was er und so viele andere als „das jüdische Problem" betrachteten, eine, wie er es nannte, „jüdische Lösung" erhalten sollte.

> Ironischerweise, so Malglaive, würden die Großmächte der Welt, einschließlich des jüdischen Volkes, in Zukunft gezwungen sein, „die Existenz der jüdischen Nation" anzuerkennen und somit ein Gebiet zuzuweisen, das der jüdischen Nation übergeben werden soll.

Dies ist in der Tat das, was wir heute als „Zionismus" bezeichnen. Das Ergebnis wäre, so Malglaive, dass von nun an „alle Juden der Welt legal, offiziell, die jüdische Nationalität besitzen würden, die ihr Herz immer heimlich gewählt hat". Die Frage, so schloss er, sei, „ob wir, um das Problem menschlich zu lösen, aufhören wollen, uns von den Juden provozieren zu lassen, oder ob wir, indem wir weiterhin halbe Maßnahmen anwenden, uns mit einer teilweisen und damit mittelmäßigen Lösung dieser Frage abfinden".

Betrachten wir in diesem Zusammenhang die Tatsache, dass ein in Russland geborener jüdischer Philosoph, Jacob Klatzkin, der als einer der „radikalsten" zionistischen Schriftsteller und Publizisten gilt, da er die Möglichkeit einer jüdischen Existenz außerhalb eines jüdischen Staates leugnet, dennoch den Vorschlag machte, dass das jüdische Volk als Ganzes nicht notwendigerweise diejenigen ausschließt, die die Lehren der jüdischen Religion formell ablehnen. Klatzkin schreibt:

> Das Judentum beruht auf einer objektiven Grundlage. *Jüdisch zu sein bedeutet die Existenz eines Glaubensbekenntnisses, das*

weder religiös noch ethisch ist. Wir sind weder eine Konfession noch eine Denkschule, sondern Mitglieder einer Familie und Träger einer gemeinsamen Geschichte. Die jüdische spirituelle Lehre zu leugnen, bedeutet nicht, dass man von der Gemeinschaft ausgeschlossen ist, und sie zu akzeptieren, macht uns nicht zu Juden. Kurz gesagt: Um Teil der Nation zu sein, muss man nicht an die jüdische Religion oder die jüdische Spiritualität glauben.

Während man also oft hört, dass „diese säkularen und atheistischen Juden, die das heutige Israel regieren, nicht wie die guten religiösen Juden in der Bibel sind", ist es eine Tatsache, dass selbst ein Hardcore-Zionist wie Klatzkin diese „nicht religiösen" Juden als integralen Bestandteil des jüdischen Volkes und als lebenswichtig für die Sache des Zionismus betrachtete.

Ein anderer großer zionistischer Denker, der 1935 verstorbene Abraham Isaac Kook, schrieb:

Der säkulare jüdische Nationalismus ist eine Form des Selbstbetrugs: Der Geist Israels ist so eng mit dem Geist Gottes verbunden, dass ein jüdischer Nationalist, egal wie säkular seine Absicht auch sein mag, wider Willen das Göttliche bejahen muss. Ein Einzelner kann das Band, das ihn mit dem Ewigen verbindet, zerreißen, aber das Haus Israel als Ganzes kann das nicht.

In seinem Artikel „Zionism, Jews and Judaism" (Zionismus, Juden und Judentum) kam Pater Joseph L. Ryan, der an der Saint-Joseph-Universität in Beirut lehrte und Dekan und Vizepräsident der Al-Hikma-Universität in Bagdad war, zu folgendem Schluss

Erstens stimmen die zionistischen Autoren mehrheitlich darin überein, dass die Juden ein eigenes Volk bilden.

Zweitens sind sich viele dieser Sprecher über den nationalen Charakter der Juden einig. Einige von ihnen [sagen], dass die Juden eine Nation sind und eine solche sein sollten. Diese beiden Gruppen sind sich einig, dass die Juden eine Nation bilden werden.

Drittens stimmen die meisten zionistischen Autoren darin überein, dass die Religion eine wichtige Rolle im jüdischen Leben gespielt hat.

Während einige darauf bestehen, dass diese Rolle zumindest für die jüdische Gemeinschaft, wenn nicht sogar für alle Menschen, fortgesetzt werden muss, leugnen andere dies.

Edward Said, ein Philosoph palästinensischer Herkunft und angesehener Gelehrter, erklärte

„Zionismus und Imperialismus inspirieren sich gegenseitig, jeder auf seine Weise, und der Zionismus hat tatsächlich zum Aufstieg des modernen Imperialismus beigetragen, sagte er.

Und wie wir auf den Seiten dieses Bandes mehrfach sehen werden, ist der moderne Imperialismus die „Neue Weltordnung", die sich wiederum aus den jüdischen Lehren des Babylonischen Talmuds ableitet und deren Imperialismus wiederum auf den Aufstieg der internationalen Währungsmacht, wie sie im Haus Rothschild institutionalisiert wurde, zurückverfolgt werden kann. Der Zionismus ist nur ein weiterer Teil der Gleichung. Die historische Chronologie belegt all dies auf schlüssigste Weise.

In der monumentalen Artikelserie, die kollektiv als „The International Jew" in Erinnerung bleibt und die in der Zeitung des amerikanischen Industriellen Henry Ford, *The Dearborn Independent*, erschien und später in einer vierbändigen Buchreihe neu aufgelegt wurde (und seitdem hier und weltweit immer wieder neu aufgelegt wurde), wird das Thema „Antisemitismus" folgendermaßen behandelt:

Es ist kein Antisemitismus, wenn ich sage, dass der Verdacht in allen Hauptstädten der Zivilisation besteht und dass eine Reihe wichtiger Männer die Gewissheit hat, dass es einen aktiven Plan in der Welt gibt, die Welt zu kontrollieren, nicht durch den Erwerb von Territorien, nicht durch militärischen Erwerb, nicht durch Regierungsunterwerfung, nicht einmal durch wirtschaftliche Kontrolle im wissenschaftlichen Sinne, sondern durch die Kontrolle der Maschinerie des Handels und des Austauschs.

Es ist weder Antisemitismus, dies zu behaupten, noch die Beweise dafür vorzulegen oder zu belegen. Diejenigen, die es am besten widerlegen könnten, wenn es nicht wahr wäre, sind die internationalen Juden selbst. Aber sie haben es nicht bewiesen.

Diejenigen, die es am besten [als falsch] beweisen könnten, wären die Juden, deren Ideale die gesamte Menschheit gleichberechtigt einschließen und nicht das Wohl einer einzelnen Rasse, aber sie haben es nicht bewiesen.

Eines Tages wird vielleicht ein prophetischer Jude aufstehen und sehen, dass die dem alten Volk gegebenen Versprechen nicht durch Rothschild-Methoden erfüllt werden dürfen, und dass das Versprechen, dass alle Nationen von Israel gesegnet werden sollten, nicht dadurch erfüllt werden darf, dass sie zu wirtschaftlichen Vasallen Israels gemacht werden; und wenn diese Zeit kommt, können wir auf eine Umlenkung der jüdischen Energie in Kanäle hoffen, die die gegenwärtigen Quellen der jüdischen Frage entwässern werden.

Inzwischen ist es kein Antisemitismus mehr. Es kann sich sogar als weltweiter Dienst am Juden erweisen, um die Motive bestimmter höherer Kreise zu beleuchten.

Theodor Herzl, der Vater des modernen Zionismus, schrieb in seinem berühmten Werk *Der jüdische Staat* auf denkwürdige Weise: „Wir sind ein Volk, ein einziges Volk... Wenn wir untergehen, werden wir zu einem revolutionären Proletariat, zu untergeordneten Offizieren einer revolutionären Partei; wenn wir aufsteigen, kommt auch unsere schreckliche Kaufkraft zum Vorschein".

Henry Fords Artikelserie zu Fragen der jüdischen Macht in den Vereinigten Staaten geht offen auf die Frage ein, was Ford als „die historische Basis des jüdischen Imperialismus" bezeichnet. Ford warnte:

> Ein weiteres Vorurteil, vor dem man sich schützen sollte, ist, dass jeder Jude, den man trifft, ein geheimes Wissen über dieses Programm hat. Das ist nicht der Fall. Die allgemeine Idee von Israels endgültigem Triumph ist jedem Juden, der den Kontakt zu seinem Volk aufrechterhalten hat, vertraut, aber die speziellen Pläne, die seit Jahrhunderten in formulierter Form existieren, um diesen Triumph zu erreichen, sind dem Durchschnittsjuden ebenso wenig vertraut wie jedem anderen.

Doch selbst wenn man sich von diesen vorgefassten Meinungen fernhält, kann man der Schlussfolgerung nicht entgehen, dass, wenn es heute ein solches Programm des jüdischen Weltimperialismus gibt, es mit dem Wissen und der aktiven Unterstützung bestimmter Individuen existieren muss, und dass diese Gruppen von Individuen irgendwo einen offiziellen Anführer haben müssen.

Gibt es heute noch einen Sanhedrin? Fords Kommentar zitiert die *Jüdische Enzyklopädie*, in der es heißt: „Der Sanhedrin, der vollständig aristokratisch war, nahm wahrscheinlich seine eigene Autorität wahr, da er sich aus den einflussreichsten Familien des Adels und der Priesterschaft zusammensetzte." Ford kommentiert

Der Sanhedrin übte seine Autorität nicht nur über die Juden in Palästina aus, sondern auch überall dort, wo sie in der Welt verstreut waren.

Als Senat, der politische Autorität ausübte, hörte er mit dem Fall des jüdischen Staates im Jahr 70 n. Chr. auf zu existieren, doch es gibt Hinweise darauf, dass er bis ins 4. Jahrhundert als beratendes Gremium existierte.

An die wohlbekannte Solidarität unter Juden erinnernd und auf die Frage „Sind Juden eine Nation?

Wenn es keinen anderen Beweis gäbe, wäre genau derselbe Beweis, den viele jüdische Autoren zitieren, nämlich die sofortige gegenseitige Unterstützung der Juden bei jeder Gelegenheit, ein Beweis für die rassische und nationale Solidarität.

Jedes Mal, wenn diese Artikel [in Fords Zeitung] den International Jewish Financier trafen, protestierten Hunderte von Juden aus den untersten Schichten.

Berühren Sie einen Rothschild, und der revolutionäre Jude im Ghetto protestiert und nimmt die Bemerkung als persönlichen Affront hin. Berühren Sie einen gewöhnlichen, altmodischen jüdischen Politiker, der eine Regierung ausschließlich zum Vorteil seiner jüdischen Landsleute und zum Nachteil der höheren Interessen der Nation einsetzt, und der regierungsfeindliche Sozialist und Jude verteidigt ihn.

Man kann sagen, dass die meisten dieser Juden den lebenswichtigen Kontakt zu den Lehren und Zeremonien ihrer Religion verloren haben, aber sie zeigen durch ihre nationale Solidarität an, was ihre wahre Religion ist.

Bereits 1879 notierte der große deutsche Schriftsteller Adolf Stoecker dies:

> Menschen, die die Kirche, Prominente und Geschäfte scharf kritisieren, sind extrem empört, wenn andere sich erlauben, auch nur einen prüfenden Blick auf die Judenfeindschaft zu werfen.

> Sie selbst greifen jede nichtjüdische Aktivität mit Hass und Verachtung an. Wenn wir aber leise ein Wort der Wahrheit über ihre Machenschaften sagen, spielen sie die beleidigten Unschuldigen, die Opfer der Intoleranz und die Märtyrer der Weltgeschichte.

Ford wusste, dass es für diejenigen, die mit den jüdischen Lehren nicht vertraut waren, kontrovers war, über den jüdischen Einfluss zu sprechen. Wenn er mit Fragen wie den folgenden konfrontiert wurde

> „Weiß die Judenheit, was sie tut? Hat sie eine Außenpolitik gegenüber den Nichtjuden? Hat sie einen Dienst, der diese Außenpolitik ausführt? Hat dieser jüdische Staat - falls es ihn gibt - ein Oberhaupt? Hat er einen Staatsrat? Und wenn eines dieser Dinge wahr ist, wer ist sich dessen bewusst?".

Ford erklärte, dass für den durchschnittlichen Nichtjuden die impulsive Antwort „Nein" lauten würde, denn, so sagte er, da Nichtjuden nie in Geheimnissen oder in der „unsichtbaren Einheit" unterrichtet worden seien, könnten solche Dinge schon allein deshalb nicht sein, weil der durchschnittliche Nichtjude nie solchen Beweisen für die Existenz einer verborgenen Welt ausgesetzt gewesen sei.

Ford behauptete jedoch, dass

> „wenn es keine absichtliche Kombination von Juden in der Welt gibt, dann müssen die Kontrolle, die sie erreicht haben, und die Einheitlichkeit der Politik, die sie verfolgen, das bloße Ergebnis nicht absichtlicher Entscheidungen sein, sondern einer ähnlichen Natur bei allen, die auf die gleiche Weise funktionieren".

Über die jüdische Macht und den jüdischen Einfluss in den USA reflektierend, fügte Herr Ford hinzu

> „Wenn man sieht, wie eng die Juden durch verschiedene Organisationen in den Vereinigten Staaten vereint sind, und wenn man sieht, mit welch geschulter Hand sie diese Organisationen belasten, als hätten sie ein erprobtes Vertrauen in ihren Druck, dann ist es zumindest nicht unvorstellbar, dass das, was mit einem Land getan werden kann, zwischen allen Ländern, in denen Juden leben, getan werden kann oder getan wurde".

Es war Henry Ford, der in den 1920er Jahren die inzwischen berühmten Protokolle der Weisen von Zion in den USA in englischer Sprache populär machte. Als Ford begann, über das umstrittene Werk zu schreiben, war es in England und anderen Teilen Europas bereits seit der Jahrhundertwende Gegenstand einer hektischen Debatte.

Die Protokolle sind natürlich das Dokument, über das viel gesprochen wurde (und auch heute noch in den Medien gesprochen wird) und das im Wesentlichen einen jüdischen Plan für die Weltherrschaft beschreibt - eine Neue Weltordnung, genau von der Art, wie sie Michael Higger später in seiner Studie über „The Jewish Utopia" beschrieb.

Das Wesen der Protokolle zu verstehen, ist für unsere Suche nach der Wahrheit von entscheidender Bedeutung.

Die Beziehung zwischen den Protokollen und dem Konzept des Zionismus ist ein wenig bekanntes Thema, das selbst viele, die glauben, mit den Feinheiten des „jüdischen Problems" vertraut zu sein, nicht verstehen.

Auf diesen Seiten werden wir jedoch die Verwirrung auflösen und genau sezieren, was die Protokolle in Bezug auf den Zionismus, die jüdische Agenda und die Neue Weltordnung darstellen.

Der französische Nationalist Vicomte Léon de Poncins hat das Wesen der Protokolle der Weisen von Zion in *Die geheimen Mächte hinter der Revolution* treffend zusammengefasst:

1) Es gibt und gab jahrhundertelang eine geheime politische und internationale Organisation der Juden

2) Der Geist dieser Organisation scheint ein traditioneller und ewiger Hass auf das Christentum und der titanische Ehrgeiz zu sein, die Welt zu beherrschen

3) Das Ziel, das durch alle Zeitalter hindurch verfolgt wird, ist die Zerstörung der Nationalstaaten und die Ersetzung ihrer Stelle durch eine internationale jüdische Herrschaft

4) Die Methode, die zunächst zur Schwächung und später zur Zerstörung der bestehenden politischen Körper eingesetzt wird, besteht darin, ihnen destruktive politische Ideen einzuimpfen. Diese Ideen sind in den revolutionären Prinzipien der [Französischen Revolution von 1789] zusammengefasst. Die Judenheit bleibt von diesen zersetzenden Ideen verschont: „Wir predigen den Nichtjuden Liberalismus, aber auf der anderen Seite halten wir in unserer Nation absolute Disziplin aufrecht.

Zu der Zeit, als Henry Ford begann, sich mit der Kontroverse um die Protokolle zu befassen, war dieses höchst umstrittene Dokument erst seit etwas mehr als zwei Jahrzehnten Gegenstand der Diskussion.

Ford wies auf einen interessanten Aspekt der Debatte über die Authentizität der heute legendären Protokolle hin. Er wies insbesondere darauf hin, dass ein Großteil der Kritik an den Protokollen aus jüdischen Quellen darauf zurückzuführen sei, dass die Protokolle in Russland verfasst worden seien; mit anderen Worten, jüdische Kritiker versuchten, die Protokolle als russische antijüdische Propaganda abzulehnen.

Ford konterte mit den Worten: „Das ist überhaupt nicht wahr. Sie kamen *über* Russland [Hervorhebung im Original]". Ford wies darauf hin, dass die Protokolle „in ein russisches Buch aufgenommen wurden, das um 1905 von einem Professor [Sergei Nilus] veröffentlicht wurde, der versuchte, die Protokolle im Lichte der damaligen Ereignisse zu interpretieren".

Im Ergebnis, so stellt Ford fest, verleiht dies den Protokollen eine, wie er es nennt, „russische Färbung", die für jüdische Propagandisten, insbesondere in den USA und in England, „nützlich" war, weil es eben diesen Propagandisten, wie er feststellt, gelang, „in der angelsächsischen Mentalität eine gewisse Atmosphäre des Denkens rund um die Idee von Russland und den Russen zu etablieren".

Eine der größten „Lügen", die er wahrnimmt und die der Welt (insbesondere den Amerikanern) von jüdischen Propagandisten aufgezwungen wurde, hängt mit dem zusammen, was Ford als negative Einstellungen gegenüber „dem Temperament und dem Genie des wahren russischen Volkes" bezeichnet. Er kommt zu dem Schluss, dass die Betonung der angeblich „russischen" Ursprünge der Protokolle ein Versuch ist, die Protokolle zu diskreditieren, indem man sie mit dem russischen Volk in Verbindung bringt.

Herr Ford stellte fest, dass

> „die internen Beweise zeigen eindeutig, dass die Protokolle weder von einem Russen geschrieben wurden, noch ursprünglich in russischer Sprache verfasst wurden, noch unter dem Einfluss russischer Bedingungen entstanden sind, sondern ihren Weg nach Russland fanden und dort zum ersten Mal veröffentlicht wurden".

Was vielleicht am bemerkenswertesten ist", betonte Ford, „ist die Tatsache, dass überall dort, wo die jüdische Macht in der Lage war, die Protokolle zu unterdrücken, diese auch tatsächlich unterdrückt wurden.

Der amerikanische Dichter und Essayist Ezra Pound bewertete die berühmten Protokolle auf eine ziemlich einzigartige Weise:

> Wenn man auf die angeblichen Protokolle der Weisen von Zion zu sprechen kommt, ist die Antwort häufig: Oh, aber das ist eine Fälschung. Es handelt sich tatsächlich um eine Fälschung, und das ist der einzige Beweis, den wir für ihre Echtheit haben. Die Juden arbeiten seit 2400 Jahren mit gefälschten Dokumenten, d. h. seit sie Dokumente haben, was auch immer das sein mag.

Und niemand kann als Historiker dieses halben Jahrhunderts bezeichnet werden, ohne sich mit den Protokollen auseinandergesetzt zu haben. Angeblich aus dem Russischen übersetzt, aus einem Manuskript, das im British Museum einzusehen ist, wo ein solches Dokument existiert oder nicht... Ihr Interesse liegt in der Art des Geistes oder des Geisteszustands ihres Autors. Das war ihr Interesse für den Psychologen an dem Tag, an dem sie auftauchten. Und für den Historiker zwei Jahrzehnte später, als das in ihnen enthaltene Programm so überwältigend geworden war, dass es bis zu einem gewissen Grad umgesetzt wurde.

Zur Geschichte der Protokolle ist anzumerken, dass der verstorbene Ralph Grandinetti, ein amerikanischer Nationalist (der mit diesem Autor befreundet war), mehrere Jahre damit verbracht hat, in den Archiven der Library of Congress nach Material zur Geschichte und Debatte der Protokolle in den ersten Jahren des 20.

Grandinetti entdeckte englischsprachige Artikel, die in einer jüdischen Zeitschrift mit Sitz in London in den frühen 1920er Jahren veröffentlicht wurden und in denen kategorisch behauptet wurde, dass das, was wir heute als Protokolle kennen, in Wirklichkeit Dokumente waren, die einen bestimmten Standpunkt widerspiegelten, der von einer jüdischen Fraktion auf einem der zionistischen Weltkongresse vor Beginn des 20.

Die Wahrheit ist also - zumindest laut einer angesehenen und maßgeblichen jüdischen Quelle -, dass die Protokolle zwar nicht das große Dokument waren, das „alle" „Juden" repräsentierte, dass sie aber in Wirklichkeit die Philosophie eines Teils der „Juden" widerspiegelten. Und wie wir sehen werden, kam es dazu, dass dieses Element der jüdischen Führung vorherrschend wurde, als sich die internationale jüdische Gemeinschaft auf eine umfassende Agenda für das jüdische Volk als Ganzes ausrichtete.

Auch heute noch gibt es Debatten und Konflikte innerhalb der jüdischen Gemeinschaft und sogar im Rahmen der internationalen Geldmacht, wie die Debatten in den USA zwischen verschiedenen jüdischen Fraktionen zeigen.

So ist die Idee, dass die Protokolle einfach eine „Fälschung" waren - ausgeheckt von russischen Elementen (entweder unter der Leitung oder mit Ermutigung des russischen Zaren) - eine sehr clevere Tarngeschichte. Man könnte sogar sagen, dass es sich um einen derartigen Betrug und eine derartige Fälschung handelt, wie sie auch in den Protokollen selbst beschrieben wurden, wenn auch offensichtlich (zumindest im Fall der Protokolle) auf falsche Weise.

Es ist daher unmöglich, den Zionismus, das Judentum und die jüdische Utopie - die Neue Weltordnung - voneinander zu trennen. Ebenso zeigen die Aufzeichnungen, dass die Freimaurerei - die lange Zeit mit den Intrigen der berüchtigten Illuminaten verbunden war, die die Kontrolle über die Freimaurerei übernommen hatten - eine Kraft beim Vorstoß in Richtung der jüdischen Utopie war.

Im Jahr 1929 schrieb Reverend E. Cahill, Professor für Kirchengeschichte und Sozialwissenschaften in Milltown Park, Dublin, das Buch *Freemasonry and the Anti-Christian Movement* (*Freimaurerei und die antichristliche Bewegung*), in dem er zu dem Schluss kommt, dass ein Großteil der äußeren Fallen der Freimaurerei, wie ihr Ritual, ihre Terminologie und ihre Legenden, jüdischen Ursprungs sind; dass die Philosophie (oder Religion) der esoterischen Freimaurerei, d. h. der inneren Kreise und der Kontrollmacht, mit der jüdischen Kabala identisch war, einer okkulten und mystischen Philosophie eines bestimmten Teils der Juden, die angeblich der Teil des mosaischen Gesetzes war, der durch Tradition weitergegeben und von den jüdischen und anderen Propheten schriftlich festgehalten wurde.

Cahill kam aufgrund seiner eingehenden Untersuchung auch zu dem Schluss, dass eine bestimmte Gruppe von Juden, die über immense Macht und Reichtum verfügte, die Freimaurer anführte, und dass eine etwas größere Gruppe einflussreicher Juden die gleichen Ziele wie die Freimaurer verfolgte, ähnliche Mittel einsetzte und zumindest in enger Allianz mit den Freimaurern stand.

Selbst die *jüdische Enzyklopädie* stellt in ihrem Abschnitt über die Freimaurerei fest, dass „die Fachsprache, die Riten und die Symbolik der Freimaurerei voll von jüdischen Ideen und Begriffen sind...". Im Schottischen Ritus werden die Daten aller offiziellen Dokumente nach dem hebräischen Monat des jüdischen Zeitalters angegeben und es werden die alten Formen des jüdischen Alphabets verwendet".

Der jüdische Schriftsteller Bernard Lazare stellte fest, dass sich die kabbalistischen Juden um das herum befanden, was er als „die Wiege der Freimaurerei" bezeichnete, wie einige noch existierende Riten belegen, die schlüssig nachgewiesen wurden.

Der französische Schriftsteller Gougenot de Mousseaux stellte die enge Verflechtung der Freimaurerei mit bestimmten Elementen des Judentums fest und merkte an, dass:

> Die wahren Führer dieses riesigen Vereins, der Freimaurerei, die wenigen, die sich in den innersten Kreisen der Einweihung befinden und nicht mit den nominellen Führern oder Galionsfiguren verwechselt werden dürfen, sind größtenteils Juden und leben in enger und inniger Allianz mit den militanten Mitgliedern des Judentums, insbesondere denjenigen, die die Führer der kabbalistischen Abteilung sind.

Diese Elite der freimaurerischen Vereinigung, diese wahren Führer, die nur sehr wenigen Eingeweihten bekannt sind und die selbst diese nur unter Decknamen kennen, üben ihre Aktivitäten in geheimer Abhängigkeit (die sie für sich selbst als sehr lukrativ empfinden) von den kabbalistischen Juden aus.

Ein anderer französischer Schriftsteller, M. Doinel, ehemaliges Vorstandsmitglied der berüchtigten Freimaurerloge Grand Orient de Paris, erklärte

> „Wie oft habe ich die Freimaurer über die Herrschaft der Juden jammern hören? Wie oft habe ich die Freimaurer über die Herrschaft der Juden klagen hören? Seit der [Französischen] Revolution haben die Juden die Freimaurerlogen immer vollständiger übernommen, und ihre Herrschaft ist heute unbestritten.

> Die Kabbala herrscht in den inneren Logen und der jüdische Geist beherrscht die unteren Grade... In Satans Geist hat die Synagoge eine sehr wichtige Rolle zu spielen... Der große Feind rechnet mit den Juden, um die Freimaurerei zu regieren, so wie er mit der Freimaurerei rechnet, um die Kirche Jesu Christi zu zerstören.

Kurz gesagt: Die Freimaurerei ist - praktisch von Anfang an - ein integraler Bestandteil des jüdischen Plans für eine neue Weltordnung.

Tatsächlich zeigt die Geschichte, dass der wahre Vater dessen, was wir die Neue Weltordnung nennen, ein in Russland geborener Jude namens Asher Ginsberg war - besser bekannt als „Ahad Ha'am" (was „Einer aus dem Volk" bedeutet) -, der der Meinung war, dass sich die Juden zusammenschließen sollten, um landwirtschaftliche Siedlungen in Palästina zu gründen, die, wie Dr. Norman Cantor es beschrieb, „im Heiligen Land als Fundament für ein hebräischsprachiges Kulturzentrum für die weltweite jüdische Gemeinschaft dienen würden - ein Elite-Kulturzentrum für die weltweite jüdische Gemeinschaft".

Als orthodoxer Jude mit Rabbinerausbildung beschrieb Ginsberg - der von 1856 bis 1926 lebte - die Juden als eine „Supernation", deren „ethnisches Genie ihr Recht auf die Weltherrschaft garantieren soll". Seiner Meinung nach

> „das Land Israel muss alle Länder der Erde umfassen, um die Welt durch das Reich Gottes zu verbessern".

1977 verglich der scharfsinnige russische Schriftsteller Vladimir Begun in seinem Buch *Invasion* Without *Arms* Ginsberg mit den Faschisten der 1930er und 1940er Jahre. Unter Bezugnahme auf einen Artikel Ginsbergs aus dem Jahr 1898 mit dem Titel „Nietzscheanism and Judaism", in dem Ginsberg das zum Ausdruck brachte, was man als seinen „jüdisch-zionistischen Chauvinismus" bezeichnen könnte, erklärte Begun: „Der jüdisch-zionistische Chauvinismus ist eine Form des Chauvinismus".

Es fällt dem Leser nicht schwer, zu der logischen Schlussfolgerung zu gelangen: Sofern es eine „Supernation" gibt, dann muss sie wie [Neitzsches Superman] über die Leichen der anderen zu ihrem Ziel marschieren. Sie darf keine Rücksicht auf irgendjemanden oder irgendetwas nehmen, um die Herrschaft der „Auserwählten" über die „Nichtjuden" zu erreichen.

Man kann die Glieder einer einzigen Kette zurückverfolgen: die Tora als ideologische Grundlage der zionistischen „Theoretiker", die Aggression im Nahen Osten und die Korruption der Geister in Israel (offen) und in anderen Ländern (heimlich).

Laut dem jüdischen Schriftsteller Moshe Menuhin war Ginsbergs zionistische Philosophie „ein spiritueller Zionismus - ein Streben nach der Erfüllung des Judentums - und kein politischer Zionismus" - wobei der politische Zionismus als die Zusammenführung des gesamten jüdischen Volkes in einem einzigen Staat definiert wird, der vom Rest der Welt isoliert ist und nur innerhalb seines eigenen Volkes gedeiht.

Ginsberg widersprach seiner Ansicht nach dem wichtigsten zionistischen Führer, Theodor Herzl, dass der Zionismus *wirtschaftlicher* Natur sei und auf die Errichtung eines politischen und geografischen Staates ausgerichtet werden müsse.

Ginsberg - so Menuhin - betrachtete die Juden als „eine Art einzigartige Nation, einen homogenen Körper abseits von anderen Nationen" und dass „ein jüdisches spirituelles Zentrum in Palästina" „ein Licht für die Diaspora" (die über die Welt verstreuten Juden) werden würde und es dem jüdischen Volk schließlich ermöglichen würde, „ein Licht für die Nationen" zu werden.

Dieser sogenannte „spirituelle Zionismus" Ginsbergs war also gleichbedeutend mit klassischem und prophetischem Judentum, das sich nicht von den Lehren des Talmuds unterschied, die das Judentum durch die Jahrhunderte hindurch geleitet haben.

So ist die von vielen gemeinhin vertretene Theorie, dass „der Zionismus nicht das Judentum und das Judentum nicht der Zionismus" ist, falsch, schlichtweg falsch. Kurz gesagt: Der Zionismus ist lediglich eine politische Erweiterung des Judentums.

Die Arbeit der verstorbenen Pacquitta DeShishmaraff, einer mit der russischen Aristokratie verheirateten Amerikanerin, belegt die zentrale Rolle Ginsbergs bei der Formulierung der Protokolle. DeShishmaraffs grundlegende Studie *Waters Flowing Eastward* (geschrieben unter dem Pseudonym „L. Fry") unterstreicht den kritischen Punkt, dass der Zionismus in Wirklichkeit viel mehr als eine „nationalistische" Bewegung ist; der Zionismus ist durch und durch internationalistisch und bildet unbestreitbar *den Rahmen für ein weltweites jüdisches Imperium: die Neue Weltordnung.*

DeShishmaraff berichtet, dass Ginsberg 1889 eine kleine Gruppe, die Söhne Moses, gegründet hatte und dass Ginsberg vor dieser Gruppe die Protokolle zum ersten Mal vorstellte. Es ist zwar möglich, dass er tatsächlich Anleihen aus bereits veröffentlichten geopolitischen Werken nahm - was zu der häufig vorgebrachten Behauptung führt, die Protokolle seien „Fälschungen" aus anderen Bänden -, doch was wir wissen, ist, dass die Protokolle ein Produkt Ginsbergs sind und seine *globale* jüdische Agenda widerspiegeln. In den folgenden Jahren wurden hebräische Übersetzungen der Protokolle innerhalb der zionistischen Bewegung von Ginsberg und seinen Anhängern, die nun unter dem Namen Söhne Zions (oder „B'nai Zion") zusammengefasst wurden, verbreitet.

Als 1897 der Zionistenkongress in der Schweiz tagte und der Zionismus zu einer offiziellen Bewegung wurde, wurden die Protokolle tatsächlich in die zionistische (d. h. jüdische) Agenda aufgenommen.

Während die nichtjüdische Welt den Zionismus als strikt auf die Schaffung eines jüdischen Staates ausgerichtet wahrnahm, wurde Ginsbergs „geheimer Zionismus" innerhalb der jüdischen Elitekreise weithin als das eigentliche Programm anerkannt, ein internationales Programm, das in Wirklichkeit durch ein strikt nationalistisches

Programm verdeckt wurde, das sich auf einen einzigen jüdischen Staat in Palästina konzentrierte.

Es ist daher kein Fehler, wenn der jüdische Schriftsteller Bernard Lazare in seinem berühmten Werk „*Der Antisemitismus*" aus dem Jahr 1894 offen über die jüdische „wirtschaftliche Eroberung" spricht, aber gleichzeitig darauf hinweist, dass die wirtschaftliche Herrschaft der Juden auch mit einer „geistigen Herrschaft" einhergeht. Er verstand die Unterscheidungen.

Bereits 1924 erkannte der polnische Nationalist Roman Dmowski diese Nuancen, die für viele, vor allem für einige amerikanische „Patrioten", immer noch ein Rätsel sind. Dieser oft gehörte Refrain - fast ein rituelles Mantra - dieser Patrioten, dass „Zionismus nicht Judentum und Judentum nicht Zionismus" ist, erkennt nicht an, dass in Wirklichkeit die antizionistischen jüdischen Sekten, die (zumindest derzeit) den politischen Staat Israel ablehnen, dem Talmud verhaftet bleiben und argumentieren, dass es letztlich eine globale jüdische Utopie geben wird, die Einrichtung eines Weltstaates, in dem die Juden das Oberste bleiben werden. Und das ist nichts, was ein Patriot, wo immer er auch sein mag, willkommen heißen sollte.

In einer Reihe von Artikeln mit dem Titel „Die Juden und der Krieg", die 1947 in dem Buch „*Die Politik und der Wiederaufbau des polnischen Staates*" veröffentlicht wurden, schrieb der bereits erwähnte polnische Nationalist Roman Dmowski: „In letzter Zeit hat eine Strömung zu dominieren begonnen, die darauf abzielt, alle modernen Ziele mit der biblischen Tradition des „auserwählten Volkes" zu versöhnen: In letzter Zeit hat eine Strömung zu dominieren begonnen, die darauf abzielt, alle modernen Ziele mit der biblischen Tradition des „auserwählten Volkes" zu versöhnen. Sie erkannte das Ziel an, Palästina zu kontrollieren, nicht um alle Juden dort zu versammeln und so andere Länder zu befreien, sondern um dort das spirituelle Zentrum der Juden aufzubauen und die operative Basis für ein weltweites Handeln zu schaffen.

Palästina war nie die Heimat der Juden, da sie nie eine Heimat hatten, aber sie haben Jerusalem zu ihrem geistigen Zentrum gemacht; die Rückgewinnung dieses Zentrums sowie die Kontrolle über Palästina mit seiner nichtjüdischen Bevölkerung ist ein notwendiges Ziel dieser neuen Strömung.

Aber gleichzeitig forderte [diese neue Strömung] sie auf, nicht zu vergessen, dass sie angeblich „die Erde besitzen", dass sie also überall sein und überall Positionen gewinnen und ihren Einfluss organisieren müssten. So verstanden, richteten sich alle zuvor widersprüchlichen jüdischen Ziele aus und konnten auf [diese letzte] Aufgabe der jüdischen Politik abgestimmt werden. Mit einem solchen Verständnis der Aufgabe konnten alle jüdischen Kräfte, die in allen Ländern in welcher Funktion auch immer agierten, eingesetzt werden, um das gemeinsame Ziel zu erreichen.

Ironischerweise brach natürlich ein jüdischer Familienkonflikt aus - der Konflikt z. B. zwischen Herzl und Ginsberg - und, wie Dmowski betonte, „blieb nur der Streit über die Priorität, über die Führung der verschiedenen Gruppen innerhalb des Judentums bestehen". Dieser Streit, stellt er fest, betraf sogar die Palästinafrage.

Tatsächlich war die Idee einer nationalen Heimstätte für Juden laut Kritikern des Zionismus darauf zurückzuführen, dass die jüdischen Führer das Bedürfnis verspürten, eine größere Kontrolle über ihre unmündigen Brüder auszuüben, und dass dies der Zweck der Gründung zionistischer Gruppen auf der ganzen Welt war, die lautstark die Gründung eines jüdischen Staates forderten.

Tatsächlich war dies die Grundlage für Asher Ginsbergs Plan zur Weltherrschaft, und dennoch gibt es ironischerweise viele jüdische und nichtjüdische Antizionisten, die Ginsberg als geistigen Führer des jüdischen Volkes betrachten, der es verdient, bewundert zu werden. Tatsächlich ist Ginsberg im 20. Jahrhundert der Vorläufer dessen, was wir heute als Neue Weltordnung, das Programm des jüdischen Imperialismus, bezeichnen.

S. P. Chajes, eine Figur der B'nai B'rith, schrieb in *The Jewish National Almanac*, dass „unser [jüdischer] Imperialismus der einzige ist, der ungestraft den Jahrhunderten trotzen kann, der einzige, der keine Niederlage zu fürchten braucht, der, ohne von seinem Weg abzuweichen, unbesiegbar auf sein Ziel zusteuert, mit langsamen, aber festen Schritten". *Und dieses Ziel ist die Neue Weltordnung.*

Es besteht also kein Zweifel daran, dass das ultimative Ziel der Juden, ja sogar die Weltherrschaft ist. Selbst der prominente deutsche Jude Alfred Nossig, ein einflussreicher zionistischer Theoretiker, der zu den Zionisten gehörte, die mit dem Hitler-Regime kollaborierten - und später von einer jüdischen Fraktion ermordet wurde, die seine Beziehungen zu den Nationalsozialisten nicht schätzte -, schrieb in seinem Buch *Integrales Judentum:*

Die jüdische Gemeinschaft ist mehr als ein Volk im modernen politischen Sinne des Wortes. Sie ist Trägerin einer welthistorischen, ich würde sogar sagen kosmischen Mission...

Diese Mission bildet den unbewussten Kern unseres Wesens, die gemeinsame Substanz unserer Seele. Die Urvorstellung unserer Vorfahren war es, nicht einen Stamm, sondern eine Weltordnung zu gründen, die die Menschheit in ihrer Entwicklung leiten sollte...

Wir kommen aus einer langen, dunklen und angsterfüllten Nacht. Vor uns liegt eine gigantische Landschaft, die Oberfläche des Globus; das ist unser Weg.

Dunkle Gewitterwolken schweben noch immer über unseren Köpfen.

Noch immer sterben täglich Hunderte von uns für ihre Treue zur Gemeinschaft, doch schon naht die Zeit der Anerkennung und der Brüderlichkeit unter den Völkern. Am Horizont flammt bereits die Morgendämmerung Unseres Tages auf.

Leon Simon schließt sich in *Studies in Jewish Nationalism* Nossig und vielen anderen jüdischen Philosophen an, wenn er schreibt: „Das messianische Zeitalter bedeutet für den Juden nicht nur die Herstellung des Friedens auf Erden und des guten Willens für die Menschen, sondern auch die universelle Anerkennung des Juden und seines Gottes".

In ähnlicher Weise erklärte die *London Jewish World* vom 9. und 16. Februar 1883

> „Die Zerstreuung der Juden hat sie zu einem kosmopolitischen Volk gemacht. Sie sind das einzige kosmopolitische Volk, und als solches müssen und handeln sie als Lösungsmittel für nationale und rassische Unterschiede. Das große Ideal des Judentums ist nicht, dass die Juden eines Tages in einem Loch und einer Ecke [als getrenntes Volk] zusammenkommen dürfen, sondern dass die ganze Welt von den jüdischen Lehren durchdrungen wird und dass in einer universellen Bruderschaft der Nationen - einem großen Judentum, in der Tat - alle getrennten Rassen und Religionen verschwinden.

Außerhalb der streng jüdischen und zionistischen Kreise haben einige Menschen schließlich die tiefere Natur des Zionismus verstanden, der sich gegen die Unabhängigkeit der Völker der ganzen Welt richtet. Vor allem in Russland, wo der Zionismus und der jüdische Bolschewismus so lange Zeit das Sagen hatten, haben sich verschiedene Schriftsteller (sogar in den letzten Jahren der Sowjetära) mit diesem Thema auseinandergesetzt.

1969 veröffentlichte der Russe Juri Iwanow in der Sowjetunion ein Buch mit dem Titel *Beware: Zionism! Essays über die Ideologie, Organisation und Praxis des Zionismus.* Es wurde 270.000 Mal verkauft. Er schreibt

> „Die zionistische Ideologie Die zionistische Ideologie besteht offenbar in der Doktrin der Schaffung eines „jüdischen Staates". Daher könnte man bei oberflächlicher Kenntnis meinen, die zionistische Betrachtungsweise sei von rührender Hilflosigkeit und religiöser Naivität...
>
> Die zionistischen Führer waren jedoch stets der Ansicht, dass die Schaffung eines „jüdischen Staates" kein Ziel, sondern ein Mittel zur Erreichung anderer, viel umfassenderer Ziele sei: die Wiederherstellung der Kontrolle über die jüdischen Massen, die maximale Bereicherung im Namen der Autorität und des parasitären Wohlstands, die Verteidigung und Stärkung des Imperialismus"

Die Idee eines „jüdischen Staates", schreibt Ivanov, war nur ein Mittel zum Zweck, um kapitalistische Ziele zu erreichen, und das zionistische Ziel war nie, alle oder die meisten Juden der Welt in diesem Staat zu konzentrieren: Die Idee war die Bildung eines „Zentrums", durch das es möglich sein würde, die „Peripherie" zu beeinflussen. Und genau das hat der „Antizionist" Asher Ginsberg in seinen Schriften freimütig zugegeben.

1971 schrieb ein anderer russischer Schriftsteller, Jewgeni Jewsejew, in seinem Buch *Fascism Under the Blue Star: Die Wahrheit über den zeitgenössischen Zionismus, seine Ideologie und seine Praxis: Das Organisationssystem der jüdischen Oberschicht:*

Nach der zionistischen Logik ist die jüdische Bevölkerung Israels keine Nation, sondern „Teil einer Nation", da die Juden auf der ganzen Welt eine einzige Nation bilden, jetzt und für immer. Die Zionisten argumentieren, dass diese Nation, die über die ganze Welt verstreut ist, von einem Ort zum anderen wandert... Zionisten können sich noch Elemente wie die Blutsbande zwischen Einwanderern nach Israel und den in ihren Heimatländern verbliebenen Juden zunutze machen und darauf bestehen, dass das Weltjudentum eins ist.

Jewseew erklärte jedoch, dass diese Situation mit der Zeit aufhören würde zu existieren, da sich die Juden an die einheimische Bevölkerung der verschiedenen Länder assimilieren würden. Dennoch können wir rückblickend sagen, dass dies trotz der Wünsche und Träume guter Menschen aller Glaubensrichtungen nicht eingetreten zu sein scheint. Jewseew stellte jedoch fest, dass der Zionismus in der Tat „[das] Judentum als konstitutives Element [absorbiert]" hat. Er fügte hinzu: „Der Zionismus hat das Judentum tatsächlich als konstituierendes Element absorbiert:

> Das Judentum und der Zionismus reduzieren die Geografie und Ethnografie der verschiedenen Völker auf eine einfache und praktische Einteilung in zwei Länder und zwei Nationen, die Juden und die Gojim (Nichtjuden). Die Gojim sind der Feind und der jüdische Klerus und das zionistische Regime Israels,, ächten tatsächlich die Nichtjuden und schaffen einen Zustand unterbrochener Feindschaft zwischen den Juden und allen anderen Völkern, wodurch eine Religion der Menschenfeindlichkeit und des Hasses auf Andersgläubige gerechtfertigt wird, um der globalen Strategie des Imperialismus dienlich zu sein."

Der bereits erwähnte polnische Nationalist Roman Dmowski dachte über den Einfluss des jüdischen Reichtums auf den Rest der Gesellschaft nach. Er schrieb

> Die Juden häuften große Reichtümer an und spielten eine wichtige Rolle im sozialen und politischen Leben der Länder. Darüber hinaus hat die Anhäufung von Reichtum die Rolle [der Juden] in aufgrund der materiellen Abhängigkeit breiter Kreise der europäischen Gesellschaft von ihnen rasch vergrößert.

Es folgte eine Zeit, in der mehr denn je das Ziel herrschte, die soziale Hierarchie zu einer reinen Eigentumshierarchie zu machen, in der... diejenigen, die über das Geld verfügten, viele Reihen von Menschen in ihren Diensten hatten, die für sie arbeiteten.

Das erklärt die Legionen von Verteidigern des Judentums und Kämpfern für [jüdische] Interessen, die im 19. Jahrhundert entstanden...

Hinzu kommen geheime internationale Organisationen, in denen die Juden immer ihre Fürsprecher hatten und in denen sie [die Juden] zu einer bestimmten Zeit allen Angaben zufolge Führungspositionen innehatten.

All dies wurde dadurch erleichtert, dass sie eigentlich keiner Nation angehörten, sondern unter allen lebten; sie wurden wie absichtlich geschaffen, um in allen internationalen Unternehmen die Hauptrolle zu spielen.

Während dieser Zeit blieb trotz der Tatsache, dass das jüdische Volk inmitten aller Nationen lebte und die Bräuche der Nationen annahm, in denen es lebte, etwas bestehen, das Dmowski als „Gleichförmigkeit der Instinkte und rassische Kohärenz" bezeichnet, die es den Juden ermöglichte, eine enge Verbindung untereinander aufrechtzuerhalten. Und dies, so Dmowski, „nicht nur unter den Juden, die sich [assimilierten] und oftmals auf religiöse Überzeugungen verzichteten, und unter den Juden des alten Typs, den sogenannten 'orthodoxen' Juden, sondern auch unter den Juden aller Länder".

So kam es, dass der Aufstieg des bereits etablierten internationalen jüdischen Geldes zu einer Zeit stattfand, als die zionistische (d. h. jüdische) Ideologie der globalen Eroberung, des weltweiten Imperiums - die jüdische Utopie - in den jüdischen philosophischen Kreisen ihren Höhepunkt erreichte.

Nachdem wir also die ideologischen Grundlagen der Neuen Weltordnung untersucht haben, beginnen wir nun mit unserer Untersuchung des Aufstiegs der jüdischen Finanzwelt und der Entwicklung der Rothschild-Dynastie zur führenden Kraft innerhalb dieser Wirtschaftsmacht, die eine wesentliche Triebkraft für die Umsetzung der Neuen Weltordnung darstellt.

Oben: Eine Karikatur aus der Zeit, die jüdische Plutokraten an der Londoner Börse zeigt, die Informationen erhalten, die sich auf ihre Finanzmanipulationen auswirken könnten. Jüdische Finanzmacht entwickelte sich im 19. Jahrhundert in allen europäischen Hauptstädten, doch London wurde in vielerlei Hinsicht zur „Hauptstadt des jüdischen Kapitals".

Obwohl es in Großbritannien und anderswo viele unabhängige und sehr reiche jüdische Geldhändler gab, brachte der Aufstieg des Hauses Rothschild in Großbritannien (und in ganz Europa) diese anderen Geldbarone schließlich in den Einflussbereich Rothschilds. Der Aufstieg des internationalen jüdischen Geldes hat zu einer zunehmend offenen Debatte - auf allen Ebenen - über dieses bemerkenswerte Phänomen und seine Auswirkungen auf die Weltgeschäfte geführt.

KAPITEL IV

Der Aufstieg der internationalen jüdischen Geldmacht

Es ist absolut unmöglich, über die Neue Weltordnung zu sprechen, ohne den unglaublichen Reichtum (und damit die politische Macht) zu erwähnen, den das jüdische Volk zusammengetragen hat. Beginnend mit den jüdischen Bankiersfamilien in Großbritannien und auf dem europäischen Kontinent hat der jüdische Reichtum ein außergewöhnliches Niveau erreicht. Und wie wir sehen werden, war der Aufstieg der Rothschild-Dynastie der Höhepunkt, der schließlich zu der politischen und wirtschaftlichen Situation führte, die den Aufbau des Mechanismus der Neuen Weltordnung ermöglichte.

Obwohl es politisch nicht korrekt ist, Adolf Hitler - den vielleicht berüchtigtsten Kritiker der Geschichte gegenüber den Juden - im Zusammenhang mit irgendeiner Diskussion zu zitieren, *bewertete* Hitler - in *Mein Kampf - das* Wesen der jüdischen Finanzmacht und ihre Folgen. Gerade weil Hitler eine so umstrittene Figur ist (deren Rolle im Weltgeschehen bis heute nachwirkt), ist es wichtig, zu untersuchen, was er zu sagen hatte: Die Juden treten zunächst als Importeure und Exporteure in die Gemeinden ein. Danach werden sie zu Zwischenhändlern für die interne Produktion. Sie neigen dazu, den Handel und das Finanzwesen zu monopolisieren. Sie werden zu den Bankiers der Monarchie. Sie locken die Monarchen zu Extravaganzen, um sie von jüdischen Kreditgebern abhängig zu machen. Sie streben nach Popularität, indem sie Philanthropie und politischen Liberalismus an den Tag legen. Sie fördern die Entwicklung von Aktiengesellschaften, Börsenspekulationen und Gewerkschaften. Durch die Kontrolle der Presse sorgen sie für Unruhe. Die internationale Finanzwelt und der internationale Kommunismus sind jüdische Tricks, um den Nationalgeist zu schwächen.

Damit das nicht jemand als „Nazi-Propaganda" abtut, beachten Sie die ähnliche Natur dessen, was Leon Poliakov, der berühmte jüdische Historiker, einmal geschrieben hat: Zu Beginn der modernen Geschichte entdeckten die Juden, dass die Verehrung des Geldes die

Quelle allen Lebens ist. Von mehr und mehr wurde jede Handlung des jüdischen Alltagslebens von der Zahlung einer Steuer abhängig gemacht. Er musste zahlen, um zu kommen und zu gehen, er musste zahlen, um mit seinen Glaubensgenossen beten zu dürfen, er musste zahlen, um zu heiraten, er musste zahlen, wenn sein Kind geboren wurde, und er musste sogar zahlen, um eine Leiche zum Friedhof zu bringen.

Ohne Geld war die Judenschaft unweigerlich zum Aussterben verurteilt.

So betrachten die Rabbiner nun finanzielle Unterdrückung, z. B. das Moratorium für die Rückzahlung jüdischer Schulden..., auf der gleichen Stufe wie Massaker und Vertreibung und sehen darin einen göttlichen Fluch, eine von oben verdiente Strafe.

Oben: Ein französisches Wahlkampfplakat aus dem Jahr 1889 für Adolphe-Leon Willette, einen französischen Maler und Lithografen, der als offen „antisemitischer" Kandidat bei einer Kommunalwahl in Paris antrat. Sein Plakat erklärte unter anderem, dass „die Juden eine andere Rasse sind, die der unsrigen feindlich gesinnt ist [...] das Judentum ist der Feind". Es zeigt Arbeiter, Handwerker und andere christliche Franzosen, wie sie über die Macht des jüdischen Geldes, das durch eine gekrönte Kuh dargestellt wird, triumphieren und es köpfen. Zu ihren Füßen liegt der Talmud, der seit langem als Motor jüdischer Intrigen in Europa und der Welt bekannt ist.

Bereits am 27. September 1712 schrieb der Londoner *Spectator* über die Juden: „Sie sind so weit über alle Handelsteile der Welt verstreut, dass sie zu den Instrumenten geworden sind, durch die sich die entferntesten Nationen miteinander unterhalten und durch die die Menschheit in einer allgemeinen Korrespondenz zusammengeschweißt wird.

In *The Jews and Modern Capitalism* schreibt Werner Sombart, dass der Ausschluss aus dem öffentlichen Leben nicht nur der wirtschaftlichen Lage der Juden, sondern auch ihrer politischen Situation zugute kam:

Sie befreite die Juden von jeglichem Parteigeist. Ihre Haltung gegenüber dem Staat und der Regierung der damaligen Zeit war frei von Vorurteilen. Aufgrund dessen war ihre Fähigkeit, zu Bannerträgern des internationalen kapitalistischen Systems zu werden, größer als die anderer Völker, da sie die einzelnen Staaten mit Geld versorgten und nationale Konflikte eine der Hauptgewinnquellen für die Juden waren. Außerdem konnten sie aufgrund der politischen Farblosigkeit ihrer Position aufeinanderfolgenden Dynastien oder Regierungen in Ländern dienen, die wie Frankreich zahlreichen politischen Veränderungen unterworfen sind. Die Geschichte der Rothschilds veranschaulicht diesen Punkt.

In seinem 1982 bei Ticknor and Fields erschienenen Buch mit dem provokanten Titel *Jews* and *Money: The Myths* and *the Reality* erklärte der amerikanisch-jüdische Autor Gerald Krefetz unmissverständlich:

Der Erwerb von Geld [durch Juden] wurde zu einer reflexartigen Handlung, so instinktiv wie das Blinzeln, wenn eine Hand das Auge bedroht, und so sicher wie die Flucht einer Antilope in der Serengeti-Ebene.

Für den Juden bedeutet Geld weder Sicherheit, da es verfassungsrechtlich unsicher erscheint, noch eine Form der

Tarnung, [denn] Juden entscheiden sich oft dafür, sich abseits zu halten und sich abzugrenzen.

Für den Juden ist Geld eine Sicherheit, ein Werkzeug zum Überleben. Im Laufe der Jahre wurde das Manipulieren, Verdienen, Schaffen und Sparen von Geld zu einer raffinierten Kunst erhoben, die das Ergebnis eines defensiven sozialen Verhaltens ist, das von Generation zu Generation weitergegeben wurde.

Die Juden als „wunderbares Beispiel" für die neue Wissenschaft der Ethologie beschreibend - die laut Krefetz die biologische Untersuchung von Paradigmen, Mustern und Gesten als Hinweise zum Verständnis des Charakters ist, mit anderen Worten, das Studium des Tierverhaltens - erklärte Krefetz freimütig, dass „jede Untersuchung der sozialen Entwicklung der Juden in der jüngsten Zeit sich auf den stärksten Verteidigungsmechanismus - den Erwerb von Geld - konzentrieren muss, da er für ihre Existenz und ihr Überleben so wesentlich ist".

Unter Bezugnahme auf Werner Sombarts oben genanntes Werk *Die Juden und der moderne Kapitalismus* stellte Krefetz fest, dass Sombart zu dem Schluss gekommen sei, dass das Judentum eine Religion sei, die die Entwicklung des Kapitalismus begünstige: „Das Judentum hat nicht nur das Wirtschaftswachstum angekurbelt, sondern in einigen Bereichen haben die Juden die ersten notwendigen Schritte eingeleitet und den Kapitalismus sogar erst möglich gemacht. Er schreibt den Juden eine wichtige Rolle im internationalen Handel zu. Sombart erklärte, die Juden seien „die ersten gewesen, die die Grundprodukte des modernen Handels auf den Weltmärkten platziert haben".

Jüdische Händler spezialisierten sich auf Luxusgüter wie Edelsteine und Barren und spielten eine besonders wichtige Rolle bei der Kolonisierung Lateinamerikas.

Sombart wies auch auf einige der wirtschaftlichen Institutionen hin, an deren Schaffung die Juden beteiligt waren, darunter Börsen, handelbare Instrumente, öffentliche Anleihen und Banknoten. Darüber hinaus waren die Juden aktiv bei der Förderung des freien Handels, der Werbung und des Wettbewerbs. All dies waren neue Faktoren in der Welt dessen, was heute als „Kapitalismus" bezeichnet wird.

Sombart führte die jüdischen Traditionen in diesen Bereichen des Kapitalismus auf den Pentateuch und den Talmud (und andere jüdisch-religiöse Quellen) zurück, die Kommentare zu Zins, Wucher, Handelsrecht, Rechtsgeschäften und Eigentum enthalten. Sombart behauptete, dass dieses „jüdische Genie" des Kapitalismus aus dem „Vertrag mit Gott" - einem zweiseitigen Bündnis - hervorgegangen sei.

Als Gerald Krefetz in seinem gleichnamigen Buch die Geschichte der „Juden und des Geldes" erforschte, gab er freimütig zu: „Historisch gesehen haben die Juden ein bemerkenswertes Talent für Umgang mit Geld bewiesen. Im Laufe der Jahre hat diese Neigung sie in die Welt des Bank- und Finanzwesens geführt, und nirgendwo sonst haben sie ihre finanziellen Talente so brillant ausgeübt wie in Amerika. Das freie Unternehmertum und die politische Emanzipation haben es ihnen ermöglicht, diese Fähigkeiten, die sich seit tausend Jahren weiterentwickeln, zu üben und zu verfeinern.

Während des größten Teils dieser tausend Jahre, stellt Krefetz fest, waren die Juden keine Bankiers im modernen Sinne des Wortes. Sie waren, wie er schreibt, „Geldverleiher, die den Pfandleihern und Devisenhändlern am nächsten standen". Krefetz beschrieb die Entwicklung der Juden zu den Finanzkönigen der Neuzeit bis hin zum Aufstieg des Rothschild-Imperiums: Zunächst verliehen sie Geld, wenn niemand sonst es tun konnte oder wollte, sei es aus Geldmangel oder aufgrund von [kirchlichen] Anordnungen, die [Christen] verboten, Geld gegen Zinsen zu verleihen.

Später, als Geld im Überfluss vorhanden war und die christlichen Verbote von einigen ignoriert wurden, wurde das Verleihen populär und die jüdischen Kreditgeber hatten nur noch arme Kunden. Zu diesem Zeitpunkt waren Juden von fast allen Lebensunterhaltsmöglichkeiten ausgeschlossen, die für Nichtjuden auch nur ansatzweise attraktiv waren. Die Anordnungen wurden entweder durch Deportation oder durch Einsperren in Ghettos durchgesetzt.

Einige Juden, die als Hilfskräfte oder Verwalter der Herrscher reich und mächtig geworden waren - die Hofjuden - waren die Vorläufer der modernen Finanziers. Ihre Arbeit bestand darin, durch Steuererhebung Einnahmen zu erzielen, Kredite auszuhandeln und die Armee als einzige Stewardship-Körperschaft zu versorgen.

Das moderne Bankwesen begann im 19. Jahrhundert mit dem Aufstieg des Hauses Rothschild. Sie waren nicht die einzigen bedeutenden jüdischen Bankiers in Europa: Tatsächlich wurde eine überraschend große Zahl kontinentaler Banken von Juden gegründet.

Der ehemalige Hofjude hatte hauptsächlich Geld für die örtlichen Machthaber gesammelt, um seine Ausgaben, seine persönliche Diplomatie und seine Extravaganzen zu decken. Die neuen Banker boten dem Staat Kredite an, um die aufstrebenden Industrien und die Eisenbahn zu finanzieren.

Bevor die modernen jüdischen Banken in der Rothschild-Sphäre entstanden, gab es auch eine beträchtliche jüdische Präsenz in der Welt des Geldes. *Die Wirtschaftsgeschichte der Juden* erinnert daran:

> Die mittelalterlichen Fürsten nahmen die Handels- und Finanzdienste einiger Juden in Anspruch. Als Institution ist der Hofjude jedoch ein Merkmal des absolutistischen Staates, insbesondere in Mitteleuropa, ab dem Ende des 16.

Da der Herrscher so weit wie möglich versuchte, seine Macht über sein gesamtes Territorium auszudehnen, richtete er eine zentralisierte Verwaltung an seinem Hof ein, der gleichzeitig zum Zentrum der Macht wurde und eine prachtvolle Zurschaustellung von Luxus bot. In wirtschaftlicher Hinsicht konnte ein Jude einem solchen Herrscher große Dienste erweisen.

In Polen werden viele Landgüter von Juden verwaltet und ein großer Teil des Handels mit landwirtschaftlichen Produkten befindet sich in ihren Händen.

Dies und die Entstehung einer frühkapitalistischen jüdischen Handelstätigkeit durch die Sepharden in den Niederlanden und ihre Verbindungen zum Levantehandel über die Juden im Osmanischen Reich machten den mitteleuropäischen Juden zu einem besonders geeigneten Agenten für die Versorgung der Armeen mit Getreide, Holz und Vieh sowie zu einem Lieferanten von Diamanten und anderen Gütern für den protzigen Konsum.

Da die Steuererhebung und die Ausweitung des Steuerbereichs oft weit hinter den steigenden Ausgaben für den Hof, das Militär und die Bürokratie zurückblieben, entwickelte diese Art von Regime ein fast chronisches Finanzdefizit.

Hier konnten die Juden dank ihres Organisationstalents und ihrer weitreichenden Beziehungen helfen, indem sie häufig Handelskredite oder Bargeld sowie Lebensmittel, Stoffe und Waffen für die Armee, das wichtigste Machtinstrument des Prinzen, zur Verfügung stellten.

All dies legte den Grundstein für den Aufstieg von Bankiersfamilien wie unter anderem den Rothschilds:

> In all ihren vielfältigen Aktivitäten spielten die Hofjuden eine bemerkenswerte Rolle bei der Entwicklung internationaler Kreditfazilitäten, insbesondere in den mitteleuropäischen Staaten

und bis zu einem gewissen Grad auch in Nordeuropa von Mitte des 17. bis Ende des 18. Jahrhunderts.

In der Regel waren sie eher Agenten, die Kredittransfers organisierten, als dass sie selbst große Mengen an Kapital besaßen. Dank ihrer weitreichenden Handelsbeziehungen und ihres Organisationstalents konnten sie schneller Geld bereitstellen als die meisten christlichen Bankiers.

Da sie sich auf den Silberhandel spezialisiert hatten, konnten sie leichter das Silber für die Münzen liefern und leichter als Armeelieferanten agieren, was wiederum auf ihre Organisationsfähigkeit und ihr Netzwerk aus Familienbeziehungen zurückzuführen war. Dank ihres Unternehmergeistes trugen sie im Rahmen der merkantilistischen Politik teilweise zum Industrialisierungsprozess bei.

Zweifellos spielten sie eine entscheidende Rolle beim Wachstum des modernen absoluten Staates, und am Ende der Epoche entstand eine Gruppe von mehreren bedeutenden jüdischen Privatbankiers, die den Übergang zu modernen Wirtschafts- und Regierungsmethoden veranschaulichte, hauptsächlich die Rothschilds, Goldsmids, Oppenheimers und Seligmans.

Die Autoren fügen fast im Nachhinein hinzu

> „Allerdings darf man nicht vergessen, dass die Gerichte auch ihre christlichen Bankiers, Unternehmer und Armeebeamten hatten, die ebenfalls eine Rolle bei dieser Entwicklung spielten".

Wie nett von diesen jüdisch-zentrierten Autoren, die für einen jüdisch-zentrierten Verlag schreiben, die Christen zu würdigen

Die Entstehung Großbritanniens als herausragendes Zentrum des jüdischen Finanzwesens ist für uns von entscheidender Bedeutung. In den ersten Jahren des Zweiten Weltkriegs berichtete die deutsche Nachrichtenagentur World-Service über diese wenig bekannte Geschichte.

Der Aufstieg der Judenfeindschaft in England vollzog sich in drei klar definierten Phasen, die durch Intervalle von etwa 100 Jahren voneinander getrennt waren.

Während der Herrschaft Cromwells und in der ersten Hälfte der Revolutionszeit unter Karl II. strömten die Juden, nachdem sie über 350 Jahre lang aus England verbannt worden waren, wieder nach England.

Cromwells Herrschaft zeichnete sich durch eine offenherzige britische Imperialpolitik aus. In Bezug auf seine Finanz- und Politikpolitik verließ sich Cromwell darauf, dass die Juden das Rückgrat seiner kolonialen Expansion bildeten. Jüdische Agenten betrieben wirtschaftliche und politische Spionage für Cromwell und profitierten von jüdischen Geschäftshäusern in fremden Ländern.

Zu Cromwells Zeiten, wie auch 100 und 200 Jahre später, bildete sich eine kleine jüdische Führungsclique, an deren Spitze ein Jude stand, der als Rückgrat der neuen kolonialen Wirtschaftspolitik erschien. Zu Cromwells Zeiten war es der schwerreiche sephardische Jude Antony Fernandez Carvajal, der diese Position innehatte.

Hundert Jahre später begann die zweite Phase des Aufstiegs der Juden in England. Die jüdische Clique in England wurde damals von dem schwerreichen sephardischen Juden Sampson Gideon angeführt, der auch einen großen Einfluss auf die englischen Minister ausübte. Zu dieser Zeit war der Einfluss der Juden auf das Finanzkapital in England bereits so groß, dass man ohne Übertreibung sagen kann, dass die englischen Juden den englischen Geldmarkt kontrollierten.

Unter der Führung von Sampson Gideon versuchten die Juden, die Barriere zu durchbrechen, die durch die damals verabschiedeten Gesetze gegen den Zustrom ausländischer Juden errichtet worden war. Die englische Nation, die durch Zorn aufgestachelt wurde, widersetzte sich diesen jüdischen Bemühungen energisch. Die Juden konnten also mit verfassungsmäßigen Mitteln nichts erreichen, aber ihre Macht war bereits so groß, und indem sie hinter den Kulissen arbeiteten, sorgten einflussreiche englische Juden dafür, dass diese von der Zeit gebilligten Gesetze umgangen und zunichte gemacht wurden.

Hundert Jahre später, im 19. Jahrhundert, erlebten wir die letzte und entscheidendste Periode, in der die Juden versuchten, sich zu emanzipieren. Zu Beginn des viktorianischen Zeitalters kämpften jüdische Persönlichkeiten wie Rothschild, Montefiore, Bernal, Montagu, Ricardo und Disraeli für die Gleichberechtigung der Juden im Rahmen der englischen Gesetzgebung.

Sobald die Juden am Hof aufgenommen wurden und die Staatsbürgerschaft erhielten, fühlte sich der englische Adel nicht mehr durch Mischehen mit Juden degradiert. Die Durchdringung und Zersetzung des englischen Adels durch das Judentum setzte sich ohne Unterbrechung fort. Ohne Unterbrechung wurde die jüdische Invasion der herrschenden Klasse, deren nationale Opposition zerschlagen war, auf breiter Basis fortgesetzt. Nachdem es der Judenfeindschaft auf diese Weise gelungen war, in den Adel einzudringen, konnte sie aus dieser Position der Stärke heraus ihren Feldzug gegen die englische Nation fortsetzen.

Sie begann die dritte Etappe ihrer Eroberung Englands. Innerhalb von hundert Jahren war ihr dies gelungen. Unter der Herrschaft von Königin Victoria wurde der letzte Widerstand der englischen Nation gebrochen. Juda hatte England erobert. Die jüdisch-englische Plutokratie wurde von Juden und Teilen der herrschenden Klasse stabilisiert, die durch Blutsbande mit ihr verbunden war und im Laufe des 20$^{\text{(igsten)}}$ Jahrhunderts noch weiter wachsen sollte. Das jüdische Interesse und das Interesse der jüdisch-englischen Aristokratie sind nun identisch.

Durch dieses plutokratische Regierungssystem waren der jüdische und der britische Imperialismus fest miteinander verwoben. Die starken Hände, mit denen die Juden den englischen Adel an sich gebunden hatten, waren die der Blutsbande und des Finanzkapitals. Das jüdische Gold wurde zum unbestrittenen Herrscher über England. Die Skrupellosigkeit und Aggressivität der Juden, der Geiz und die Habgier der Juden wurden von nun an zu den Merkmalen und der Prägung der herrschenden Klassen, die nun mit den Juden rechnen mussten.

Dies sind die Eckpfeiler, auf denen das Britische Empire in seiner heutigen Form aufgebaut wurde. Sie sind die Fundamente, auf denen es ruht.

Während die Familie Rothschild ihren Einfluss über ihre Banken in London, Paris, Frankfurt, Wien und Neapel ausübte, erschienen auch andere große Namen der jüdischen Finanzwelt wie Bleichroder in Berlin, Warburg in Hamburg, Oppenheim in Köln und Speyer in Frankfurt als mächtige Geldherren, die untereinander und mit den Rothschilds zusammenarbeiteten, oftmals zwar in Konkurrenz zueinander, aber alle durch ihr jüdisches Erbe und ihre Traditionen miteinander verbunden. Es gab auch die Hambros aus London, die Sassoons aus Bombay und das Haus Guinzberg aus St. Petersburg.

Obwohl diese Bankimperien dem entsprechen, was man heute als „Geschäftsbanken" oder „Investmentbanken" bezeichnet, spielten Juden auch eine wichtige Rolle bei der Gründung von sogenannten „Geschäftsbanken" (die eher der „durchschnittlichen" Bank entsprechen, mit der der Normalsterbliche Geschäfte machen würde, um Finanzdienstleistungen zu erhalten) wie der Deutschen Bank und der Dresdner Bank, zwei der „drei großen" deutschen Banken, der

Crédit Mobilier und die Banque de Paris et des Pays-Bas in Frankreich, die Banca Commerciale Italiana und der Credito Italiano in Italien, der Creditanstalt-Bankverein und die Banque de Bruxelles, unter anderem.

In den USA gab es immer mehr jüdische Bankiers: Haim Solomon, der während des Unabhängigkeitskriegs berühmt wurde (obwohl einige die Behauptung anzweifeln, dass Solomon „der jüdische Patriot war, der die amerikanische Revolution finanzierte „), und Isaac Moses, der zusammen mit Alexander Hamilton 1784 die Bank von New York gründete.

Krefetz nannte die jüdischen Bankhäuser, die ab 1840 in Amerika expandierten: Bache, Goldman, Sachs, J. W. Seligman, Kuhn Loeb, Ladenburg, Thalmann, Lazard Frères, Lehman Brothers, Speyer und Wertheim. Krefetz stellt fest, dass diese in den USA ansässigen jüdischen Banken dazu neigten, untereinander zu heiraten und oft gemeinsam handelten, wodurch sie „das Bild einer konzentrierten Macht" projizierten.

Und natürlich operierten die Rothschilds inmitten all dessen bereits auf amerikanischem Boden durch ihren amerikanischen Agenten August Belmont, der mit vielen dieser anderen jüdisch-kapitalistischen Kräfte zusammenarbeitete.

Interessant ist, dass Krefetz andeutet, dass diese jüdischen Banken nicht in der Lage waren, mit den von ihm so genannten „protestantischen" Banken zu konkurrieren, unter denen Morgan, Drexel, Gould, Fiske, Harriman und Hill die größten waren.

Doch wie wir später auf diesen Seiten sehen werden, standen viele dieser Elemente tatsächlich unter dem Einfluss von Rothschild und anderen jüdischen Einflüssen.

Zur Erinnerung fügte Krefetz hinzu, dass es seiner Meinung nach keine wirklichen Beweise für eine internationale Verschwörung jüdischer Bankiers gebe, sondern dass „einige Juden im Bankensektor sich verschworen haben".

Das Spiel des Geldes, sagte er,

> „übt auf Juden eine Faszination aus, die manche als gleichwertig mit Sex für die Franzosen, Essen für die Chinesen und Macht für die Politiker bezeichnen könnten. Und seit der Diaspora [der Zerstreuung der jüdischen Gemeinden] haben ihre finanziellen Sorgen immer einen internationalen Beigeschmack".

Bereits 1879 erklärte der antijüdische deutsche Essayist Wilhelm Marr freimütig, dass die Macht des jüdischen Geldes insbesondere in Deutschland einen vorherrschenden Einfluss erlangt habe, räumte jedoch ein, dass diese Macht eine internationale Reichweite habe. Marr beschrieb seine eigenen Schriften als „weniger eine Polemik gegen das Judentum als vielmehr die Bestätigung einer kulturellen und historischen Tatsache". Er fügte hinzu, dass jede unpassende Sprache, die er möglicherweise verwendet habe, „als bloßer Schmerzensschrei eines der Unterdrückten verstanden werden muss".

Mit „Unterdrückten" meinte Marr den Rest der vielen Europäer und Völker auf der ganzen Welt, die sich, wie ein englischer Schriftsteller einige Jahre später sagte, „unter der Ferse des Juden" befanden - womit er in der Tat die Macht des jüdischen Geldes meinte.

Unter Betonung der Tatsache, dass viele Menschen unangenehme Dinge über Juden und die organisierte jüdische Gemeinschaft geschrieben haben, merkte Marr an, dass dennoch

> „unsere Selbstgefälligkeit hindert uns immer noch daran, offen und ehrlich zuzugeben, dass Israel zu einer Weltmacht ersten Ranges geworden ist".

Er betonte, dass es in seinen Schriften keine religiösen Vorurteile gab. Er erlaubte seinen Lesern lediglich, sich in dem, wie er es nannte, „Spiegel" der kulturellen und historischen Tatsachen zu betrachten. Den Lesern seiner pessimistischen Werke riet er, ihm nicht böse zu sein, wenn dieser Spiegel ihnen zeigte, dass sie Sklaven waren.

„Ohne die geringste Ironie", schreibt er, „verkünde ich öffentlich den welthistorischen Triumph des Judentums, die Nachricht von einer verlorenen Schlacht, den Sieg des Feindes ohne die geringste Entschuldigung für die Armee in Not". Er bezeichnet seine brutalen (und düsteren) Schlussfolgerungen als „Schamlosigkeit".

Marr stellte fest, dass „im Laufe der Geschichte die Juden von allen Völkern ohne Ausnahme gehasst wurden". Er betonte, dass ein Großteil dieses Hasses und dieser Feindschaft nicht auf die jüdische Religion und ihre Lehren (insbesondere ihre Verachtung für Nichtjuden) zurückzuführen sei - auch wenn er einräumte, dass dies eine gewisse Rolle spiele -, sondern vielmehr, so Marr, auf die Tatsache, dass das jüdische Volk in der Lage gewesen sei, sich an den, wie er es nannte, „Götzendienst anderer Völker" anzupassen.

Zum historischen Konflikt zwischen Rom und Jerusalem merkt Marr an: „Wenn ein Volk ein anderes unterwirft, tritt gewöhnlich eine der beiden folgenden Situationen ein: Entweder verschmilzt der Eroberer mit der Kultur des Eroberten und verliert seine Eigenart, oder es gelingt dem Eroberer, dem Eroberten seine Eigenart einzuprägen. Marr zitierte die Mongolen, die unter Dschingis Khan China eroberten und später zu Chinesen wurden. So imposant diese beiden möglichen Phänomene auch sein mögen, sie verlieren an Bedeutung, wenn sie mit der Kulturgeschichte des Judentums konfrontiert werden, denn in diesem Fall kommt eine völlig neue Kraft ins Spiel. Eine vollständig semitische Rasse wurde aus ihrer Heimat in Palästina gerissen, in Gefangenschaft geführt und schließlich zerstreut.

Was die babylonische Gefangenschaft betrifft, so scheinen die Babylonier ihrer jüdischen Gefangenen schnell überdrüssig geworden zu sein, denn sie wurden wieder freigelassen. Die meisten Juden kehrten nach Palästina zurück, aber die Bankiers und Reichen blieben in Babylon, obwohl die alten jüdischen Propheten zornig schrien.

In mancher Hinsicht zeigt Marr große Sympathie für die jüdische Situation. Er betont, dass „die Juden sich von den Großen dieses Landes benutzen ließen, damit sie ihre Geldgeschäfte auf Kosten der einfachen Leute abwickeln konnten". Marr fügt hinzu

> „Sehr begabt, sehr talentiert in dieser Hinsicht, beherrschten die Juden im Mittelalter den Groß- und Einzelhandel. Sie überholten schnell diejenigen, die ihr Brot im Schweiße ihres Angesichts verdienten".

Was laut Marr interessant war, war die Dynamik der Situation.

Obwohl die einfachen Leute feststellten, dass die Juden aufgrund ihrer religiösen Unterschiede die ethischen Überlegungen der Nichtjuden nicht teilten, tolerierten die Juden, solange sie Geld verdienten, alles

> „Von oben gemäß der offiziellen Politik unterdrückt, konnten die Juden weiterhin ungestraft von unten agieren. Das Volk", sagte er, „durfte sich nicht über seine Ausbeutung durch die Mächtigen und ihre Agenten, die Juden, beschweren".

Infolgedessen, so betonte Marr, wurde die Religion von denen, die wütend darüber waren, von den Juden ausgebeutet zu werden, und von denen, für die die Juden als Agenten fungierten, in die Gleichung eingebracht. Es kam daher zu gelegentlichen Pogromen. Überraschenderweise forderten die Juden jedoch nicht ihre eigene Emanzipation, da sie befürchteten, dass dies ihre finanziellen

Transaktionen beeinträchtigen würde. Obwohl die Juden „von den Gelehrten verspottet, vom Mob misshandelt und von den Eiferern der mittelalterlichen Kirche verfolgt wurden", eroberten sie dennoch „die Welt dank [ihres] jüdischen Geistes", so Marr.

Ein anderer deutscher Kritiker der jüdischen Finanzmacht, Adolf Stoecker, begnügte sich nicht damit, auf die Probleme hinzuweisen. Er schlug eine Reihe von Lösungen vor, von denen er sich erhoffte, dass sie genutzt würden:

Die sozialen Krankheiten, die die Juden mit sich gebracht haben, müssen durch eine vernünftige Gesetzgebung geheilt werden. Es wird nicht leicht sein, das jüdische Kapital den notwendigen Beschränkungen zu unterwerfen.

Dies kann nur durch eine organische Gesetzgebung erreicht werden. Abschaffung des Hypothekensystems im Immobilienbereich...Änderung des Kreditsystems, das den Geschäftsmann von der Willkür des Großkapitals befreit; Änderung des Börsensystems;...Beschränkung der Ernennung jüdischer Richter auf ihren Anteil an der Gesamtbevölkerung.

Speziell auf die internationale Währungsmacht des Rothschild-Imperiums angesprochen, erklärte der Großindustrielle Henry Ford, dass die Rothschild-Macht, wie man sie früher kannte,

> „war durch den Eintritt anderer Bankfamilien in die Regierungsfinanzierung so stark erweitert worden, dass sie von nun an nicht mehr unter dem Namen einer jüdischen Familie, sondern unter dem Namen der Rasse bekannt sein musste".

So wurde diese Kombination laut Ford von nun an als „International Jewish Finance" bezeichnet. Er schrieb: Ein großer Teil des Schleiers der Geheimhaltung, der so sehr zur Macht der Rothschilds beitrug, wurde entfernt; die Kriegsfinanzierung wurde für immer als „Blutgeld" bezeichnet; und die geheimnisvolle Magie, die die großen Transaktionen zwischen Regierungen und Einzelpersonen umgibt, durch die die individuellen Kontrolleure großer Reichtümer die wahren Herrscher der Völker bleiben, wurde zum großen Teil entfernt und die einfachen Tatsachen wurden enthüllt. Die Rothschild-Methode bleibt jedoch insofern gültig, als die jüdischen Institutionen in allen fremden Ländern ihren rassischen Institutionen angegliedert sind.

Nachdem wir also den Aufstieg der Juden zu den Königen der globalen Finanzwelt Revue passieren ließen, wollen wir nun die Geschichte des größten aller Namen der internationalen jüdischen Geldmacht sezieren: das Haus Rothschild, unbestritten *die herausragende Kraft in der Bewegung für eine Neue Weltordnung...*

Meyer Rothschild, der Gründer des Rothschild-Imperiums, wird - in nachahmender Manier - dargestellt, wie er den Planeten mit seinen hungrigen Geiern beherrscht, die kurz davor stehen, auf die bankrotten Völker der Erde losgelassen zu werden. Im Medaillon ist das ursprüngliche Haus der Familie Rothschild in Frankfurt, Deutschland, zu sehen, von dem aus Rothschild seine berüchtigte Dynastie von Raubtieren startete.

KAPITEL V

Die Herrschaft des Hauses Rothschild: Der Rahmen für ein jüdisches Weltreich

Der große amerikanische Bilderstürmer, der Dichter Ezra Pound, war, wie wir bereits festgestellt haben, sehr besorgt über die Macht der internationalen jüdischen Finanzwelt und ihre perfide und verheerende Politik des Wuchers, über die Taktiken, die Regierungen und Völker - die Volkswirtschaften der ganzen Welt - unter die Herrschaft der jüdischen Elite gebracht haben.

Pound betonte, dass es sinnlos sei, Antisemitismus zu predigen, ohne speziell das Finanzkonstrukt, das den Juden die Herrschaft ermöglicht hatte, anzugreifen und zu versuchen, ihm ein Ende zu setzen. In *Gold and Work*, das 1944 veröffentlicht wurde, brachte er es auf den Punkt: „Natürlich ist es sinnlos, Antisemitismus zu betreiben, wenn man das hebräische Geldsystem, das ihr gewaltigstes Wucherinstrument ist, intakt lässt.

Tatsächlich war es nach Jahrhunderten schließlich das Haus Rothschild, das dieses weltweite „hebräische Geldsystem", über das Pound so unerschrocken und hartnäckig schrieb und Vorträge hielt, beherrschte.

Die Wirtschaftsgeschichte der Juden, von den jüdischen Schriftstellern Salo W. Baron, Arcadius Kahan und anderen (1975 von Schocken Books, einem jüdisch orientierten Verlag, veröffentlicht), fasst die frühe Geschichte der Familie Rothschild zu der Zeit zusammen, als sie sich als das vorherrschende jüdische Bankenimperium etablierte. Obwohl der Familiengründer Meyer Amschel Rothschild (1744-1812) bereits seit 1763 als Geldverleiher tätig war, war es in den frühen 1800er Jahren, als das Rothschild-Imperium, das sich nun in den Händen seiner fünf Söhne befand, seine Position als herausragende Kraft im internationalen jüdischen Finanzwesen festigte. Hier eine kurze Einschätzung des Aufstiegs der Rothschilds in Schockens Werk *Economic History of the Jews (Wirtschaftsgeschichte der Juden)*: Das jüdische Bankwesen beginnt im 19. Jahrhundert mit dem Aufstieg des Hauses Rothschild in Frankfurt, einer Stadt, die nach den politischen

Umwälzungen durch die Französische Revolution und die Napoleonischen Kriege zum neuen Bankenzentrum Europas wurde.

Der Gründer des Hauses, das zum Symbol für den Typus der Geschäftsbank des 19. Jahrhunderts wurde, Meyer Amschel Rothschild, begann als Bankier des Kurfürsten von Hessen-Kassel. Seine Söhne wurden zu großen europäischen Bankiers: Amschel Meyer in Frankfurt, Salomon Meyer in Wien, Karl Meyer in Neapel, James Meyer in Paris und Nathan Meyer in London.

Nach dem Tod von Abraham Goldsmid und Francis Baring im Jahr 1810 wird Nathan Rothschild zur dominierenden Figur auf dem Londoner Geldmarkt. Der Großteil der englischen Finanztransaktionen mit dem Kontinent lief über die Büros der Rothschilds.

Nach dem Wiener Kongress 1815 weiteten die Rothschilds ihre Aktivitäten auf die meisten europäischen Staaten aus und spezialisierten sich auf die Liquidierung aufgeblähter Papierwährungen und die Gründung von schwebenden Staatsschulden.

Im Jahr 1818 vergaben sie Kredite an europäische Regierungen, beginnend mit Preußen, und emittierten dann an England, Österreich, Neapel, Russland und andere Staaten, teilweise in Zusammenarbeit mit Baring, Reid, Irving & Company.

Zwischen 1815 und 1828 stieg das Gesamtkapital der Rothschilds von 3 332 000 auf 118 400 000 Francs.

Chaim Bermants monumentale Studie *The Cousinhood: A Vivid Account of the English-Jewish Aristocracy - eine* Aristokratie, die er „die Cohens, Rothschilds, Goldsmids, Montefiores, Samuels und Sassoons" nennt -, die 1971 bei MacMillan erschien, stellt fest, dass der Gründer der Rothschild-Dynastie, Meyer (manchmal mit „Maier" und „Mayer" wiedergegeben) Rothschild, eine Rabbinerausbildung genossen hatte und dass Meyer „alle jüdischen Traditionen hochhielt". Seine Frau Guttele war die klassische jüdische Matriarchin der Legende, was in allen Erzählungen über die Familie Rothschild belegt wird.

Und wie wir eingangs feststellten - und es verdient, wiederholt zu werden -, sagte ein bewundernder Biograf Rothschilds über ihn, dass er „ein eifriger Talmudgläubiger war und ihn als einziges Leitprinzip für all seine Handlungen wählte". Ebenso behauptete Chaim Bermant schnell, dass die Interaktion zwischen dem religiösen, sozialen, akademischen und wirtschaftlichen Leben der Juden ein seit langem bestehender Aspekt des jüdischen Lebens sei, der sowohl die Familie Rothschild als auch andere große jüdische Bankfamilien, ja sogar alle Juden, umhüllte.

Es ist wichtig, dies zu erkennen, wenn man die Rolle untersucht, die die talmudische Religionsphilosophie, die auf die glorreichen Zeiten des jüdischen Lebens in Babylon zurückgeht, beim Aufstieg des Hauses Rothschild und seiner Rolle bei der Förderung dessen, was wir heute als Neue Weltordnung bezeichnen, gespielt hat. Bermant schrieb: Eine Synagoge ist weder ein Tempel noch eine jüdische Kirche. Sie entstand als Institution in Babylon auf dem Marktplatz, wo die Juden, nachdem sie sich zum Handel versammelt hatten, ermutigt wurden, zum Beten zu bleiben. In den Ghettos Europas war sie der Treffpunkt der Gemeinde, wo sie zusammenkommen konnten, um zu beten, zu singen, zu lernen, zu reden, sich die Zeit zu vertreiben, traurige Momente zu betrauern und glückliche Momente zu feiern.

Über die „Cousinhood" - die elitären jüdischen Familien, die in Großbritannien ansässig waren, aber ihre Tentakel in die ganze Welt ausstreckten - schrieb Bermant, dass „die Cousinhood nicht einfach eine Gruppe von Verwandten war. In vielerlei Hinsicht funktionierten sie als organische Einheit, und während ihre eigenen Rechte [als Juden] noch nicht vollständig garantiert waren, sie ihren Reichtum und Einfluss in den Dienst ihrer verfolgten Glaubensbrüder in anderen Teilen der Welt stellten. Überall, wo Juden unterdrückt wurden, eilten Abgesandte nach England, zu den Rothschilds, nach Montefiore, zu den Cousinhoods". Diese Elite-Juden sind diejenigen, die als Herrscher regieren.

Ironischerweise hatte Nathan Rothschild, der Leiter des britischen Zweigs des Hauses Rothschild, nicht das Image eines globalen Titanen. Ein amerikanischer Reisender in Großbritannien im Jahr 1835 berichtete, Rothschild sei „eine Person von sehr gewöhnlichem Aussehen, mit schweren Gesichtszügen, schlaff herabhängenden Lippen und einem projizierten Fischauge. Seine korpulente, ungeschickte und unansehnliche Figur war in die lockeren Falten eines vor allem weiten Gewandes gehüllt".

Allerdings, so der Amerikaner weiter, „lag etwas Imposantes in seiner Miene und seinen Manieren, und der ehrerbietige Respekt, den er ihm freiwillig zu erweisen schien, zeigte, dass er keine gewöhnliche Person war. Die Frage, die sich aufdrängte, lautete: „Wer ist das? Der König der Juden", lautete die Antwort.

Dieser unansehnlich aussehende König der Juden und seine Familie häuften im folgenden Jahrhundert ein mächtiges Imperium an, das damals und auch heute noch seinesgleichen sucht.

1878 verfasste der Kommandant Osman Bey einen „historischen und ethnischen Essay" mit dem Titel *Die Eroberung der Welt durch die Juden.* In dem Werk wird untersucht, wie das von ihm so genannte „Prinzip der materiellen Interessen" die Völker der Welt durch finanzielle Unterdrückung versklavt. Er beschreibt dieses „Prinzip der materiellen Interessen" als eine „geheime Macht", die das jüdische Volk als vereinte Kraft entdeckt habe. Er betonte das Konzept der jüdischen Solidarität und schlug vor, dass, wenn ein Jude an einem Ort angegriffen würde, sich alle Juden auf den fünf Kontinenten wie ein Mann gegen den Angreifer stellen würden. Dieses Konzept der jüdischen Solidarität liegt seinen Schriften in diesem Bereich zugrunde.

Seiner Meinung nach haben sich die kleinen mittelalterlichen Wucherer in moderne Bankiers oder Makler verwandelt. „Die umherziehenden Juden von einst sind zu cleveren Spekulanten geworden, und die alten Kleiderhändler und Hausierer haben elegante Lagerhäuser und Industriehallen eröffnet. Allerdings fügt er einen kritischen Punkt hinzu, der verstanden werden muss:

Es fehlte noch die Krone des Gebäudes, d. h. die Verkörperung des prinzipiellen Modus und einer konkreten, greifbaren Macht, die jedem menschlichen Unternehmen angeboren ist; denn so wie die rohe kirchliche oder militärische Regel schließlich in einem Papst oder Kaiser inkorporiert wurde, so musste die jüdische monetäre Vorherrschaft notwendigerweise die Bildung einer Dynastie induzieren, die ihren Ursprung und ihre ständige Rechtfertigung aus dem Prinzip der materiellen Interessen ableitete.

Osman bezog sich natürlich auf das Rothschild-Imperium.

Es war Rothschild, sagte er, der sich erhob

> „mehr durch die Macht der Umstände als durch die Folgen seiner eigenen Bemühungen zu der hohen und mächtigen Position eines sichtbaren Führers der jüdischen Vorherrschaft".

Osman notiert

> „Alle Juden haben sich vor diesem neuen Herrscher niedergeworfen und tun es noch immer, seit seine Herrschaft von einem Ende der Welt bis zum anderen anerkannt wird. Als König der Finanzen befehligt Rothschild die rollenden Massen des jüdischen Kapitals so

vollständig wie der deutsche oder russische Kaiser die beweglichen Massen seiner Armeen.

Die Macht dieses „selbsternannten Oberhauptes aller Juden", so Osman,

> „nicht von den Tausenden von Millionen berechnet werden darf, die er als seine eigenen bezeichnen kann, sondern von dieser viel größeren und wirklich fabelhaften Masse an Gold, deren Umlauf von den Befehlen abhängt, die von seinem Kabinett ausgestellt werden".

Osman bemerkte sehr wohl, dass die „rollenden Massen des jüdischen Kapitals" eine internationale Bedeutung hatten:

Jeder jüdische Millionär, der in Paris, Wien, Berlin oder den Vereinigten Staaten [und man beachte seinen Hinweis von 1878 auf die USA-Ed.] Finanzgeschäfte tätigt, ist in gewisser Weise ein Generalleutnant Rothschilds, der seine Handlungen stets nach den Angaben dieses Finanzbarometers regelt.

Er stellt fest, dass der Reichtum von drei Zweigen der Rothschild-Familie auf etwa 3.000 Millionen Dollar geschätzt wird, und er betont, dass „dies ungefähr der Betrag ist, den die französische Regierung mit Mühe für die Kriegsentschädigung aufbringen konnte". Somit, so schloss er, „ist eine Familie so reich wie eine ganze Nation". Und er fügte hinzu: „Wenn man bedenkt, dass dieser immense Reichtum das Ergebnis der Arbeit von Millionen von Unglücklichen ist, kann man an seiner geistigen Gesundheit zweifeln". Osman hat alles auf den Punkt gebracht.

Seit es die Welt gibt, hat es einen solch unnatürlichen Zustand der Dinge noch nie gegeben. Das Oberhaupt der Familie Rothschild ist also ein Potentat, ein Herrscher im vollen Sinne des Wortes, und seine Untertanen sind die Millionen von Menschen, die ständig arbeiten, um seine Macht und seinen Glanz zu stützen.

Die Rothschilds besitzen ein Dutzend Schlösser, wahre Königsresidenzen, die sich in den schönsten und kultiviertesten Ländern befinden.

Diese Herrscher entfalten dort eine Pracht und erhalten die Bewunderung der Magnaten dieser Erde, wobei Kaiser und Könige nicht ausgeschlossen sind, und doch legt das Oberhaupt der Rothschild-Familie nur wenig Wert darauf, dass 'er als König bezeichnet wird. Seine jüdische Majestät begnügt sich offensichtlich damit, *ein König zu sein* und die Macht zu genießen, die ihm unermessliche Reichtümer verschaffen. Aber in jeder anderen Hinsicht spielt Rothschild buchstäblich die *Rolle* eines Herrschers und vernachlässigt nicht die Pflichten, die ihm seine königliche Würde auferlegt.

Er ist es, der das jüdische Volk prächtig repräsentiert, so wie andere Herrscher die Macht ihrer jeweiligen Nationen repräsentieren. Der jüdische Herrscher zögert zum Beispiel nie, sich an allen Zeichnungen zu beteiligen, denen die Mode oder der Lärm eine gewisse Bedeutung beigemessen hat [d.h. Juden setzen ihr Geld und ihren Einfluss sehr öffentlich - man könnte auch sagen „protzig" - ein, um ihre Anwesenheit und ihren Namen bekannt und „respektiert" zu machen - Anm. d. Ü.].

Rothschild achtet beim Besuch eines bestimmten Ortes stets darauf, ein Andenken an seine Anwesenheit zu hinterlassen, entweder durch die Gründung einer philanthropischen Einrichtung oder durch eine fürstliche Spende.

Darüber hinaus haben es sich die Rothschilds als sichtbares Oberhaupt der jüdischen Nationalität in jüngster Zeit zur Aufgabe gemacht, jedes Mal den Grundstein zu legen, wenn eine wohlwollende, ausschließlich den Juden gewidmete Institution errichtet werden sollte. Die Macht dieses jüdischen Autokraten ist so unermesslich und unbegrenzt, dass sie die Macht aller anderen Könige und Kaiser bei weitem übersteigt.

Als noch vor wenigen Jahren zwei große Imperien - Frankreich und Preußen - einen blutigen Krieg führten, bei dem jedes Land mehrere hunderttausend Soldaten einsetzte, musste dennoch ein dritter Potentat herangezogen werden, um die Ruhe in Europa wiederherzustellen.

Dieser dritte Potentat hieß Rothschild, dieser „König von Gottes Gnaden", dessen Unterschrift für den endgültigen Abschluss [des Krieges] unerlässlich war.

Obwohl einige zeitgenössische Autoren, größtenteils Publizisten der Rothschilds, versuchten, die Rolle des Einflusses der Rothschilds auf amerikanischem Boden zu schmälern, schrieb Osman, dass in den Vereinigten Staaten „ihre Macht wohlbekannt und spürbar ist".

Er betonte, dass die Entmonetarisierung des US-Silberdollars im Jahr 1873 aus zuverlässiger Quelle von einem Rothschild-Agenten, Earnest Seagel, durchgeführt wurde, der zu diesem Zweck nach Washington gereist war und angeblich „mit korrupten Mitteln" diese Veränderung, wie vom Rothschild-Imperium gewünscht, herbeigeführt haben soll.

„Die Angelegenheit wurde so geschickt abgewickelt, dass es einige Zeit dauerte, bis der Wechsel allgemein bekannt wurde.

Osman stellte außerdem fest, dass die Rothschild-Kräfte „auch ein Monopol auf die freien Künste und Wissenschaften anstrebten, die nur den höchsten Rängen der Gesellschaft offen stehen. Da sie genau wussten, dass sie nur mit diesen Mitteln Ehre, Ansehen und politische Macht erlangen konnten, engagierten sie sich in der Literatur, der Medizin und der öffentlichen Bildung und überschwemmten die Berufe des Rechts und des Journalismus.

> „Die jüdischen Zeitungsredakteure bilden in jedem Staat", fügte er hinzu, „eine eng verbundene und allmächtige Kombination aus ebenso intelligenten und fleißigen wie skrupellosen Geistern, die sich gewissermaßen ein Interventionsrecht in allen Angelegenheiten angeeignet haben, um einen Tribut von der Leichtgläubigkeit der Öffentlichkeit zu erheben.

> „Diese Kombination", sagte er, „verfügt über solche Mittel, ist viel mächtiger als die Kirche oder der Feudalstaat und ist im Besitz einer weitreichenden und schrecklichen Macht, in deren Händen wir nur niederträchtige Sklaven sind

Über jüdische Machtspiele in der politischen Arena schrieb er

> „Es gibt zwei grundlegende Prinzipien: Die Juden als organisierte Gruppe haben sich bemüht, ihren Einfluss, der zu jedem Zeitpunkt über die ganze Welt verstreut ist, auf den Punkt zu konzentrieren, der am effektivsten erobert werden kann, um alle lokalen oppositionellen Tendenzen auszuschalten. Sie sind zu jeder Zeit bestrebt, aus der Uneinigkeit anderer Nutzen zu ziehen.

> Dazu stellen sie ihre Finanzkraft [den beiden Parteien, die sich möglicherweise in einem Konflikt befinden] zur Verfügung, wobei sie darauf achten, dass sie auf jeder Seite Vertreter haben.

> Dank dieser Politik sind die Juden stets bereit, jeden Sieg einer Partei zu ihrem Vorteil zu wenden

Eine solche Machtverteilung ist vergleichbar mit einem guten Kartenblatt, in dem alle vier Farben so vertreten sind, dass bestimmte Punkte immer sicher sind, unabhängig davon, welche Farbe umgedreht wird.

Als Beispiel notierte er:

> Zum Beispiel sehen wir in Frankreich: Imperialistische, republikanische und sogar sozialistische Juden. Wenn der

Imperialismus eines Tages siegt, wird [die jüdische Finanzwelt] da sein, um das jüdische Interesse zu vertreten.

Wenn hingegen die Republik oder sogar die Kommune eine Chance auf einen Sieg hat, [sind die jüdischen Sozialisten] in Reichweite, um sozusagen die Trumpffarbe des jüdischen Kartenspiels zu ändern.

„Kurz gesagt, die Juden bewahren ihr Prestige unabhängig von Regierungswechseln und nähern sich ihrem ultimativen Ziel - der Eroberung der Welt -, einem Ansatz, der im Laufe der Zeit immer mehr zum ultimativen Ziel wird, unabhängig von den sich ändernden Umständen. Sie haben das Geheimnis entdeckt, mit allen Parteien zu gewinnen und mit keiner zu verlieren".

Die Rothschilds und ihre Satelliten haben dieses Spiel auch auf der internationalen Bühne gespielt.

„Alle Nationen", schreibt er, „werden bei Bedarf im Rahmen dieses großen internationalen Spiels manipuliert."

Osman erklärte, wie die jüdische Finanzmacht in der Lage ist, die Presse zu manipulieren. Seiner Meinung nach gibt es drei Kategorien von Zeitungen: Zeitungen, die im Sold der Juden stehen; Zeitungen, die das Banner einer bestimmten Nationalität oder Ideologie tragen, in Wirklichkeit aber Fassaden für jüdische Interessen sind; und schließlich Zeitungen, die offen das jüdische Banner tragen.

Die erste Kategorie waren die Zeitungen, die im Wesentlichen von den Juden gekauft wurden. Die zweite Kategorie von Zeitungen beschrieb er als die sprichwörtlichen „Wölfe im Schafspelz" - die vorgeben, die Interessen anderer Gruppen zu vertreten, aber in Wirklichkeit „unter ihrer Maske einem ausgezeichneten Zweck dienen, indem sie Veränderungen in der öffentlichen Meinung bewirken, da ihre Leser selten wahrnehmen, dass die dort veröffentlichten Artikel... [den Eindruck erwecken], dass diese Zeitungen die Richtung der öffentlichen Meinung in [dem Land, in dem sie veröffentlicht werden] widerspiegeln".... [Die Öffentlichkeit glaubt, dass diese Zeitungen die Entwicklung der öffentlichen Meinung in [dem Land, in dem sie veröffentlicht werden] widerspiegeln, obwohl sie nur ein Spiegelbild des jüdischen Teufels sind, der versucht, uns nach Belieben in die Irre zu führen und uns mit den Doktrinen und Sophismen der modernen Schule umgarnt".

(In den USA gibt es heute die Zeitschriften dessen, was man als „koschere Liberale" und „koschere Konservative" bezeichnen könnte, die zwar in allen anderen Fragen zutiefst unterschiedlicher Meinung sind, aber dennoch die jüdischen Interessen und die Anliegen des Staates Israel gutheißen). Dann gab es natürlich, wie Osman feststellte, jene Zeitschriften, die offen verkündeten, die Interessen der jüdischen Gemeinschaft widerzuspiegeln und sich an den Juden selbst zu orientieren, die, wie Osman schrieb, „darauf ausgelegt sind, Israel [das jüdische Volk] in seiner aggressiven Bewegung auf den Reichtum der Heiden zu führen" - das heißt, die Nichtjuden auf der Welt.

> „Diese Presse erlässt den Kriegsruf, lenkt und führt die Juden nach vorne. Ohne diese Zeitungen würde die jüdische Bewegung kein Ganzes bilden und ihrer Aktivität würde es notwendigerweise an innerer Kraft fehlen."

Osman beschrieb all dies als Beweis für „die Existenz einer geheimen, aber furcherregenden Macht". Diese Kombination, so sagte er, „bildet eine schreckliche Batterie, gegen die es fast unmöglich zu sein scheint, zu kämpfen".

Unter Bezugnahme auf unabhängige Zeitungen, die außerhalb des Einflussbereichs der Rothschilds (und der Juden) liegen, erklärte Osman

> „Juden haben immer einen Regen von Spott und Verleumdungen zur Verfügung, die aus den Lügenmäulern von Hunderten von Journalisten erbrochen werden: Jeder, der sich nicht von Juden ausplündern lässt, ist ein 'Reaktionär' und wenn er eine Kuhhaut in die Hand nimmt [um sich gegen jüdische Angriffe zu verteidigen], ist er ein 'Barbar'".

Osman kommt - vor so langer Zeit, im Jahr 1878 - zu dem Schluss, dass die jüdische Eroberung der Welt nun das ist, was er als

> „eine erwiesene Tatsache, die nicht bestritten werden kann".

Was zur Eroberung der Welt beigetragen hat, war der Wucher, den er als „verderbliche Gewohnheit, Anleihen auszugeben, nicht nur von Nationen, sondern auch von Gemeinden, die damit den Reichtum von Nationen und Gemeinden auf der ganzen Welt verpfändet haben" beschrieb. Die Zinsen für diese Anleihen „steigen Tag und Nacht unaufhörlich", stellte er fest. „Ihr Kurs fegt wie ein Tornado über die Messeplätze und zerstört alles auf seinem Weg".

Was Osman als „die geheime Macht des akkumulierenden Zinses" bezeichnet, hat die Menschheit versklavt und ist zur „Hauptwaffe" der jüdischen Interessen geworden, um das zu errichten, was wir heute als

Neue Weltordnung bezeichnen. Die einzige Lösung besteht darin, dass Nationen und Einzelpersonen keine Schulden machen, was seiner Meinung nach der internationalen Währungsmacht das Genick brechen würde, sobald alle Schulden auf einer sowohl fairen als auch gerechten Grundlage liquidiert werden.

Die Ironie an der Sache ist laut Osman, dass, während die Menschen sich selbst als „frei" bezeichnen und sich damit brüsten, dass ihnen eine hohe Kultur in die Wiege gelegt wurde, es noch niemand gewagt hat, sich gegen diejenigen zu erheben, die es nur durch Betrug und Wucher geschafft haben, die Welt zu erobern:

> Die einzige Möglichkeit, das soziale Gleichgewicht wiederherzustellen, besteht darin, den Baum an der Wurzel zu packen und die Angriffe gegen die Ursache dieses kosmopolitischen Grundübels zu richten. Nur so kann es wahren Staatsmännern gelingen, die Menschheit von der größten Geißel zu befreien, unter der sie je gelitten hat.

Und die Quelle dieser Geißel war tatsächlich das globale Konstrukt der internationalen jüdischen Finanzwelt, die von der Rothschild-Dynastie beherrscht wurde.

> 1913 reflektierte Professor Roland G. Usher in seinem Buch *Der Pangermanismus* über die weltweiten Tentakel der Rothschilds: Russland, die Türkei, Ägypten, Indien, China, Japan und Südamerika werden wahrscheinlich, soweit eine große Nation überhaupt gehalten werden kann, in London oder Paris gehalten. Die Zahlung der Zinsen auf diese beträchtlichen Summen wird durch die öffentlichen Einnahmen dieser Länder und, im Falle der schwächeren Nationen, durch die tatsächliche Übergabe der Erhebung in die Hände der Agenten der englischen und französischen Bankiers gewährleistet.

Und natürlich waren diese „englischen und französischen Bankiers" die Rothschilds. Usher fügte hinzu, dass:

> Darüber hinaus befindet sich ein sehr großer, wenn nicht der größte Teil der Aktien und Industrietitel der Welt im Besitz dieser beiden Nationen, und die Politik vieler globaler Unternehmen wird von ihren Finanzchefs diktiert.

Kurz gesagt sagte er, dass die Finanzverantwortlichen in England und Frankreich - d. h. die Rothschilds und diejenigen in ihrem Einflussbereich - in Wirklichkeit diejenigen waren, die den Großteil der Aktien und Industrietitel auf dem Planeten selbst kontrollierten.

„Die ganze Welt selbst zollt ihnen eigentlich Tribut", schreibt Usher: „Er steht morgens auf, um seinen Lebensunterhalt mit ihrem Kapital zu verdienen, und verbringt seine Tage damit, Geld zu verdienen, um ihnen Zinsen zu zahlen, was sie noch reicher macht."

Das Wachstum des Rothschild-Imperiums war außergewöhnlich. Die *Jahresenzyklopädie von 1868* stellt fest, dass Jacob Rothschild in Paris, der von seinem Vater Maier Rothschild mit einem Kapital von 200.000 US-Dollar ins Leben gerufen worden war, 1868 mit einem Vermögen starb, das damals mehr als 300.000.000 US-Dollar wert war [zu der Zeit]. Allein sein Jahreseinkommen belief sich auf rund 40.000.000 US-Dollar.

1913 wies Ignatius Balla in seinem Buch *The Romance of the Rothschilds* darauf hin, dass zu dieser Zeit kein Vermögen in Amerika dem Jahreseinkommen von Jacob Rothschild entsprach. Im Jahr 1913, so Balla, war das Vermögen der Rothschilds mehr als 2.000.000.$ wert.

Zweitens muss man natürlich berücksichtigen, dass die verschiedenen Zweige des Rothschild-Imperiums in den großen Städten Europas einen Weg gefunden haben, ihren Einfluss durch Mischehen ihrer Nachkommen mit anderen Mitgliedern ihrer eigenen Großfamilien aufrechtzuerhalten. So heiratete beispielsweise Jacob Rothschild die Tochter seines Bruders, des Barons Salomon Rothschild aus Wien.

Die Institutionalisierung des Rothschild-Imperiums wurde durch die Heirat von Mitgliedern der Rothschild-Familie mit Mitgliedern anderer jüdischer Bankdynastien wie den Montefiores aus England und den Sassoons fortgesetzt, die insbesondere in Asien ihr eigenes gigantisches Vermögen aufbauten. Als Opiumhändler aus Bagdad stiegen die Sassoons später ins Bankgeschäft ein und übten in China, Japan und im gesamten Orient, einschließlich Australien, einen außerordentlichen Einfluss aus.

Die internationalen Kredite, die die Rothschild-Dynastie den Nationen der Welt gewährte, waren damals - als der amerikanische Autor E. C. Knuth in den frühen 1940er Jahren schrieb - ein wichtiger Faktor, genauso wie sie es heute sind. Knuth beschrieb die oft dokumentierten Intrigen der Rothschilds mit den Worten: „Eines der wirksamsten Mittel, die das Haus Rothschild im Laufe der Jahre einsetzte, um seine Konkurrenten zu vernichten und widerspenstige Staatsmänner zu disziplinieren, bestand darin, durch langwierige Spekulation künstlich eine übermäßige Inflation zu erzeugen, dann zu kassieren und anderen die Aufgabe zu überlassen, den Beutel zu halten. Dieser Trick, so sagt er, wurde von den Rothschilds über die Jahre hinweg in regelmäßigen Abständen angewandt.

Die Rothschilds hatten weltweit Einfluss: Belgien, Ägypten, Portugal und noch viele andere Länder. In Chile kontrollierten die Rothschilds die Nitrate. Brasilien war so sehr mit Rothschild-Krediten belastet, dass ein Schriftsteller unter, erklärte, dieser lateinische Koloss hätte als „Rothschild-Staat" beschrieben werden können.

Der Einfluss der Rothschilds erstreckte sich durch ihre Verbindungen zur Familie Sassoon auf Asien, durch die Montefiores auf Australien und durch die Kontrolle der Rothschilds über Diamanten und Gold auf Südafrika - ein Einfluss, der sich auch auf Cecil Rhodes und die Familie Oppenheimer erstreckte, die die Diamantenindustrie beherrschten.

Heutzutage sind die Rothschilds, die Oppenheimers, die Bronfmans aus Amerika und der verstorbene Armand Hammer, dessen Intrigen bis in die Sowjetunion reichten, Insidern als „Vier-Milliardäre-Bande" bekannt und waren die verantwortlichen Bosse des internationalen Medienimperiums des in Australien geborenen Rupert Murdoch, der mütterlicherseits zum Teil jüdisch ist (durch mindestens eine Abstammungslinie).

Später, vor dem Zusammenbruch des Sowjetregimes, in den Jahren nach dem Tod Josef Stalins - der sich bemühte, den jüdischen Einfluss in Russland zu brechen - hielten es diese Rothschild-Einflüsse für richtig, mit Manövern zu beginnen, um ihren Einfluss auf Russland aufrechtzuerhalten, während es sich auf seinen endgültigen Zusammenbruch zubewegte.

Obwohl man zu der Annahme neigen könnte, dass das Rothschild-Imperium hauptsächlich auf die Finanzbranche ausgerichtet ist, ist die Wahrheit, dass seine Milliarden in viele verschiedene Bereiche investiert wurden.

Die Rothschilds kontrollierten das Quecksilber, indem sie Quecksilberminen in Spanien zusammentrugen und die politischen Angelegenheiten des Landes manipulierten.

Dasselbe gilt für Nickel, das zur Härtung von Stahl verwendet wird und für das es keinen bekannten Ersatz gibt.

Die Rothschilds haben die Kontrolle über die Nickelvorkommen in Kanada, Neukaledonien und Norwegen übernommen. Die Interessen der Rothschilds im Nickelsektor ermöglichen es ihnen auch, wichtige Akteure in der Waffenherstellung zu sein, da das berühmte deutsche

Unternehmen Krupp über seine Vertreter mit dem französischen Unternehmen der Rothschilds, Le Nickel, verbunden ist.

Auch die Kupferindustrie ist für die Rothschilds eine Quelle des Reichtums: Sie halten Anteile an den Rio Tinto-Minen in Spanien, die auch Schwefel produzieren.

Dasselbe gilt für Blei und Öl. Obwohl der Name Rockefeller mit Öl in Verbindung gebracht wird, kontrollierten die Rothschilds in der Kaukasusregion, wo sich die berühmten Ölreserven von Baku befinden, große Ölvorkommen.

Es ist bemerkenswert, dass das Interesse der Rothschilds am Öl zu ihrer Feindseligkeit gegenüber den russischen Zaren führte, die die einzigen europäischen Könige waren, die den Intrigen der Rothschilds beständig Widerstand leisteten.

Es ist daher kein Zufall, dass die Rothschild-Interessen schließlich eine zentrale Rolle bei der Finanzierung der von Juden angeführten bolschewistischen Revolution spielten, die das Haus Romanow zerstörte.

Es ist zwar bekannt, dass die Rothschilds die Diamantenindustrie in Südafrika kontrollierten, aber sie hatten auch eine führende Position in den lukrativen Goldabbauunternehmen in Südafrika.

Alle Goldbarren gingen durch die Hände von drei jüdischen Unternehmen, die den Goldpreis kontrollierten: Mocatta and Goldsmid, Samuel Montagu & Company und natürlich N. M. Rothschild and Sons.

Es war der südafrikanische Präsident Henrik Krueger, der die berühmte Aussage machte: „Wenn es möglich wäre, die jüdischen Monopole Ellenbogen an Ellenbogen aus diesem Land zu werfen, ohne einen Krieg mit Großbritannien zu entfachen, wäre das Problem des ewigen Friedens gelöst".

(Ironischerweise wird Krueger auf der berühmten südafrikanischen Goldmünze gedacht, die als Kruegerrand bekannt ist).

Der englische Schriftsteller Arnold Leese erklärte, dass die Ereignisse rund um die Geschichte der Rothschild-Dynastie eine klar definierte Moral haben. Seiner Meinung nach lautet diese Moral wie folgt: Nur eine Minderheit von Männern und Frauen in jeder Gemeinschaft, jeder Rasse, jedem Rang und jeder Religion ist stark genug, um sich absolut dem Einfluss zu widersetzen, den diejenigen auf sie ausüben, die die Macht des Geldes besitzen, das ohne große Anstrengung zum eigentlichen Herrscher „demokratischer" Regierungen wird. Wenn diese Macht des Geldes von Juden ausgeübt wird, folgt daraus, dass die Demokratie aufgrund ihrer Natur dazu verurteilt ist, von Juden regiert zu werden, die dem Land, das sie annimmt, fremd sind.

Leese sagte, dass „der Einfluss des Geldes in der Regel auf eine viel subtilere Art und Weise ausgeübt wird als bei reiner Korruption. Selbst guten Männern und Frauen, wenn sie nicht so stark sind, fällt es schwer, Gefälligkeiten zu widerstehen, die unter Umständen gewährt werden, die es schwer machen, sie abzulehnen...". Er beschrieb einige der Mittel, mit denen diese subtile Form der Korruption vollzogen wird: Ratschläge über die wahrscheinlichen zukünftigen Schwankungen von Aktien und Wertpapieren, Vorstellungen bei einflussreichen Personen, die von den Reichen den Bedürftigen angeboten werden, Bereitstellung von Wohnraum zu einem Preis, der erheblich unter dem für diese Art von Wohnraum üblichen liegt, frühzeitige Nachrichten von Politikern etc.

Leese betonte, dass

> „unter solchen Einflüssen finden sich Personen, die nicht auf direktem Wege korrumpiert werden konnten, früher oder später in Umständen wieder, in denen es ihnen nicht mehr möglich ist, eine Art Gegenleistung abzulehnen - eine Gegenleistung, zu der ihnen die offizielle Position der betreffenden Person vielleicht die Gelegenheit bietet".

Carroll Quigley, Professor an der Georgetown University, schreibt in *Tragedy and Hope* (*Tragödie und Hoffnung*) über den Einfluss jüdischer Banken in Europa.

Er stellt fest, dass die Rothschilds und andere jüdische Banken häufig mit nichtjüdischen Interessen zusammenarbeiteten und dass sie „oft miteinander kooperierten, selbst wenn ihre Gruppen miteinander konkurrierten".

In Frankreich verbündete sich im 19. Jahrhundert, wie Quigley feststellt, „eine mehrheitlich jüdische Gruppe" mit protestantischen Bankinteressen, wie sie von der Mirabaud-Gruppe ausgeübt wurden.

(An dieser Stelle ist es interessant zu betonen, dass dieser angesehene Professor der Georgetown University - der, wie der ehemalige Präsident Bill Clinton öffentlich zugibt, ein bewunderter intellektueller Mentor Clintons war - in seinem ersten Buch zwischen „jüdischen" und „protestantischen" Bankinteressen unterscheiden würde. Dem Durchschnittsamerikaner wurde versichert, dass es politisch inkorrekt und absolut inakzeptabel sei, die Frage nach der Religion einer Person außerhalb einer direkten Diskussion über die Religion selbst zu stellen, d. h. die religiösen Überzeugungen einer Person zu präzisieren, was schlimmstenfalls Bigotterie und mindestens unhöflich und unangebracht sei).

Trotz allem, was dem Durchschnittsamerikaner untergeschoben wurde, um ihn zu ängstigen und davon abzuhalten, über jüdische Macht und Einfluss zu diskutieren, sollte also die Tatsache, dass Mr. Quigley es wagt, sich beiläufig und offen auf jüdische Bankinteressen zu beziehen, für diesen Durchschnittsamerikaner lehrreich sein.

Allerdings, so Quigley, seien die Interessen der Mirabauds und der Rothschilds

> „beherrschten zusammen das gesamte Finanzsystem und waren reicher und mächtiger als alle anderen Privatbanken zusammen".

1902 stellte der englische Liberale J.A. Hobson in seinem berühmten Buch *Imperialism: A Study* die Macht der Rothschild-Dynastie in ihrem politischen Kontext dar

> Glaubt irgendjemand ernsthaft, dass ein europäischer Staat einen großen Krieg führen oder eine große Staatsanleihe zeichnen könnte, wenn das Haus Rothschild und seine Verbindungen dagegen wären

> Jede große politische Handlung, die einen neuen Kapitalfluss oder eine erhebliche Schwankung des Wertes bestehender Investitionen mit sich bringt, muss die Sanktion und praktische Hilfe dieser kleinen Gruppe von Finanzkönigen erhalten... Die Finanzwelt manipuliert die patriotischen Kräfte, die von Politikern, Soldaten, Philanthropen und Geschäftsleuten hervorgebracht werden... Das Finanzinteresse besitzt jene Qualitäten der Konzentration und der klaren Berechnung, die für die Umsetzung des Imperialismus notwendig sind.

> Ein ehrgeiziger Staatsmann, ein Grenzsoldat, ein übereifriger Missionar oder ein aufstrebender Kaufmann können einen Schritt der imperialen Expansion vorschlagen oder sogar initiieren, können helfen, die patriotische öffentliche Meinung über die dringende Notwendigkeit eines neuen Vorstoßes aufzuklären, doch die endgültige Entscheidung liegt bei der Finanzkraft.

> Der direkte Einfluss, den die großen Finanzunternehmen auf die „hohe Politik" ausüben, wird durch die Kontrolle verstärkt, die sie über die öffentliche Meinung durch die Presse ausüben, die in allen

„zivilisierten" Ländern immer mehr zu ihrem gehorsamen Instrument wird...

1911 erklärte Werner Sombart in seinem bereits erwähnten berühmten Werk *Die Juden und der moderne Kapitalismus*: „Der Name Rothschild bedeutet mehr als die Firma, die diesen Namen trägt". Er bezog sich auf alle Juden, die in die internationale Finanzwelt involviert waren, und betonte: „Denn nur mit ihrer Hilfe konnten die Rothschilds diese höchste Machtposition - man könnte sogar sagen die alleinige Beherrschung des Anleihenmarktes - erreichen, die wir sie seit einem halben Jahrhundert innehaben sehen". Er fügte hinzu

> „Es ist sicher nicht übertrieben zu sagen, dass ein Finanzminister, der sich diesem Welthaus entfremdete und sich weigerte, mit ihm zu kooperieren, mehr oder weniger sein Büro schließen musste... [Nicht nur in quantitativer, sondern auch in qualitativer Hinsicht ist die moderne Börse Rothschildianisch (und damit jüdisch).

Ein berüchtigter Roman mit dem Titel „*Das Geld*" wurde von Émile Zola geschrieben. In diesem Roman gab es eine Figur - einen Gundermann -, der ein jüdischer Bankier war (natürlich nach keinem geringeren als dem französischen Rothschild modelliert).

Gundermann wurde von Zola beschrieben:

> Der Bankierkönig, der Herr der Börse und der Welt... der Mann, der [alle] Geheimnisse kannte, der die Märkte nach seinem Belieben auf- und absteigen ließ, wie Gott den Donner auf- und absteigen lässt... der König des Goldes... Gundermann war der wahre Herrscher, der allmächtige König, der von Paris und der Welt gefürchtet und gehorcht wurde... In Paris sah man bereits, dass Gundermann auf einem Thron regierte, der fester und angesehener war als der des Kaisers.

Eine andere Figur in Zolas Buch, ein gewisser Saccard, ein Antisemit, ist gezwungen, Gundermann um Hilfe zu bitten, während er „die endgültige Eroberung aller Völker durch die Juden" voraussieht. Saccard bezeichnet die Juden als „verfluchte Rasse, die keine Daseinsberechtigung mehr hat

> Diese verfluchte Rasse, die kein Vaterland und keinen Fürsten mehr hat, die als Parasiten im Haus der Nationen lebt, die vorgibt, dem Gesetz zu gehorchen, in Wirklichkeit aber nur ihrem Gott des Diebstahls, des Blutes und des Zorns gehorcht [...] überall ihre Mission der wilden Eroberung erfüllt, um auf ihre Beute zu lauern, das Blut aller zu saugen [und] sich am Leben anderer zu mästen.

Empfindliche, politisch bewusste und politisch korrekte Menschen waren wahrscheinlich schockiert, diese Bemerkungen über das jüdische Volk und jüdische Finanzinteressen aus der Feder von Émile Zola zu lesen, denn natürlich war er vor allem (und daran erinnert man sich noch heute) für seine Verteidigung des französischen Juden Alfred Dreyfuss bekannt, der - angeblich zu Unrecht - des Hochverrats beschuldigt wurde.

Und dann ist da noch der französische Finanzier Paul Eugène Bontoux, der von „La Banque Juive" spricht, von der er sagt, sie sei nur

> „nicht zufrieden mit den Milliarden, die in den letzten fünfzig Jahren in ihre Kassen geflossen sind... nicht zufrieden mit dem Monopol, das sie auf mindestens neun Zehntel aller finanziellen Angelegenheiten Europas ausübt...".

Bontoux weiß, wovon er spricht. Er war Direktor der Union Générale gewesen und hatte „die jüdische Finanzwelt und ihren Verbündeten, die Regierungsfreimaurerei" für den Bankrott des Unternehmens verantwortlich gemacht. Es erübrigt sich zu erwähnen, dass die Rothschilds im Zentrum der Affäre um die Union Générale stehen.

In seinem berühmten Werk von 1899, *Les Juifs contre la France*, schreibt der große Essayist Edouard Drumont

> „Der Rothschild-Gott ist der wahre Herrscher Frankreichs. Weder Kaiser, noch Zar, noch König, noch Sultan, noch Präsident der Republik... er hat keine der Verantwortlichkeiten der Macht und alle Vorteile; er verfügt über alle Regierungskräfte, über alle Ressourcen Frankreichs für private Zwecke".

Sogar die britische Zeitung *Labor Leader* prangerte die Rothschilds als

> „die blutsaugende Schraube [die] in diesem Jahrhundert die Ursache für unzähliges Unglück und Elend in Europa war und ihren ungeheuren Reichtum hauptsächlich dadurch angehäuft hat, dass sie Kriege zwischen Staaten anzettelte, die sich niemals hätten bekriegen dürfen". Wo immer es in Europa Unruhen gibt, wo immer Kriegsgerüchte kursieren und wo immer die Gemüter der Menschen von der Angst vor Veränderungen und Kalamitäten in Panik versetzt werden, können Sie sicher sein, dass irgendwo in der Nähe der Störungsregion ein Rothschild mit einer Hakennase sein Spiel treibt".

Ezra Pound erklärte in seinem 1944 erschienenen Buch *Gold and Work*:

„Krieg ist die höchste Form der Sabotage, die grausamste Form der Sabotage. Wucherer provozieren Kriege, um Monopole in ihrem eigenen Interesse durchzusetzen, damit sie der Welt an die Gurgel gehen können. Wucherer provozieren Kriege, um Schulden zu machen, um Zinsen zu erpressen und Gewinne aus der Veränderung des Wertes von Währungseinheiten zu erzielen".

Der britische liberale Schriftsteller J.A. Hobson erklärte, der Burenkrieg sei

„entworfen von einer kleinen Gruppe internationaler Finanziers, hauptsächlich deutscher Herkunft und jüdischer Rasse". Er fügte hinzu, dass sie „bereit waren, sich an jeden Ort der Erde zu binden [...] und ihre Gewinne nicht aus den echten Früchten und der echten Industrie oder gar der Industrie anderer zu ziehen, sondern aus dem Aufbau, der Förderung und den finanziellen Manipulationen von Unternehmen".

Während es hieß, Hobson habe „eine antisemitische Argumentationslinie" vermieden, indem er ein sozialistisches Argument gegen den Kapitalismus vorbrachte, behaupteten seine Kritiker, Hobson habe die Grundlage für einen Großteil des Denkens derjenigen gelegt, die als „antisemitisch" gelten.

In Bezug auf Antisemitismus sagte Meyer Karl Rothschild selbst im Jahr 1875,, in einem Gespräch mit Otto von Bismarck

„Was die antisemitische Stimmung betrifft, so sind die Juden selbst schuld und die derzeitige Aufregung muss ihrer unbeschreiblichen Arroganz, Eitelkeit und Anmaßung zugeschrieben werden".

Als Lord Nathan Rothschild 1915 starb, berichtete die *Western Morning News* in Großbritannien:

Der Tod von Lord Rothschild ist ein Ereignis, das selbst der Krieg nicht in den Schatten stellen kann. Dieser Finanzfürst und Freund König Edwards wusste wahrscheinlich mehr über die innere Geschichte der europäischen Kriege und die Diplomatie im Allgemeinen als die größten Staatsmänner, die wir je hatten.

Jedem großen politischen Schachzug der Nation im letzten halben Jahrhundert ging eine kurze, aber bedeutungsvolle Ankündigung voraus: „Lord Rothschild hat gestern den Premierminister besucht". Dies war eines der Zeichen, auf die die Menschen hinter den Kulissen schauten, wenn große Entscheidungen bevorstanden.

Einer der großen Geschichtsmythen besagt, dass die europäischen Rothschilds vom Aufstieg und der Expansion des nationalsozialistischen Deutschlands unberührt geblieben sind.

Die Besitztümer der Rothschilds wurden in Österreich, Frankreich und Deutschland beschlagnahmt. Viele Rothschilds verließen das von den Deutschen besetzte Europa, da sie offensichtlich über die Mittel dazu verfügten. Dennoch propagieren viele „patriotische" amerikanische Schriftsteller und Kommentatoren im Internet weiterhin die Lüge, dass „Hitler die Rothschilds nie angerührt hat". Das ist nicht wahr.

Viele dieser „Patrioten" haben jedoch kein Problem damit, die Fakten zu ignorieren.

Bereits 1841 schrieb Alexandre Weill einen Aufsatz mit dem Titel „Rothschild und die Finanzen Europas". Darin hieß es

> Es gibt nur eine einzige Macht in Europa, und das ist Rothschild. Ihre Satelliten sind ein Dutzend anderer Bankgesellschaften; ihre Soldaten, ihre Knappen, allesamt angesehene Geschäftsleute und Kaufleute, und ihr Schwert ist die Spekulation. Rothschild ist eine Folge, die auftreten musste; und wenn es nicht Rothschild gewesen wäre, wäre es jemand anderes gewesen. Er ist jedoch keine zufällige Folge, sondern eine primäre Folge, die aus den Grundsätzen entstand, von denen sich die europäischen Staaten seit 1815 leiten ließen. Rothschild brauchte die Staaten, um Rothschild zu werden, während die Staaten ihrerseits Rothschild brauchten. Heute braucht er den Staat nicht mehr, aber der Staat braucht ihn immer noch.

In seiner *Geschichte des Hauses Rothschild*, die 1893 veröffentlicht wurde, schreibt der deutsche Schriftsteller Friedrich von Scherb

> „Das Haus Rothschild wurde aus Streitigkeiten zwischen Staaten geboren, es wurde durch Kriege groß und mächtig [und] das Unglück von Staaten und Völkern hat sein Vermögen gemacht".

Selbst die Großen Europas sind mit den Rothschilds verbunden, darunter auch Großherzog Metternich, dessen Name heute für internationale Intrigen und Machtpolitik steht.

Metternich war mit dem Rothschild-Imperium verbunden, nutzte deren privaten Postdienst für seine persönliche Korrespondenz und vertraute seine Finanzen Salomon Rothschild an. In diesem Zusammenhang schrieb der moderne Biograf Niall Ferguson, der die Rothschilds unterstützt, Folgendes: „Der Beweis, dass die Rothschilds ein Netzwerk privater Finanzbeziehungen zu wichtigen öffentlichen Persönlichkeiten im Europa der Restauration aufgebaut haben, ist unwiderlegbar". Allerdings erklärte Ferguson, als wolle er ihn aus dem Weg räumen:

> Dennoch missverstanden die Verschwörungstheoretiker dieser und der folgenden Epochen die Rolle dieser Beziehungen, indem sie sie als Schlüssel zur Macht der Rothschilds darstellten. Das Bild der Rothschilds als Zentrum eines Netzwerks von „Korruption" wurde in den Jahren nach 1830 üblich.

> In Wirklichkeit waren es nicht die Bestechungsgelder, Darlehen und anderen Gefälligkeiten, die Männern wie Metternich gewährt wurden, die sie nach 1815 zur dominierenden Kraft in der internationalen Finanzwelt machten. Nein, es waren der Umfang und die Raffinesse ihrer Geschäfte.

Obwohl Aristokraten und Unternehmer Einladungen zu den Rothschild-Galas, die für das, was Niall Ferguson als ihre „pure Extravaganz" beschrieb, bekannt waren, eifrig annahmen, kann man nicht sagen, dass die Rothschild-Brüder beliebt waren.

Nathan Rothschild beispielsweise wurde, wie er sagt, „von vielen als so grob angesehen, dass er in seinen Manieren regelrecht unhöflich war".

Die Tatsache, dass die Rothschilds so mächtig sind, hat viele Kommentare über ihre rohe Kraft hervorgerufen. Ludwig Borne erklärte: „Rothschild ist der Hohepriester der Angst, der [Gott], auf dessen Altar Freiheit, Patriotismus, Ehre und alle bürgerlichen Tugenden geopfert werden". Als zum Christentum konvertierter Jude schrieb Borne

> Wäre es nicht gut für die Welt, wenn die Kronen auf die Köpfe [der Rothschilds] gesetzt würden, anstatt wie heute zu ihren Füßen zu liegen?...Obwohl die Rothschilds noch keine Throne besetzen, werden sie auf jeden Fall nach ihrer Meinung gefragt, wenn es um die Wahl des Herrschers geht, wenn der Thron vakant wird.

> Wäre es nicht ein großer Segen für die Welt, wenn alle Könige ihres Amtes enthoben und die Rothschild-Familie auf ihre Throne gesetzt würde

> Denken Sie an die Vorteile. Die neue Dynastie wird niemals einen Kredit aufnehmen, denn sie weiß am besten, wie teuer diese Dinge sind, und allein dadurch würde die Last ihrer Untertanen um mehrere Millionen pro Jahr verringert.

Der Dichter und Journalist Heinrich Heine, ebenfalls ein zum Christentum konvertierter Jude, unterhielt Beziehungen zur Familie

Rothschild. Er sagte, dass das, was er „das Rothschild-System" nannte, an sich revolutionär sei.

> Das System, so sagte er, besitze „die moralische Kraft oder Macht, die die Religion verloren hat, es kann als Ersatz für die Religion fungieren - in der Tat ist es eine neue Religion - und wenn die alte Religion schließlich verschwindet, wird es Ersatz für seine praktischen Segnungen liefern". „Merkwürdigerweise", fügt Heine hinzu, „waren es wieder einmal die Juden, die diese neue Religion erfunden haben...".

Heine sagte

> „Niemand tut mehr für die Revolution als die Rothschilds selbst... Und obwohl es noch seltsamer klingen mag, tragen diese Rothschilds, die Bankiers der Könige, die Besitzer fürstlicher Börsen, deren Existenz durch den Zusammenbruch des europäischen Staatssystems gefährdet werden könnte, dennoch das Bewusstsein ihrer revolutionären Mission in ihrem Geist."

Wie steht es um diese revolutionäre Mission? Heine beschreibt Rothschild als „einen der größten Revolutionäre", der die moderne Demokratie begründet hat. Zusammen mit Robespierre und Richelieu gehört Rothschild laut Heine zu den „terroristischen Namen", die „die allmähliche Vernichtung der alten Aristokratie" bedeuteten.

Sie waren seiner Meinung nach „die drei gefürchtetsten Nivellierer Europas". Heine schrieb

> „Richelieu zerstörte die Souveränität des Feudaladels und unterwarf ihn jenem königlichen Despotismus, der ihn in den Dienst des Hofes verbannte oder ihn in der Untätigkeit der Provinzen verrotten ließ.

> Robespierre enthauptete diesen unterwürfigen und müßigen Adel, aber das Land blieb, und sein neuer Herr, der neue Grundbesitzer, wurde ein anderer Aristokrat wie sein Vorgänger, dessen Ansprüche er unter einem anderen Namen fortsetzte.

> Dann kam Rothschild [der] die Vorherrschaft des Bodens zerstörte, indem er das System der Staatsanleihen zur höchsten Macht erhob, damit Eigentum und Einkommen mobilisierte und gleichzeitig das Geld mit den früheren Privilegien des Bodens ausstattete.

> Zwar ist eine neue Aristokratie entstanden, doch da diese auf dem unzuverlässigsten Element, dem Geld, beruht, kann sie niemals eine so dauerhaft regressive Rolle spielen wie die alte Aristokratie, die im Land, in der Erde selbst, verwurzelt war.

Denn Silber ist flüssiger als Wasser, ungreifbarer als Luft, und in Anbetracht seiner Vergänglichkeit verzeiht man gerne die Unverschämtheiten des neuen Adels. In einem Augenblick löst es sich auf und verdunstet

Heine schloss - allzu korrekt -, dass

„Geld ist der Gott unserer Zeit, und Rothschild ist sein Prophet

Prinz Albert und Königin Victoria stützten sich - wie Metternich vor ihnen - auf den privaten Kurierdienst der Rothschilds, als ob es sich um ihren eigenen Postdienst handeln würde. Laut Niall Ferguson waren die Rothschilds so in der Lage, der europäischen Elite einen „einzigartigen" Informationsdienst anzubieten. Wichtige politische Ereignisse und vertrauliche Informationen konnten lange vor den Informationen, die über die offiziellen Kanäle liefen, weitergeleitet werden.

Das bedeutete auch, obwohl Ferguson es nicht sagte, dass die Rothschilds folglich über alle „geheimen" Kommunikationen der Mitglieder des britischen Königshauses und aller anderen Vertreter der europäischen Macht Bescheid wussten, die es den Rothschilds erlaubten, die offiziellen - wenn auch offiziell inoffiziellen - Kanäle zu sein, über die sie kommunizierten.

Nathan Rothschilds berühmte Nachricht über den Ausgang der Schlacht von Waterloo (Napoleons Niederlage) ist nur ein Beispiel für die Kompetenz ihres privaten Kurierdienstes, der zur Legende geworden ist. All dies führte dazu, dass die Rothschilds mit dem Weltgeschehen bestens vertraut waren.

James Rothschild erklärte 1834: „Was mich betrifft, so kann Russland zum Teufel gehen und wir können sehr gut auf es verzichten". Zu seinem Bruder sagte er: „Gib [dem russischen Zaren] nicht noch eine Gelegenheit, dich in Verlegenheit zu bringen". Die Rothschilds waren offenbar der Ansicht, dass man ihnen nicht den Respekt entgegenbrachte, der den „Bankiers der Könige" gebührte.

„James fragte seinen Bruder: „Glaubst du, dass wir jemals auf gutem Fuß mit Russland stehen werden? Laut Niall Ferguson, einem Biografen der Rothschilds und Freund Russlands, „war es offensichtlich, dass er das nicht dachte": „Offensichtlich war es nicht so".

In Bezug auf den Rückschlag der Rothschilds mit Russland unter dem Zaren kommentiert Ferguson, dass „es kaum eine bessere Illustration der Grenzen der Finanzmacht der Rothschilds geben kann". Obwohl

Ferguson es also nicht erwähnt, ist es natürlich nicht überraschend, dass die Rothschilds und ihre Agenten eine so wichtige Rolle bei der Zerstörung des Hauses Romanow in Russland spielten.

Obwohl es, wie wir festgestellt haben, sicherlich politisch unkorrekt ist, Adolf Hitler zu zitieren, ist es dennoch angebracht, dies zu tun, insbesondere wenn man die Tatsache betrachtet, dass die Nationen Deutschland und Russland, die in zwei Weltkriegen gegeneinander geworfen wurden, tatsächlich zwei Nationen waren, in denen der jüdische Einfluss herrschte (zumindest in der Zeit zwischen den beiden Weltkriegen).

In einer Rede am 13. April 1923 erklärte Hitler, dass die Judenfeindschaft

> „hasste am meisten die beiden Staaten, Deutschland und Russland, die bis 1914 der Verwirklichung seines Ziels - der Weltherrschaft - im Wege standen". In diesen beiden Staaten, so Hitler, wurde den Juden das verwehrt, was seiner Meinung nach in den westlichen Demokratien bereits in die Hände der Juden gefallen war:

> Sie waren noch nicht die einzigen, die das intellektuelle und wirtschaftliche Leben lenkten. Auch die Parlamente waren noch nicht die exklusiven Instrumente des jüdischen Kapitals und des jüdischen Willens. Der echte Deutsche und der echte Russe hatten sich eine gewisse Distanz zum Juden bewahrt. [Hervorhebung im Original].

> „In beiden Völkern gab es noch den gesunden Instinkt der Judenverachtung. Und es war immer noch möglich, dass in diesen Monarchien wieder ein Friedrich der Große oder ein Wilhelm I. auftauchen würde, die die Demokratie und die parlamentarischen Schikanen zum Teufel schicken würden. So wurden die Juden zu Revolutionären! Die Republik sollte sie zu Reichtum und Macht führen. Sie verschleiern dieses Ziel [mit dieser Rhetorik]: „Nieder mit den Monarchien! Ermächtigung des „souveränen Volkes"

Hitler fügte hinzu

> „Deutschland und Russland mussten also niedergemacht werden, damit sich die alte Prophezeiung erfüllte. So wurde die ganze Welt auf den Kopf gestellt. So wurden Lügen und Propaganda brutal gegen den Staat mit den letzten verbliebenen idealistischen eingesetzt - Deutschland! [Und so gewann Juda den Weltkrieg [d.h. den Ersten Weltkrieg]]!"

„Oder werden Sie behaupten", fragte er, „dass die „Völker" Frankreichs, Englands oder Amerikas den Krieg gewonnen haben? Wir alle, schloss er, sind Sieger und Besiegte. Nur einer beherrscht alle anderen: der globale Aktienmarkt, der zum Herrn der Nationen geworden ist", sagte er. [Hervorhebung im Original].

Thomas Raikes, ein bekannter englischer Journalist, beobachtete, dass die Rothschilds zu dem wurden, was er „die metallischen Herrscher Europas" nannte, und dass sie

„haben die Kontrolle über den europäischen Handel erlangt, die zuvor keine Partei erlangen konnte, und sie scheinen nun die Fäden der öffentlichen Finanzen in der Hand zu halten. Kein Souverän kann nun ohne ihre Hilfe einen Kredit erhalten".

Niall Ferguson, ein befreundeter Biograf der Rothschilds, erklärte, wenn es ein einziges „Geheimnis" für den Erfolg der Rothschilds gebe, dann sei es das System der Zusammenarbeit zwischen den Finanzhäusern der fünf Brüder, die zusammen die größte Bank der Welt bildeten und gleichzeitig einzeln ihren Einfluss über fünf große Finanzzentren in ganz Europa ausdehnten. Dieses multinationale System wurde durch vertragliche Vereinbarungen geregelt, die regelmäßig überarbeitet wurden und laut Ferguson tatsächlich „die Verfassung einer Finanzföderation" darstellten.

Laut Ferguson sind „die Wachstumsrate und die Größe ihres Kapitals in der Zeit vor 1850 in der Bankgeschichte beispiellos". Im Jahr 1818 betrug das allgemeine kombinierte Gesamtkapital der Rothschilds (zwischen den fünf Häusern) 500.000 Pfund. Im Jahr 1828 belief es sich auf 4.330.333 Pfund und war damit 14-mal so groß wie ihr langjähriger engster Konkurrent, die Barings. Laut Ferguson „kann man die Größe der Ressourcen der Rothschilds gar nicht genug betonen".

Während der Finanzschriftsteller Ferguson sich mit diesen gigantischen Zahlen wohlfühlt, sind die aktuellen Zahlen - so viele Jahre später - so verblüffend, dass sie den Normalbürger in den Wahnsinn treiben würden, und sei es nur, um anzufangen, die Tiefe und das Ausmaß des von den Rothschilds angehäuften Reichtums zu betrachten.

Zu dieser Zeit war James Rothschild offenbar der reichste Mann Frankreichs, während Amschel, Salomon und Karl ihren kontinentalen Rivalen voraus waren; so zusammen - unter den Brüdern - laut Ferguson,

„die Rothschilds die reichste Familie der Welt waren".

Und das schon vor 1840. Stellen Sie sich die Höhe der Zinsen vor, die seitdem aufgelaufen sind.

Ferguson stellte fest, dass „bis Mitte der 1830er Jahre jedes der fünf Rothschild-Häuser sich als herausragende Kraft in den öffentlichen Finanzen seines jeweiligen Kernlandes etabliert hatte".

Obwohl die Rothschilds im nationalen Sinne mit jedem Land identifiziert wurden, in dem sie ihren Einfluss ausübten, stellte Ferguson fest, dass „diese nationalen Identifikationen nicht viel bedeuteten, wenn in Europa Frieden herrschte". Doch „wenn die Interessen der Großmächte aufeinanderprallten, wie es periodisch der Fall war, wurde es für die Rothschilds immer schwieriger, neutral zu bleiben".

Er fügt jedoch hinzu: „Es gibt nur wenige Regionen der Welt, in denen die europäischen Mächte keine Interessen haben, und keine Region, in der ihre Interessen vollkommen übereinstimmen". In vier Regionen - Iberien, Amerika, den Niederlanden und dem Nahen Osten - standen die Rothschilds vor der Herausforderung, eine Politik zu entwickeln, die den kollektiven Interessen der fünf Häuser der fünf Brüder und ihrer jeweiligen Erben entsprach, selbst wenn „die nationalen Interessen ihrer lokalen Regierungen" miteinander kollidierten, wie Ferguson bemerkte.

Die Rothschilds waren also tatsächlich „international", ohne jegliche Loyalität gegenüber einer anderen Nation als Juda, deren Fürsten sie waren.

Der bereits erwähnte Niall Ferguson schrieb offen darüber, wie „internationale Spannungen" „den Rothschilds nützen" könnten. Er stellte fest, dass

> Die Rothschilds hatten ihre finanzielle Macht während der gesamten 1830er Jahre ständig zur Förderung des Friedens eingesetzt, doch als die Großmächte in ihrer Außenpolitik völlig eingeschränkt wurden... begann der Strom neuer Kredite zu versiegen.

> Wenn sie sich hingegen für eine Aufrüstungspolitik einsetzen, wie es ab 1840 der Fall ist, schadet dies nicht unbedingt den Interessen der Rothschilds.

Die Rothschilds schlossen sich um 1837 mit der Bank of the United States zusammen. Infolgedessen erhielten sie laut Ferguson große Mengen an amerikanischen Staatsanleihen, nicht nur aus New York, sondern auch aus neueren Staaten wie Indiana, Alabama, Missouri und

Michigan, sowie Anteile an einer Reihe neuer Banken und sogar an einer Kanalgesellschaft. In einem nächsten Kapitel werden wir die unbekannte Rolle der Rothschild-Familie in den amerikanischen Geschäften genauer erforschen. Wir werden zweifelsfrei bestätigen, dass die Behauptung, die Rothschilds hätten in den USA nur eine sehr geringe - wenn überhaupt - Rolle gespielt, schlichtweg falsch ist. Tatsächlich sind es sie - und ihre Satelliten -, die Amerika heute regieren. Dabei handelt es sich um das wichtigste Unternehmen im Rahmen der Errichtung einer neuen Weltordnung.

Gibt es ein modernes Pendant zu den Rothschilds? Ihr apologetischer Biograf Ferguson beantwortet diese Frage mit Nein.

Ferguson verkündet, dass „nicht einmal die saudische Königsfamilie heute einen vergleichbaren Anteil an den weltweiten Ressourcen besitzt. Selbst die reichsten Geschäftsleute der Welt können nicht uneingeschränkt behaupten, relativ gesehen so reich zu sein, wie Nathan Rothschild es war, als er auf dem Höhepunkt seines Vermögens starb". Offenbar ist nicht einmal Bill Gates so reich wie Rothschild.

Professor Carroll Quigley von der Georgetown University nannte die Namen der Bankiersfamilien: Baring, Lazard, Erlanger, Warburg, Schroeder, Seligman, Speyers, Mirabaud, Mallet, Fould und, wie er es ausdrückte, „vor allem" die Rothschilds und die Morgans. Quigley schreibt

> Selbst nachdem diese Bankiersfamilien durch die Entstehung des Finanzkapitalismus voll in die nationale Industrie eingebunden waren, unterschieden sie sich in einigen markanten Aspekten weiterhin von gewöhnlichen Bankiers.
>
> 1) Sie waren kosmopolitisch und international
>
> 2) Sie standen den Regierungen nahe und interessierten sich besonders für Fragen der Staatsverschuldung, einschließlich der Schulden ausländischer Regierungen, selbst in Regionen, die auf den ersten Blick schlechte Risiken zu bieten schienen, wie Ägypten, Persien, die osmanische Türkei, das kaiserliche China und Lateinamerika
>
> 3) Ihre Interessen galten fast ausschließlich Anleihen und nur sehr selten Waren, da sie Liquidität bewunderten und Engagements in Rohstoffen oder sogar Immobilien als ersten Schritt zum Bankrott betrachteten
>
> 4) Sie waren also Fanatiker der Deflation (die sie wegen ihrer engen Verbindung zu hohen Zinsen und einem hohen Geldwert als

„gesundes Geld" bezeichneten) und des Goldstandards, der in ihren Augen diese Werte symbolisierte und garantierte

5) Sie waren fast ebenso sehr der Geheimhaltung und dem geheimen Einsatz von finanziellem Einfluss in der Politik verpflichtet.

Diese Bankiers wurden als „internationale Bankiers" bezeichnet, in England insbesondere als „Investmentbanker", in Frankreich als „Privatbankiers" und in den USA als „Investmentbanker".

In allen Ländern üben sie verschiedene Arten von Bank- und Devisengeschäften aus, aber überall unterscheiden sie sich deutlich von anderen, offensichtlicheren Arten von Banken, wie Sparkassen oder Geschäftsbanken.

„Der Einfluss des Finanzkapitalismus und der internationalen Bankiers, die ihn geschaffen haben", so Quigley, „hat sich sowohl auf Unternehmen als auch auf Regierungen ausgewirkt, aber er hätte dies nicht tun können, wenn er sie nicht davon hätte überzeugen können, zwei Axiome seiner eigenen Ideologie zu akzeptieren". Von diesen beiden Axiomen der Ideologie der internationalen Währungsmacht schrieb Quigley

> Diese beiden Axiome beruhten auf der Annahme, dass Politiker zu schwach und zu anfällig für zeitweiligen Druck aus der Bevölkerung waren, um ihnen die Kontrolle über das Geldsystem anzuvertrauen; folglich mussten die Heiligkeit aller Werte und die Solidität des Geldes auf zwei Arten geschützt werden: indem man den Wert des Geldes auf Gold stützte und indem man den Bankiers erlaubte, das Geldangebot zu kontrollieren. Dazu war es notwendig, sowohl die Regierungen als auch die Bevölkerung über die Natur des Geldes und seine Funktionsweisen zu verschleiern oder sogar zu täuschen.

In dem wenig bekannten Buch *A World Problem*, das 1920 zuerst in Polen und dann in den USA in englischer Sprache veröffentlicht wurde, bezeichnet Stephanie Laudyn die internationale jüdische Finanzwelt als „Nation von Händlern und Spekulanten", die „einen tiefen und erhabenen Glauben an ihre königliche Mission haben, die darin besteht, sie zu Herren über alle Nationen zu machen".

Die tiefe Kraft von Laudyns eleganter Schrift ist so relevant, dass hier der Geschichte gedacht werden muss, zumal sich in den 88 Jahren, die seit Laudyns Drucklegung dieser Gedanken vergangen sind, die Macht des Rothschild-Imperiums bis zur Unkenntlichkeit ausgeweitet hat.

Laudyn erklärt:

Das Gold, das sie so gierig einnehmen, ist nur ein greifbares Mittel, um ihre fantastischen Bestrebungen zu verwirklichen. Unter diesem Deckmantel verbirgt sich der brennende Wunsch, die Welt zu unterwerfen und die moralische Herrschaft über die Menschheit an sich zu reißen. Sie folgen ihm logisch und sind sich jedes Schrittes bewusst, den sie tun.

Haben sie in dieser Hinsicht nicht enorme Fortschritte gemacht? Haben sie nicht einen hohen Grad auf der riesigen Leiter erreicht, die sie zu der Aggression führen soll, von der sie in den nebulösen Regionen ihrer historischen Seele geträumt haben? Haben sie heute nicht die Kontrolle über die Weltpresse übernommen? Hauchen sie nicht dem Denken und der moralischen Atmosphäre der Zeit ihren Geist ein?...

Diese uralte Rasse, die Priester und Propheten hervorgebracht hat und immer von traurigem Mystizismus und hohen Bestrebungen durchdrungen war, kennt die Eitelkeiten der Handelsverfolgung - Gold und Silber - nicht. Ihre Ambitionen steigen höher, unendlich höher.

In der Antike verachteten selbst die Juden die Phönizier - die ersten Händler der Welt -, weil sie sich dem Handel widmeten, und heute? Werden nicht die schwärzesten Annalen mit jüdischen Händlern in Verbindung gebracht? Steht ihr goldenes Kalb nicht in bedrohlicher Haltung da und breitet seine schamschwarzen Flügel aus - der eine ist der Wucher, der andere die Versklavung der Weißen? Das ist ja schrecklich! Wird es genug klares Wasser im Euphrat geben, um die Blutflecken ihrer unbarmherzigen und gierigen Hände abzuwaschen? Wird eine regenerative Kraft den Rost von ihren Seelen entfernen können?

Sie haben das Land, das sie besetzt hatten, nie bewirtschaftet und nie ihr Blut vergossen, um es zu verteidigen. Der geistige, kulturelle und intellektuelle Fortschritt der Völker, in deren Mitte sie lebten, war nicht Teil ihrer Sorgen und ihrer Arbeit.

Im Gegenteil, sie tauschten und tauschten nur, wobei sie sogar die höchsten Ideale der Menschheit gegen Gold aufwerteten, um das Kapital zu vermehren und die jüdische Autokratie zu festigen. Obwohl sie über die ganze Welt verstreut waren, bildeten sie dennoch einen einheitlichen Körper von Mittelsmännern, die die Produkte anderer Nationen manipulierten...

Im Laufe langer Jahrhunderte hat sich allmählich eine neue, namenlose Weltmacht entwickelt, deren Wurzeln in jede Spalte menschlichen Strebens reichen und die heute das Unternehmen jeder Nation lenkt.

So geheimnisvoll diese Macht auch sein mag, sie ist real, rücksichtslos in ihrem Handeln und schädlich für das Wohlergehen und die Ideale eines jeden Volkes, in dem sie sich entwickelt. Herder bezeichnet die Juden in seinem Werk „*Die Ideale der Menschheitsgeschichte*" als „Nation von Parasiten und Zwischenhändlern", die durch ihren Wucher die Welt verderben.

Selbst Kant verurteilte ihre Praktiken, und Bismarck sprach mit Schrecken von dem Elend der Landbevölkerung, die von den Juden auf rücksichtsloseste Weise ausgebeutet wurde. Voltaire, Goethe und Schiller bezeichneten sie als zerstörerisch. Martin Luther, Schopenhauer und Napoleon warnten das Volk vor ihnen.

Während die Altäre der Gewalt und des Missbrauchs gefallen sind und die Götter der Tyrannei und der Sklaverei im Staub liegen, ist Israel aufgetaucht und beherrscht mit gewachsener Macht das Weltgeschehen. Es führt eine unterwürfige Armee von Anarchisten an und sein Einfluss reicht sogar bis zu den Führern der größten Demokratien der Welt.

Die Oberschichten der Nationen - Diplomaten, Wissenschaftler, Schriftsteller, Gesetzgeber, denkende und reflektierende Menschen - schützen die Juden und unterwerfen sich dem Hypnotismus des jüdischen Geistes.

Aber die einfachen Leute - das Leben und die Muskeln der Nation selbst - die Massen, die nicht diskutieren können, aber die schweren Ungerechtigkeiten auf ihrem Rücken spüren [und] sich immer entmutigter auflehnen. Sie nehmen ihre eigene Bestrafung in Angriff [...].

Es besteht kein Zweifel daran, dass die Intrigen des Rothschild-Imperiums wesentlich zum Anstieg des weltweiten Phänomens des Antisemitismus beigetragen haben. Der berühmte französische Schriftsteller Edouard Drumont, Autor von *La France juive*, einer der wichtigsten Analysen des 19. Jahrhunderts über die jüdische Finanzmacht, erklärte satirisch, er werde ein Buch mit dem Titel *La victoire des Juifs (Der Sieg der Juden)* schreiben und erinnerte damit an ein früheres Werk eines anderen Schriftstellers über die Französische Revolution mit dem Titel *La victoire des Jacobins (Der Sieg der Jakobiner)*. Drumont sagte

Es handelt sich um nicht mehr und nicht weniger als eine Eroberung, durch eine winzige, aber konsequente Minderheit... Das ist das

Merkmal dieser Eroberung: Ein ganzes Volk arbeitet für ein anderes, ein Volk, das sich durch ein riesiges System der finanziellen Ausbeutung die Gewinne aus der Arbeit anderer aneignet. Die riesigen jüdischen Vermögen, die Schlösser und Herrenhäuser sind nicht das Ergebnis echter Arbeit, nicht das Ergebnis irgendeiner Produktion. Sie sind der Tribut, den eine herrschende Rasse von einer versklavten Rasse erhebt.

Es ist sicher, dass die Familie Rothschild, die allein in ihrem französischen Zweig drei Milliarden Francs wert ist, dieses Geld nicht hatte, als sie nach Frankreich kam. Diese Familie hat keine großen Erfindungen gemacht, keine Minen entdeckt und die Erde nicht umgepflügt. Sie hat den Franzosen einfach drei Milliarden abgenommen, ohne etwas dafür zu geben.

Einige ihrer Unternehmen, deren Aktien heute nichts mehr wert sind und die nur durch Betrug auf den Weg gebracht werden konnten, sind reine Betrügereien. Diese enorme Veruntreuung des von den Arbeitern angehäuften Geldes geschieht, ohne dass jemand auch nur einen Finger rührt, um sie zu stoppen...

Heute ist das Geld, dem die christliche Welt früher nur wenig Bedeutung beimaß, dank der Juden allmächtig geworden. Die Macht des Kapitals, die sich in den Händen einiger weniger konzentriert, bestimmt das Wirtschaftsleben ganzer Bevölkerungen, versklavt die Arbeiter und nährt sich von unrechtmäßig erworbenen Gewinnen ohne Arbeit...

Da nun fast alle Zeitungen und Werbeorgane in Frankreich direkt oder indirekt Juden gehören, ist es nicht verwunderlich, dass sie uns die Bedeutung und das Ausmaß der riesigen antisemitischen Bewegung, die sich überall zu manifestieren beginnt, sorgfältig verschwiegen haben.

Auf jeden Fall schien es mir nützlich, die aufeinanderfolgenden Phasen der jüdischen Eroberung zu beschreiben und zu zeigen, wie wegen der Juden das alte Frankreich nach und nach zusammenbricht, wie dieses Volk mit seinen großen Prinzipien, das glücklich und liebevoll war, hasserfüllt und hochmütig geworden ist und sich nach und nach zu Tode hungern lässt. Jeder hat eine Vorahnung, dass das Ende nahe ist...

Was niemand erwähnt, ist die Rolle, die das jüdische Element bei der Agonie dieser großzügigen Nation gespielt hat, die Rolle, die die Einführung dieses Fremdkörpers in einen bis dahin völlig gesunden Organismus bei der Zerstörung Frankreichs gespielt hat.

Doch Frankreich war nicht die einzige Nation, die in die Hände der Rothschild-Dynastie fiel. Die Tentakel dieser „Könige der Könige" erstreckten sich über die ganze Welt. Und der Schlüssel zum Verständnis der wachsenden Macht der Rothschilds liegt darin, die besondere Rolle der Rothschild-Familie bei der Entwicklung des Britischen Empire zu erkennen. Tatsächlich wird die Herrschaft der Rothschilds in Großbritannien - mit Ausnahme der britischen Königsfamilie - seit langem anerkannt.

Erst im Juni 2008 strahlte das iranische Fernsehen eine Dokumentarserie mit dem Titel *Armageddon Secret* aus, in der iranische Akademiker behaupteten, dass die Juden die Weltherrschaft anstrebten, indem sie alle anderen Nationen auf dem Planeten zerstörten. Ein iranischer Universitätsprofessor, Ali-Reza Karimi, sagte in dem Dokumentarfilm, dass es Israels Ziel sei, „die Welt zu übernehmen und seine zentrale Position zu behalten" und dass „die Juden danach streben, die Welt zu beherrschen. Sie fördern Zerstörung und Ruin, und wir können solche Handlungen um uns herum beobachten".

Karimi behauptete, dass die Juden nicht nur an das Versprechen glaubten, vom Nil bis zum Euphrat zu herrschen, sondern auch daran, dass „Gott ihnen die ganze Welt gegeben hat".

Die Dokumentation nennt die Familie Rothschild an der Spitze dessen, was als „geheimer politischer Kult" beschrieben wird, der „über Hunderte von Jahren ein geheimes Netzwerk über die ganze Welt verteilt hat".

Der Dokumentarfilm stellt fest, dass die Rothschild-Familie „in die Köpfe reicher Juden die Vorstellung einpflanzte, dass Palästina das gelobte Land sei", und erklärt, dass „die britische Regierung, die von dem von der Rothschild-Familie geführten zionistischen Imperium kontrolliert wurde, sich für die Verwirklichung des zionistischen Ziels einsetzte".

Wenn jemand der Ansicht ist, dass es sich um eine „Verschwörungstheorie muslimischer Fanatiker" handelt, sollte man wissen, dass Mary Ellen Lease, eine populistische Führerin in den USA, 1896 offen erklärte

> „Buchgeld und zinsbringende Anleihen sind der Fluch der Zivilisation. Wir zahlen einen Tribut an die Rothschilds von England, die nichts anderes sind als die Agenten der Juden".

Sie war nicht die Einzige, die solche Anschuldigungen vorbrachte.

Ein anderer einflussreicher amerikanischer Populist, William „Coin"
Harvey, schrieb das damals sehr populäre Buch *A Tale of Two Nations*,
die Geschichte eines reichen Londoner Bankiers, Baron Rothe - eine
kaum verhüllte, an Rothschild angelehnte Figur -, der eine
Verschwörung zur Übernahme des amerikanischen Wirtschaftssystems
anzettelte.

In unserem nächsten Kapitel werden wir uns mit der historischen Rolle
des jüdischen Finanzwesens und dem Aufstieg des Rothschild-
Imperiums zur wichtigsten Kraft bei der Lenkung des Vermögens des
sogenannten „britischen", von manchen aber auch als „jiddisches"
Imperium bezeichneten Reichs beschäftigen. Wie dem auch sei, die
Fakten zeigen, dass Großbritannien tatsächlich ein „Rothschild"-
Imperium ist.

Diese Illustration aus dem Zweiten Weltkrieg verdeutlicht die Rolle des von den Rothschilds kontrollierten Britischen Empire, das die Völker der Welt beherrscht.

Auf der rechten Seite Winston Churchill, seit langem im Sold jüdischer Interessen: ein Schütze der Rothschilds.

„John Bull, das Symbol Großbritanniens, wird (zu Recht) gezeigt, wie er von jüdischen Plutokraten an der Leine gehalten wird.

KAPITEL VI

Die „City of London": Das imperiale Kronjuwel der Rothschilds

1944 veröffentlichte der amerikanische Ingenieur E. C. Knuth aus Milwaukee, Wisconsin, ein faszinierendes, heute weitgehend vergessenes Buch mit dem Titel *The Empire of the City: The World Super State (Das Imperium der Stadt: Der globale Superstaat)*. Knuth beschreibt darin, was er als „die fünf Ideologien von Raum und Macht" bezeichnet. Diese Ideologien sind die folgenden

1.) Die Ideologie der „einheitlichen Welt"

2) Die panslawische Ideologie

3) „Asien für Asiaten"

4) Pangermanismus; und

5) Panamerikanischer Isolationismus.

Die Ideologie der „einheitlichen Welt", von der Knuth spricht, ist seiner Meinung nach das, was er als „die geheime Ideologie der internationalen Finanzwelt" beschreibt, die danach strebt, die Weltherrschaft durch „eine eng zusammengeschweißte und gut disziplinierte Gruppe von Privilegierten" zu errichten. Knuth stellte fest, dass die meisten Amerikaner sich dessen nicht bewusst waren, die meisten Europäer hingegen eine ziemlich genaue Vorstellung davon hatten, dass es diese Organisation gibt und wie sie funktioniert.

Knuths Konzept des Panamerikanismus - eine Ideologie, die er als „Amerika für Amerikaner" bezeichnete - kam in der berühmten Monroe-Doktrin zum Ausdruck. Dabei handelte es sich, wie er zu Recht betonte, um die etablierte Außenpolitik der Vereinigten Staaten von 1823 bis zu ihrer Abkehr durch den Beitritt der USA zur Ideologie der Weltherrschaft durch die internationale Finanzwelt. Er sagte, dass die USA in der Tat ihre eigenen Traditionen aufgegeben hatten, um ihre Politik an dieser geheimen Ideologie der internationalen Finanzwelt auszurichten, deren ultimatives Ziel es war, die panslawische Ideologie

(Russlands), „Asien für Asiaten" (Japans Ideologie) und natürlich den Pangermanismus zu zerschlagen.

Im Ersten Weltkrieg traten die USA nämlich gegen Deutschland an, und im Zweiten Weltkrieg traten sie erneut gegen Deutschland (und diesmal gegen Japan) an.

Heute sehen wir ein neues Russland - unter der Führung von Wladimir Putin -, das sich bemüht hat, die Fesseln der internationalen jüdischen Oligarchen zu sprengen, und das sich nun der Feindseligkeit der geheimen Ideologie der internationalen Finanzwelt gegenübersieht, die die Vereinigten Staaten fest im Griff hat. Doch gleichzeitig gab es, wie Knuth betonte, diese Machtverflechtung zwischen dem Britischen Empire - dem sogenannten „City Empire" - und den Vereinigten Staaten, die heute, obwohl viele Jahre nach Knuths Schreiben, eine wichtige (zumindest militärische) Operationsbasis der geheimen Ideologie der internationalen Finanzwelt sind.

Tatsächlich sagte Knuth, als er - noch vor dem Ende des Zweiten Weltkriegs - schrieb, einen Konflikt zwischen der geheimen Ideologie der internationalen Finanzwelt und der Ideologie Russlands voraus. Er betonte, dass dieses möglicherweise bevorstehende Duell bis zum Tod das Ergebnis derer sein würde, die er „die unterworfenen Völker, die [jede Kraft] dazu bringen oder zwingen könnte, sich ihren Kräften anzuschließen" nannte. Ein solches Duell, so sagte er, erscheine angesichts der tiefen Animositäten und des explosiven wirtschaftlichen Drucks, die zu der Zeit, als er schrieb, bereits bestanden, unvermeidlich.

Knuth betonte, dass die amerikanischen Partner der internationalen Finanzkräfte rund um die „City of London", die sich der „neuen geheimen Ideologie" verschrieben hatten, den seit langem etablierten Isolationismus von „Amerika für die Amerikaner" aufgaben und aufgeben würden.

Gleichzeitig erkannten natürlich auch einige in den USA die Gefahren dieser neuen Ideologie. Reverend Henry Van Dyke - zu seiner Zeit ein bekannter Name - sagte so wortgewandt und passend (insbesondere in unserer modernen Zeit der amerikanischen Abenteuer im „Globalismus")

> Wenn die Amerikaner nicht nach einer Garnison in den Tropen dürsten, müssen sie gekauft oder zum Dienst gezwungen werden. Unseren Bedarf an militärischer Stärke durch eine immense und unnötige Ausweitung unserer Gefahrengrenze absichtlich zu erhöhen, bedeutet, eine schwere Last zu binden und sie auf den

unbewussten Rücken künftiger Generationen fleißiger Männer zu legen. Wenn wir unter sie gehen, müssen wir kämpfen, wenn sie die Trompete blasen.

Es sollte gleich zu Beginn klargestellt werden, dass sich der Begriff „City of London" nicht auf die geografische Stadt London, die Hauptstadt Englands, bezieht. Wie die am besten informierten Personen wissen, bezieht sich der Begriff „City of London" vielmehr auf einen bestimmten Abschnitt der britischen Hauptstadt (d. h. einen bestimmten Teil der Stadt), in dem die wichtigsten nationalen und internationalen Banken ansässig sind.

Die „City" war - und ist auch heute noch - ein Gebiet von etwa 677 Morgen, das zwar zum Großraum London gehört, aber nicht einmal der Zuständigkeit der offiziellen Polizeibehörde der heutigen geografischen Stadt London untersteht.

Stattdessen verfügte sie über ihre eigene private Polizeitruppe, die aus etwa 2000 Mann bestand. Hier befindet sich natürlich auch der Sitz der Bank of England, die wie das Federal Reserve System in den USA trotz ihres Namens eine private Einrichtung ist. In England unterliegt die Bank von England nicht einmal der Regulierung durch das britische Parlament (!) und war daher, wenn man es genau nimmt, schon immer eine souveräne Weltmacht im Alleingang.

In der „City" befinden sich auch die Börse und andere Institutionen von globaler Bedeutung - alle natürlich unter der Herrschaft, wenn nicht sogar der direkten Kontrolle, des Rothschild-Imperiums. Und diese „City" ist in der Tat die öffentliche Seite des Herzens der Rothschild-Dynastie, wenn nicht sogar weltweit, so doch sicherlich insofern, als sie das Zentrum dessen ist, was wir gemeinhin als „Britisches Empire" bezeichneten, denn in Wahrheit war das „Britische" Empire nichts anderes als die geografische Basis der internationalen Geldmacht: des Rothschild-Imperiums.

Die Währungsmacht - die „sechste Großmacht Europas", wie sie früher genannt wurde - war in der Tat die Macht der Familie Rothschild oder, wie die Machtversammlung der Rothschilds genannt wurde: „Die Fortuna".

Das öffentliche Gesicht von „The Fortune" war „The City" und Knuth erklärte, dass es sich dabei wahrscheinlich um „die willkürlichste und absoluteste Regierungsform der Welt" handelte. Er betonte, dass so viele Menschen, die unter der Kontrolle des Britischen Empire lebten -

von denen 80% „Farbige" waren -, „die sprachlosen Untertanen" der internationalen Finanzoligarchie der „City" waren.

Und wie er anmerkt, verwendet „The City" die Allegorie der britischen „Krone" - der königlichen Familie - als Symbol der Macht, aber tatsächlich hatte die Finanzoligarchie damals - wie sie auch heute noch hat - ihren Sitz im alten Finanzzentrum Londons: also „The City".

Der amerikanische Industrielle Andrew Carnegie (geboren in Schottland) bemerkte einmal, als er über die Macht der „City" (mit der seine eigenen Geschäfte verbunden waren) nachdachte, dass aufgrund dieser Macht „sechs oder sieben Männer die Nation in einen Krieg stürzen" oder „sie in unentwirrbare Bündnisse verwickeln können, ohne das Parlament auch nur im Geringsten zu konsultieren".

Carnegie erklärte, dies sei „der schädlichste greifbare Effekt, der sich aus der Monarchietheorie ergibt", da diese Machtmittler diese Politik „im Namen des Königs" betreiben, aber, so fügte er hinzu, obwohl der König immer noch ein echter Monarch sei, „war er in Wirklichkeit nur eine bequeme Marionette, die vom Kabinett für seine eigenen Zwecke benutzt werden konnte".

Andrew Carnegies erstaunliche Äußerungen wurden Jahre später in mancher Hinsicht von der deutschen Nachrichtenagentur World-Service aufgegriffen, die darauf hinwies, dass die „englische" Regierung kaum die Interessen des Durchschnittsengländers vertrete:

> Die englische Regierung ist nur die britische Fassade des Juden im Hintergrund. Die englischen Staatsmänner sind die gut bezahlten Marionetten des jüdisch-englischen Finanzkapitalismus.

> Das Britische Empire ist das größte kapitalistische Unternehmen, das es gibt. Es handelt sich um ein riesiges Unternehmen, dessen Hauptaktionäre Juden sind. Das Ziel dieses Unternehmens ist es, die Menschen, die im Britischen Empire und in den Staaten unter britischer Hegemonie leben, auszubeuten und immer mehr unermesslichen Reichtum anzuhäufen, der nur der herrschenden jüdisch-englischen Plutokratenclique zugutekommt und von ihr genossen wird.

> In England finden wir also auf der einen Seite übermäßigen Reichtum und auf der anderen Seite extreme Armut und Entbehrung für Millionen von Engländern. Der jüdisch-englische Kapitalismus, die jüdisch-englische Plutokratie beutet nicht nur die Bewohner der Kolonien auf schamloseste Weise aus; in ihrer unersättlichen Gier, zeigt sie keinerlei Verantwortungsgefühl gegenüber ihrer eigenen

Nation. Da die britische Regierung nur ein Gehilfe des jüdisch-englischen Finanzkapitals ist, sind die britischen Interessen und die Interessen der englischen herrschenden Klassen heute in England identisch; aber keines von ihnen ist in irgendeiner Weise identisch mit dem Interesse der englischen Nation. Im Gegenteil, ihre Interessen stehen in direktem Gegensatz zu denen der englischen Nation.

Großbritannien, das reichste Land der Welt, bietet das Bild der größten und mächtigsten Armut inmitten eines enormen Reichtums. Ein Staat, dessen Regierung jede Frage unter dem Gesichtspunkt „Ist das für die Finanzen vorteilhaft oder nicht?" prüft, hat also ein Sechstel seiner Bevölkerung so weit heruntergewirtschaftet, dass sie in Slums lebt, die für menschliche Behausungen ungeeignet sind.

In England leiden 13 Millionen Menschen, also ein Viertel der Gesamtbevölkerung, an Unterernährung. Vor Beginn des aktuellen Krieges gab es in England 2 Millionen Arbeitslose. Heute gibt es immer noch 1 Million Arbeitslose.

Zehntausende Menschen wandern jedes Jahr vom Land in die Städte, um dort ein karges Proletarierleben zu führen oder in die Armut abzurutschen.

Jedes Jahr werden Tausende Hektar Agrarland aus der Bewirtschaftung genommen. Jedes Jahr schließen immer mehr Baumwollspinnereien ihre Tore und werfen ihre Arbeiter auf die Straße.

All dies geschieht, weil es im Interesse der Finanzwelt ist, denn die enormen Profite der jüdisch-englischen Plutokratenclique sind nur in begrenztem Maße die Ergebnisse der Produktivkräfte der englischen Arbeiter.

Die Gewinne stammen hauptsächlich aus dem Schweiß der schlecht bezahlten Eingeborenen aus dem Fernen Osten; sie stammen aus dem ständigen Strom von importiertem argentinischem Fleisch und ausländischen Lebensmitteln, während jeder englische Landwirt darum kämpfen muss, seinen Betrieb vor dem Bankrott zu retten. Während die britischen Arbeiter in den Schuh- und Lederfabriken auf der Suche nach Arbeit durch die Straßen von Northampton und Leicester streifen, werden Millionen Paar Schuhe aus Übersee importiert.

Während in Yorkshire und Lancaster die Fabriken geschlossen werden, importiert man aus dem Fernen Osten Millionen Yards Baumwolle und Material und füllt das enorme Defizit an

Exportmaterial durch die Gründung ähnlicher Industrien in den Kolonien und durch die rigorose Ausbeutung der Eingeborenen im Fernen Osten, zum Schaden der Mutterindustrie und damit zum Schaden der englischen Nation, die immer mehr improvisiert und immer mehr in die Arbeitslosigkeit geworfen wird.

Während der Landwirt vor dem absoluten Ruin steht, werden Millionen Tonnen ausländischen Fleisches, Gemüses und Obstes auf den englischen Markt geworfen, und das alles nur, weil die jüdisch-englische Plutokratenclique damit größere Gewinne erzielt. So wird die internationale Wirtschaft der „Diebe" auf Kosten der englischen Nation betrieben.

Das ist der Fluch der Plutokratie. In diesem jüdisch-englischen Plutokratensumpf gedeihen natürlich alle Formen der Korruption.

Es war der verstorbene Cecil Rhodes, der von einem Planeten träumte, der von Großbritannien regiert wird und in dem die ehemaligen amerikanischen Kolonien als Teil dieses Reiches vereint sind: In vielerlei Hinsicht ist dies eine Parallele zum Konzept der jüdischen Utopie.

Als Rhodes von der angelsächsischen Herrschaft über den Globus sprach, bezog er sich auf die Machtelite des Britischen Empire, aber wir wissen heute sehr wohl, dass das Britische Empire kaum in den Händen der Angelsachsen in England lag. Es wurde vielmehr fest in den Händen des Rothschild-Imperiums gehalten.

Und Cecil Rhodes selbst war in Wirklichkeit nur ein sehr einflussreicher und gut bezahlter Agent der Rothschild-Interessen.

Wenn man sich heute an Rhodes als die *graue Eminenz* des britischen Imperialtraums erinnert, dann liefert das Buch des britischen Historikers Niall Ferguson, *The House of Rothschild: The World's Banker 1849-1999*, dem Leser die spezifischen Daten, die zweifelsfrei belegen, dass die Rothschilds, wie Ferguson sagt, „einen substanziellen finanziellen Einfluss auf Rhodes" hatten, der zweifellos eine Kreatur aus ihrer Fabrikation war.

Der verstorbene Carroll Quigley von der Georgetown University konzentrierte sich in seinem gewaltigen Werk *Tragedy & Hope* und direkter in seiner späteren Arbeit *The Anglo-American Establishment* auf die Verbindungen von Rhodes zur nichtjüdischen Elite Großbritanniens, ignorierte aber die Herrschaft der Rothschild-Dynastie über Rhodes.

Fergusons Buch beschreibt die Dominanz der Rothschilds in der Welt von Cecil Rhodes und dieser Elite, was vielleicht darauf hindeutet, dass die Verwendung des Begriffs „anglo" im ethnischen Sinne nicht streng korrekt ist, nicht nur, weil die Rothschilds aufgrund ihres Glaubens und ihrer Kultur Juden waren, sondern auch, weil ihr Einfluss von internationaler Tragweite war.

Was die „britische" Elite betrifft, sollte an dieser Stelle noch einmal angemerkt werden, dass tatsächlich viele der alten aristokratischen Familien in Großbritannien begannen, mit Mitgliedern der jüdischen Bankenelite zusammenzuarbeiten. Wie der englische Schriftsteller Hillaire Belloc feststellte:

> Die Heiraten begannen sich zu häufen zwischen dem, was einst die aristokratischen Territorialfamilien des Landes gewesen waren, und jüdischen Handelsvermögen. Nach zwei Generationen dieser Art, zu Beginn des zwanzigsten Jahrhunderts, wurden große englische Territorialfamilien, die kein jüdisches Blut hatten, zur Ausnahme. In fast allen diesen Familien war der Stamm mehr oder weniger stark ausgeprägt, in einigen von ihnen so stark, dass selbst wenn der Name noch ein englischer Name und die Traditionen die einer rein englischen Linie aus der Vergangenheit waren, das Aussehen und der Charakter vollständig jüdisch geworden waren und die Familienmitglieder jedes Mal für Juden gehalten wurden, wenn sie in Länder reisten, in denen der Adel noch nicht [mit Juden verheiratet] war.

Die Dinge gehen jedoch weit über die familiären Beziehungen hinaus.

Der jüdische Einfluss - und natürlich insbesondere der des Rothschild-Imperiums - war selbst in den großen globalen korporativen Institutionen, die als Synonym für das „britische" Empire standen, fest verankert, insbesondere in der berühmten Britischen Ostindien-Kompanie.

Der amerikanische Autor L. B. Woolfolk beschreibt in seinem klassischen (aber heute kaum noch bekannten) Werk *Der große rote Drache* aus dem Jahr 1890 den Fall der Ostindien-Kompanie in die Hände der internationalen jüdischen Finanzwelt

> Im Jahr 1764 war die Britische Ostindien-Kompanie das größte und reichste Unternehmen der Welt.

> Sie ist die einzige Gesellschaft, die ein territoriales Imperium regiert. Sie wird durch den Handel reich, durch die Ausweitung ihres

Handels durch die Eroberung der Handelsposten ihrer Rivalen auf dem Festland und durch die Plünderung Indiens.

Sie war von Anfang an die beste Kapitalanlage gewesen, die man auf den britischen Inseln finden konnte. Ihre Aktien wurden von jedem, der über die nötigen Mittel verfügte, eifrig gekauft.

Die Händler nahmen so viele Aktien, wie sie sich leisten konnten; aber wie wir wissen, haben Händler in der Regel nicht mehr Kapital, als sie für ihre normalen Geschäfte benötigen.

Der britische Landadel erzielte hohe Einkünfte aus seinen Ländereien und da er gezwungen war, nach den besten Investitionen zu suchen, um den Lebensunterhalt seiner jungen Kinder zu sichern, investierte er massiv in die Ostindien-Kompanie.

Aber die großen Kapitalisten der damaligen Zeit waren die Juden. Sie waren die Besitzer des Geldes.

Sie zeichneten Aktien in großem Umfang, und da in jeder Generation die Aktien der Aristokratie an jüngere Kinder verkauft wurden, kauften die Juden - immer sparsam, immer voller Geld und immer auf der Suche nach den besten Investitionen - die auf dem Markt angebotenen Aktien.

So gelangte der Großteil der Aktien der Ostindien-Kompanie und anderer Gesellschaften, die später aus den Dividenden dieses Großunternehmens gegründet wurden, in die Hände von Juden. Die Juden wurden zu den großen Geldkönigen der Welt.

Wie dem auch sei, wie E. C. Knuth betonte, hatte dieser große Traum von dem, was wir heute als Neue Weltordnung bezeichnen, ein Problem: Seine Befürworter sahen nicht, dass die kommenden gigantischen Kriege aus dem resultieren würden, was er „den Widerstand mächtiger Rassen, die sich weigern würden, eine fantastische Doktrin von der rassischen Überlegenheit des angelsächsischen [Volkes] und seiner prädestinierten Bestimmung, alle Rassen der Erde zu beherrschen, anzuerkennen" nannte.

In der Tat war diese Doktrin ein integraler Bestandteil der „geheimen Ideologie der internationalen Finanzwelt". Aber genau genommen war diese geheime Ideologie - die in gewisser Weise von Rhodes' Traum von der angelsächsischen Vorherrschaft verdeckt wurde - natürlich der alte talmudische Traum von einem weltweiten Imperium.

In diesem Fall verbarg sich das Ziel der jüdischen Utopie hinter dem Bild des angelsächsischen Englands, das zur Zeit des 20. Jahrhunderts ein integraler (vielleicht zentraler) Mechanismus war, mit dem das Rothschild-Imperium (als Königshaus der herrschenden jüdischen Elite) über die City of London an der Errichtung seiner Neuen Weltordnung arbeitete. Der verstorbene Vincent Cartwright Vickers, ehemaliger Gouverneur der Bank von England und großer Waffenhersteller, an dessen Unternehmen die Rothschilds einen bedeutenden Anteil hatten, schrieb über diese Vorgänge

> Die Finanziers haben auf sich genommen, vielleicht nicht die Verantwortung, aber sicherlich die Macht, die Märkte der Welt zu kontrollieren und damit auch die vielen Beziehungen zwischen einer Nation und einer anderen, die internationale Freundschaften oder Misstrauen beinhalten.
>
> Die Kreditvergabe an fremde Länder wird von der City of London organisiert, ohne jegliche Rücksicht auf das Wohlergehen dieser Nationen, sondern einzig und allein mit dem Ziel, die Verschuldung zu erhöhen, wodurch die City florieren und sich bereichern kann.
>
> Diese nationale und vor allem internationale Diktatur des Geldes, die Länder gegeneinander ausspielt und durch den Besitz eines Großteils der Presse die Öffentlichkeit ihrer eigenen Privatmeinung in den Anschein einer allgemeinen öffentlichen Meinung verwandelt, kann die demokratische Regierung nicht mehr lange zu einem bloßen Spitznamen machen.
>
> Heute blicken wir durch ein dunkles Glas, denn es gibt so viele Dinge, „deren Bekanntgabe nicht im öffentlichen Interesse liegt".

E. C. Knuth betonte, dass die Macht der Finanzoligarchie in dem lag, was er als ihre „alterslose und selbstperpetuierende Natur, ihre langfristige Planung und Voraussicht, ihre Leichtigkeit zu warten und die Geduld ihrer Gegner zu brechen, diejenigen", wie Knuth sagte, „die versucht haben, diese Monstrosität zu bremsen", d. h. populistische und nationalistische Politiker, die die Gefahren der internationalen Währungsmacht erkannten.

Die Kritiker dieser mächtigen Kraft, stellt Knuth fest, wurden alle besiegt, weil sie von denjenigen, die ihre Bemühungen unterstützten, dazu gezwungen wurden, „in einem zu kurzen Zeitraum Taten und Ergebnisse zu zeigen".

Die wahren Patrioten, die sich der internationalen Währungsmacht widersetzten, wurden „überlistet und besiegt, mit Hindernissen und Schwierigkeiten überhäuft und schließlich gezwungen, zu warten und sich zurückzuziehen".

Diejenigen, die es in den USA und in Großbritannien wagten, die internationale Finanzwelt anzugreifen, so Knuth, erlebten oft ein, wie er es nannte, „schmähliches Ende".

Andererseits hatten diejenigen, die den Kräften des Großkapitals gut gedient hatten, immense Vorteile daraus gezogen.

Die von den Rothschilds kontrollierte Bank von England, so erinnert uns Knuth, war in Wirklichkeit eine souveräne Weltmacht, die nicht der Regulierung oder - in geringem Maße - der Kontrolle des britischen Parlaments unterlag.

Diese Institution - in den Händen des Rothschild-Imperiums - fungierte laut Knuth als „das große Kreditpendel der Welt, das Kredit nach Belieben ausweiten oder aufnehmen konnte" und nur den Befehlen von „The City" - kurz: der Rothschild-Dynastie - unterworfen war.

Knuth war nicht der erste Autor, der den Einfluss der Rothschilds auf Großbritannien erkannte. Major Osman Bey, der 1878 in *The Conquest of the World by the Jews* (oben zitiert) schrieb, beschrieb die besondere Beziehung zwischen der internationalen Währungsmacht der Rothschild-Dynastie und dem britischen Empire als Folge gegenseitiger Zugeständnisse

> Auf der Grundlage eines gemeinsamen Interesses zwischen diesen beiden Handelsmächten wurde eine Art freundschaftliches Abkommen geschlossen, demzufolge das Britische Empire dem Judentum seinen politischen Einfluss und seine materielle Unterstützung leiht, während das Judentum seinen finanziellen Einfluss England zur Verfügung stellt und den britischen Handel unterstützt. Sowohl die Engländer als auch die Juden profitieren von dieser stillschweigenden Übereinkunft, erstere, weil sie das immense jüdische Kapital nutzen können, um ihre Handelswaren über jüdische Zwischenhändler abzusetzen.

Der amerikanische Kritiker der jüdischen Finanzwelt, Ezra Pound, brachte es in seinem 1944 erschienenen Buch *Gold and Work* kurz und bündig auf den Punkt: „Nach der Ermordung von Präsident Lincoln wurde bis zur Bildung der Achse Berlin-Rom keine ernsthafte Maßnahme gegen die Usurokratie versucht".

(Im nächsten Kapitel werden wir uns mit dem Konflikt zwischen Lincoln und dem Rothschild-Imperium befassen, als dieses auf amerikanischem Boden vorrückte). Es ist daher kein Zufall, dass die deutsche Regierung 1940 im Rahmen ihrer Werbeabteilung World-Service in unmissverständlichen Worten den Vorschlag anbietet, dass es gerade wegen der jüdischen Herrschaft über Großbritannien, durch die plutokratischen Kräfte des Rothschild-Imperiums, dazu gekommen sei, dass das englische Volk in den Krieg gegen das nationalsozialistische Deutschland gestürzt wurde, das, wie Ezra Pound sagte, versucht hatte, „ernsthafte Maßnahmen" gegen die internationale Währungsmacht zu ergreifen. World-Service schrieb:

> Im plutokratischen System der englischen Regierung liegt der wahre Grund dafür, dass England heute dem nationalsozialistischen und antijüdischen Deutschland den Krieg erklärt hat.

> Die englische Regierung erklärte Deutschland den Krieg nicht im Interesse des englischen Volkes oder um eventuell britische Untertanen vor möglichen deutschen Aggressionsakten zu schützen, sondern sie erklärte den Krieg ausschließlich im Interesse der Juden, die England kontrollieren, und im Interesse des jüdisch- englischen Finanzkapitals, das nach der erstbesten Gelegenheit suchte, sich zu entledigen, da beide anerkannte Feinde jeder Form des Nationalsozialismus sind.

> England kann keinen Krieg im Interesse der englischen Nation führen, da die englische Regierung nicht als Vertreter ihres eigenen Volkes angesehen werden kann und nicht das Vertrauen der Nation genießt.

> Im Gegenteil, sie schützt nur den immensen Reichtum, der sich in den Händen eines kleinen Kreises befindet: der jüdisch-englischen herrschenden Klasse; außerdem garantiert sie, dass die kleine jüdisch-englische Clique ihr enormes Kapital ungehindert vermehren wird.

> Heute wollen uns die Juden sowie die englische Presse glauben machen, dass die jüdisch-englische Allianz erst im Laufe dieses Krieges entstanden ist, dass sie ihre natürliche Ursache in der Verfolgung der Juden in Deutschland hat und dass die antijüdischen Gesetze des Dritten Reiches die Juden dazu gebracht haben, sich in diesem Krieg auf die Seite Englands zu stellen. Wie wir gesehen haben, ist das nicht wahr.

> Die jüdisch-englische Allianz hat ihren Ursprung einzig und allein in der untrennbaren Verbindung zwischen dem jüdischen und dem britischen Imperialismus sowie in der Tatsache, dass das jüdische Finanzkapital mit dem britischen Finanzkapital identisch ist.

> Sie hat ihren Ursprung einzig und allein in den Blutsbanden zwischen den Juden und dem englischen Adel sowie in der

Tatsache, dass es den Juden gelungen ist, England in einen plutokratischen Staat zu verwandeln.

Die Juden traten nicht als Verbündete Englands in den Krieg ein, weil Deutschland sie verfolgte, sondern England erklärte Deutschland den Krieg, weil die englische Regierung ein gehorsamer und blinder Diener jüdischer Befehle ist, genau wie England der Erzfeind aller antijüdischen Staaten ist und es gemäß seiner plutokratischen Struktur notwendigerweise sein muss.

Die englische Regierung hat Deutschland den Krieg erklärt, weil es sich um eine von Juden kontrollierte Regierung handelt und als solche das Schwert Judas gegen den Antijudaismus und gegen jede Form des Nationalsozialismus darstellt.

Die englische Regierung hat Deutschland den Krieg erklärt, weil die Engländer nicht die Herrscher über England sind, sondern weil das jüdische Finanzkapital an der Macht ist und England ein plutokratischer Staat ist.

Obwohl im Laufe der Jahre zahlreiche Bücher zum Thema internationale Finanzwirtschaft im Allgemeinen geschrieben wurden, hat die Öffentlichkeit die Situation als Ganzes kaum verstanden oder erkannt.

Wie E. C. Knuth jedoch bemerkte, stößt man bei der Durchsicht der zahlreichen Bände, die sich mit diesen Themen befasst haben, auf das, was er als „erstaunliche Informationsnuggets" bezeichnete, die zusammengenommen „die erstaunliche Geschichte und die rechtliche Struktur eines souveränen Weltstaates enthüllen". Dieser Weltstaat wird natürlich von der Londoner „City" regiert, die laut Knuth „wie eine globale Superregierung funktioniert und kein Vorfall in irgendeinem Teil der Welt ohne ihre Beteiligung in der einen oder anderen Form geschieht".

„Der große Plan dieser „Eine-Welt"-Ordnung dekretiert", schreibt Knuth, „dass es notwendig ist, die politische und territoriale Expansion Russlands schnell und peremptorisch zu begrenzen.

Und das schrieb Knuth natürlich in den letzten Tagen des Zweiten Weltkriegs, als die USA und Großbritannien noch mit Russland verbündet waren, aber kurz nach dem Krieg entstand der sogenannte Kalte Krieg, und jetzt, in den ersten Jahren des 21. Jahrhunderts, baut sich ein „zweiter Kalter Krieg" - ein „neuer Kalter Krieg" - gegen Russland in seiner neuen Inkarnation als nationalistischer Staat auf, der die internationalen jüdischen monetären Interessen herausgefordert hat.

Heute stellt sich der große Koloss Russland, der sich aus der Umklammerung des Kommunismus und des Kapitalismus - zwei Köpfe desselben Drachens - befreit hat, der Neuen Weltordnung in den Weg.

Während wir diese Zeilen im Jahr 2009 schreiben, stellen wir fest, dass die mit den Rothschilds verbundenen westlichen Einflusssphären, insbesondere die Vereinigten Staaten, sich für eine Konfrontation mit Russland stark machen, wobei *die* zionistischen „Neokonservativen" tatsächlich die Kriegstrommel gegen Russland schlagen (die Bücher dieses Autors, *The Golem* und *The Judas Goats*, untersuchen dieses Phänomen recht ausführlich). Knuth fragte sarkastisch, ob es im Interesse der Öffentlichkeit sei, den großen Plan der, wie er es nannte, „Eine-Welt-Kamarilla" (d. h. einer Gruppe von Verschwörern) zu enthüllen, wenn sie ihrem Ziel, ein Weltimperium zu errichten, so nahe gekommen seien. Wie viele zusätzliche Leben müssten geopfert werden, fragte er, um „den großen Traum [...] von einer Welt, die von einer wohlwollenden despotischen Intelligenz regiert wird, zu verwirklichen und damit 'Frieden für alle Ewigkeit' zu schaffen

Knuth hat über die Kontrolle der Medien durch diese internationalistische Elite nachgedacht und dabei folgende Fragen aufgeworfen:

> Wie war es möglich, diese internationalistische Struktur aus falschen Darstellungen und Täuschungen unter uns zu errichten und sie fast ein halbes Jahrhundert lang vor jeglicher Enthüllung zu schützen? Warum haben unsere Geschichtsprofessoren, Universitätspräsidenten, Pädagogen oder Zeitungen diese Ungeheuerlichkeit nicht angeprangert

Er sagte, es gebe „offensichtliche und sehr praktische Gründe" dafür, dass diejenigen, die die Öffentlichkeit informieren und aufklären sollten, dies in Bezug auf die internationale Währungsmacht nicht getan hätten, und einer der Hauptgründe sei, dass „die Existenz unserer Zeitungen absolut von der Werbung der großen kommerziellen Interessen abhängt" und, wie er etwas zynisch hinzufügte, dass „die Hauptfunktion von Universitätspräsidenten darin besteht, die Gelder, von denen die Existenz ihrer Institutionen abhängt, zu beschaffen, mit den richtigen Leuten auf gutem Fuß zu stehen".

Diejenigen, die versucht haben, das Rothschild-Imperium und die Neue Weltordnung und ihre talmudischen Ursprünge aufzudecken - oder auch nur Teile der großen Geschichte - waren wenig erfolgreich, denn, wie Knuth einräumte, haben Arbeiten dieser Art wenig Anerkennung erhalten und „weil sie als 'kontrovers' gelten [werden] sie mit der Verachtung des Schweigens behandelt".

Ganz im Gegensatz dazu, betonte Knuth, vermerken wir die massiven, millionenschweren Auflagen dessen, was Knuth als „die hochgejubelten und weithin medienwirksamen Produkte der Anhänger des Internationalismus; mit der vollständigen Beherrschung des Radios [und heute des Fernsehens] durch internationalistische Propagandisten..." beschrieb.

Das Rothschild-Imperium hat also schon vor langer Zeit das imperiale Großbritannien erfasst und seine aristokratischen Familien und Finanzinstitutionen infiltriert, und der Einfluss der Rothschilds hat sich über die ganze Welt ausgebreitet.

Währenddessen machte die Rothschild-Dynastie auf der anderen Seite des Atlantiks bereits Fortschritte, um die Neue Welt unter ihre Kontrolle zu bringen und dafür zu sorgen, dass die neuen Vereinigten Staaten fest in ihrem Griff waren.

In den folgenden Kapiteln beginnen wir damit, die Rolle des Rothschild-Imperiums in den amerikanischen Angelegenheiten zu untersuchen, um schließlich im 20. Jahrhundert zur Entstehung der Vereinigten Staaten als Motor der imperialen Macht in den Händen der Rothschild-Dynastie zu gelangen.

August Belmont, Jacob Schiff, Joseph Seligman und Paul Warburg (von links nach rechts) gehören zu den wichtigsten Vertretern der Interessen der Rothschild-Dynastie und der internationalen jüdischen Finanzwelt auf amerikanischem Boden, obwohl viele nichtjüdische Amerikaner Partner und Strohmänner der Rothschilds in verschiedenen Aspekten der amerikanischen Finanzwelt und Industrie waren, wobei die Familie Rockefeller das prominenteste Beispiel ist.

Harry Truman über die jüdische Macht...

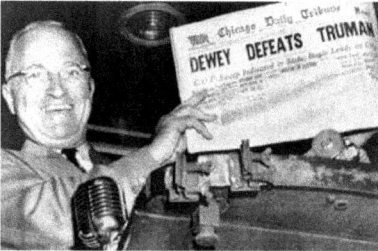

Obwohl Präsident Harry Truman als der amerikanische Präsident gefeiert wird, der 1948 den neuen Staat Israel anerkannte, war die jüdische Welt am 11. Juli 2003 entsetzt, als die Washington Post Auszüge aus Trumans unveröffentlichtem Privattagebuch veröffentlichte, in dem Truman sehr offen über die Einstellungen und die Macht der Juden reflektiert.

Eine davon, datiert vom 21. Juli 1947, war besonders streng und lautete wie folgt

„Juden haben keinen Sinn für Proportionen und kein Urteilsvermögen in Bezug auf das Weltgeschehen. Ich finde, dass die Juden sehr, sehr egoistisch sind. Es ist ihnen egal, wie viele Esten, Letten, Finnen, Polen, Jugoslawen oder Griechen als Vertriebene [nach dem Krieg] ermordet oder misshandelt werden, solange die Juden eine Sonderbehandlung genießen. Doch wenn sie die Macht haben - physisch, finanziell oder politisch - haben weder Hitler noch Stalin ihnen Grausamkeiten oder Misshandlungen der Zurückgelassenen vorzuwerfen."

Denken Sie daran: Es handelt sich hier nicht um die Wahnvorstellungen Adolf Hitlers oder eines rechten antisemitischen Straßenhetzers. Diese Worte wurden nicht von einem „Verschwörungstheoretiker" oder einem „muslimischen Terroristen" geschrieben. Es sind nicht die Einflüsterungen eines verbitterten Misanthropen. Es sind die privaten Gedanken eines geliebten amerikanischen Präsidenten, des Mannes der Unabhängigkeit, der niemand anderes als „Give'Em Hell Harry" ist. Hatte er Unrecht?

201 |

KAPITEL VII

Die Rothschilds und Amerika: Zuerst eine Kolonie, dann der Motor der imperialen Macht

In *Gold and Work*, das 1944 veröffentlicht wurde, reflektiert Ezra Pound über die Rolle der internationalen jüdischen Finanzwelt - des Rothschild-Imperiums - bei der Diktatur der wirtschaftlichen Angelegenheiten der Nationen auf der ganzen Welt. Als früher und scharfer Kritiker des Systems der von den Rothschilds kontrollierten Federal Reserve auf amerikanischem Boden (wir kommen später darauf zurück) kommentierte Pound den Verlust der Freiheit, den so viele Menschen als Folge des Aufstiegs des plutokratischen Kapitalismus und seiner wucherischen Herrschaft über das globale Geld erlitten haben

> Niemand ist so verrückt, die Verwaltung seines eigenen privaten Bankkontos jemand anderem zu überlassen; dennoch waren Nationen, Einzelpersonen, Industrielle und Geschäftsleute allesamt durchaus bereit - fast schon willens -, die Kontrolle über ihre nationalen Währungen und das internationale Geld in die Hände des stinkendsten Abschaums der Menschheit zu legen.

Der amerikanische Autor E. C. Knuth (der in den letzten Tagen des Zweiten Weltkriegs schrieb) erkannte, dass das amerikanische System inzwischen Teil des Netzes der Rothschilds geworden war. Er bewertete, wie sich die globale Währungsmacht im Laufe des 20. Jahrhunderts mit dem amerikanischen System verzahnt hatte, und kam - bestürzt - zu dem Schluss, dass die Vereinigten Staaten „ein Untertan der Gesetze Englands" geworden waren.

Kurz gesagt: Die Vereinigten Staaten fielen in die Hände der Rothschild-Dynastie, der Hauptkraft des „britischen" Imperiums.

Und obwohl in den letzten Jahrzehnten des 19·und den ersten Jahren des 20· die Themen Geld und Finanzen, Gold und Silber, Schulden, Krieg und Imperialismus gängige Diskussionsthemen in der amerikanischen Politik waren, blieben die Amerikaner weitgehend unwissend über die Existenz des Rothschild-Imperiums.

Obwohl es - wie im vorherigen Kapitel festgestellt - eine gewisse Anerkennung der Rolle der Rothschild-Dynastie und ihrer räuberischen Praktiken im internationalen Finanzkapitalismus gegeben hat, schrieb Knuth

> „Zu einem großen Teil wussten die meisten Amerikaner zu keinem Zeitpunkt der Geschichte viel über die Rothschilds. Die Rothschilds wurden allgemein als Mythos oder Legende betrachtet

Er sagte jedoch, und das ist sicherlich eine Untertreibung: „Es sollte völlig klar sein, dass das gigantische Vermögen dieser Familie nach wie vor ein sehr wichtiger Faktor in den Angelegenheiten der Welt ist." Und dieses Vermögen ist seitdem stetig gewachsen.

Tatsächlich ist der zunehmende Einfluss der Rothschilds in den USA, wie wir später sehen werden, kein Phänomen des 20. Jahrhunderts, wie viele zu glauben geneigt sind. Im Gegenteil, die Intrigen der Rothschilds auf amerikanischem Boden reichen bis in die frühen Jahre des 19.

The Economic History of the Jews von Salo W. Baron, Arcadius Kahan und andere (1975 bei Schocken Books erschienen), fasst die Anfänge des internationalen jüdischen Finanzwesens in den USA zusammen

> Jüdische Bankinstitute nach europäischem Vorbild entstanden in den USA jedoch erst Mitte des 19. Jahrhunderts, als eine große deutsch-jüdische Einwanderergruppe nach Amerika kam...

> All diese Unternehmen fungierten in erster Linie als Investmentbanker - der etabliertere Geschäftsbankensektor bot deutsch-jüdischen Einwanderern relativ wenige Möglichkeiten - und trugen so zur Finanzierung vieler amerikanischer Behörden und Unternehmen bei, deren rasches Wachstum in der zweiten Hälfte des 19. Jahrhunderts eine unersättliche Nachfrage nach Kapital geschaffen hatte.

> Um diese Gelder aufzubringen, nutzten diese jüdischen Häuser nicht nur ihre weitreichenden europäischen Beziehungen, insbesondere in Frankreich, England und Deutschland, sondern schufen auch untereinander eine Kette von voneinander abhängigen Verbänden und Direktionen, die es ihnen ermöglichte, schnell Summen zu mobilisieren, die ihre individuellen Vermögenswerte um ein Vielfaches überstiegen, und erfolgreich mit heidnischen Unternehmen zu konkurrieren, die um ein Vielfaches größer waren als sie selbst.

Nicht nur die Kinder und Eltern einer bestimmten Firma heirateten häufig untereinander, sondern auch zwischen verschiedenen jüdischen Bankiersfamilien kam es häufig zu Ehebündnissen, wie es bei den Kuhns, Loebs, Schiffs und Warburgs der Fall war.

Häufig heirateten die Kinder dieser Familien auch Familien aus großen deutsch-jüdischen Unternehmen in einer Vielzahl von anderen Bereichen, die dann über die Bankhäuser, denen sie sich angeschlossen hatten, Kapital beschafften.

Auf gesellschaftlicher Ebene war das Ergebnis dieser Handels- und Verwandtschaftsbeziehungen die Schaffung einer deutsch-jüdischen Bank- und Handelsaristokratie mit Sitz in New York, deren Nachkommen über ein Jahrhundert lang weiterhin eine dominierende Rolle im finanziellen, kulturellen und politischen Leben der amerikanischen jüdischen Gemeinschaft und, in geringerem Maße, der Nation als Ganzes spielten.

Der Beitrag dieser jüdischen Banken zum Kapitalbildungsprozess in den USA Ende des 19. und Anfang des 20. Jahrhunderts war in jeder Hinsicht beträchtlich.

Studenten der amerikanischen Geschichte kennen die historischen Kämpfe von Präsident Andrew Jackson und anderen amerikanischen Nationalisten gegen die Intrigen der Finanzinteressen, die entschlossen waren, eine „Zentralbank" an der amerikanischen Küste einzurichten - oder sollten sie kennen.

Und obwohl zu dieser Zeit - in den ersten Jahrzehnten des 19. Jahrhunderts - die Rothschilds selbst nicht offiziell in den USA ansässig waren (obwohl sie zu dieser Zeit sicherlich die wichtigste Finanzkraft in Europa waren), gab es amerikanische Bankiers und ihre politischen Verbündeten - insbesondere Alexander Hamilton (der vielleicht, aber das ist nicht sicher, teilweise jüdischer Abstammung) -, die tatsächlich die Interessen der Rothschild-Dynastie vertraten, da die Rothschilds versuchten, ihre Tentakel in die Finanzgeschäfte der neuen Republik auszudehnen.

Während die erste Bank der Vereinigten Staaten (gegründet 1791) und später die zweite Bank der Vereinigten Staaten (gegründet 1816) vorgeblich „amerikanische" Institutionen waren, zeigt die Geschichte, dass Kritiker der Bank oft ihre Besorgnis darüber zum Ausdruck brachten, dass sich insbesondere „britische" Bankiers durch ihre Investitionen in und Beziehungen zu diesen Finanzinstitutionen in die Geschäfte der USA einmischten.

Obwohl also ein prominenter nichtjüdischer Amerikaner wie Nicholas Biddle - Gründer einer der „großen amerikanischen Familien" - den Posten des Präsidenten der zweitgrößten Bank der Vereinigten Staaten innehatte, agierte er für alle Zwecke als Agent ausländischer - d. h. „britischer" (eigentlich: Rothschild) - Finanzinteressen, die hinter den Kulissen tätig waren. Ebenso stellte Eustace Mullins in seinem Schlüsselwerk *The Secrets of the Federal Reserve,*[1] fest, dass ein anderer Rothschild - James of Paris - eine Schlüsselfigur war, die von den Machenschaften der Second Bank of the United States profitierte. Kurz gesagt, die Präsenz der Rothschilds in Amerika war ein sehr reales Phänomen, sogar in den frühen Jahren unserer Geschichte.

Was den zunehmenden Einfluss der Rothschilds auf amerikanischem Boden angeht, sind wir dem verstorbenen Arnold Spencer Leese zu Dank verpflichtet, einem unabhängigen englischen Historiker und Verfechter des englischen Nationalismus, Tierarzt und selbsternannten ausgebildeten „Kamelarzt" (tatsächlich soll er eine der bekanntesten Autoritäten in Sachen Kamelgesundheit sein), der eine der direktesten Monografien über die Intrigen der Rothschilds hervorgebracht hat. Sie trug den Titel *Gentile Folly: The Rothschilds* und wurde 1940 veröffentlicht.

Leeses Einschätzung des Einflusses der Rothschilds in den USA bestätigt im Gegensatz zu vielen „Standardwerken", dass die Rothschilds in der Tat lange Zeit einflussreich in amerikanischen Angelegenheiten waren. Leese merkt an, dass die Rothschilds in Bezug auf unsere Geschichte 1837 einen Agenten namens Schoenberg nach New York schickten, doch Schoenberg änderte seinen Namen in August Belmont und stellte sich als Anhänger des christlichen Glaubens dar, obwohl er wie die Rothschilds Jude war. Belmont hatte sich in der Finanzbranche in den Frankfurter und Neapolitanischen Filialen des Hauses Rothschild die Zähne ausgebissen. In diesem Zusammenhang hat der amerikanische Historiker Stephen Birmingham in seiner berühmten Gesellschaftskolumne *Our Crowd: Die großen jüdischen Familien von New York*

---

[1] Dessen Übersetzung wurde von Omnia Veritas Ltd, *Die Geheimnisse der Federal Reserve*, www.omnia-veritas.com.

Das erste, was der New Yorker Gesellschaft an August Belmont auffiel, war, dass er viel Geld besaß. Es war natürlich Rothschild-Geld, aber er verwendete es verschwenderisch.

Als Finanzier, der über die Gelder der größten Privatbank der Welt verfügte, spielte er sofort eine wichtige Rolle nicht nur für amerikanische Unternehmen, sondern auch für die US-Regierung, die immer knapp bei Kasse war und deren Kredite ständige Finanzspritzen von Bankern benötigten.

Während der großen Panik von 1837 handelte Belmont, der Agent der Rothschilds, für die amerikanischen Schuldnerbanken große Kredite bei den Rothschilds aus. „Mit anderen Worten", so Birmingham, „konnte er dank des riesigen Kapitalpools der Rothschilds damit beginnen, in Amerika sein eigenes Federal Reserve System zum Laufen zu bringen. (Und das lange vor der offiziellen Gründung des Federal Reserve Systems im Jahr 1913!)[2]

Und nachdem er sich als erster Rothschild-Agent in den USA niedergelassen hatte - obwohl es im Laufe der Zeit viele andere

---

[2] In dieser Zeit war die Auswanderung von römischen Katholiken in die Vereinigten Staaten - insbesondere aus Irland - sehr groß, und die Wahrheit ist, dass etablierte jüdische Interessen darin eine Gefahr sahen. Tatsächlich war einer der führenden bigotten Amerikaner, der den Kampf gegen die Einwanderung in die USA - insbesondere die irisch-katholische Einwanderung - anführte, ein prominenter amerikanischer Jude namens Lewis Charles Levin. Obwohl die Geschichte uns oft erzählt, dass die „Know Nothing"-Bewegung - die Native American Party - „von Protestanten geführt" wurde und „auf Katholiken und Juden abzielte", ist die Wahrheit, dass Levin - ein Jude - nicht nur einer der Gründer der Partei war, sondern auch einer der Herausgeber ihres nationalen Organs und einer der ersten „Know Nothing"-Mitglieder, die in den Kongress gewählt wurden! Levin wurde 1808 in Charleston, South Carolina, geboren, das - wie Studenten des jüdisch kontrollierten Sklavenhandels wissen - viele Jahre lang das Zentrum der jüdischen Bevölkerung der USA war, lange bevor New York City dazu wurde, und ließ sich später als Anwalt in Philadelphia nieder, wo er die *Philadelphia Daily Sun* herausgab und verlegte. 1844 wurde er auf der amerikanischen Liste („Know Nothing") in den Kongress von Pennsylvania gewählt und hatte dieses Amt drei Amtszeiten lang inne, bis er bei seiner Wiederwahl 1850 unterlag. Levin starb zehn Jahre später. Die Tatsache, dass Levin einer der ersten antikatholischen Agitatoren auf amerikanischem Boden war, ist zumindest interessant, da die Geschichtsbücher darauf bedacht waren, die Fakten in Bezug auf Levins Rolle in der „Know Nothing"-Bewegung zu „retuschieren". Levins Karriere wurde in das Orwellsche „Erinnerungsloch" verbannt. Stattdessen hören wir immer wieder, dass „die Protestanten" und „die Katholiken" den „armen jüdischen Einwanderern, die vor Verfolgung flohen", so feindlich gesinnt waren.

Rothschild-Vermögenswerte gab -, wurde er schließlich dank des Einflusses von Salomon Rothschild von der US-Regierung ernannt, um von 1844 bis 1850 als österreichischer Generalkonsul in New York City zu dienen

Drei Jahre später wurde dieser deutsche Jude und Rothschild-Agent zum amerikanischen Botschafter in den Niederlanden ernannt. Im Jahr 1860 wurde dieser Rothschild-Agent Vorsitzender des Demokratischen Nationalkomitees. Er heiratete die Tochter des berühmten Commodore Matthew Perry, der Japan für den Westen „öffnete", was in der Tat, wie moderne japanische Nationalisten anmerken, eine frühe Manifestation des „amerikanischen" Imperialismus war, doch wie wir nur zu gut wissen, war es in Wirklichkeit nichts anderes als der Imperialismus der Rothschilds, der Teil des Strebens nach einer neuen Weltordnung war, wie sie erstmals im Talmud beschrieben wurde.

Zu der Zeit, als Belmont die Stellung des Rothschild-Imperiums auf amerikanischem Boden festigte, richteten die Rothschilds im gesamten amerikanischen Süden Büros ein, um Wolle zu kaufen, die dann nach Frankreich verschifft und dort vermarktet wurde. Ebenso kaufte die Familie Rothschild die Tabakernten auf. Die von den Rothschilds kontrollierten Schiffe transportieren riesige Ladungen zwischen den USA und Frankreich.

Es ist daher nicht überraschend, dass die Interessen der Rothschilds tief in die finanziellen und politischen Intrigen verwickelt waren, die zum Bürgerkrieg führten. Der berühmte amerikanische Dichter Ezra Pound stellte fest

> „Nationen werden in den Krieg getrieben, um sich selbst zu zerstören, um ihre Struktur zu zerschlagen, um ihre soziale Ordnung zu zerstören, um ihre Bevölkerung zu reduzieren. Und es gibt keinen flammenderen und krasseren Fall in der Geschichte als unseren eigenen Bürgerkrieg, von dem es heißt, er sei ein westlicher Rekord für die Größe der eingesetzten Armeen und werde nur von den jüngeren Triumphen des [Rothschild-Imperiums:] den Kriegen von 1914 und dem gegenwärtigen Krieg [dem Zweiten Weltkrieg] übertroffen.

Arnold Leese schrieb, dass die Rothschilds damals im Konflikt mit Napoleon III. von Frankreich standen, der - ebenso wie die Rothschilds - nach Amerika strebte. Napoleon III. träumte davon, seine Macht durch die Übernahme der Kontrolle über Mexiko und Teile des Südens der USA auszuweiten, und er wollte, dass Großbritannien sich ihm anschloss, indem es den Norden dazu zwang, seine Blockade der

Südhäfen aufzugeben. Die konföderierten Staaten wollten Napoleon jedoch besänftigen und boten ihm Gebiete an, darunter Louisiana und Texas. Die Möglichkeit, dass die Briten und Franzosen kurz davor standen, im Namen der Konföderation in den amerikanischen Bürgerkrieg einzugreifen, war sehr real.

Zar Alexander von Russland - der sich immer gegen die Bemühungen der Rothschilds, sich in die Angelegenheiten des russischen Reiches einzumischen, gewehrt hatte - schickte jedoch seine Flotte über den Atlantik und stellte sie Präsident Lincoln zur Verfügung, falls es den Intrigen der Rothschilds gelingen sollte, die britischen und französischen Streitkräfte dazu zu bringen, im Namen der Konföderation in den Krieg einzutreten. Die Rothschilds haben diese Tatsache nicht vergessen.

Was wollten die Rothschilds letztendlich? Benjamin Disraeli, ein langjähriger Verbündeter der Rothschilds und späterer Premierminister von England, schrieb über die Zukunft der Vereinigten Staaten nach dem Bürgerkrieg. Seiner Meinung nach würde es ein Amerika „der Armeen, der Diplomatie, der rivalisierenden Staaten und der Kabinette auf der Flucht, der häufigen Turbulenzen und wahrscheinlich auch der häufigen Kriege" sein. Kurz gesagt, wie Arnold Leese es ausdrückte,

> „die Rothschilds wollten in Amerika die chaotischen Zustände Europas reproduzieren, wo sie über alle Staaten herrschten. Ein vereintes Amerika wäre für sie zu mächtig. Es müsste geteilt werden, und jetzt ist die Zeit dafür gekommen".

Napoleon von Frankreich wollte jedoch nicht mit ihnen zusammenarbeiten. Was sollten die Rothschilds tun? Sie reagierten, indem sie sowohl den Norden als auch den Süden unterstützten und versuchten, einen klaren Sieg der einen oder anderen Seite zu verhindern, um die beiden Regionen zu trennen, wobei das von den Rothschilds kontrollierte Britische Empire die Möglichkeit hatte, die Nordstaaten an Kanada, ein britisches Dominion, anzugliedern. In der Praxis bedeutete dies, dass man eher dem schwachen Süden als dem mächtigeren Norden helfen musste, und genau das taten die Briten.

Trotz einer weitgehend positiven englischen Stimmung für den Norden, der sich gegen die Sklaverei aussprach, verfolgte die von den Rothschilds geführte britische Regierung eine Politik der Unterstützung des Südens. Die Briten erkannten die Konföderation an und erlaubten den Bau, die Ausrüstung und die Wartung von Südstaatenschiffen in britischen Häfen, auch wenn ironischerweise in New York der

Rothschild-Agent August Belmont demonstrativ die Sache des Nordens unterstützte. Aber all das war natürlich Teil des Ziels der Rothschilds, den Norden in eine volle Aggression gegen den Süden zu versetzen, um den Sezessionskrieg zu erzwingen, der dann tatsächlich stattfand.

Es ist jedoch zu beachten, dass Lionel Rothschild davon ausging, dass der Norden gewinnen würde, und dass er seinen Einfluss auf die Finanziers in England und Frankreich geltend machte, um den Norden zu unterstützen. So hatte das Rothschild-Imperium, wie Leese sagte, letztlich materielle Interessen an beiden Seiten.

Es ist auch klar, dass August Belmont eng mit Judah Benjamin zusammenarbeitete, dem jüdischen Generalstaatsanwalt, dann dem Kriegssekretär und schließlich dem Staatssekretär der Konföderation. Belmonts Frau, eine Nichtjüdin, war die Nichte von John Slidell, einem von Benjamins Rechtspartnern.

Slidells eigene Tochter heiratete Baron Frederick Emil d'Erlanger, den Chef einer großen jüdischen Bankgesellschaft in Paris, dessen Vater, Baron Rafael d'Erlanger aus Frankfurt, ein vertraulicher Vertreter der Rothschilds gewesen war

In der Zwischenzeit hatte Präsident Abraham Lincoln seine eigenen Absichten in Bezug auf die internationale Währungsmacht und strebte die Einführung von Staatskrediten an, um das amerikanische Volk vom Rothschild-Imperium zu befreien. Es ist natürlich nicht überraschend, dass Belmont sich stark gegen die Ernennung und Wahl Lincolns zum Präsidenten im Jahr 1860 wandte. Lincoln umging die Intrigen der Rothschilds während des Bürgerkriegs, indem er den Krieg mit staatlichen Krediten finanzierte und so die Abhängigkeit von den jüdischen Banken unter dem Einfluss des Rothschild-Imperiums vermied.

Es ist daher kein Zufall, dass zu der Zeit, als John Wilkes Booth sich zur Ermordung Lincolns verschworen hatte, auch ein Anschlag auf den Staatssekretär William Seward verübt wurde, der in Wirklichkeit den russischen Zaren Alexander II. eingeladen hatte, seine Flotte in die Vereinigten Staaten zu entsenden, um die Bemühungen der Rothschilds, die Vereinigten Staaten zu spalten, zu unterbinden. Im Jahr 1881 wurde der Zar selbst ermordet.

2004 veröffentlichte der Autor Charles Higham (der ansonsten ein starker Befürworter jüdischer Anliegen ist) sein Buch *Murdering Mr. Lincoln*, in dem er tatsächlich ziemlich detailliert die Rolle der Rothschild-Interessen (und die der verbündeten Geheimgesellschaften im Rothschild-Einflussbereich) bei der Ermordung von Präsident Lincoln beschreibt - ein Punkt, der fast offiziell, wie es scheint, von der großen Zahl von „Mainstream"-Schriftstellern, die der Ermordung des 16ten Präsidenten Millionen von Worten gewidmet haben, nicht erwähnt wird.

(Und angesichts der Tatsache, dass auch der 1881 ins Amt gekommene Präsident James Garfield ermordet wurde, ist es wohl kein Zufall, dass Garfield ein scharfer Kritiker der internationalen Währungsmacht und ihrer amerikanischen Vermögenswerte war, die das amerikanische Kreditwesen kontrollieren wollten). In den Jahren nach dem Bürgerkrieg lieferten Belmont und andere Rothschild-Agenten den USA 3,2 Millionen Unzen Gold im Austausch gegen Anleihen mit einem Zinssatz von 4 % und zu einem Preis, der weit unter dem damaligen Marktpreis für diese Wertpapiere lag. Diese Transaktion erwies sich in den USA jedoch als unpopulär, da die Entlastung der Staatsfinanzen nur zehn Monate dauerte und sich die Wirtschaft des Landes stark verschlechterte. Die USA begaben jedoch eine Anleihe, indem sie ihre Anleihen an die amerikanische Öffentlichkeit verkauften, wodurch die Bürger entlastet wurden.

Belmont selbst wurde zum Boss der berühmten Tammany Society - im Volksmund als Tammany Hall bekannt -, die die politische Maschinerie der Stadt New York lenkte, die natürlich zum Hauptsitz der Rothschild-Finanzwelt in Amerika wurde. Arnold Leese beschrieb Tammany Hall als „eine Art heidnische Fassade für die jüdische Kehillah", d.h. die jüdische Geheimregierung.

Obwohl Belmont 1890 verstarb, setzten sich seine Söhne Perry und August weiterhin für die Interessen des Rothschild-Imperiums ein. Augusts Sohn Morgan und später Morgans Sohn John Mason arbeiteten bis zu ihrem Tod für die Rothschilds.

August Belmont stellte sich auf eine Linie mit J. P. Morgan an, die sich laut dem Autor Stephen Birmingham mit den Rothschilds in „einer Achse der Finanzmacht" verband, gegen die selbst das große Bankhaus Seligman nur schwer ankommen konnte. Letztendlich schlossen sich die Seligmans den Rothschilds in dem an, was Birmingham als „die mächtigste Kombination von Bankgeschichte..." beschrieb. Die Seligman-Belmont-Morgan-Rothschild-Allianz war so erfolgreich, dass [in den folgenden zehn Jahren] an der Wall Street beklagt wurde, dass die „in London [und] Deutschland ansässigen Banker" das Monopol auf den Verkauf von US-Anleihen in Europa besaßen - was praktisch der Fall war".

Die Familie Seligman stand, wie wir uns erinnern, im Mittelpunkt des ersten und bis heute berühmten Skandals um den „Antisemitismus in Amerika", da einem Familienmitglied aufgrund seiner jüdischen Herkunft der Zugang zum Grand Union Hotel verwehrt wurde. Interessant ist jedoch, dass dieser Vorfall laut Birmingham den Antisemitismus nicht ausgelöscht, sondern vielmehr geschürt hat.

Einmal hieß es, die Seligmans seien die reichste jüdische Familie Amerikas, und sie wurden zu Recht als „die amerikanischen Rothschilds" bezeichnet. Zu dieser Zeit entstanden jedoch auch andere große jüdische Bankfamilien, die alle Satelliten der Rothschild-Dynastie waren.

Laut Stephen Birmingham, der in *Our Crowd: Die großen jüdischen Familien von New York* schreibt: Wenn Joseph Seligman das internationale Bankwesen in Amerika praktisch erfunden hat, dann war es Jacob Schiff, der diese Erfindung aufgriff, sie verfeinerte und daraus eine Kunst machte...". „Auf seinem Höhepunkt „beherrschte Schiff alle Finanzfiguren der Wall Street".

Schiff, der 1875 die Tochter eines der Gründer der Kuhn-Loeb-Bank geheiratet hatte, übernahm bald die Kontrolle über das mächtige Imperium. Durch Schiffs Heirat wurde er Teil einer Elite, die nicht nur wirtschaftlich, sondern auch ehelich miteinander verbunden war. Wie ein Journalist mit Bezug auf die Bankiersfamilie Warburg - eine weitere jüdische Bankiersfamilie der „Our Crowd"-Gruppe - bemerkte: Die Warburgs waren niemand, bis sie die Schiffs heirateten, und Schiff war niemand, bis er die Loebs heiratete.

Heute gehört zu dieser Allianz auch die Familie des ehemaligen Vizepräsidenten Al Gore, dessen Tochter Karenna mit Drew Schiff, einem Mitglied der Schiff-Familie, verheiratet ist. Obwohl Gore also auf dem Nationalkongress der Demokraten im Jahr 2000, der ihn zum Präsidenten ernannte, sagte: „Ich habe mich selbst gemacht", lässt seine Beziehung zum Schiff-Clan - und damit zum Rothschild-Imperium - das Gegenteil vermuten.

Im Jahr 1881, so stellt Birmingham fest, „war die amerikanische Finanzwelt in das große Zeitalter von Schiff eingetreten". Allerdings hatte allein die Familie Schiff seit früheren Generationen weit reichende Verbindungen zu den Rothschilds. Laut Birmingham:

> Jahrhundert teilten sich die Schiffs und die Rothschilds ein Doppelhaus... bis einer der Schiffs, der bereits wohlhabend genug war, um nach London zu ziehen, den Rest des Hauses an den ersten

Rothschild verkaufte, der ein Vermögen gemacht hatte. Wenn man sie bedrängt, geben die Schiffs in der Regel zu, dass sie zwar kollektiv nicht so reich sind wie die Rothschilds, ihre Familie aber die ehrwürdigste ist. Die Rothschilds waren nur als große Bankiers bekannt.

Der Stammbaum der Schiff-Familie umfasste nicht nur erfolgreiche Bankiers, sondern auch bedeutende Gelehrte und Mitglieder des Rabbinats. So gehörten im 17. Jahrhundert Meir ben Jacob Schiff, der bemerkenswerte Kommentare zum Talmud verfasste, und David Tevele Schiff, der Ende des 18. Jahrhunderts Oberrabbiner der Großen Synagoge von England wurde, zur Familie Schiff.

Die Schiffs können auch nachweisen, dass sie eine viel ältere Familie als die Rothschilds sind. Der Stammbaum der Schiffs, der sorgfältig in der jüdischen Enzyklopädie zusammengestellt wurde, ist der längste aller existierenden jüdischen Familien, wobei die Frankfurter Schiffs bis ins vierzehnte Jahrhundert zurückreichen.

Jacob Schiff verfolgte seine Abstammung tatsächlich noch weiter zurück, nämlich bis ins 10. Jahrhundert v. Chr. und zu keinem Geringeren als König Salomo und von dort zu David und Bathseba, wo er sich entschied, nicht weiter zurückzugehen. Jacob Schiff nahm seine Abstammung vom König von Israel ernst...

Der amerikanische Industrielle Henry Ford merkte seinerseits an, dass Schiff in seinen jungen Jahren tatsächlich im Büro seines Vaters, der ein Agent der Rothschilds war, in die Lehre gegangen war. Wie Ford feststellte, wurde Schiff

> „einer der Hauptkanäle, durch die deutsch-jüdisches Kapital in amerikanische Unternehmen floss, und seine Tätigkeit auf diesem Gebiet verschaffte ihm einen Platz in vielen wichtigen Abteilungen des amerikanischen Geschäftslebens, insbesondere bei Eisenbahnen, Banken, Versicherungsgesellschaften und Telegrafenunternehmen".

In der Zeitschrift *Truth* vom 16. Dezember 1912 enthüllte George R. Conroy, dass die Verbindungen zwischen Rothschild und Schiff bis ins 20. Jahrhundert reichten

> Herr Schiff steht an der Spitze der großen Privatbank Kuhn, Loeb & Co, die die Interessen der Rothschilds diesseits des Atlantiks vertritt. Er wird als Finanzstratege beschrieben und war jahrelang Finanzminister der unpersönlichen Großmacht, die als Standard Oil bekannt ist [die natürlich öffentlich mit der Rockefeller-Familie identifiziert wurde]. Er arbeitete Hand in Hand mit den Harrimans,

den Goulds und den Rockefellers in all ihren Eisenbahnunternehmen und wurde zur dominierenden Macht in der Eisenbahn- und Finanzwelt Amerikas.

Tatsächlich untersuchte 1912 ein Senatsausschuss, der nach seinem Vorsitzenden als Pujo-Kommission bekannt war, die damaligen Geldtrusts. Der Ausschuss ergab, dass Kuhn, Loeb - trotz seiner Allianz mit J. P. Morgan - hauptsächlich mit der von Rockefeller kontrollierten National City Bank verbündet war. Jacob Schiff war jedoch seit langem Verwalter dieser Rockefeller-Einheit, und Schiff war somit in die beiden großen, auf amerikanischem Boden operierenden Finanzblöcke involviert, die somit nicht so „unabhängig" waren, wie die Öffentlichkeit hätte denken können. An beiden Einflüssen waren in der Tat „jüdische" Interessen beteiligt.

Laut Stephen Birmingham fand das Pujo-Komitee heraus, dass Jacob Schiff *die beiden* wichtigsten Finanzinteressen leitete: „Die Morgan-Baker-First National Bank-Gruppe und die Rockefeller-Stillman-National City Bank-Gruppe bildeten den inneren Kreis. Die Mächte waren Stahl und Öl, jede mit ihrer eigenen massiven Bank. Im Gegensatz zu dem, was alle angenommen hatten, wurde keine 'Rivalität' zwischen diesen [Fraktionen] offenbart. Kuhn, Loeb, entschied das Komitee, ein wenig vage, wurde nur von der inneren Fraktion als Verbündeter bezeichnet". Während einige sich fragten, was das bedeutete, schlossen andere, insbesondere einige Mitglieder der Presse, daraus, dass Jacob Schiff privilegierte Kontakte zu den beiden wichtigsten Mächten der Wall Street hatte [und] sogar [Schiff] gab zu, dass dies der Fall war".

Damit fällt die alte, von vielen „patriotischen" amerikanischen Schriftstellern verbreitete Legende, wonach es einen „Kampf" zwischen den Rockefellers und der jüdischen Bankenelite gegeben habe, flach. Die Rockefellers waren in jedem Fall kaum mehr als gut bezahlte Handlanger, Satelliten des Rothschild-Imperiums

In Bezug auf die Familie Rockefeller ist anzumerken, dass es in der öffentlichen Arena keine soliden Informationen gibt, die darauf hindeuten, dass sie jüdischer Abstammung ist, obwohl es seit über einem Jahrhundert zahlreiche Spekulationen gibt. Im Gegensatz zu einer weit verbreiteten Meinung ist der häufig angeführte „Beweis", dass „die Rockefellers jüdisch sind", überhaupt kein Beweis.

Das Gerücht, dass die Rockefellers Juden sind, rührt größtenteils daher, dass der oben erwähnte Stephen Birmingham - in seinem 1971 bei

Harper & Row erschienenen Buch *The Grandees*, ein Profil der Geschichte der sephardisch-jüdischen Elite Amerikas (Nachkommen spanischer und portugiesischer jüdischer Familien) - erwähnt, dass der Name „Rockefeller" in einer seltenen genealogischen Studie von Malcolm H. Stern aus dem Jahr 1960, *Americans of Jewish Descent (Amerikaner jüdischer Herkunft)*, zu finden *ist*.

Während sich einige auf diese Information stürzten und begannen, die Geschichte in Umlauf zu bringen, dass dies ein „Beweis" dafür sei, dass „die Rockefellers jüdisch sind", zeigt eine sorgfältige Lektüre *des gesamten* Buches, dass - soweit in diesem Buch dokumentiert - die Rockefellers, die *tatsächlich* jüdisches Blut haben, aus der Linie von Godfrey Rockefeller stammen, der eine gewisse Helen Gratz heiratete, die Jüdin war. Ihre Kinder und Erben wurden in der Episkopalkirche erzogen und hatten wenig mit jüdischen oder israelischen Angelegenheiten zu tun.

Godfrey Rockefeller stammte tatsächlich *aus einer eigenen Linie der Rockefeller-Familie*, er war ein Nachkomme eines Bruders von John D. Rockefeller, Sr. und Cousin zweiten Grades der berühmten Rockefeller-Brüder - Nelson, David, Laurence und John D. III. So beruht die berühmte Geschichte, dass die Rockefellers Juden seien - zumindest die so oft zitierte - auf einer falschen Lesart dessen, was tatsächlich in dem viel zitierten Buch aus Birmingham erschienen ist.

Es ist kein großes Vergnügen, mit dem populären Mythos „Die Rockefellers sind Juden" aufzuräumen, der von vielen wohlmeinenden Menschen verbreitet wurde, doch die Fakten über den Ursprung dieses Gerüchts sprechen für sich. Es geht natürlich nicht darum, zu unterstellen, dass in den Adern der Familie Rockefeller (seit Generationen) kein jüdisches Blut fließt, aber jede diesbezügliche Anschuldigung sollte auf Fakten beruhen und nicht auf der Fehlinterpretation eines flüchtigen Hinweises in einem Buch.

Doch trotz dieser Fakten - die man anhand des Birmingham-Buches herausfinden kann, aus dem die neueste Version des Gerüchts *stammt, dass „die Rockefellers Juden sind"* - schlagen nur wenige Menschen das Buch selbst nach und ziehen es vor, die Legende weiterzugeben.

Aber viele prominente amerikanische Familien, die nicht jüdisch sind (soweit wir wissen), haben sich mit den neuen Pharisäern des Rothschild-Imperiums an der amerikanischen Küste eingelassen.

Wenn man, wie bereits erwähnt, bedenkt, dass die Familie des ehemaligen Vizepräsidenten Al Gore lange Zeit enge Beziehungen zu

Armand Hammer unterhielt, dem jüdischen amerikanischen Industriellen, der für seine Beziehungen zur bolschewistischen Elite bekannt war - und der der Sohn eines Vaters war, der die Kommunistische Partei der USA gegründet hatte -, ist es nur logisch, dass Gores Schwiegerfamilie, die Familie Schiff (und ihre Partner, die Rothschilds), 1917 eine wichtige Rolle bei der Finanzierung der bolschewistischen Revolution in Russland gespielt hat.Ursprünglich, so Professor Gore, habe die Familie Schiff eine wichtige Rolle bei der Finanzierung der bolschewistischen Revolution in Russland gespielt.

Albert S. Lindemann, in *Esau's Tears*

> Der hartnäckigste Feind des zaristischen Russlands war Jacob H. Schiff [der] eine entscheidende Rolle spielte, indem er den Russen nicht nur die Anleihen verweigerte, die sie auf dem internationalen Markt zur Finanzierung des [russisch-japanischen Krieges] suchten, sondern auch, noch entscheidender, indem er Japan, das damals Russland auf so demütigende Weise besiegte, finanziell unterstützte [...] Schiff freute sich darüber, wie er und andere Juden zur Demütigung des großen russischen Reiches beitragen konnten. Er brüstete sich damit, dass Russland nach seiner Demütigung im Russisch-Japanischen Krieg verstanden habe, dass „das internationale Judentum letztendlich eine Macht ist".

Später finanzierte Schiff zusammen mit den Rothschilds und anderen jüdischen Bankinteressen persönlich die Übernahme des christlichen Russlands durch die Bolschewiki und die Ermordung von Millionen von Christen, indem er Leo Trotzki und die anderen Schlächter, die die Macht übernahmen und sich im Kreml niederließen, finanziell unterstützte.

Die vollständige Geschichte der Rolle der Schiffs in dieser Tragödie, die dazu beitrug, den Boden für den Zweiten Weltkrieg, Korea, Vietnam und all die anderen Krisen, die aus dem „Kalten Krieg" entstanden, zu bereiten, ist nur wenigen bekannt, aber sie ist Teil der Legende des Rothschild-Imperiums und seiner Rolle bei der Manipulation der Weltangelegenheiten. Letztendlich ist es so, dass die Schiff-Dynastie zwar allein eine große Macht war, aber Tatsache ist, dass sie Teil des Rothschild-Imperiums war.

An diesem Punkt, nachdem wir die Rolle der Intrigen des Rothschild-Imperiums in Amerika untersucht haben, ist es entscheidend, die Rolle der Rothschilds bei der Errichtung des Federal-Reserve-Systems in den USA zu erkennen.

Obwohl viel über die Federal Reserve und die Realität dessen, was sie ist - ein privates und von Bankinstituten kontrolliertes Geldmonopol - geschrieben wurde, ist die Tatsache, dass die Rothschild-Familie letztlich die Hauptkraft hinter der Etablierung des Systems auf amerikanischem Boden war, etwas, das nicht vollständig verstanden wird.

Weil es zum Beispiel bei dem berühmten Treffen vor der Küste Georgias auf Jekyll Island, bei dem der Rahmen für die Federal Reserve festgelegt wurde, keine Person mit dem Namen „Rothschild" gab, gibt es einige, die die Rothschild-Familie von allen Umständen distanzieren würden. Die feine Hand der Rothschilds war jedoch sehr wohl anwesend, vertreten durch Paul Warburg von der Kuhn, Loeb Company, die, wie wir angemerkt haben, unter der Kontrolle von Jacob Schiff, einem langjährigen Partner der Rothschilds, stand.

Der aus einer anderen großen deutsch-jüdischen Bankiersfamilie stammende Warburg war der Hauptarchitekt des 1913 gegründeten Federal Reserve Systems, das die Kontrolle des amerikanischen Währungssystems durch das Rothschild-Imperium und die internationale jüdische Finanzwelt festigte.

Henry Fords Diskussion über das, was er als „die jüdische Idee einer Zentralbank für Amerika" bezeichnete, betraf die Federal Reserve. Ford schrieb

Was die Menschen in den USA nicht verstehen und nie verstanden haben, ist, dass das Gesetz über die Federal Reserve zwar staatlich war, das gesamte System der Federal Reserve aber privat ist. Es handelt sich um ein offiziell geschaffenes privates Bankensystem.

Befragen Sie die ersten 1000 Menschen, die Sie auf der Straße treffen, und 999 von ihnen werden Ihnen sagen, dass das Federal Reserve System eine Einrichtung ist, mit der die Regierung der Vereinigten Staaten zum Nutzen des Volkes in das Bankgeschäft eingestiegen ist. Sie glauben, dass die Federal Reserve genau wie das Postamt und die Zollstelle Teil des offiziellen Regierungsapparats ist...

Die klassischen Enzyklopädien enthalten keine Ungenauigkeiten, aber sie sagen auch nicht, dass das Federal Reserve System ein privates Bankensystem ist; der Laienleser hat den Eindruck, dass es Teil der Regierung ist.

Das Federal Reserve System ist ein Privatbankensystem, die Schaffung einer Bankenaristokratie innerhalb eines bereits bestehenden Aristokratiesystems, durch das ein Großteil der Unabhängigkeit des Bankwesens verloren ging und durch das es spekulativen Finanziers ermöglicht wurde, große Geldmengen für ihre eigenen Zwecke zu zentralisieren, unabhängig davon, ob sie [für das Volk der Vereinigten Staaten] von Nutzen sind oder nicht.

In Bezug auf die Frage nach den Verbindungen zwischen der Federal Reserve und dem, was er als „die Wirtschaftspläne der internationalen Juden" bezeichnete, behauptete Ford zu Recht, dass

„Die Stärke des jüdischen Geldes liegt in seinem Internationalismus. Es dehnt eine Kette von Banken und Finanzkontrollzentren über die ganze Welt aus und lässt sie auf der Seite des Spiels spielen, die Juda begünstigt".

Ford erklärte, dass einzelne jüdische Banken in einem bestimmten Land keine Bedrohung darstellen würden. Als einfache Bankiers in ihrem eigenen Land würden sie keinen Anlass zur Sorge geben. Ford wies darauf hin, dass in den herkömmlichen Geschäftsbanken die jüdischen nicht vorherrschend gewesen seien und dass die traditionellen Depotbanken kaum Teil des jüdischen Finanznetzwerks gewesen seien.

„Die Rothschilds waren nie Bankiers im eigentlichen Sinne des Wortes; sie waren Geldverleiher an Nationen, deren Vertreter sie korrumpiert hatten, damit diese um Kredite baten. Sie machten ihre Geschäfte genau nach dem Muster des Straßenkreditgebers, der den Sohn des Reichen dazu verführt, sich eine große Summe zu leihen, weil er weiß, dass der Vater dafür bezahlen wird. Das ist nicht wirklich Bankwesen. Solche Gehirne können zwar Geld „beschaffen", aber sie „machen" kein Geld.

Aus diesem Grund, so Ford, sei es notwendig, das internationale Ausmaß der jüdischen Bankenmacht zu untersuchen. Dieses System, so sagte er, verlangt nicht, dass eine jüdische Bank die größte Finanzmacht in einem bestimmten Land ist. Es ist nicht der Reichtum und die Bedeutung einer einzigen dieser Banken, sondern im Gegenteil, der Reichtum und die Bedeutung der weltweiten Kette der verschiedenen jüdischen Banken, die der internationalen Geldmacht ihre Stärke verleihen.

Ford nannte zum Beispiel Paul Warburg von Kuhn, Loeb & Company, der einer der Hauptinitiatoren bei der Schaffung des Federal Reserve Systems in den USA war. Warburgs Unternehmen war bei weitem nicht die mächtigste Bank der USA, aber aufgrund seiner internationalen Verbindungen - die, wie Ford sagte, „allesamt jüdisch" waren - nahm es einen neuen Aspekt in Bezug auf seine Auswirkungen auf das amerikanische Leben an.

Das Dossier zeigt, dass es tatsächlich die Gründung der Federal Reserve im Jahr 1913 war, die den Rahmen für die Ausweitung der Kontrolle der Rothschilds über das amerikanische Finanzwesen und die Industrie geschaffen hat.

Die Amerikaner verstanden natürlich nicht viel von all dem. *Der* amerikanische Autor E. C. Knuth merkte an, dass Senator Edward Hall Moore aus Oklahoma 1945 in seinem Buch *The Empire of „The City"* die Tatsache öffentlich machte, dass „die britische Regierung" große Anteile an 80 der größten amerikanischen Industrieunternehmen besaß, darunter General Motors und Standard Oil of Indiana. Dass Standard Oil dazu gehörte, mag naive Amerikaner überraschen, die lange Zeit glaubten, dass die Rockefeller-Familie, die Standard Oil zu dominieren schien, nach amerikanischen Begriffen so etwas wie eine „königliche" Familie war, während in Wirklichkeit der Einfluss der Rothschilds sogar bis in die Reihen eines so berühmten „amerikanischen" Unternehmens reichte.

Tatsächlich war das Rockefeller-Imperium in mehrfacher Hinsicht, als vielen je bewusst war, immer eine Tochter des Rothschild-Imperiums, das zwar reich und mächtig, aber dennoch eine Tochter von Rothschild war. Und wie wir weiter unten auf diesen Seiten sehen werden, sind viele Institutionen, die traditionell als Teil des Einflussbereichs „Rockefeller" wahrgenommen wurden, heute fest in die Hände von Agenten des Rothschild-Imperiums gefallen.

Knuth hat es auf den Punkt gebracht

> „Die amerikanische Öffentlichkeit wurde blindlings zum Schlachthof geführt, wie so viele Schafe, die über die Rampe zum Schlachthof getrieben wurden, mit endlosen Jahren des Ruins und der Angst als Ergebnis für Millionen von Menschen".

Er bezog sich auf die Tatsache, dass „Europas kluges Geld" in Wirklichkeit gnadenlos den großen Börsencrash von 1929 herbeigeführt und dadurch absolute Macht über die amerikanische Wirtschaft erlangt hatte.

Doch im amerikanischen Volk gab es einige nationalistische Führer, die sich gegen dieses System stellten. So warnte zum Beispiel James J. Hill, der große amerikanische Eisenbahnbauer, vor der steigenden

Staatsverschuldung und der Gefahr, dass die Nation in die Hände von Wucherern fallen könnte:

> Ich brauche Sie nicht daran zu erinnern, dass der öffentliche Kredit zwar umfangreich, aber nicht unerschöpflich ist... Von allen Ressourcen muss diese mit größter Sorgfalt bewahrt werden, zum einen, weil man nie im Voraus wissen kann, wo die Erschöpfung beginnt.

> Die Erde und ihre Produkte zeigen uns deutlich, was wir in Zukunft von ihnen erwarten können, aber der Kredit ist in einem Moment scheinbar unbegrenzt und bricht im nächsten Moment zusammen.

> Die einzige sichere Regel ist, ihm keine vermeidbare Last aufzubürden und ihn für die Tage der größten Not aufzuheben.

Hill richtete eine Warnung an seine amerikanischen Mitbürger:

> „Es wird uns nichts nützen, den Rest der großen nationalen Ressourcen, die einst Eigentum dieses Kontinents waren, zu bewahren, wenn wir nicht den nationalen Kredit als wertvoller als all diese Ressourcen bewahren. Wenn er aufgebraucht ist, wird das Herz der Nation aufhören zu schlagen".

In den Jahren vor dem Zweiten Weltkrieg und in den ersten Tagen des darauffolgenden Krieges meldeten sich auch andere *zu* Wort. Die meisten dieser nationalistischen Führer wurden jedoch schließlich aus ihren Ämtern vertrieben oder zum Schweigen gebracht. Wie Knuth ausdrückte

> „das Schicksal der Übertreter der Pläne der „Globalisten" [war] seither hart und unglücklich".

Mit dem neuen internationalen System, das nach dem Zweiten Weltkrieg von der Weltbank und dem Internationalen Währungsfonds - allesamt Projekte der internationalen Geldmacht des Rothschild-Imperiums - durchgesetzt wurde, erklärte Knuth, die USA seien „in einer Position unbegrenzter Gefahr gefangen und. Ausländische Nationen [würden] ihre trügerische Position ausnutzen, indem sie schamlos und unverschämt riesige Subventionen in Form von Krediten fordern, die in Wirklichkeit nichts anderes sind als eine Erpressung der amerikanischen Politiker, die sich sicher sind, ihre Stimme in der Weltpolitik zu verlieren [wie Woodrow Wilson nach dem Ersten Weltkrieg], wenn sie nicht weiter spenden".

Natürlich betonte Knuth in seinen Schriften, dass das amerikanische System, das infolge der amerikanischen Revolution vordergründig unabhängig war, in Wirklichkeit aus der Ferne beherrscht wurde, da so viele amerikanische Vermögen mit denen der Rothschilds und ihrer Kollegen aus der internationalen Geldmacht verbunden waren, die um die Londoner „City" herumwirbelten. Knuth erklärte

> Millionen von Männern [in den USA] beeinflussen das Schicksal und das Leben oder den Tod ihrer Mitbürger mit einer Organisation, die subversiv gegenüber dem Geist und dem Buchstaben der Verfassung der Vereinigten Staaten ist, einer Organisation, von der nicht einer von tausend ihrer Mitbürger jemals etwas gehört hat.

> Das Ziel dieser Männer ist vollständig mit der Abhängigkeit ihres eigenen, ausnahmslos großen Vermögens von den Operationen der „City", der Zitadelle der internationalen Finanzwelt, verknüpft. Diese Männer üben nicht nur kollektiv einen geplanten Einfluss von immensem Gewicht unter strengster Geheimhaltung aus, sondern sie handeln auch mit Unterstützung der immensen Gelder, die von Cecil Rhodes und Andrew Carnegie bereitgestellt wurden.

Und wie wir festgestellt haben, war Rhodes von dem Moment an, als er in die globale Finanz- und Industriewelt eintrat, ein Instrument des Rothschild-Imperiums. Dasselbe kann man von Carnegie sagen, so titanisch er auch war.

Die „Organisation", auf die sich Knuth in diesem Fall speziell bezieht, ist die „Pilgrim Society", die die britisch-amerikanische Bruderschaft fördert. Die Pilgrim Society wurde 1902 in London gegründet, vier Monate nach dem Tod von Cecil Rhodes, und natürlich war es, wie wir gesehen haben, Rhodes' Konzept, die Vereinigten Staaten wieder unter die direkte und offene Kontrolle des Britischen Empire zu bringen. Viele wohlhabende und einflussreiche Amerikaner waren in dieser Organisation aktiv.

Der Council on Foreign Relations mit Sitz in New York (der eng mit der Pilgrim Society verbunden war) war, wie bereits betont, nichts anderes als eine amerikanische Tochtergesellschaft, sozusagen ein jüngerer Cousin des Royal Institute of International Affairs (RIIA) mit Sitz in London, das wiederum der außenpolitische Arm des Rothschild-Imperiums war, das das RIIA als Operationsbasis nutzte, um die offiziellen ausländischen Unternehmen des „britischen" Imperiums zu steuern. Der RIIA hatte seinen Sitz in der „City" von London.

Unter Betonung der Tatsache, dass das „britische" [d. h. jüdische, d. h. Rothschild-Kapital] Kapital eine große Rolle bei der Auslösung des großen Crashs von 1929 gespielt hatte, und mit der Feststellung, dass die ausgedehnte Inflation, die den Crash auslöste, hätte kontrolliert und zu jedem Zeitpunkt ihres Fortschreitens von dem, was Knuth das von den Rothschilds dominierte „große globale Kreditpendel" nannte, gestoppt werden können, beschrieb Knuth die Folgen:

> Es besteht kein Zweifel daran, dass der immense Crash und der Verlust amerikanischer Wertpapiere nicht nur dazu dienten, den damals größten Konkurrenten Großbritanniens zu schädigen und zu lähmen, sondern auch, um eine widerspenstige und unfreundliche Regierung zu disziplinieren. Auch die Tatsache, dass im Wahljahr 1932 Milliarden Dollar an ausländischem Gold aus den USA transferiert wurden, um die Hoover-Regierung weiter zu diskreditieren und so diese Wahl zu beeinflussen, steht außer Zweifel.

> Auch die Tatsache, dass ein ähnlich massiver Betrag an ausländischem Gold in Höhe von insgesamt 1.139.672.000 US-Dollar 1935 in die USA transferiert wurde, um die [1936 anstehenden] Wahlen zu beeinflussen, wieder „Vertrauen" zu schaffen und den amerikanischen Investor auf eine erneute Schur im Jahr 1937 vorzubereiten, scheint nicht zweifelhaft zu sein.

> Zusammenfassend lässt sich sagen, dass es keinen Zweifel daran gibt, dass das Haus Rothschild in den großen Crashs der Geschichte und den großen Kriegen der Geschichte Geld verdient hat - in genau den Zeiten, in denen andere ihr Geld verloren haben.

Zusammenfassend lässt sich sagen, wie einer der Handlanger der Rothschilds, Viscount Reginald Esher, es ausdrückte: „Die Position der Rothschilds in Bezug auf die Angelegenheiten der Länder der ganzen Welt ist für sie alle unerlässlich, aber für keinen von ihnen verantwortlich".

Als Knuth all dies aus amerikanischer Sicht betrachtete und untersuchte, wie die internationale Währungsmacht den Lauf der Weltgeschäfte beeinflusst hat, sagte er über die Amerikaner:

> Vielen Menschen ist klar, dass diese mystifizierende Situation, in der eine angeblich demokratische und autonome Nation tatsächlich gegen den Willen ihres Volkes in ihren auswärtigen Angelegenheiten kontrolliert wird, ein klarer Hinweis darauf ist, dass es eine sehr mächtige und gut finanzierte Geheimorganisation geben muss, die die amerikanischen Außenbeziehungen plant und leitet, und in Ermangelung einer spezifischeren Identifizierung wird diese mutmaßliche Geheimorganisation gemeinhin als „die internationalen Finanziers" bezeichnet.

Aber natürlich waren diese „internationalen Finanziers", wie Knuth sehr deutlich erklärte, in Wirklichkeit die Mitglieder der Rothschild-Familie und ihre sorgfältig platzierten Agenten in ganz Europa und anderswo und in der Tat auf amerikanischem Boden. Und als der Einfluss der Rothschilds auf dem Planeten zunahm, erkannten immer mehr Patrioten die Gefahren, denen ihre Nationen in den Händen dieser räuberischen plutokratischen Geier ausgesetzt waren.

Professor Carroll Quigley von der Georgetown University schrieb in *Tragedy and Hope* (*Tragödie und Hoffnung*) über das, was er als Chance für internationale Finanzinteressen betrachtete, das politische Leben der USA zu dominieren. Er erklärte in aller Offenheit

> Das Hauptproblem des politischen Lebens in den USA bestand lange Zeit darin, wie man die beiden [Parteien im Kongress] nationaler und internationaler machen kann. Das Argument, dass die beiden Parteien entgegengesetzte Ideale und Politiken vertreten sollten, die eine vielleicht rechts, die andere links, ist eine unsinnige Idee, außer für Doktrinäre und Akademiker. Vielmehr sollten beide Parteien nahezu identisch sein, sodass das amerikanische Volk bei jeder Wahl „die Schurken rauswerfen" kann, ohne dass dies zu tiefgreifenden oder weitreichenden Veränderungen in der Politik führt.

Quigley erklärte, dass es über die Politik der internationalen Elite, die er als „lebenswichtig und notwendig für Amerika" betrachtete, keine nennenswerten Meinungsverschiedenheiten mehr gebe, sondern dass sie „nur in Details des Verfahrens, der Priorität oder der Methode anfechtbar" seien. Er lobte die internationalistische Politik und erklärte, dass „jede nationale amerikanische Partei, die hofft, eine Präsidentschaftswahl zu gewinnen, diese Dinge akzeptieren muss".

Allerdings, so fügte er hinzu,

> „die eine oder andere Partei an der Macht mit der Zeit korrupt, müde, unternehmungslustig und kraftlos wird. Dann sollte es möglich sein, sie, wenn nötig alle vier Jahre, durch die andere Partei zu ersetzen, die nichts von alledem sein wird, sondern mit neuer Kraft ungefähr die gleiche Grundpolitik verfolgt.

Es ist klar, dass mit dem Aufstieg des Rothschild-Imperiums in der amerikanischen Geschäftswelt die gewählten Vertreter der Vereinigten Staaten schnell zu Instrumenten im Dienste dieser räuberischen Interessen wurden. Demokraten und Republikaner wurden in Stellung gebracht und befürworteten eine Politik, die die Agenda der globalen

Elite vorantrieb - und damit das Ziel einer Neuen Weltordnung noch weiter vorantrieb.

Der Aufstieg Adolf Hitlers in Europa, der die Rothschilds und die internationale jüdische Finanzwelt herausforderte, ebnete den Weg für das, was später zum Zweiten Weltkrieg wurde. In den Vereinigten Staaten setzte sich Franklin Delano Roosevelt unermüdlich dafür ein, die USA in den Krieg gegen Deutschland zu führen. Es genügt zu sagen, dass FDRs Rolle in dieser Tragödie Gegenstand vieler großartiger Bücher war, die von bedeutenden revisionistischen Historikern wie Harry Elmer Barnes, Charles Beard, Charles Callan Tansill und anderen verfasst wurden.

Kein ehrlicher Schüler dieser Zeit kommt umhin, zu dem Schluss zu kommen, dass der Zweite Weltkrieg ein Krieg war, den Amerika nicht hätte führen müssen und auch nicht hätte führen sollen. Dieser Krieg hat weder dem Planeten noch Amerika „Gutes" gebracht. Im Gegenteil, er legte den Grundstein für künftige Kriege und schuf einen Nachkriegsrahmen, auf dem der Wunsch nach einer neuen Weltordnung stärker als je zuvor vorangeschritten ist.

In Bezug auf die Familie Roosevelt legen weithin veröffentlichte Informationen nahe, dass die Familie Roosevelt jüdische Vorfahren hatte, dass der ursprüngliche Familienname „Rossocampo" war, ein Name, der von sephardischen Juden getragen wurde, die 1620 zu den aus Spanien Vertriebenen gehörten. Dieser Name soll dann geändert worden sein, als sich die verschiedenen Zweige der Familie in anderen Teilen Europas niederließen. Es gibt jedoch keine stichhaltigen Beweise dafür, dass diese oft zitierte Geschichte eine absolute Tatsache ist.

Wir wissen, dass Nachkommen der holländischstämmigen Familienmitglieder - die natürlich Rosenvelt hießen - in die USA auswanderten und der Name schließlich zu dem uns heute bekannten Namen „Roosevelt" wurde. Manche behaupten, dass die Rosenvelts ursprünglich Juden waren, unabhängig davon, ob sie sephardischer Abstammung sind oder nicht.

Inzwischen wissen wir, dass die Roosevelts über mehrere Generationen hinweg andere Personen heirateten, die absolut nicht jüdisch waren, und dass zu der Zeit, als Franklin und Eleanor Roosevelt - Cousins, die später Ehemann und Ehefrau werden sollten - junge, wohlhabende Mitglieder der amerikanischen Elite waren, nicht bekannt war, dass sie die jüdische Religion praktizierten.

Während der Roosevelt-Ära wurde in einer Ahnentafel der Roosevelt-Familie, die sowohl in Europa als auch in den USA zirkulierte, ein anderer jüdischer Familienstamm - nämlich der der „Samuels"-Linie - beschuldigt, in die daraus resultierende Roosevelt-Linie eingeführt worden zu sein.

So spannend diese Information damals für die Kritiker von FDR auch gewesen sein mag, ihre Herkunft ist gelinde gesagt unklar. Auch wenn viele dies glauben wollten, ist der Name „Samuels" oft ein jüdischer Name, aber wir wissen nicht mit Sicherheit, dass sie Juden waren.

Für eine vielleicht unmittelbarere Datenquelle über ein mögliches jüdisches Erbe in der Familie Roosevelt - laut einer jüdischen Quelle - können wir uns jedoch an die Ausgabe des *London Jewish Chronicle* vom 5. Februar 1982 wenden, die einen Artikel mit dem Titel „FDR 'had Jewish great-grandmother'" enthielt. Der Artikel, der von Leon Hadar verfasst wurde, lautet wie folgt

> Der verstorbene US-Präsident Franklin Delano Roosevelt hatte eine jüdische Urgroßmutter, sagte letzte Woche Mr. Philip Slomovitz, Chefredakteur der *Detroit Jewish News*, der einen Brief veröffentlichte, der ihm vor 45 Jahren vom verstorbenen Rabbiner Steven Wise, dem ehemaligen Präsidenten des Jüdischen Weltkongresses, geschickt worden war.
>
> In seinem Brief beschreibt Rabbi Wise ein Mittagessen seiner Frau mit Mrs. Eleanor Roosevelt, der Ehefrau des verstorbenen Präsidenten (und einer entfernten Cousine), die ihm sagte: „Oft sagen unsere Cousine Alice und ich, dass das Gehirn der Roosevelt-Familie von unserer jüdischen Urgroßmutter stammt", die Esther Levy hieß.
>
> In dem Brief heißt es weiter, Mrs. Roosevelt habe [Mrs. Wise] gesagt, dass „jedes Mal, wenn unsere Cousine Alice oder ich unsere jüdische Urgroßmutter erwähnen, wird Franklins Mutter wütend und sagt: „Du weißt doch, dass das nicht der Fall ist. Warum sagst du das?" Laut Rabbi Wise sagte auch Mrs. Roosevelt zu ihrer Frau: „Du solltest das nicht benutzen. Ich denke, es ist besser, wenn wir die Sache jetzt fallen lassen".
>
> In einem separaten Brief an Herrn Slomovitz schrieb Franklin Roosevelt, dessen 100. Geburtstag sich dieses Jahr jährt, dass seine Vorfahren „jüdisch, katholisch oder protestantisch sein könnten". Rabbi Wise, der Präsident Roosevelt sehr nahe stand, erklärte, sein Brief an Herrn Slomovitz sei „streng privat und vertraulich".

Ironischerweise muss betont werden, dass sowohl Franklin als auch Eleanor Roosevelt dafür bekannt waren, privat antijüdische Äußerungen zu machen, obwohl sie möglicherweise jüdischer Abstammung waren. Trotzdem wurden beide zu Ikonen der jüdischen Weltanschauung. In den letzten Jahren des 20. und den ersten Jahren des 21. Jahrhunderts schien dieses Phänomen jedoch nachzulassen, da aggressive jüdische Autoren heute behaupten, dass FDR - trotz seines blutigen Weltkriegs gegen Hitler - „nicht genug getan hat, um den Holocaust zu stoppen".

Wie auch immer, es ist erwähnenswert, dass der Autor sich daran erinnert, vor vielen Jahren in der Zeitschrift *American Heritage* gelesen zu haben, dass ein Forscher Informationen gefunden hatte, die belegen, dass FDRs Vorfahren mütterlicherseits in der Familie Delano jüdischer Herkunft waren - ein interessantes Detail, wenn man bedenkt, dass FDRs Mutter selbst dafür bekannt war, antijüdische Bemerkungen zu machen.

Die Tatsache, dass FDR jüdisch (oder teilweise jüdisch) war, spielt daher für das Gesamtbild keine Rolle. Es bleibt dabei, dass sehr viele nicht-jüdische amerikanische Politiker Verfechter der jüdischen Agenda waren - oder heute sind - und die Entstehung einer neuen Weltordnung, der jüdischen Utopie, vorantreiben.

Die Schlussfolgerung lautet wie folgt: Im Laufe des 20. Jahrhunderts sind die Vereinigten Staaten von Amerika zum wichtigsten Kontrollmechanismus in den Händen des Rothschild-Imperiums geworden. Das amerikanische Blut und der amerikanische Schatz wurden zu den Mitteln, mit denen die Neue Weltordnung rasche Fortschritte machte.

Die jüdische Kontrolle über die Medien und praktisch alle Formen der Bildung und Kommunikation hat sich exponentiell entwickelt, was es den Rothschilds und den modernen jüdischen Dynastien, die in ihrem Einflussbereich operieren, ermöglicht hat, eine größere politische Kontrolle über die amerikanischen Angelegenheiten auszuüben.

In den folgenden Kapiteln untersuchen wir das Wesen der jüdischen Macht in Amerika, indem wir ihre Parameter durchgehen und die Namen und Intrigen der neuen Pharisäer enthüllen, die die Agenda der Rothschilds vorantreiben: die Errichtung eines weltweiten jüdischen Imperiums.

Oben: Diese Karikatur des „Monopoly News Delivery" aus dem 19(igsten) Jahrhundert - die die Kontrolle der amerikanischen Presse durch eine Elite suggeriert - ist noch repräsentativer für die heutige Situation der amerikanischen Medien: Eine Handvoll jüdischer Familien und Finanzinteressen im Einflussbereich der Rothschilds kontrollieren die wichtigsten Medien, wobei ihr Einfluss durch eine außerordentliche Zahl jüdischer Chefredakteure und Journalisten in führenden Positionen in der audiovisuellen Industrie und im Verlagswesen ergänzt wird. Darüber hinaus verstärkt ein breites Spektrum an jüdisch kontrollierten „Denkfabriken" und Lobbygruppen den Griff des Rothschild-Imperiums auf die Medien.

Das antijüdische Bild (links) - „Such a Bisiness" -, das sich über den Geschäftssinn der Juden lustig macht, könnte zu Recht auf die moderne Medienindustrie sowie auf die räuberischen und korrupten Intrigen der jüdischen Elemente der Wall Street angewendet werden, die die einst so blühende amerikanische Wirtschaft an den Rand der Zerstörung gebracht haben.

226 |

KAPITEL VIII

Ja, Juden kontrollieren die Medien: Rothschilds Mechanismus der politischen Herrschaft

Letztendlich können wir nicht über den Verlauf der modernen nationalen oder internationalen Angelegenheiten sprechen, ohne die herausragende Rolle der modernen (von Rothschild beeinflussten) Medien bei der Diktatur der öffentlichen Politik und bei der Bestimmung der Auswahl der amerikanischen Präsidenten und der vom Volk gewählten Politiker auf allen Ebenen anzuerkennen. Und um die Frage der Medienmacht korrekt und präzise anzugehen, müssen wir die Tatsache anerkennen, dass die Juden eine substanzielle Kontrolle über die Massenmedien, insbesondere in Amerika, ausüben. Dies ist eine wesentliche Tatsache, die nicht geleugnet werden kann.

1993 behauptete der jüdische Autor Joel Kotkin in *Tribes*, dass die Juden zwar in seiner Position „nicht die Medien und die Kunst kontrollierten, wie einige Antisemiten suggerieren", aber die Tatsache sei folgende

> Juden üben offensichtlich einen unverhältnismäßig großen Einfluss auf das Film- und Verlagswesen, die Werbung und das Theater aus. In den Medien waren laut einer Umfrage in den 1970er Jahren ein Viertel der führenden Persönlichkeiten Juden, was mehr als dem Zehnfachen ihres Anteils in der Gesamtbevölkerung entspricht.

Der jüdische Schriftsteller Norman Cantor äußert sich in *The Sacred Chain* über den Einfluss der jüdischen Medien in den USA wie folgt

> Wie in Berlin und Wien vor Hitler war die Rolle der Juden im Verlagswesen wichtig. Im Jahr 1950 besaßen jüdische Familien zwei der drei einflussreichsten Zeitungen der USA, *die New York Times* und die *Washington Post*. Darüber hinaus waren beide Familien direkt am täglichen Betrieb der Zeitungen und an der Festlegung der Verlagspolitik beteiligt.

J. J. Goldberg - noch ein anderer jüdischer Schriftsteller - erkannte in seinem Buch *Jewish Power: Inside the American Jewish Establishment*

(*Jüdische Macht: innerhalb des amerikanischen jüdischen Establishments*) aus dem Jahr 1996

Es stimmt, dass Juden im Mediensektor in einer Zahl vertreten sind, die weit über ihrem Bevölkerungsanteil liegt. Studien haben gezeigt, dass Juden zwar nur etwas mehr als 5% der nationalen Presse ausmachen - kaum mehr als ihr Bevölkerungsanteil -, dass sie aber ein Viertel oder mehr der Redakteure, Herausgeber und Produzenten der amerikanischen „Elitemedien" stellen, einschließlich der Nachrichtenabteilungen der Netzwerke, der wichtigsten Wochenzeitungen und der vier großen Tageszeitungen (*New York Times, Los Angeles Times, Washington Post, Wall Street Journal*).

In der sich schnell verändernden Welt der Medien-Megakonzerne sind die Juden noch zahlreicher vertreten. In einem *Vanity-Fair-Artikel* vom Oktober 1994 mit dem Titel „The New Establishment", in dem ein Profil der Gangsterbosse der neuen Medienelite erstellt wird, waren etwas weniger als die Hälfte der zwei Dutzend vorgestellten Unternehmer Juden.

Laut den Redakteuren des Magazins handelt es sich dabei um die wahre amerikanische Elite, „Männer und Frauen aus den Bereichen Unterhaltung, Kommunikation und IT, deren Ambitionen und Einfluss Amerika zur einzigen wirklichen Supermacht des Informationszeitalters gemacht haben".

Und in einigen Schlüsselbereichen der Medien, insbesondere unter den Führungskräften der Hollywood-Studios, sind Juden so zahlreich vertreten, dass die Aussage, dass diese Unternehmen von Juden kontrolliert werden, kaum mehr als eine statistische Beobachtung ist.

„Wenn es eine jüdische Macht gibt, dann ist es die Macht des Wortes, die Macht der jüdischen Chronisten und der jüdischen Meinungsmacher", sagt Eugene Fisher, Direktor für katholisch-jüdische Beziehungen bei der Nationalen Konferenz der katholischen Bischöfe und einer der eifrigsten Verfechter der jüdischen Gemeinschaft in christlich-religiösen Kreisen. „Die jüdische Gemeinschaft ist sehr gebildet und hat viel zu sagen. Und wenn man die Meinung beeinflussen kann, kann man auch die Ereignisse beeinflussen".

Herr Goldberg fügt hinzu, dass

Das kombinierte Gewicht so vieler Juden in einer der lukrativsten und wichtigsten Industrien Amerikas verleiht den Juden in Hollywood eine große politische Macht...

Dasselbe könnte man aber in viel höherem Maße auch von anderen Wirtschaftszweigen sagen, in denen es große Konzentrationen von Juden gibt: von der Wall Street, dem New Yorker Immobiliensektor oder der Bekleidungsindustrie.

In jeder dieser Branchen bilden Juden einen bedeutenden Block - eine große Minderheit an der Wall Street, eine Fast-Mehrheit in der Bekleidungsindustrie und bei Gewerbeimmobilien - und haben ihren Einfluss in eine sichtbare Präsenz auf der politischen Bühne umgesetzt.

Der jüdische Schriftsteller Steven Silbiger schrieb im Jahr 2000 in seinem Buch *The Jewish Phenomenon*, das ein virtueller Katalog des jüdischen Einflusses ist, dass

„Der jüdische Einfluss ist im Fernsehen genauso ausgeprägt wie im Kino. In den Fernsehnachrichten waren Juden vor der Kamera sehr auffällig. Als Journalisten spielen ihre persönlichen religiösen und kulturellen Überzeugungen in ihren Berichten keine Rolle, doch ihre Macht ist groß, denn sie beeinflussen die Art und Weise, wie wir Amerikaner die Welt sehen und unsere Meinungen prägen... Die Produzenten von Nachrichtensendungen sind noch einflussreicher als die Reporter, denn sie entscheiden, welche Themen in welcher Reihenfolge und wie lange gesendet werden. Eine unverhältnismäßig große Anzahl von ihnen ist ebenfalls jüdisch...

In den 1980er Jahren waren die ausführenden Produzenten der drei abendlichen Nachrichtensendungen jüdisch.

Wie *Jewish Power* [von J. J. Goldberg, zitiert an anderer Stelle-Ed.] hervorhebt, stellen Juden zwar „5% der nationalen Presse - kaum mehr als ihr Anteil an der Bevölkerung -, aber ein Viertel der Redakteure, Herausgeber und Produzenten der amerikanischen 'Elitemedien', einschließlich der Nachrichtenabteilungen der Netzwerke, der führenden wöchentlichen Nachrichtenmagazine und der vier großen Zeitungen".

Der bemerkenswert hohe Anteil von Juden im Fernsehen hält seit Generationen an, vielleicht weil es sich um eine relativ kleine und eng verbundene Gemeinschaft handelt.

In einer Umfrage unter Fernsehschaffenden gaben 59% von ihnen an, im jüdischen Glauben aufgewachsen zu sein, während 38% [dieser Gruppe] sich noch immer als Juden identifizieren.

In seinem Buch *The Sacred Chain* stellte der jüdische Schriftsteller Norman Kantor ebenfalls fest, dass der jüdische Einfluss in der lukrativen Welt des Profisports vorherrscht. Obwohl Kantor diesen Punkt nicht *als solchen* ausführt, ist es eine Tatsache, dass die jüdische Kontrolle über die Sportarena direkt mit der jüdischen Medienmacht verbunden ist, da die Sportübertragung zu einem integralen Bestandteil der Massenmedien geworden ist, was - aufgrund der Besessenheit der Amerikaner vom Sport - größtenteils dazu führt, dass die Amerikaner fehlgeleitet werden und sich daher nicht auf die wirklichen Probleme, mit denen sie konfrontiert sind, konzentrieren können:

> In den 1990er Jahren zeigten jüdische Milliardäre, dass sie den Gipfel der sozialen Leistung und kulturellen Bedeutung erreicht hatten, indem sie Profisportmannschaften kauften, die bis dahin ein stolzes Jagdrevier der WASPs und irischen Magnaten gewesen waren. Im Jahr 1993 waren die New York Giants - der am meisten geehrte Name im Profisport -, zwei weitere Mannschaften der National Football League und zwei der Franchises der Major League Baseball in jüdischen Händen.

> Einer dieser jüdischen Eigentümer hatte bei den anderen Eigentümern so viel Gewicht, dass er die Entlassung des Baseballbeauftragten organisierte und als Interimskommissar übernahm, der die Eigentümer vor einem Ausschuss des Kongresses vertrat.

> In den 1930er Jahren glaubten die amerikanischen Juden, das Richtige zu tun, indem sie zwei Boxchampions hervorbrachten.

> Die Juden brauchten ihre verschwitzten Körper nicht mehr zu zeigen, denn ihnen gehörten die Mannschaften.

Der jüdische Schriftsteller Charles Silberman, der 1985 in *A Certain People* schrieb, formulierte seine eigene Einschätzung der jüdischen Medienmacht, insbesondere im Bereich des Journalismus und des Informationsmanagements, sowohl in den Printmedien als auch in den audiovisuellen Medien

> Insgesamt ist der Journalismus zu einem intellektuell spannenden, angemessen gut bezahlten und prestigeträchtigen Beruf geworden, in dem Juden eine immer wichtigere Rolle spielen.

1982 machten Juden beispielsweise knapp 6% der gesamten nationalen Presse aus, aber 25-30% der „Medienelite" - diejenigen, die für die *New York Times, die Washington Post* und das *Wall Street Journal*, für *Time, Newsweek und den U.S. News & World Report* sowie für die Nachrichtenabteilungen von CBS, NBC, ABC und das Public Broadcasting System und seine Hauptsender arbeiten. (Eine Studie aus dem Jahr 1971 schätzt den Anteil der Juden in der Medienelite auf 25%.) Betrachtet man die wichtigsten Entscheidungspositionen, scheint die Rolle der Juden noch größer zu sein.

Ebenso einflussreich, wenn auch weniger bekannt, sind Juden in der Verwaltung der Fernsehnachrichten. Es sind natürlich die Korrespondenten des Senders, die zu vertrauten Namen geworden sind, darunter auch Juden...

Die größte Konzentration von Juden findet sich jedoch auf der Ebene der Produzenten, und sie entscheiden, welche Themen gesendet werden, wie lange sie dauern und in welcher Reihenfolge sie präsentiert werden.

1982, vor einer Umwidmung, waren die ausführenden Produzenten der drei abendlichen Nachrichtensendungen jüdisch, ebenso wie die ausführenden Produzenten von CBS 60 Minutes und ABC 20/20.

Juden sind in den Positionen „Hauptproduzent" und „Produzent von Sendungen" sowie in Führungspositionen fast ebenso häufig vertreten.

Ein anderer jüdischer Schriftsteller, Barry Rubin, der in *Assimilation and Its Discontents* schreibt, hat nur ein Beispiel dafür aufgezeigt, wie jüdisch orientierte „Nachrichten" und „Informationen" in der Mainstream-Presse ständig präsentiert werden:

Der Rezensionsteil der *Washington Post* vom 18. Oktober 1992 ist voll von Büchern, die von Juden oder über Juden geschrieben wurden: über Sport und die jüdisch-amerikanische Erfahrung; eine Biografie von Bill Graham, Holocaust-Überlebender und großer Rock & Roll-Impresario; die Geschichte einer New Yorker Oberschicht-Familie, die vom Antisemitismus infiziert ist; das Gruppenporträt einer Südafrikanerin aus ihrem jüdischen Freundeskreis; das Buch eines jüdischen Ehepaars über ausländische Investitionen in Amerika, in dem die Probleme der multiplen Loyalitäten und des ausländischen Einflusses parallel zu Fragen der Assimilation analysiert werden; und das Buch eines jüdischen Autors über die Politik im Hochschulbereich, in dem

Multikulturalismus in gezogenen Begriffen über die Integration von Juden in die amerikanische Gesellschaft diskutiert wird.

All das, ganz zu schweigen von der unglaublichen Bandbreite jüdischer (meist virulent pro-israelischer) Redakteure und Schriftsteller, die zu einem breiten Spektrum „unabhängiger" Zeitungen unterschiedlicher politischer Ausrichtung beitragen - vom „konservativen" *Weekly Standard* bis zum auffällig „liberalen" *New Republic* - sowie zu einem breiten Spektrum anderer intermediärer Publikationen, die sich alle darauf ausrichten, die globalen Forderungen des Rothschild-Imperiums und seinen Willen zur Errichtung einer neuen Weltordnung zu fördern. Ebenso muss der Einfluss des Internets nicht erwähnt werden. Die Wahrheit über den Einfluss der jüdischen Medien kann nicht geleugnet werden.

Eine Liste mit so vielen Namen und Publikationen erneut zu veröffentlichen, hieße, den Punkt wiederzukäuen, doch Tatsache ist, dass Journalisten und Publikationen, die die Macht des internationalen jüdischen Geldes herausfordern und versuchen, der jüdischen Utopie Steine in den Weg zu legen, an den Rand gedrängt und gezwungen werden, nach unabhängigen Wegen zu suchen, um dieser drohenden Katastrophe zu trotzen.

Glücklicherweise gibt es Publikationen wie *American Free Press* (americanfreepress.net) und *The Barnes Review* (barnesreview.com) sowie unabhängige Internet-Sendeanstalten wie Republic Broadcasting (zu finden unter republicbroadcasting.org) - und eine Fülle anderer Ressourcen -, aber ihr Einfluss ist (leider) angesichts der Medienkakophonie, die von den höchsten Rängen des Rothschild-Imperiums gesteuert wird, auf ein Minimum reduziert.

Erstaunlicherweise ist der jüdische Einfluss auf die Medien kein Phänomen des 20. Jahrhunderts, er entstand nicht erst mit dem Aufschwung der großen nationalen (und heute internationalen) Rundfunkgesellschaften oder der großen wöchentlichen Nachrichtenmagazine.

Wie wir auf diesen Seiten mehrfach gesehen haben, ist es eine Tatsache, dass, wie die Geschichte zeigt, der jüdische Einfluss auf die Massenmedien in den westlichen Nationen ein Hauptfaktor hinter der Kritik an „den Juden" war, und diejenigen, die sich erhoben, um die jüdische Macht über die Medien zu kritisieren, wiesen singulär in die Richtung der internationalen Geldmacht, wie sie durch das Rothschild-Imperium in Europa in allen großen Hauptstädten personifiziert wurde.

Das Problem der Medien ist also nicht erst seit gestern bekannt. Die in Washington ansässige *American Free Press* hat offen behauptet, dass „die Medien der Feind sind". Es ist ein Problem, das nicht angegangen werden kann, ohne den substanziellen Einfluss der Juden auf diese Medien anzuerkennen.

Und wenn wir unsere Untersuchung des Einflusses des Rothschild-Imperiums an der amerikanischen Küste fortsetzen, werden wir sehen, dass sich diese Macht weit über die Medien hinaus erstreckt. In vielerlei Hinsicht ist Amerika wirklich zum Motor des Rothschild-Imperiums und seines Bestrebens geworden, ein jüdisches Imperium, eine jüdische Utopie, eine neue Weltordnung zu errichten.

Diese große Feier im New York des 19. Jahrhunderts zum zentralen jüdischen Fest Purim erinnert an das alttestamentarische Buch Esther, in dem der Völkermord an 75.000 Persern - den Vorfahren der heutigen Iraner (die wiederum das Ziel der jüdischen Utopie sind) - begrüßt wird. Kein anderes jüdisches Fest - all jene, die die Niederlage und Vernichtung von Nichtjuden feiern - veranschaulicht den Traum der Neuen Weltordnung besser als Purim. Nichtjuden wissen nur wenig über die schrecklichen Lehren, die dem Judentum zugrunde liegen.

KAPITEL IX

Das jüdische „neue Establishment"

Wenn Sie glauben, dass die Vereinigten Staaten von einer weißen, angelsächsischen, protestantischen Elite (WASP) regiert werden, wie manche immer noch behaupten, dann irren Sie sich. Die Realität sieht ganz anders aus, so ein amerikanisches Magazin der alten Schule, das in der Tat einst die Stimme des so genannten „WASP"-Establishments war.

Vanity Fair, die elegante Monatszeitschrift, die inzwischen der zionistischen Milliardärsfamilie Newhouse gehört, veröffentlicht jedes Jahr eine Liste der 100 mächtigsten Menschen in Amerika, die *Vanity Fair* als „New Establishment" bezeichnet.

Diese erstaunliche Liste (veröffentlicht für das Jahr 2007) enthüllt eine Realität, die viele nur schwer akzeptieren werden: Das amerikanische „New Establishment" wird sehr stark von jüdischen Persönlichkeiten dominiert oder von Personen, die im Sold oder in Abhängigkeit von jüdischen Familien und finanziellen Interessen stehen, die die mächtige Israel-Lobby in Amerika finanzieren. Diese Schlussfolgerung, so „schockierend" oder „kontrovers" sie in den Augen mancher auch sein mag, ist unausweichlich.

Die *Vanity Fair-Liste* 2007 reicht von 1 bis 100, aber es sind tatsächlich 108 Namen auf der gesamten Liste, wobei in acht Fällen zwei Namen aufgelistet sind (manchmal ist einer oder sind beide Namen jüdisch, in anderen Fällen nicht).

Obwohl also 62 der 108 Personen auf der Liste jüdisch sind (was bedeutet, dass 57% der Personen auf der Liste jüdisch sind), besetzt die Gesamtzahl der jüdischen Namen auf der Grundlage der Liste tatsächlich 62% der Machtpositionen auf einer Basis von 1 bis 100.

Und da es mindestens vier Personen gibt, die laut einigen Quellen (die nicht unbedingt zuverlässig sind, das sei angemerkt) Juden sein könnten, könnten wir extrapolieren und sagen, dass die *mögliche* große Gesamtzahl jüdischer Namen auf der Liste tatsächlich 66 von 108 beträgt - was bedeutet, dass 61% der Personen auf der Liste Juden sind, die 65% der Machtpositionen (auf der Basis von 1-100) besetzen.

Es gibt auch Gerüchte über die jüdische Abstammung mindestens einer Person auf der Liste, aber da es weder in die eine noch in die andere Richtung Beweise gibt, haben wir diese Person nicht als jüdisch aufgelistet. Das bedeutet natürlich, dass, wenn diese Person jüdischer Abstammung ist, der Prozentsatz der jüdischen Namen und des jüdischen Einflusses (in Bezug auf diese Liste) steigen wird.

Angesichts der soliden Informationen, die uns vorliegen - ungeachtet der Gerüchte und Behauptungen -, wie immer man auch rechnet, gibt es absolut keinen Zweifel daran, dass die mächtigsten Mitglieder des „New Establishment" - wie es von *Vanity Fair* wahrgenommen wird - Juden *sind*.

Es sei darauf hingewiesen, dass die von *Vanity Fair* vorgenommene Bewertung dessen, was das „New Establishment" ausmacht, eine Bewertung ist, die Kritiker wohl kaum anfechten würden.

Das Magazin wurde nie beschuldigt, in irgendeiner Weise „Verschwörungstheorien" oder „antijüdischen Hass" zu fördern. Vielmehr gilt das Magazin als „modisch" und als Pflichtlektüre für Menschen, die modisch sein wollen

Die Tatsache, dass eine jüdische Publikation die Namen dieser jüdischen Broker veröffentlicht hat (ohne ihr ethnisches und religiöses Erbe ausdrücklich zu nennen), ist interessant, zumal die angesehene israelische Zeitung *Jerusalem Post* die Veröffentlichung der Liste am 11. Oktober 2007 mit der Schlagzeile „Jüdische Macht dominiert [die] *Vanity-Fair-Liste*" ankündigte. Der Journalist der *Post*, Nathan Burstein, stellte fest: „Es handelt sich um eine Liste der „einflussreichsten Menschen": Es handelt sich um eine Liste der „mächtigsten Menschen der Welt", 100 Banker und Medienmagnaten, Verleger und Bildermacher, die das Leben von Milliarden von Menschen prägen. Es handelt sich um einen exklusiven, insularen Club, dessen Einfluss sich über den gesamten Globus erstreckt, sich aber strategisch in den höchsten Machtzirkeln konzentriert. Mehr als die Hälfte seiner Mitglieder, zumindest laut einer Zählung, sind Juden.

Mit anderen Worten: Es handelt sich um eine Liste, die frühere Generationen von Juden in Aufregung versetzt hätte, da sie auf ihren unverhältnismäßigen Einfluss in der Finanzwelt und den Medien aufmerksam macht.

Die Identität der Gruppe, die hinter der Liste steht - es handelt sich nicht um eine Bande von antisemitischen Randgruppen, sondern um eine der gängigsten und renommiertesten Publikationen an Zeitungskiosken - würde die Situation in den Augen vieler nur noch verschlimmern. Die Liste scheint allen traditionellen Stereotypen bezüglich der Bereiche, in denen Juden überrepräsentiert sind, zu entsprechen.

Obwohl die „großen" US-Medien nicht auf die jüdische Prominenz auf der Liste hinwiesen - die man zu Recht als Vorherrschaft bezeichnen kann, da Juden weniger als 3% der US-Bevölkerung ausmachen sollen -, *wurde* die Nachricht von der Liste in den Publikationen der jüdischen Gemeinschaft Amerikas ausführlich kommentiert.

Joseph Aaron, Chefredakteur der *Chicago Jewish News*, erklärte, seine Leser sollten sich „sehr, sehr gut fühlen", wenn sie erfahren, dass ihre Glaubensbrüder in Amerika so mächtig sind. In der Liste von *Vanity Fair*, die hier abgedruckt und mit sachlichen Details zu den Namen auf der Liste versehen ist, erscheinen jüdische Namen kursiv. Und obwohl es möglich ist, dass auch andere jüdische Namen auf der Liste stehen, *gibt* es keine *soliden* Recherchen, *die dies bestätigen*.

Bemerkenswert ist zum Beispiel auch, dass der Medienbaron Rupert Murdoch - der auf der Liste an erster Stelle steht - als Jude erwähnt wird, obwohl er „offiziell" kein Jude ist.

Dies bedarf einer Erklärung. Es wird oft behauptet, dass Murdoch seine jüdischen Wurzeln auf seine Mutter zurückführt, deren Mädchenname Green war. Diejenigen, die behaupten, Murdoch sei Jüdin, führen ihren Nachnamen als „Beweis" für ihre jüdische Herkunft an, da der Name Green häufig jüdisch ist. Die eigene Quelle dieses Autors zur Frage von Murdochs jüdischer Abstammung - ein internationaler Geschäftsmann, der früher enge Verbindungen zu Murdoch hatte - wies jedoch darauf hin, dass die jüdische Abstammung von Murdoch tatsächlich mütterlicherseits kommt, das jüdische Blut aber nicht aus dem Namen Green selbst stammt (wie viele glauben).

Wie auch immer. *Unabhängig von seinem ethnischen Hintergrund* war Murdoch ein prominenter Unterstützer Israels und der weltweiten zionistischen Sache, was nicht überrascht, wenn man bedenkt, dass seine wichtigsten Geldgeber bei seinem Aufstieg zur Macht die mächtigen Familien Rothschild, Bronfman und Oppenheimer waren, die alle unbestreitbar jüdisch sind. (Ein Bericht über Murdochs Aufstieg und seine Medienintrigen findet sich in dem früheren Werk dieses Autors, *The Judas Goats*). Seit der Veröffentlichung der Liste haben mehrere Internetquellen behauptet, dass mehrere andere Namen auf der Liste (die hier nicht als jüdisch gekennzeichnet sind) jüdisch sind; unsere Recherchen deuten jedoch nicht darauf hin, dass dies der Fall ist. Unter letztlich ist das Übergewicht der Namen unbestreitbar jüdisch, unabhängig davon, ob die umstrittenen Namen jüdisch sind oder nicht.

Es ist auch wichtig zu beachten, dass die etwa 45-50% der Namen auf der Liste, die nicht definitiv als jüdisch bekannt sind oder eindeutig nicht-jüdisch sind, Namen von Einzelpersonen sind, die den jüdischen Familien und den Finanzinteressen für ihre eigene Macht und ihre Privilegien direkt verpflichtet sind. Rupert Murdoch ist vielleicht der bekannteste Vertreter dieser Gruppe.

Der Zweitplatzierte in diesem Bereich ist Warren Buffett - auf Platz 6 eingestuft. Obwohl er kein Jude ist, wird er seit langem mit dem Rothschild-Imperium in Verbindung gebracht und ist eine der wichtigsten Kräfte in der mächtigen Medienkombination *Washington Post-Newsweek*.

Während die *Post* vor allem als Hochburg der in den USA ansässigen jüdischen Familie Meyer-Graham bekannt ist, gibt es Hinweise darauf, dass die wichtigsten Investoren hinter den Kulissen, die das einflussreiche Imperium der *Post* finanzieren, schon immer in der Sphäre der mit den Rothschilds verbundenen und auf amerikanischem Boden operierenden Bankinteressen tätig waren. Die Meyer/Grahams sind ihrerseits mit den jüdischen Milliardären aus San Francisco verbunden, die das Bekleidungsreich Levi Strauss erben, das wiederum eine wichtige Kraft bei den weltweiten Werbeeinnahmen ist.

Siebzehn von ihnen sind Schauspieler, Künstler und Fernseh- und Medienpersönlichkeiten, die zwar durch ihre Berühmtheit reich geworden sind, ihre Bekanntheit (und ihren Reichtum) aber der Schirmherrschaft der Medienbesitzer verdanken, die diese 17 Persönlichkeiten zu bekannten Namen gemacht haben: z. B. Einzelpersonen wie der Fox-News-Agitator Bill O'Reilly und Steven Colbert u. a..

Drei von ihnen, Pinault (29.), Gagosian und Pigosi (84. und 86.), sind Figuren aus der Kunstwelt, die bekanntermaßen von jüdischen Interessen beherrscht wird.

Acht weitere, wie Bernard Arnault (8.), Giorgio Armani (37.), Miuccia Prada (44.), Karl Lagerfeld (52.), Martha Stewart (54.), Oscar de la Renta (53.), Diego Della Valle (63.) und Donatella Versace (81.), sind Figuren aus der Mode- und Parfümindustrie, die beide vollständig von der Herstellung von Kleidung (die fast ausschließlich von jüdischen Familien und Finanzinteressen beherrscht wird), dem Vertrieb in Kaufhäusern und der Werbeindustrie abhängen, die ebenfalls von denselben Elementen beherrscht werden.

Zwei von ihnen - Bill Clinton und sein ehemaliger Vizepräsident Al Gore - sind nur Politiker - man beachte die Präzisierung „sind nur" -, die beide dank der Schirmherrschaft zionistischer Finanzinteressen in ihren Machtpositionen installiert wurden. Nebenbei sei angemerkt, dass Gores Tochter Karenna den Ururenkel des jüdischen Plutokraten Jacob Schiff geheiratet hat, der ein Satellit der mächtigen Rothschild-Familie ist. Geschichtsbewusste Schüler wissen, dass Schiff eine entscheidende Rolle bei der Finanzierung der bolschewistischen Revolution in Russland spielte.

Mehrere andere sind Führungskräfte von Mediengiganten, die von jüdischen Finanzinteressen beherrscht werden und als gut bezahlte „Fassaden" für die Kontrolleure hinter den Kulissen fungieren. Richard Parsons, ein Afroamerikaner, steht zum Beispiel auf Platz 18, ist aber nichts weiter als ein Strohmann bei Time-Warner.

Und wie diejenigen wissen, die mit der Geschichte von Time-Warner vertraut sind, wird dieses Medienimperium mindestens seit den späten 1960er Jahren von Elementen beherrscht, die mit dem Syndikat für organisierte Kriminalität des jüdischen Gangsters Meyer Lansky (der eng mit dem israelischen Mossad zusammenarbeitete) und dem Alkoholimperium von Sam Bronfman, dem langjährigen Chef des Jüdischen Weltkongresses (WJC), und seinem Sohn Edgar Bronfman, der sich kürzlich als Chef des mit Lansky verbundenen WJC zurückgezogen hat, in Verbindung stehen.

Es wurde weithin behauptet, die Vorstellung, dass jüdische Familien und Finanzinteressen sehr mächtig seien, sei „ein Märchen einer alten Frau", eine „lächerliche antisemitische Ente ohne jede Grundlage in der Realität", die das Produkt einer „diskreditierten zaristischen Fälschung" sei. Die neue Einschätzung von *Vanity Fair* legt jedoch das Gegenteil nahe und verstärkt das Thema des früheren Buches dieses Autors, *Das neue Jerusalem*, das bereits ausführlich dokumentiert hatte, was *Vanity Fair* nun bestätigt: „Die zionistische Macht in Amerika".

In der folgenden Liste von *Vanity Fair* sind Personen, von denen bekannt ist, dass sie jüdischer Herkunft sind, *kursiv gedruckt*. Die Namen von drei Personen, deren Herkunft unbekannt ist - die aber von einigen Internetquellen, die diese Liste für ihren Gebrauch übernommen haben, als jüdisch deklariert wurden - sind fett gedruckt. Personen, bei denen völlig unklar ist, ob sie Juden oder jüdischer Herkunft sind, sind in normaler Schrift dargestellt.

Die Beschreibungen der Personen waren ursprünglich nicht in der Liste von *Vanity Fair* enthalten, sondern sind Anmerkungen des Autors Michael Collins Piper. Die Liste der Personen lautet wie folgt.

1. *Rupert Murdoch*, milliardenschwerer Baron der globalen Medien, der von den Imperien Rothschild, Bronfman und Oppenheimer finanziert wird. (Die Kontroverse um Murdochs scheinbar jüdische Wurzeln wurde bereits früher untersucht).

2. *Steve Jobs*, CEO des globalen Computerkonglomerats Apple.

3. *Sergey Brin* und *Larry Page*, die Gründer des Internetriesen Google.

4. *Stephen Schwarzman* und Pete Peterson, Gründer des Finanzinvestitionsriesen Blackstone Group, die dunkle Cliquen plutokratischer Raubtiere repräsentieren.

5. Warren Buffett, ein langjähriger amerikanischer Satellit der europäischen Rothschild-Familie und einer der Eigentümer der Verlagsgruppe *Washington Post*.

6. Bill Clinton, ehemaliger Präsident der Vereinigten Staaten.

7. *Steven Spielberg*, Hollywood-Produzent und -Regisseur, der vielleicht mächtigste Mann in der Filmindustrie.

8. Bernard Arnault, französischer Industrieller, dessen wachsendes Imperium Luxusartikel wie Louis Vuitton, Christian Dior, Dom Pérignon u. a. herstellt.

9. *Michael Bloomberg*, milliardenschwerer Bürgermeister von New York und potenzieller Präsidentschaftskandidat, der sein Vermögen in der Finanzinformationsindustrie gemacht hat.

10. Bill und Melinda Gates, das Ehepaar, das den Computerkoloss Microsoft leitet.

11. Carlos Slim Helú, laut *Fortune* Magazine ist dieser mexikanische Milliardär libanesischer Abstammung der reichste Mann der Welt. Er kontrolliert 200 Unternehmen, die 7 % des mexikanischen Bruttoinlandsprodukts ausmachen.

12. H. Lee Scott, Präsident und Geschäftsführer von Wal-Mart (Anmerkung: In einigen Internetversionen dieser Liste wurde

angedeutet, dass Scott Jude ist, aber wir haben keinen endgültigen Beweis für diese Behauptung gefunden, weshalb wir uns durch übertriebene Vorsicht versündigen, indem wir ihn NICHT als Juden eintragen).

13. *Ralph Lauren*, Magnat der Modeindustrie.

14. Oprah Winfrey, weithin geförderte Fernsehpersönlichkeit.

15. *Barry Diller* und *Diane von Furstenberg* (Ehemann und Ehefrau). Diller ist eine Hollywoodfigur, die mittlerweile eine wichtige Rolle in der Teleshopping-Branche spielt. Seine Frau ist eine führende Modedesignerin.

16. *David Geffen*, Geschäftspartner von Steven Spielberg in Hollywood und eine wichtige Persönlichkeit in der Filmindustrie.

17. *Howard Stringer*, Geschäftsführer des Unternehmens Sony.

18. Richard Parsons, afroamerikanischer Strohmann, Geschäftsführer und Vorstandsvorsitzender der zionistischen Führungsriege des Medienimperiums Time-Warner (Al Gore, ehemaliger Vizepräsident der USA und Schwiegervater eines Erben des internationalen Bankvermögens Schiff, das die bolschewistische Revolution finanzierte).

20. *Larry Ellison*, Geschäftsführer des Datenbanksoftwaregiganten Oracle, der für seine Unterstützung israelischer Anliegen bekannt ist.

21. *Herb Allen*, Leiter der einflussreichen privaten Investmentgesellschaft Allen & Co; er beruft ein jährliches Konklave von Elite-Industriellen in Sun Valley, Idaho, ein.

22. Jeff Bewkes, seit kurzem Geschäftsführer des Medienimperiums Time-Warner (das seit langem unter dem Einfluss der Bronfman-Familie und anderer zionistischer Elemente steht).

23. *Jeff Bezos*, der Gründer des Internetriesen Amazon.com, der sich auf Bücher und Videos spezialisiert hat.

24. *Peter Chernin*, der Fox News für Rupert Murdoch leitet, und Murdochs Sponsoren hinter den Kulissen.

25. *Leslie Moonves* an der Spitze von CBS, der Hochburg der Sarnoff-Familie.

26. *Jerry Bruckheimer*, Hollywood-Produzent von großen Filmen und wöchentlichen Fernsehprogrammen.

27. George Clooney, Filmstar und Befürworter liberaler Anliegen.

28. Bono, Rockstar und Aktivist im Kampf gegen die Armut in der Welt.

29. François Pinault, König der Luxusmarken und Kunstsammler

30. *Roman Abramowitsch*, russischer Öl- und Finanzunternehmer.

31. *Ronald Perelman*, Milliardär, der das Zigarrenmonopol und den Kosmetikriesen Revlon leitet.

32. Tom Hanks, Schauspieler/Produzent

33. *Jacob Rothschild*, globaler Bankmagnat und Mitglied der berühmten zionistischen Familie, die über Geschäftspartner wie Warren Buffett, der kein Jude ist, einen großen Einfluss hinter den Kulissen der USA ausübt.

34. *Robert DeNiro*, Schauspieler/Produzent, dessen Mutter Jüdin ist.

35. *Howard Schultz*, Gründer der Kaffeehauskette Starbucks.

36. *Robert Iger*, Leiter des Medienkonglomerats Walt Disney.

37. Giorgio Armani, Modedesigner und Bekleidungsmagnat.

38. *Jeffrey Katzenberg*, Partner von Spielberg und Geffen.

39. *Ronald Lauder* und *Leonard Lauder*, Leiter des Kosmetikimperiums Estee Lauder; wichtige Figuren des Jüdischen Weltkongresses.

40. George Lucas, Hollywood-Produzent (vor allem bekannt für die Star Wars-Filme und sein Imperium an Marketing-Gadgets).

41. *Harvey Weinstein* und *Bob Weinstein*, große Hollywood-Produzenten.

42. Diane Sawyer und *Mike Nichols* (Ehemann und Ehefrau). Sawyer ist eine Figur der Fernsehnachrichten; Nichols ein einflussreicher Hollywood-Produzent und -Regisseur.

43. *Bruce Wasserstein*, Direktor der mächtigen zionistischen Investmentgesellschaft Lazard und Besitzer des Magazins *New York*.

44. Miuccia Prada, berühmte Modeikone und Handtaschendesignerin.

45. *Steven Cohen*, Hedgefondsmanager bei SAC Capital Advisers.

46. Tom Cruise, Schauspieler/Produzent. (*Gerüchte besagen, dass* Cruise ein wenig jüdisches Blut hat, aber wir nehmen ihn nicht in diese Liste auf).

47. Jay-Z, Rapper/Unternehmer

48. *Ron Meyer*, Leiter der Universal Studios, die nun unter der Kontrolle des Imperiums der Bronfman-Familie stehen.

49. *Frank Gehry*, Architekt.

50. Arnold Schwarzenegger, Schauspieler und später Gouverneur von Kalifornien, der eng mit Warren Buffett, einem Mitglied der Rothschild-Familie, verbunden ist (siehe oben).

51. *Henry Kravis*, König der gehebelten Firmenübernahmen bei Kohlberg, Kravis & Roberts; seine Frau ist eine wichtige Akteurin im Council on Foreign Relations, dem New Yorker Ableger des in London ansässigen Royal Institute of International Affairs der Familie Rothschild.

52. Karl Lagerfeld an der Spitze des Parfümimperiums von Chanel.

53. Oscar und Annette de la Renta, Modedesigner.

54. Martha Stewart, populäre Fernsehpersönlichkeit und Haushaltswarenmagnatin.

55. *Mickey Drexler*, Geschäftsführer des Modeunternehmens J. Crew.

56. *Michael Moritz*, Finanzier, der zuvor mit Google verbunden war, und ehemaliger Journalist, der Leiter des Büros in San Francisco für das von Bronfman kontrollierte *Time* Magazine war. Er hält Anteile an Pay Pal und Yahoo.

57. *Brian Roberts*, leitet Comcast, den größten Kabelnetzbetreiber des Landes und den zweitgrößten Internetanbieter.

58. Roger Ailes, leitet für Murdoch und seine Partner den Sender Fox News.

59. *Vivi Nevo*, in Israel geborener internationaler Investmentmagnat, der große Anteile an Time-Warner, Goldman Sachs und Microsoft hält (einer ihrer wichtigsten Geschäftspartner ist der israelische Waffenhändler Arnon Milchan, einer der größten Geldgeber des geheimen israelischen Programms zur Entwicklung von Atomwaffen).
60. Mick Jagger, Rockstar.

61. *Jeff Skoll*, Filmproduzent.

62. Vinod Khosla, indischer Herkunft und in den USA ansässig, Großinvestor in „grünen" Technologien wie Solarenergie, saubere Kohle, Brennstoffzellen und Zellulose-Ethanol sowie Informations- und Kommunikationstechnologien

63. Diego Della Valle, eine wichtige Figur in der Luxus-Accessoire-Modeindustrie, insbesondere des Schuhunternehmens Tod's.

64. *Stacey Snider*, Co-Direktorin von DreamWorks, der Spielberg-Geffen-Katzenberg-Gruppe in Hollywood.

65. *Brian Grazer* und Ron Howard, große Hollywood-Produzenten.

66. John Lasseter, Disney-Pixar-Studios.

67. *George Soros*, berüchtigter internationaler Geschäftemacher.

68. Philippe Dauman, leitet den Mediengiganten Viacom im Auftrag des zionistischen Magnaten Sumner Redstone (der auch CBS kontrolliert).

69. John Malone, leitet Liberty Media (Discovery Channel, USA network usw.); früherer Partner von Jerrold Electronics, gegründet von Milton Shapp, einem glühenden Zionisten, der zwei Amtszeiten lang Gouverneur von Pennsylvania war.

70. *Sumner Redstone*, Eigentümer des Mediengiganten Viacom/CBS.

71. *Paul Allen*, Leiter der Investmentgesellschaft Vulcan und zusammen mit Bill Gates (siehe oben) Mitbegründer des Microsoft-Imperiums.

72. *Eddie Lampert*, Fondsmanager für Persönlichkeiten der globalen Elite; Mitglied der geheimen Bruderschaft Skull & Bones in Yale.

73. *Leon Black*, Großinvestor mit maßgeblichem Einfluss auf den spanischsprachigen Fernsehsender Telemundo, das Casino-Imperium Harrah's und Realogy, das Immobilienunternehmen wie Coldwell Banker und Century 21 kontrolliert.

74. Jann Wenner, Eigentümerin der Zeitschrift *Rolling Stone*

75. *Eric Fellner* und Tim Bevan Working Title Films, London (Anmerkung: Einige Internetversionen dieser Liste haben angedeutet, dass Bevan Jude ist; wir sündigen daher aus übertriebener Vorsicht, indem wir ihn NICHT als Juden erwähnen).

76. *Jerry Weintraub*, Hollywood-Produzent.

77. Donatella Versace, Chefin eines Modeimperiums.

78. *Thomas L. Friedman*, Kolumnist der *New York Times*.

79 Tim Russert, Nachrichtenkommentator bei NBC (inzwischen verstorben).

80. Charlie Rose, Nachrichtenkommentator und Talkshow-Moderator beim Fernsehsender PBS.

81. *Joel Silver*, Filmproduzent in Hollywood.

82. *Frank Rich*, Kommentator/Autor der *New York Times*

83. Jonathan Ive, Designer des iPod, des iMac und des iPhone. (Anmerkung: Einige haben angedeutet, dass Ive Jude ist, aber wir haben keinen endgültigen Beweis für diese Behauptung gefunden und versündigen uns daher an übertriebener Vorsicht, indem wir ihn NICHT in die Liste der Juden aufnehmen).

84. Larry Gagosian, Besitzer von Kunstgalerien in New York, London und Los Angeles, eng verbunden mit zionistischen Milliardären wie David Geffen und S. I. Newhouse Jr. etc.

85. *Charles Saatchi*, Besitzer der berühmten Saatchi Gallery und eine große Persönlichkeit in der PR-Branche.

86. Jean Pigozzi, Kunstsammler und enger Vertrauter der Familie Rothschild.

87. Stephen Colbert, politischer Satiriker und Fernsehmoderator.

88. Bill O'Reilly, Moderator einer konservativen Talkshow auf dem Sender Fox.

89. *Jon Stewart*, Fernsehpersönlichkeit.

90. *Steve Bing*, Filmproduzent.

91. *Eli Broad*, milliardenschwerer Investor und Förderer zionistischer Anliegen.

92. *Michael Milken*, Wall-Street-Raubtier, Ex-Knacki und glühender Verfechter Israels.

93. *Arthur Sulzberger Jr.*, Eigentümer des Medienimperiums der *New York Times*.

94. *Ron Burkle*, Supermarkt- und Medienmagnat (u. a. *Motor Trend* und *Soap Opera Digest*).

95. *Scott Rudin*, Hollywood-Produzent

96. Der Sänger und Musiker Jimmy Buffett steigt in das Investmentgeschäft ein.

97. *Steven Rattner*, Investor in Private Equity und Hedgefonds, ehemaliger Journalist der *New York Times*.

98. Arianna Huffington, Schriftstellerin und Fernsehpersönlichkeit.

99. *Doug Morris*, leitet Universal Music im Auftrag seiner Eigentümer, der zionistischen Bronfman-Familie und ihres riesigen Imperiums.

100. Jimmy Iovine, Chef von Interscope Records und eng verbunden mit dem oben erwähnten zionistischen Musikmagnaten David Geffen (Anmerkung: Viele Internetquellen legen nahe, dass Iovine jüdisch ist. Es gibt jedoch ein italienisches kriminelles Netzwerk, die Iovine-Familie. Aufgrund dieser Unklarheiten haben wir uns entschieden, uns an übertriebener Vorsicht zu versündigen und Iovine nicht als Juden zu betrachten. Nichtsdestotrotz ist er eng mit dem jüdischen Magnaten David Geffen verbunden, und natürlich ist es möglich, dass Iovine teilweise jüdischer Abstammung ist). Zur Erinnerung: Eine Version dieser Liste, die ursprünglich vom Autor Michael Collins Piper mit Anmerkungen versehen wurde, wurde an verschiedenen Stellen im Internet veröffentlicht, doch die Versionen dieser Liste enthielten eine Reihe von Fehlern.

Diese Version, so wie sie auf diesen Seiten erscheint, sollte als das endgültige Werk des Autors zu diesem Thema angesehen werden.

Eventuelle Fehler sind meine eigenen und nur meine eigenen.

Es sollte auch angemerkt werden, dass eine spätere Version der *Vanity Fair-Liste* des „New Establishment" - für das Jahr 2008 - im Tonfall deutlich anders war. Einige „neue" Namen wurden hinzugefügt - darunter mindestens ein reicher muslimischer Araber - und andere wurden gestrichen.

Es war offensichtlich, dass *Vanity Fair* versuchte, den Stachel zu ziehen, nachdem die Dominanz definitiv jüdischer Namen, die auf der (oben beschriebenen) Liste von 2007 auftauchten, von Kritikern der jüdischen Macht - vielleicht zu oft - im Internet bemerkt worden war.

Doch die Liste von *Vanity Fair* ist letztlich keineswegs ein absoluter Beweis für die jüdische Macht, die im Bereich der Rothschild-Familie operiert. Im Gegenteil, die Gesamtheit der anderen soliden Beweise für jüdisches Geld und jüdischen Einfluss aus einer Vielzahl von Quellen -

von denen die meisten jüdisch sind - bestätigt genau die grundlegenden Schlussfolgerungen, die aus der „lustigen" Liste gezogen werden könnten, die von dem eleganten Monatsmagazin zusammengestellt wurde.

Amerika ist wahrhaftig zum neuen Babylon und zum Vehikel geworden, mit dem der Traum von einem jüdischen Utopia - der Neuen Weltordnung - von unseren neuzeitlichen Pharisäern zur Erfüllung der talmudischen Agenda benutzt wird.

Auf den folgenden Seiten werden wir uns eingehend mit den Namen, Gesichtern, dem unglaublichen Reichtum und der Macht der Satelliten des Rothschild-Imperiums befassen, die heute in Amerika operieren und den Kurs der Zukunft dieser Nation und den eigentlichen Weg der globalen Geschäfte diktieren.

Al Capone (oben), der berüchtigte Mafioso aus Chicago, war nichts anderes als ein Strohmann für das jüdische Verbrechersyndikat, zu dem auch der verstorbene Sam Bronfman (links), Gründer des Jüdischen Weltkongresses, und Bronfmans Sohn Edgar (rechts) gehörten, der heute die Bronfman-Familie leitet, eine der wichtigsten amerikanischen Rädchen im Getriebe des globalen Rothschild-Imperiums.

KAPITEL X

Die Bronfman-Gang: Die königliche Familie der amerikanischen Juden - die „Paten" von Al Capone und John McCain

Einst als „die Rothschilds der Neuen Welt" beschrieben, ist die Familie Bronfman - obwohl offiziell in Kanada ansässig - sicherlich die sprichwörtliche „Königsfamilie" des jüdischen Establishments in den USA, da der Einfluss der Familie fest in den Vereinigten Staaten verankert ist und sich von New York bis Hollywood und alles dazwischen erstreckt. Das Bronfman-Syndikat hat viele mächtige und bekannte Persönlichkeiten, von Al Capone bis hin zu US-Senator John McCain (R-Ariz.), zu seinen direkten und indirekten Schützlingen gezählt.

Obwohl sie vor allem für ihre Kontrolle über das Alkoholimperium Seagram bekannt ist, kontrolliert diese legendäre und finstere Familie weit mehr als das. In mancher Hinsicht verkörpert sie „den ultimativen jüdischen Erfolg".

Sie repräsentieren praktisch alles, was an jüdischer Macht und jüdischem Einfluss in Amerika wirklich schlecht ist - im klassischen Sinne des Wortes. Und obwohl sie technisch gesehen nicht die reichste jüdische Familie in Amerika *sind - es gibt* andere, die viel, viel reicher sind -, haben die Bronfmans ein gewisses Maß an Einfluss und Prominenz, das nur wenige andere Familien für sich beanspruchen können. Immerhin hat Edgar Bronfman, der Patriarch der Familie, lange Zeit den Jüdischen Weltkongress geleitet. Und das ist ein Titel, der Gewicht hat.

Bereits 1978 schätzte Peter Newman, der Biograf der Bronfman-Familie, in *The Bronfman Dynasty*, dass sich das Gesamtvermögen, das die verschiedenen Zweige der Familie besaßen, auf etwa 7 Milliarden Dollar belief. Er zitiert das Magazin *Fortune*, das damals erklärte

> „Das Vermögen der Bronfmans konkurriert mit dem jeder nordamerikanischen Familie, mit Ausnahme einiger weniger, von

denen einige ihre Macht im 19. Jahrhundert erlangt haben, zu einer Zeit, als Steuern ebenso wenig Einfluss auf den Reichtum hatten wie arme Schachteln".

Seitdem haben die Bronfmans natürlich ihren Reichtum und ihren Einfluss proportional erhöht.

Ursprünglich, so wird uns gesagt, ist der Bronfman-Clan unter der Schirmherrschaft - wie viele andere auch - verschiedener jüdischer Wohltätigkeitsorganisationen nach Kanada eingewandert, die unter dem Einfluss der europäischen Rothschild-Familie stehen, dem großen Finanzhaus, das seit Generationen hinter den Kulissen regiert.

Das Bronfman-Imperium, wie wir es heute kennen, wurde jedoch von Sam Bronfman gegründet, einem scharfnasigen Freibeuter-Geschäftsmann, der zusammen mit seinen Brüdern Millionen mit dem Handel mit Alkohol verdiente und noch viel mehr, indem sie ihren Alkohol in die USA verschifften, wo er während der Prohibition illegal konsumiert wurde. So knüpfte die Familie frühzeitig Verbindungen zum amerikanischen Verbrechersyndikat, das gemeinsam von Meyer Lansky, einem in New York ansässigen russischstämmigen Juden, und seinen italienischen Partnern Charles „Lucky" Luciano und Frank Costello geleitet wurde.

Tatsächlich - und das ist wahrscheinlich ein schmutziges kleines Geheimnis, das man besser nicht erwähnt - gibt es kaum eine Grenzstadt in den nördlichen Regionen der USA - von Maine bis Washington State -, in der man nicht auf schöne Familienvermögen stößt, die von Einwohnern (nicht immer Juden, aber viele sind es) angehäuft wurden, die Teil des Alkoholschmuggelnetzwerks der Bronfmans und Lanskys waren.

Und in den Großstädten war eine „Verbindung" mit dem Lansky-Bronfman-Netzwerk ein „Muss" für jeden, der Erfolg haben wollte. Tatsächlich verdankte sogar der italienisch-amerikanische Verbrecherfürst von Chicago, Al Capone, seinen Aufstieg an die Macht seinen Beziehungen zu Bronfman - eine weitere wenig bekannte Tatsache, die in den USA von den Medien weitgehend verschwiegen wurde.

Trotz des ganzen Medienrummels um Capones angebliche „Herrschaft" über Chicago kontrollierte dieser nie mehr als ein Viertel der Schutzgelderpressungen in der Windy City. Mehr noch: Wie der bekannte unabhängige Krimiautor Hank Messick in seiner klassischen Studie *Secret File* (G. P. Putnam's Sons, 1969) betonte, trug Capone, so mächtig er auch war, in den Reihen des offiziell organisierten kriminellen Netzwerks der italo-amerikanischen „Mafia" Chicagos nie einen höheren Titel als den eines „Capo" (oder „Captain") - des Anführers eines Teams von zehn Männern.

Ein weiterer Punkt, der in der „Mafia"-Legende oft vergessen wird, ist, dass Capone tatsächlich erst ein offizielles Mitglied der Mafia werden durfte, nachdem die italo-amerikanischen Verbrecherbosse in Chicago die Regeln für die Mitgliedschaft in der Mafia gelockert hatten, um ausgewählten Nicht-Sizilianern wie Capone (der in Neapel auf dem italienischen Festland geboren war) die Mitgliedschaft zu ermöglichen.

In Wirklichkeit reagierte Capone hinter den Kulissen auf viel größere und geheimere Bosse, die „im Osten" ansässig waren - Teil der „Elite"-Gruppe um den berüchtigten jüdischen Verbrecherboss Meyer Lansky mit Sitz in New York (der seine Operationen schließlich nach Miami und für kurze Zeit - viele Jahre später - nach Israel verlegte).

Es war die Lansky-Gruppe, zu der sein jüdischer Partner Benjamin „Bugsy" Siegel und seine italienischstämmigen Partner Costello und Luciano gehörten, die Capone (einen entfernten Cousin Lucianos) überhaupt erst nach Chicago schickte.

In ihrer bemerkenswerten Lansky-Biografie *Meyer Lansky: Mogul des Mobs* (Paddington Press, 1979), die sie in Zusammenarbeit mit Lansky geschrieben haben, ergänzen die israelischen Schriftsteller Dennis Eisenberg, Uri Dan und Eli Landau einige der fehlenden Elemente, die von den Capone-Biografen weggelassen wurden.

Lansky selbst sagte seinen israelischen Biografen, dass „es Bugsy Siegel war, der ihn gut kannte, als Capone in der Lower East Side lebte und arbeitete... [Er war] ein Freund, der eng genug mit Capone befreundet war, um ihn bei einer seiner Tanten zu verstecken", als Capone wegen Mordes in Schwierigkeiten geriet. [Er war ein Freund von Capone, der eng genug mit ihm befreundet war, um ihn bei einer seiner Tanten zu verstecken", als Capone wegen Mordes in Schwierigkeiten geriet.

Um ihn aus der Schusslinie der Strafverfolgungsbehörden zu bringen, schickte Lansky Capone nach Chicago, wo er in der Bande von Johnny Torrio den harten Mann spielen sollte, einem New Yorker, der „übergelaufen" war und seinen eigenen Onkel, den langjährigen Gangster „Big Jim" Colosimo, als Chef der italo-amerikanischen Mafia in Chicago entthronen wollte.

Torrio war im Wesentlichen Lanskys Handlanger in Chicago und Capone stieg schnell auf, um Torrios rechte Hand zu werden.

Messick, ein auf das organisierte Verbrechen spezialisierter Autor, stellt fest, dass Capones Positionierung die Anhänger von Lansky „entzückte", „weil Capone zum großen Teil ihr Mann war".

Obwohl Capone schließlich sein eigener Herr in Chicago wurde und Dutzende von Erpressungen leitete [...], war seine Loyalität gegenüber seinen New Yorker Freunden so fest, dass Lansky und [Luciano] wussten, dass sie sich immer auf ihn verlassen konnten".

Es sollte auch betont werden, dass Torrio, Capones unmittelbarer „Boss" in Chicago, auch der Ansprechpartner in Chicago für die Interessen des in Kanada ansässigen Bronfman-Imperiums war, das seine legalen Produkte über die Grenze verschickte, damit sie von den amerikanischen Trinkern der Prohibitionszeit illegal konsumiert werden konnten. Sam Bronfman und seine Familie arbeiteten von Anfang an eng mit dem Lansky-Syndikat zusammen. Die Torrio-Capone-Verbindung schloss somit den Kreis.

Unterdessen unternimmt Chicagos Boss Colosimo nichts, um sich bei Bronfman, Lansky und Siegel beliebt zu machen, die er als „dreckige Juden" bezeichnet.

Colosimo sagte, er verstehe nicht, warum Luciano so eng mit Lansky und Siegel verhandelte, und erklärte: „Ich habe manchmal den Verdacht, dass er jüdisches Blut in den Adern haben muss", ein Verdacht, der - im Lichte von Lucianos späterem Schicksal, wie wir sehen werden - höchst unwahrscheinlich ist.

Darüber hinaus behauptete Colosimo, dass es „keine Zukunft im Alkoholgeschäft" gebe und zeigte kein Interesse daran, die Bronfmans mit Alkohol zu versorgen. Colosimo wollte sich auf Drogen, Prostitution und Wucherkredite konzentrieren. Sein Boykott von Bronfman schmälerte die Gewinne des Lansky-Syndikats.

Es versteht sich von selbst, dass Lansky (über Torrio und Capone), als die Zeit reif war, Colosimo angriff, der von einem jüdischen Gangster aus New York erschossen wurde, der geschickt worden war, um die Arbeit zu erledigen. Bei Colosimos prunkvoller Beerdigung trug der größte Kranz eine Karte mit der Aufschrift „Von den trauernden jüdischen Jugendlichen": „Von den trauernden jüdischen Jugendlichen in New York". Schon bald floss der Alkohol der Bronfmans nach Chicago, dank Lanskys Handlanger Torrio und dessen rechter Hand

Capone, der bald zur beliebtesten „Mafia"-Figur der Medien werden sollte.

Wenn wir also die Kräfte hinter dem berühmtesten italoamerikanischen Gangster des 20. Jahrhunderts untersuchen, stellen wir fest, dass seine Wurzeln tief im Bronfman- (und zionistischen) Lager liegen. Und das ist an sich schon eine Neuigkeit.

Wie bereits erwähnt, ist das derzeitige Oberhaupt der Bronfman-Familie Edgar Bronfman, der neben seinen zahlreichen internationalen Geschäften auch lange Zeit Präsident des Jüdischen Weltkongresses war, eine Position, von der aus er erheblichen politischen Einfluss ausübte.

Bronfman war natürlich der Hauptakteur bei den jüngsten (und immer noch andauernden) Bemühungen, Milliarden von Dollar von den Schweizer Banken zu erpressen, weil sie angeblich an der Wäsche von „jüdischem Gold" beteiligt waren, das angeblich von den Nazis gestohlen wurde, und weil sie den Reichtum einiger jüdischer Menschen in Europa konfisziert hatten, die ihr immenses Vermögen vor dem Zweiten Weltkrieg in Schweizer Banken versteckt hatten.

Die Frage, wie dieser immense Reichtum angehäuft wurde, wurde von den Medien nie erklärt, obwohl die Beteiligung der Familie Bronfman an der Kontroverse einen Teil des Schlüssels liefern könnte.

Es ist bekannt, dass die Bronfmans einen Großteil ihres ursprünglichen Vermögens vor dem Zweiten Weltkrieg im illegalen Alkoholhandel erworben haben, gemeinsam mit der Figur des amerikanischen Verbrechersyndikats Meyer Lansky, dessen Geschäfte weit über die amerikanische Küste hinausreichten.

Es ist auch bekannt, dass Lansky für das Verbrechersyndikat einer der Hauptverantwortlichen für die Nutzung von Schweizer Bankkonten zum Waschen von kriminellem Geld war. Es ist daher sicher, dass einige der Personen, die vom Dritten Reich verhaftet und deren Bankkonten konfisziert wurden, in Wirklichkeit Agenten des Lansky-Bronfman-Syndikats waren und somit illegalen Geschäften nachgingen. Die „verfolgten" Juden waren damals gewöhnliche Kriminelle.

Bronfmans Sohn Edgar Jr. ist vielleicht genauso mächtig wie sein Vater, wenn auch aus einem anderen Blickwinkel. Der jüngere Bronfman hat die Kontrolle über die Universal Studios und alle Unterhaltungstöchter übernommen, die nun unter der Kontrolle des

Bronfman-Imperiums stehen. Als wichtiger Schauspieler in Hollywood und in der Musik- und Filmproduktion soll Edgar Jr. eine große Familieninvestition vereitelt haben, als er die Familie mit dem französischen Unternehmen Vivendi verband, aber kein Mitglied der Bronfman-Familie wurde beim Betteln auf den Straßen von New York, Beverly Hills oder Montreal gesehen, als wir diese Zeilen schrieben.

Edgars weniger bekannter Sohn Matthew ist in jüdischen Angelegenheiten sehr aktiv und fungiert als Vorsitzender des Programmausschusses und als Vorsitzender des Ausschusses des Bronfman-Zentrums für jüdisches Leben. Im Jahr 2007 wurde er zum Vorstandsvorsitzenden des Jüdischen Kongresses World Congress gewählt, der lange Zeit von seinem Vater geleitet wurde. Er ist außerdem Vorsitzender des Haushalts- und Finanzausschusses des Jüdischen Weltkongresses und Mitglied seines Vorstandes.

Er leitet die in New York ansässige Investmentfirma BHB Holdings und ist außerdem Mehrheitsaktionär einer der größten israelischen Banken, der Israel Discount Bank, und Mehrheitsaktionär von SuperSal, der größten Supermarktkette in Israel. Ein weiteres seiner Unternehmen ist die Kontrolle über das IKEA-Franchise in Israel, wo er zusätzlich zu seinen Besitzungen in den USA auch umfangreiche Immobilien besitzt.

Mathew Bronfman war unter anderem Präsident und CEO der Candle Acquisitions Company, einem Hersteller von Spezialkerzen, und Präsident der Sterling Cellular Holdings, einem Unternehmen für Mobiltelefone. In seinen frühen Jahren war er an anderen Bronfman Holdings beteiligt. Er arbeitete auch für die internationale Bank Goldman Sachs, was einmal mehr die Verflechtung der globalen jüdischen Kräfte des Rothschild-Imperiums belegt.

Das Unternehmen Seagrams gehört regelmäßig zu den größten politischen Spendern der beiden großen politischen Parteien in den USA. Das ist an sich schon interessant, denn als Bill Clinton während des Präsidentschaftswahlkampfs 1996 seinen GOP-Gegner Bob Dole wegen der Annahme von Spenden der Tabakindustrie angriff, schien die Tatsache, dass beide großen Parteien beträchtliche Spenden von der Alkoholindustrie - insbesondere vom Bronfman-Imperium - erhielten, weitgehend unter den Tisch gefallen zu sein.

Eine so prominente „amerikanische" Institution wie Du Pont geriet zum Beispiel unter die Kontrolle der Bronfmans. Im Jahr 1981 wurde Du Pont, das damals das siebtgrößte Unternehmen der USA war, von der

Bronfman-Familie für eine Übernahme ins Visier genommen. Tatsächlich besaßen die Bronfmans zu diesem Zeitpunkt bereits 20% von Du Pont - eine substanzielle Beteiligung an sich, denn in der Geschäftswelt verleiht selbst ein Anteil von nur 3% an den Aktien eines Unternehmens seinem Besitzer die tatsächliche Kontrolle über das Unternehmen.

Obwohl der traditionelle amerikanische Name „Du Pont" weiterhin auf Firmendokumenten und auf Du Pont-Produkten, die an amerikanische Verbraucher verkauft werden, auftaucht, ist die wahre Macht hinter den Kulissen die des Bronfman-Imperiums.

In Wirklichkeit hatte die Familie Du Pont - obwohl sie immer noch sehr reich war und ihre finanziellen Ressourcen über mehrere Generationen hinweg angesammelt hatte - nur wenig Einfluss innerhalb des Unternehmens, das den Namen der Familie trug. Letztendlich verkauften die Bronfmans offiziell ihre Anteile an Du Pont, nutzten die Ressourcen jedoch, um ihren Reichtum und ihre Tentakel anderswo auszuweiten.

Heute sind die Bronfmans ein fester Bestandteil des plutokratischen Establishments, nicht nur in den USA, sondern auf der ganzen Welt.

Zu den weiteren Beteiligungen der Bronfmans im Laufe der Jahre gehörten traditionell „amerikanische" Unternehmen wie: Campbell Soup, Schlitz Brewing, Colgate-Palmolive, Kellogg, Nabisco, Norton Simon, Quaker Oats, Paramount Pictures und Warrington Products (Hersteller der Kodiak-Stiefel und der Hush Puppies-Schuhe). Darüber hinaus besaßen die Bronfmans auch Anteile an der Ernest W. Hahn Company (die damals 27 regionale Einkaufszentren in Kalifornien betrieb und 29 weitere eröffnen wollte) sowie an der Trizec Corp, einer der größten Immobilienentwicklungsgesellschaften Nordamerikas.

Die Bronfmans besitzen auch beträchtliche Vermögenswerte an „unerwarteten" und „abseitigen" Orten. So entwickelte beispielsweise das von den Bronfmans kontrollierte Unternehmen Cadillac Fairview, das gewerbliche Mietimmobilien entwickelt, ein Einkaufszentrum in Hickory, North Carolina, und war (1978) gerade dabei, zwei weitere zu errichten. Ein weiteres Unternehmen der Bronfmans ist die Shannon Mall in Atlanta und die Galleria in Westchester, New York.

Darüber hinaus besaß eine Bronfman-Tochtergesellschaft Optionen auf die Entwicklung eines Einkaufszentrums in Mississippi und eines weiteren in Connecticut. Die Bronfman-Unternehmen kontrollierten außerdem Industrieparks in und um Los Angeles, Bürotürme in Denver und San Francisco sowie Wohnsiedlungen in Nevada , Kalifornien und Florida. Die Bronfmans übernahmen auch die Kontrolle über das Aktienkapital der General Homes Consolidated Cos. Inc. mit Sitz in Houston, das Häuser baut und Grundstücke erschließt und dessen Aktivitäten sich bis nach Mississippi und Alabama erstrecken.

Viele Jahre lang kontrollierte die Familie - auch wenn dies nicht allgemein bekannt war - große Landflächen in den Vororten von Virginia rund um Washington, D.C., lukratives Land, das die Familie in den letzten Jahren mit großem Gewinn veräußert hat.

Zur Erinnerung: Die verschiedenen hier aufgelisteten US-Vermögenswerte der Familie Bronfman stellen keineswegs einen Überblick über ihr Portfolio dar. Und nichts davon deckt die Vermögenswerte der Bronfmans beispielsweise nur in Kanada und anderswo ab.

Diese gesamte Finanzkraft stellt auch eine wichtige politische Macht in den verschiedenen Staaten und Orten dar, in denen der Einfluss der Bronfmans Fuß gefasst hat.

In dieser Hinsicht ist der verborgene Einfluss der Bronfman-Familie im Bundesstaat Arizona von besonderem Interesse - einem Außenposten, der in den Köpfen der meisten Amerikaner als Paradies der Cowboys, Kakteen und Weite gilt, als konservative Bastion, die scheinbar unabhängig von der Korruption und den Intrigen ist, die man in Großstädten wie New York, Miami, Chicago und Los Angeles vorfindet. Tatsächlich reiht sich Arizona in die Reihe der großen Hauptstädte des Verbrechens ein. Diese zweifelhafte Auszeichnung steht in direktem Zusammenhang mit dem Einfluss der Bronfman-Familie in Arizona.

Der Einfluss der Bronfman-Familie in Arizona ist so stark, dass man mit Fug und Recht behaupten kann, dass die Bronfmans nichts weniger als die „Paten" der politischen Karriere des bekanntesten „Reformers" der USA, des Senators von Arizona, John McCain, sind. Die Geschichte sieht wie folgt aus:

1976 wurde Don Bolles, ein engagierter Journalist aus Phoenix, durch eine Autobombe ermordet, nachdem er eine Reihe von Artikeln geschrieben hatte, in denen er die Verbindungen zahlreicher prominenter Personen aus Arizona zum organisierten Verbrechen aufdeckte, die eng mit einem gewissen Jim Hensley verbunden waren.

Fünf Jahre später kam der „ehrliche John" McCain als neuer Ehemann von Hensleys Tochter Cindy nach Arizona. „Sobald McCain in Phoenix landete", so Charles Lewis vom Center for Public Integrity, „waren die Hensleys die Hauptsponsoren seiner politischen Karriere". Tatsache ist jedoch, dass die Personen, die hinter dem Vermögen der Hensleys stehen, noch interessanter und umstrittener sind.

Während es allgemein bekannt ist, dass McCains Schwiegervater der Besitzer des größten Anheuser-Busch-Biervertriebs in Arizona war - einer der größten Biervertriebe des Landes -, haben die Mainstream-Medien nichts über die Ursprünge des Hensley-Vermögens gesagt, das McCains Aufstieg zur Macht finanzierte. Das Hensley-Vermögen ist nichts anderes als ein regionaler Ableger des riesigen Alkoholhandels- und Erpressungsimperiums der Bronfman-Dynastie, die wiederum ein wichtiger Akteur - wie bereits erwähnt - des von Meyer Lansky und seinen Partnern geleiteten Verbrechersyndikats in den USA und im Ausland war.

McCains Schwiegervater begann als Handlanger eines gewissen Kemper Marley, der etwa 40 Jahre lang bis zu seinem Tod 1990 im Alter von 84 Jahren hinter den Kulissen der unbestrittene politische Boss von Arizona war. Doch Marley war weit mehr als eine politische Maschine. Tatsächlich war er auch der starke Mann des Lansky-Verbrechenssyndikats in Arizona, ein Schützling von Lanskys Leutnant, dem Phoenix-Spieler Gus Greenbaum, der 1941 ein landesweites Netzwerk für Buchmacher aufbaute. Nachdem Lansky den Mord an seinem langjährigen Partner „Bugsy" Siegel angeordnet hatte, der im Flamingo-Kasino in Las Vegas Geld gestohlen hatte - was zum Teil durch Kredite einer Bank in Arizona finanziert wurde, der Marley vorstand -, übertrug Greenbaum die Leitung des Netzwerks an Marley, während Greenbaum anstelle von Siegel Lanskys Interessen in Las Vegas wahrnahm.

Greenbaum wurde 1948 bei einem „Coup" der Mafia ermordet, der eine Reihe von Bandenkriegen in Phoenix auslöste, doch Marley überlebte und gedieh, ebenso wie Jim Hensley, der McCains Aufstieg sponserte.

Während dieser Zeit errichtete Marley in Arizona ein Monopol für den Vertrieb von Alkohol. Laut Al Lizanitz, Marleys langjährigem PR-Manager, war es die Familie Bronfman, die Marley in das Alkoholgeschäft einführte.

McCains Schwiegervater war der Hauptleutnant von Kemper Marley, dem wichtigsten Agenten des Lansky-Syndikats in Arizona, der wiederum als Strohmann für die Bronfman-Familie diente, die ein Hauptakteur des Lansky-Syndikats ist.

Während der Prohibition lieferten - und kontrollierten - die in Kanada ansässigen Bronfmans den „Hahn" für den Alkohol, der an die Mitglieder des Lansky-Syndikats in den USA, darunter auch Al Capone in Chicago, geleitet wurde. Nach der Prohibition übernahmen Lansky-Bronfman-Partner wie Marley die Kontrolle über einen Großteil des landesweiten Vertriebs von Alkohol (und Bier). Al Lizanitz, Marleys langjähriger PR-Mann, enthüllte, dass es in Wirklichkeit die Bronfmans waren, die Marley in das Alkoholgeschäft einführten.

1948 wurden 52 Mitarbeiter von Marley (darunter Jim Hensley, der Geschäftsführer der Marley Corporation) wegen Verstoßes gegen die Bundesgesetze über alkoholische Getränke strafrechtlich verfolgt. Hensley wurde zu sechs Monaten Gefängnis auf Bewährung und sein Bruder Eugene zu einem Jahr Gefängnis verurteilt.

1953 wurden Hensley und (diesmal) Marley von Bundesstaatsanwälten verklagt, weil sie Alkoholregister gefälscht hatten, aber der junge Anwalt William Rehnquist spielte die Rolle ihres „Sprechers" (wie Mafia-Anwälte genannt werden), und die beiden Männer kamen ungeschoren davon. Rehnquist wurde später Vorsitzender des Obersten Gerichtshofs und leitete den „Trick", durch den George W. Bush nach einer zu Recht umstrittenen Wahl Präsident wurde.

Insider aus Arizona sagen, dass Hensley 1948 Marleys „Platz einnahm" und Marley Hensley auszahlte, indem er ihn in sein eigenes Biervertriebsunternehmen einbaute. Obwohl *Newsweek* während des Präsidentschaftswahlkampfs 2008 andeutete, dass Hensleys Unternehmen ein erfolgreiches „Familiengeschäft" war, liegt die wahre Geschichte im Herzen der Geschichte des organisierten Verbrechens auf höchster Ebene.

McCains Stiefvater stieg ebenfalls in das Hunderennen ein und vergrößerte sein Vermögen, indem er seine Rennbahn an eine Person verkaufte, die mit der in Buffalo ansässigen Familie Jacobs in Verbindung steht, die in der Prohibitionszeit als Verteiler des Bronfman-Alkohols ein wichtiges Rädchen im Lansky-Netzwerk war.

Da sie im Laufe der Jahre wuchsen, Rennstrecken kauften und Konzessionen für Speisen und Getränke in den Stadien entwickelten, wurden die Jacobs-Unternehmen als die wahrscheinlich größte quasi-legitime Tarnung für die Geldwäsche des organisierten Verbrechens in den USA beschrieben.

1976 war Hensleys Mentor Marley (auf dem Höhepunkt seiner Macht) der Hauptverdächtige im Mordfall des Journalisten Don Bolles, der in Arizona gegen die Mafia recherchierte, doch Marley wurde nie strafrechtlich verfolgt.

John McCain kann zwar nicht persönlich für die Verfehlungen seines verstorbenen Schwiegervaters verantwortlich gemacht werden - dessen Vermögen an seine Tochter, Johns Ehefrau Cindy McCain, weitergegeben wurde -, doch Tatsache ist, dass der „Reformer" McCain seinen politischen und finanziellen Reichtum der Gunst der größten Namen des organisierten Verbrechens verdankt. Es ist daher nicht verwunderlich, dass heute die Glücksspielindustrie von Las Vegas zu den wichtigsten finanziellen Gönnern von John McCain gehört.

Diese Übersicht ist zwar nur die Spitze des Eisbergs, sagt aber viel über McCain und das politische Umfeld aus, das ihn hervorgebracht hat, insbesondere im Lichte von McCains prominenter Position als einer der wichtigsten Unterstützer Israels in den USA.

Ironischerweise wurde McCain, wie bereits erwähnt, im Präsidentschaftswahlkampf 2008 von einem amerikanischen Mitglied der Rothschild-Familie unterstützt und profitierte von einer Spendensammlung, die in seinem Namen von den Rothschilds in London organisiert wurde. Edgar Bronfman entschied sich dafür, öffentlich Barack Obama statt McCain zu unterstützen, da er offensichtlich von McCains fanatisch-christlicher Mitbewerberin Sarah Palin „enttäuscht" war.

Auch das muss für die Geschichte der Familie Bronfman festgehalten werden: Im Lichte des Buches des Autors über die Ermordung von Präsident John F. Kennedy, dem Buch *Final Judgment,*[3] in dem behauptet wird, dass der israelische Geheimdienst Mossad neben der CIA eine wichtige Rolle bei der Ermordung von Präsident Kennedy spielte, gerade weil JFK sich hartnäckig gegen Israels Absicht, nukleare Massenvernichtungswaffen herzustellen, wehrte, finden sich Sam Bronfmans Fingerabdrücke überall in der Verschwörung zur Ermordung von JFK.

---

[3] *Endgültiges Urteil I - Das fehlende Glied in der Ermordung von JFK*, übersetzt und veröffentlicht von Omnia Veritas Ltd, www.omnia-veritas.com.

Nicht nur, dass Bronfmans langjähriger Handlanger Louis Bloomfield Präsident der vom Mossad gesponserten Firma Permindex war (zu deren Direktoren niemand geringeres als der Geschäftsmann Clay Shaw aus New Orleans gehörte, der vom ehemaligen Staatsanwalt von New Orleans, Jim Garrison, wegen seiner Beteiligung am Mord an JFK angeklagt wurde), sondern neue Beweise deuten darauf hin, dass Jack Ruby, eine Figur der Dallas-Mafia, tatsächlich auf Bronfmans Gehaltsliste gestanden hatte.

Während ein anderer Partner Bronfmans in Dallas, der Ölmann Jack Crichton, nach der Ermordung von JFK um die Witwe von Lee Harvey Oswald herumscharwenzelte, saß ein weiterer Bronfman-Beamter - der „Superanwalt" John McCloy - in der Warren-Kommission. McCloy war Direktor - und Crichton Vizepräsident - des Empire Trust, eines Finanzunternehmens, das teilweise von der Bronfman-Familie kontrolliert wurde.

Und obwohl Sam Bronfman vor allem für sein Spirituosenimperium Seagrams bekannt ist, haben viele JFK-Forscher, die mit dem Finger auf die „texanischen Ölbarone" zeigen, nicht beachtet, dass Sam Bronfman selbst ein texanischer Ölbaron war, denn er 1963 Texas Pacific Oil gekauft hat. Ab 1949 fungierte Allen Dulles, der später von JFK entlassene CIA-Direktor und ebenfalls Mitglied der Warren-Kommission, als Anwalt für die privaten Angelegenheiten von Bronfmans Tochter Phyllis.

Wer sich für die vollständige Geschichte interessiert, sollte auf *Final Judgment* zurückgreifen, das mittlerweile in der sechsten Auflage mit 768 Seiten vorliegt und vollständig dokumentiert ist. Letztendlich ist die Ermordung von JFK unbestreitbar und zweifellos das zentrale Ereignis, das dem geheimen jüdischen Einfluss zu neuen Höhen im amerikanischen Machtgefüge verhalf.

Die Bronfmans sind in jeder Hinsicht die „erste Familie" - eigentlich sagen wir „die königliche Familie" - der jüdischen und zionistischen Einrichtungen in den USA, aber sie sind sicherlich zweitrangig im Vergleich zu den „Königen der Könige": den Rothschilds.

In vielerlei Hinsicht könnte man jedoch sagen, dass die Bronfmans in Bezug auf das altmodische organisierte Verbrechen - im Gegensatz zu den „hochrangigen" Operationen des Rothschild-Imperiums - aufgrund ihrer neuen Respektabilität sicherlich die königliche Familie des jüdischen Verbrechersyndikats sind, da sie seit ihren frühen Jahren als

Partner des „nicht respektablen" Meyer Lansky zu Reichtum und Ansehen gelangt sind.

Um die Bronfman-Dynastie herum kreisen als Satelliten ein breites Spektrum anderer mächtiger Familien, die wiederum ihre eigenen Satellitenfamilien und finanziellen Interessen haben. Sie bilden die neuen Pharisäer, die auf die Verwirklichung des talmudischen Traums von einer neuen Weltordnung hinarbeiten.

In den folgenden Kapiteln werden wir die größten Namen und Familien unter den neuen Pharisäern kennenlernen, deren immense Vermögen die amerikanischen (und weltweiten) Politiker finanzieren und korrumpieren, die in ihrem Streben nach einem jüdischen Utopia dem Rothschild-Imperium hörig sind.

Während sie sich für Aristokraten, Adlige und Damen, moderne Ritter, Prinzen und Prinzessinnen halten, ist die Wahrheit, dass viele von ihnen, wie David Ben-Gurion, der Gründungsvater Israels, es in Bezug auf viele Holocaust-Überlebende offen beschrieb, „harte, gemeine und egoistische Menschen" sind. Machen wir uns also auf den Weg, um diese zukünftigen Führer der Welt kennenzulernen.

Die Wahrheit über Antisemitismus...

Diese Karikatur aus dem 19. Jahrhundert über jüdische Plutokraten vor dem «Monopoly Building» zeigt, dass die Gegnerschaft zu den Juden oft daraus resultiert, dass die Öffentlichkeit ihre Geschichte des Strebens nach absoluter Macht anerkennt.

Selbst der berühmte Historiker Albert Lindemann hat es in «*Die Tränen des Esau*» offen bestätigt:

> «Die Tendenz, Antisemitismus als bizarre Halluzination abzutun, ist in einigen Fällen zweifellos gerechtfertigt : Die Tendenz, den Antisemitismus als bizarre Halluzination, als Phantasie kranker Geister abzutun, ist in einigen Fällen zweifellos gerechtfertigt, aber sie wurde auch oft übertrieben und hat dadurch das Verständnis behindert, denn die Juden wurden aus vielen Gründen von einer sehr großen Bandbreite normaler Menschen gehasst, von denen viele weder emotional labil noch intellektuell anspruchslos waren, und von denen einige... große Fähigkeiten besaßen (z. B. Wagner, Barrès oder T. S. Eliot). Es ist viel zu einfach, ja sogar beruhigend, Antisemiten als geistig gestörte oder moralisch in jeder Hinsicht defekte Menschen zu beschreiben. Das Ausmaß, in dem Antisemitismus «normal» war, erfordert... eine ernsthaftere und offenere Untersuchung... Die Feindseligkeit gegenüber Juden, ob individuell oder kollektiv, beruhte nicht immer auf fantastischen oder chimärischen Visionen von ihnen oder auf Projektionen, die mit irgendeiner greifbaren Realität nichts zu tun hatten.»

KAPITEL XI

Die „Herzöge und Herzoginnen" des amerikanischen Rothschild-Hofes: Die dreißig mächtigsten jüdischen Familien

Das Folgende - in alphabetischer Reihenfolge - ist unsere Einschätzung der 30 mächtigsten Einzelpersonen (alle bis auf eine jüdisch und praktisch alle in den USA ansässig), die - zusammen mit der Familie Bronfman - die höchste Ebene derjenigen bilden, die als Schlüsselkräfte im Auftrag des Rothschild-Imperiums agieren. Sie sind die neuen Pharisäer.

SHELDON ADELSON hat sich trotz seines fortgeschrittenen Alters in letzter Zeit als einer der großen Führer des jüdischen Reichtums etabliert. Er wurde in Boston geboren und ist heute eine wichtige Figur in der von Juden dominierten Kasino-Industrie in Las Vegas. Obwohl er zunächst in der Computermessebranche tätig war, kaufte er 1988 zusammen mit Partnern das Sands Hotel in Las Vegas und hat nun seinen Besitz auf Macau in der Volksrepublik China ausgeweitet, eine Spielstadt, die bis Ende 1999 eine portugiesische Kolonie war. Außerdem entwickelt er ein Kasino in Singapur. Er gilt mit einem Vermögen von 26,5 Milliarden US-Dollar als drittreichste Person in den USA. Er ist ein engagierter Freund Israels und gründete 2006 eine Zeitung in Israel, aus der er sich später wieder zurückzog. Inzwischen hat er jedoch eine neue Tageszeitung in Israel - eine Gratiszeitung - mit dem Titel *HaYom* gegründet. Als Ausdruck seines enormen Interesses an Israel hat er auch erfolglos versucht, eine Mehrheitsbeteiligung an der bekannten israelischen Zeitung *Maariv* zu erwerben. Ebenso ist Adelson ein weiterer wichtiger Finanzier von Birthright Israel, das jungen Menschen jüdischen Glaubens die Möglichkeit bietet, ins besetzte Palästina zu reisen. Adelsons politische Neigungen spiegeln sich auch darin wider, dass er eine Gruppe namens Freedom's Watch finanziert hat, die die neokonservativen Hardliner-Positionen unterstützt, die von der korrupten Regierung von George W. Bush verfolgt werden.

ISRAEL HOWARD „IZZY" ASPER, der 2003 verstarb, war der Gründer der CanWest Global Communications Corporation, die heute in den Händen seiner Kinder Leonard, Gail und David liegt. Asper, der in einer jüdischen Familie in Manitoba, Kanada, geboren wurde, engagierte sich in der Liberalen Partei und war - trotz des Namens der Partei - für seine „konservativen" Neigungen bekannt, die wahrscheinlich die Tatsache widerspiegeln, dass Asper ein Zionist war. Asper, ein Hardcore-Zionist, war ein Bewunderer des berühmten „jüdischen Nazis" Vladimir Jabotinsky, dessen Philosophie das Denken der Likud-Partei in Israel (und der gleichgesinnten „rivalisierenden" Kadima-Partei) leitet.Asper, von Beruf Rechtsanwalt, stieg 1975 in die Medienbranche ein, als er Eigentümer des Fernsehsenders CKND in Winnipeg wurde. In den folgenden 25 Jahren übernahm CanWest die Kontrolle über die Tageszeitung *National Post*, und mehr als 60 weitere kanadische Zeitungen sowie das Fernsehnetzwerk Global. Diese engagierte zionistische Familie erweiterte ihren Einfluss in den USA, indem sie die Kontrolle über das bekannte Magazin *New Republic* von Martin Peretz erwarb, einem weiteren Hardcore-Zionisten, der für seine langjährigen, besonders und ungewöhnlich engen persönlichen Beziehungen zum ehemaligen Vizepräsidenten Al Gore bekannt ist (der Peretz' Schüler war, als dieser an der Harvard University lehrte). Gore ist, wie wir auf diesen Seiten festgestellt haben, durch die Heirat von Gores Tochter Karenna mit einem Erben des Schiff-Vermögens nun mit der mächtigen Bankiersfamilie Schiff (ein wesentliches Rädchen im Getriebe des Rothschild-Imperiums) verbunden.

SAMUEL BELZBERG, Gründer eines weiteren reichen jüdischen Geschäftsimperiums mit Sitz in Kanada, das an der Seite der bekannteren (und einflussreicheren) Bronfman-Familie operiert, die im vorigen Kapitel ausführlich beschrieben wurde, gründete und ist Geschäftsführer der First City Financial Corporation, Ltd, einem Finanzinstitut, das sämtliche Dienstleistungen anbietet, und ist nun Vorsitzender der Gilbralt Capital Corporation, einer privaten Investmentgesellschaft. Eine seiner Töchter, Lisa, ist mit Matthew Bronfman, dem Sohn von Edgar Bronfman, verheiratet und soll die Geliebte des ehemaligen Präsidenten Bill Clinton gewesen sein. Eine weitere Tochter, Wendy, ist mit dem Unternehmer Strauss Zelnick verheiratet. Sam Belzberg war einer der Hauptgeldgeber des Simon-Wiesenthal-Zentrums in Los Angeles, das unter dem Deckmantel der „Hassbekämpfung" zu einem wichtigen Akteur in der weltweiten jüdischen Propaganda und Geheimdienstoperationen geworden ist.

ELI BROAD (übrigens wie „road" ausgesprochen), der in Detroit geboren wurde und heute in Los Angeles lebt, war Geschäftsführer des Immobilienimperiums Sun America und steht mit einem Vermögen von 5,8 Milliarden US-Dollar auf Platz 42 der reichsten Menschen in Amerika. Er und seine Frau Edith, die glühende Anhänger Israels sind, haben einen Großteil ihres Vermögens in Bildungseinrichtungen investiert und sind daher maßgeblich an der Ausrichtung des amerikanischen Bildungswesens beteiligt, ebenso wie an der Kunstwelt, die institutionell seit langem von jüdischen Interessen kontrolliert wird.

WARREN BUFFETT, der von *Forbes* am 5. März 2008 als die reichste Person der Welt angesehen wurde - mit einem erstaunlichen Wert von 62 Milliarden Dollar - ist kein Jude, aber er ist einer der wichtigsten (und offensichtlich gut bezahlten) Handlanger des Rothschild-Imperiums. Er ist ein besonders enger Freund von Lord Jacob Rothschild aus London. Mit seinem Erbe aus Nebraska, seinem familiären Stil und seiner Identifikation mit den Berkshire-Hathaway-Hemden, die für ihre bunten Werbeanzeigen bekannt sind, in denen männliche Models (oft Prominente) Augenklappen und Berkshire-Hathaway-Hemden tragen, bildet er eine perfekte „Fassade" für die Rothschilds. Obwohl Buffetts Berkshire Hathaway mit seinen Hemden identifiziert wird, ist das Unternehmen heute eine riesige Holding für eine breite Palette von Vermögenswerten unter der Kontrolle dieser wichtigen Figur auf den amerikanischen und globalen Aktienmärkten, die die Interessen der Rothschilds vertritt. Und obwohl viele Menschen die mächtige Zeitung *Washington Post* als Familienhochburg der Meyer-Graham-Dynastie in Washington identifizieren, ist es eine Tatsache, dass Buffett (zusammen mit anderen Finanzinstituten mit Verbindungen zu Rothschild) eine erhebliche Beteiligung an der Washington Post Company hält, die Herausgeberin der Washington *Post* und (bis Ende 2010) auch Herausgeberin der Zeitschrift *Newsweek* ist und darüber hinaus eine Vielzahl von Zeitungen und Rundfunkinteressen in ganz Amerika besitzt. Nebenbei sei erwähnt, dass das Verlagsimperium der Meyer-Familie von Eugene Meyer gegründet wurde, einem Kriegsgewinnler aus der Zeit des Ersten Weltkriegs, der später zum Vorsitzenden des Gouverneursrats der von den Rothschilds kontrollierten Federal Reserve und später passenderweise auch zum Chef der Weltbank ernannt wurde. Sein Kauf der *Washington Post* zum Schleuderpreis im Jahr 1933 war fast eine nachträgliche, wenn auch entscheidende Überlegung, eine Überlegung, die den Einfluss der Rothschilds im offiziellen Washington fest verankerte. Meyer war übrigens mit der Familie Haas (Erben des gigantischen Levi-Strauss-Konfektionsimperiums mit Sitz in San Francisco) und dem Oberrabbiner von Frankreich verwandt. (Weitere Informationen über die Meyer-Graham-Geschichte finden Sie in *The New Jerusalem von* diesem Autor, Michael Collins Piper). Wie dem auch sei, Warren Buffett hält auch 7% der Coca-Cola Company, was an sich schon eine recht lukrative Investition ist. Und was viele ebenfalls nicht wissen, ist, dass Coca-Cola (trotz seiner Identifizierung als Limonadenhersteller) auch tief in große internationale politische Intrigen der höchsten (und niedrigsten) Ordnung verwickelt war, wie das schwer zu findende Buch *The Cola Wars* von J. C. Louis und Harvey Z. dokumentiert. Yazijian. Die „amerikanische" Tradition der „Coke" ist also komplexer, als viele denken, und Warren Buffett, der Aktivposten von Rothschild, steht im Zentrum dieser Affäre. Buffett überträgt derzeit einen großen Teil seines Vermögens an die Stiftung des Microsoft-Magnaten Bill Gates, von dem viele glauben, dass er jüdischer Abstammung ist, der dies jedoch nicht zugibt.

RONALD BURKLE. Dieser jüdische Unternehmer mit Sitz in Los Angeles, der über 3,5 Milliarden Dollar wert ist, ist ein enger Freund von Bill Clinton (dem er zu Reichtum verholfen hat) und trotz seines jungen Alters (er wurde 1952 geboren) einer der größten Investoren in den Bereichen Einzelhandel, Herstellung und Vertrieb. Er ist Mitglied des Vorstands von Occidental Petroleum, dem Ölunternehmen des verstorbenen Armand Hammer, Sohn einer herausragenden jüdischen Persönlichkeit in der von Juden dominierten Kommunistischen Partei der Vereinigten Staaten zu Beginn des zwanzigsten Jahrhunderts. Hammer erwies sich später als führende Figur bei der Förderung sowjetischer Interessen in den USA, selbst während des Kalten Krieges (Hammer war auch ein enger Freund der Familie des ehemaligen Vizepräsidenten Al Gore, dessen Tochter Karenna, wie wir festgestellt haben, mit der Familie von Jacob Schiff verheiratet ist, dem New Yorker Satelliten des Rothschild-Imperiums, der die bolschewistische Revolution finanzierte). Burkle war außerdem Vorstandsvorsitzender und Mehrheitsaktionär von Alliance Entertainment, Golden State Food, Dominics, Fred Meyer, Ralph's und Food4Less. Er ist außerdem Mitglied des Vorstands von Yahoo, dem Internet-Imperium.

LESTER CROWN, Haupterbe des 1990 verstorbenen jüdischen Finanziers Henry Crown aus Chicago, leitet die Familienunternehmen, die auf dem Vermögen des Waffenherstellers General Dynamics basieren, den Henry Crown 1959 übernahm. Die Familie Crown kontrolliert heute Maytag, die Hilton Hotels, Alltel, die Aspen Skiiing

Company und das Rockefeller Center in New York - ja, sogar das Kronjuwel der Rockefellers (mehr über die wahren Herrscher des Rockefeller-Imperiums finden Sie unter MAURICE GREENBERG). Crown kontrolliert auch das Basketballteam der Chicago Bulls und besitzt eine Beteiligung am Baseballteam der New York Yankees. Crown ist ein großer Wohltäter der jüdischen Gemeinde in den USA unter General, sitzt außerdem im Vorstand der Universität Tel Aviv und ist Mitglied des amerikanischen Komitees des Weizmann Institute of Science (mit Sitz in Israel). Er war außerdem Mitglied des Verwaltungsrates von Trans World Airlines und der Continental Illinois Bank. In den 1950er Jahren besaß die Familie Crown eine Mehrheitsbeteiligung am Empire State Building in New York. Eine seiner Töchter, Susan Crown, ist Vorsitzende der Shoah Foundation, einem Unternehmen der Holocaust-Industrie. Die Familie ist insgesamt über 4 Milliarden US-Dollar wert und ist in Israel besonders einflussreich, da sie das israelische Programm zur Entwicklung von Atomwaffen finanziert hat. Lester Crown war außerdem Vorsitzender des Chicago Council on Global Affairs, einem Ableger des Council on Foreign Relations in New York, der offiziellen US-Filiale des in London ansässigen Royal Institute of International Affairs des Rothschild-Imperiums. Die Familie Crown gehört zusammen mit einer anderen jüdischen Familie aus Chicago, den Pritzkers (siehe NICHOLAS J. PRITZKER), zum „engen Kreis" von Barack Obama, einem Politiker aus Chicago, der bei den Wahlen 2008 zum Präsidenten der Vereinigten Staaten gewählt wurde.

Im Jahr 2000 war **LARRY ELLISON** der reichste Mann der Welt. Im Jahr 2005 war er mit einem Nettovermögen von 18,4 Milliarden US-Dollar nur noch der neuntreichste Mann der Welt. Obwohl sein Name nicht sehr bekannt ist, ist er als Gründer und Geschäftsführer eines großen Softwareunternehmens, das als Oracle Corporation bekannt ist, dennoch ein wichtiger Global Player. Interessant ist, dass Ellison vor seinem Aufstieg an die Macht in den 1970er Jahren für die Firma AMPEX gearbeitet hat und dass eines seiner Projekte zu dieser Zeit eine Datenbank für die Central Intelligence Agency war, die er Oracle taufte. Es sei darauf hingewiesen, dass Ellison laut *Forbes* im Jahr 2007 26 Milliarden US-Dollar wert war, was eine recht erhebliche Steigerung gegenüber seinem Nettowert im Jahr 2005 darstellt. Ellison ist für seinen extravaganten Lebensstil bekannt und besitzt die fünftgrößte Jacht der Welt, zahlreiche exotische Autos und viele Privatflugzeuge, darunter auch Kampfflugzeuge! Interessanterweise schlug dieser ehemalige Agent, der an den Datenbankoperationen der CIA beteiligt war, irgendwann nach der terroristischen Tragödie vom 11. September vor, der US-Regierung eine Software zu spenden, mit der eine nationale Identifikationsdatenbank erstellt und gepflegt werden könnte, auf deren Grundlage nationale Identifikationskarten ausgestellt würden - ein Mechanismus zur Überwachung und Kontrolle der amerikanischen Bevölkerung durch das Rothschild-Imperium.

JEFFREY EPSTEIN, dessen Name der amerikanischen Öffentlichkeit kaum bekannt ist, gehört zu den reichsten Männern Amerikas und ist trotz seiner erst 50 Jahre im Einflussbereich der Rothschilds sehr einflussreich.

Seine Firma, die ursprünglich J. Epstein & Company hieß und später Financial Trust Company wurde, verwaltet die finanziellen Angelegenheiten jüdischer Milliardäre. Die *New York Times* berichtete am 1er Juli 2008, dass Epsteins Tätigkeit „ein wenig mysteriös" sei. Er sagt, er verwalte das Geld von Milliardären, aber der einzige Kunde, über den er zu sprechen bereit ist, ist Leslie H. Wexner, der Gründer von Limited Brands... Wie Epstein erklärt, bietet er eine spezialisierte Form der Finanzberatung auf hohem Niveau an. Er berät Menschen zu allen möglichen Themen, von Steuern über Trusts bis hin zu Eheverträgen und Vaterschaftsklagen, und gibt sogar Ratschläge zur Innenausstattung von Privatjets. Branchenquellen zufolge berechnet er feste Jahreshonorare zwischen 25 Millionen US-Dollar und über 100 Millionen US-Dollar". Offensichtlich besteht eine der Rollen des jungen Epstein im Rothschild-Imperium darin, wie andere in jüdischen Finanzkreisen beliebte Namen, Institutionen zu regieren, die lange Zeit mit dem Namen der Rockefeller-Familie in Verbindung gebracht wurden. Epstein ist Mitglied des Kuratoriums der Rockefeller University und war auch Mitglied der von David Rockefeller gegründeten Trilateralen Kommission und des Council on Foreign Relations, der weithin als „Rockefeller"-Institution bekannt ist, aber, wie wir bereits mehrfach angemerkt haben, in Wirklichkeit ein Ableger der in London ansässigen Rothschild-Einheit ist, die als Royal Institute of International Affairs bekannt ist.

Eines von Epsteins Hauptinteressen scheint der Bereich der Wissenschaft zu sein. In dieser Hinsicht war Epstein der Gönner einer Reihe von hochrangigen Wissenschaftlern, von denen viele selbst Juden waren. Mit Epsteins Geld wurden Forschungen in der Physik, in Südafrika und Indien sowie mikrobiologische Experimente in Bangladesch finanziert. Eine enge Freundin Epsteins ist Ghislaine Maxwell, selbst Tochter des verstorbenen korrupten jüdischen

Intriganten tschechischer Herkunft, der in Großbritannien, wo er eine große Medienmacht war, unter dem Namen „Robert Maxwell" weltbekannt wurde, während er in der Welt der hochrangigen Spionage sowohl für den israelischen Mossad als auch den sowjetischen KGB tätig war. In den letzten Jahren war Epstein auch ein enger Freund des ehemaligen Präsidenten Bill Clinton. Das scheint in mancher Hinsicht angemessen: Epstein hat sich vor kurzem vor dem Strafgericht des Bundesstaates Florida wegen unangemessenen Verhaltens gegenüber mehreren jungen Frauen schuldig bekannt. Er wurde zu 18 Monaten Gefängnis verurteilt.

Zu Epsteins Anwälten in diesem Schlamassel gehörten der berühmte jüdische Anwalt Alan Dershowitz, einer der schärfsten Judeo-Suprematisten der Gegenwart, und Kenneth Starr, der die Besonderheit aufweist, dass er der wichtigste Henker von Epsteins Freund Bill Clinton gewesen ist. Trotz dieses Rückschlags bleibt Epstein mächtig und wird bald wieder ins Zentrum der weltweiten jüdischen Elite rücken.

STEPHEN FEINBERG. Feinberg, der von der israelischen Zeitung *Ha'aretz* als „New Yorker Jude mit einem Hauch von Gold" beschrieben wurde, kontrolliert die in New York ansässige Holdinggesellschaft Cerberus Global Investments, die 2006 den Anteil der israelischen Regierung an der Leumi Bank, der zweitgrößten Bank Israels, gekauft hat. Die israelische Zeitung erklärte, dass der Erlös aus Feinbergs Kauf dazu dienen würde, „die hohen Staatsschulden Israels zu begleichen". In der Tat ist Epsteins Unternehmen Cerberus ziemlich groß. Die *Business Week* vom 3. Oktober 2005 beschrieb Cerberus als „größer" als selbst bekannte Handelsriesen wie McDonald's, 3M, Coca-Cola und Cisco Systems und stellte fest, dass Cerberus etwa 226 Burger King Restaurants, die Autovermietungsketten National und Alamo, den Hersteller von Bauprodukten Formica Corp. und die ehemaligen Warner Hollywood Studios kontrolliert (die übrigens seit mehreren Generationen zwischen verschiedenen jüdischen Interessen - hauptsächlich Elemente des reinen organisierten Verbrechens - hin und her gereicht wurden). Ein weiterer wichtiger Akteur in Feinbergs Operationen ist der in New York ansässige jüdische Finanzier Michael Steinhardt (siehe MICHAEL STEINHARDT). Besonders interessant ist, dass zwei mächtige US-Politiker eng mit Feinbergs Operationen verbunden sind: der ehemalige Vizepräsident Dan Quayle und der ehemalige Verteidigungsminister Donald Rumsfeld. Quayle ist als Aufsichtsratsvorsitzender von Cerberus Feinbergs Strohmann, und laut *Ha'aretz* ist Feinberg ein „schüchterner Wunderknabe", der

„Er macht sich bei den Fotografen rar und schickt Untergebene wie den Vorsitzenden von Cerberus, Dan Quayle, zum Unterschreiben seiner Verträge. Was Rumsfeld betrifft, so dürfte die Amerikaner vor allem beunruhigen, dass Rumsfeld (als er Verteidigungsminister war) bereits 2001 in Epsteins Cerberus investierte, lange vor der US-Invasion im Irak (für die Rumsfeld einer der größten Befürworter war), woraufhin Cerberus von der Einrichtung von Militärstützpunktlagern im Irak profitierte.

MAURICE GREENBERG. Obwohl der berühmte Name „Rockefeller" in Amerika (und der ganzen Welt) seit dem späten 19. Jahrhundert für beträchtlichen Reichtum und Einfluss steht, ist es eine Tatsache, dass über die Generationen der Rockefellers hinweg der Reichtum der Familie in dem Maße, in dem er auf die jüngeren Generationen verteilt wurde, erheblich abgenommen hat. Darüber hinaus ist in der Regel nicht bekannt, dass ein jüdischer Milliardär mit Sitz in New York, Maurice R. „Hank" Greenberg, zusammen mit seinem Sohn Jeffrey Greenberg, dem ehemaligen Vorstandsvorsitzenden der Marsh & McClennan Company, und seinem anderen Sohn, Evan G. Greenberg, dem Vorstandsvorsitzenden von Ace Limited, zur eigentlichen treibenden Kraft hinter den Überresten des Rockefeller-Imperiums in verschiedenen Bereichen geworden ist. Diese Unternehmen kontrollieren zusammen mit der Firma ihres Vaters, der American International Group (von der einmal gesagt wurde, sie sei das größte Versicherungs- und Finanzdienstleistungsunternehmen der Welt), tatsächlich einen Großteil der Versicherungsbranche.

Interessant ist, dass Greenberg senior, der ehrenamtlicher Direktor und Vizepräsident des Council on Foreign Relations (CFR) ist - der lange Zeit als das wichtigste von Rockefeller gesponserte außenpolitische Gremium galt -, heute tatsächlich die größte Macht innerhalb des CFR darstellt, auch wenn natürlich David Rockefeller, der mittlerweile ein hohes Alter erreicht hat, weiterhin eine nominelle Führungsfigur des CFR ist. Darüber hinaus ist Greenberg auch in der Trilateralen Kommission aktiv, einem weiteren außenpolitischen Lobbyblock, der von David Rockefeller gegründet wurde.

Greenberg ist ein langjähriger enger Mitarbeiter des ehemaligen Außenministers Henry A. Kissinger, dessen Aufstieg unter der Schirmherrschaft von David Rockefeller und den Kreisen rund um das CFR erfolgte, das, wie wir oben gesehen haben, nichts anderes ist als ein in New York ansässiger „kleiner Cousin" des Royal Institute of

International Affairs, des außenpolitischen Organs des Rothschild-Imperiums, über das die Rothschild-Dynastie dem britischen Außenministerium Richtlinien für die Förderung der Rothschild-Interessen in der ganzen Welt gab.

Die Beziehungen zwischen Greenberg und Kissinger waren so eng, dass Kissinger zeitweise Vorsitzender des internationalen Beirats von AIG war. Es überrascht nicht, dass der immens mächtige jüdische Prinz Greenberg Präsident, Vizepräsident und Direktor der Federal Reserve Bank of New York war und daher, dass er auch auf hoher Ebene an mehreren von der Rockefeller-Familie gegründeten Institutionen beteiligt war, darunter die Asia Society, die Rockefeller University und das Museum of Modern Art. Greenberg ist derzeit Vorsitzender von C.V. Starr & Company. Interessanterweise war Greenberg gezwungen, von seinem Posten als Vorstandsvorsitzender der AIG zurückzutreten, nachdem Elliot Spitzer, der damalige Generalstaatsanwalt des Staates New York, strafrechtliche Vorwürfe gegen ihn erhoben hatte. Später wurde Spitzer natürlich größtenteils aufgrund seines Rufs als „Riesentöter" zum Gouverneur von New York gewählt, aber natürlich wurde er im Frühjahr 2008 durch „watergated" seines Amtes enthoben, woraufhin sogar die angesehene jüdische Zeitung *Forward* bemerkte, dass, Spitzer sich trotz seines jüdischen Erbes nie wirklich mit jüdischen Anliegen identifiziert hatte und von der gesamten jüdischen Gemeinschaft als distanziert betrachtet wurde, was vielleicht zum Teil erklärt, warum diese mächtige jüdische öffentliche Persönlichkeit auf zeremonielle Weise „hingerichtet" wurde. Wie dem auch sei, wenn Spitzer gefallen ist, bleibt Greenberg einer der mächtigsten Juden der Welt und vielleicht in gewisser Weise derjenige, den man als den Chefverwalter des Rothschild-Imperiums der amerikanischen Kreise und Einflusssphären beschreiben könnte, die die Überreste der Operationen der Rockefeller-Familie umgeben. Im Herbst 2008, kurz vor den US-Präsidentschaftswahlen, wurden Greenbergs Intrigen einer öffentlichen Prüfung unterzogen. Sein langjähriges Lehen AIG stand im Mittelpunkt der gigantischen Finanzskandale (die größtenteils mit Juden in Verbindung standen), die die amerikanische Wirtschaft erschütterten und einen weiteren westlichen Außenposten - die Vereinigten Staaten - zum Einsturz zu bringen drohten, was an die provokative Suggestion des jüdischen Philosophen und Historikers Max Dimont erinnerte, dass das jüdische Volk die Angewohnheit habe, den Zusammenbruch von Zivilisationen zu überleben, und dass es schließlich als Herrscher über den Planeten herrschen werde. In diesem Zusammenhang könnten sich einige fragen, ob der Zusammenbruch der

Wall Street - unter jüdischer Herrschaft - nicht Teil des letzten Kapitels ist, ein absichtliches Manöver, um das Ziel der Errichtung des jüdischen Utopia in gewisser Weise voranzutreiben.

DIE FAMILIE HAAS ist die Erbin des Vermögens der Levi-Strauss-Kleidung und zusammengenommen gehören die Familienmitglieder sicherlich zu den reichsten der Vereinigten Staaten. Sie ist auch mit der Familie Meyer verwandt, die zu den wichtigsten Figuren der Washington Post Company gehört, sowie mit dem Strohmann der Rothschild-Familie, Warren Buffett, der kein Jude ist (siehe WARREN BUFFETT). Die Familie Haas ist relativ unauffällig, aber sehr mächtig aufgrund ihres kombinierten Reichtums, der den so vieler anderer nichtjüdischer Amerikaner in den Schatten stellt.

HENRY R. KRAVIS und GEORGE R. ROBERTS. Kravis, Sohn eines jüdischen Ölingenieurs aus Tulsa, Oklahoma, und sein Cousin Roberts schlossen sich mit Jerome Kohlberg, Jr. in New York zusammen und gründeten die Firma Kohlberg, Kravis & Roberts and Company, von der aus sie international für ihre Beteiligung an schuldenfinanzierten Firmenübernahmen bekannt wurden. Sie wurden als „die Könige der Ramschanleihen" bezeichnet. Kohlberg hat das Unternehmen verlassen, aber Kravis und Roberts sind nach wie vor führende Figuren der Institution. Sie sind bekannt für ihre fremdfinanzierte Übernahme des Unternehmens RJR Nabisco, die in dem Buch und Film *Barbarians at the Gate (Barbaren vor der Tür)* thematisiert wurde. Zu den Unternehmen, an denen Kravis im Laufe der Jahre beteiligt war, die er kaufte oder verkaufte, gehören: First Data Inc: First Data Inc, Toys R Us, Duracell Batteries, Safeway, Beatrice Foods, Playtex, Texaco und der Gesundheitsdienstleister HCA Inc. Kravis' Ehefrau Marie-Josée war eine kanadische Kolumnistin und Fernsehpersönlichkeit, die zusammen mit ihrem Mann im „neokonservativen" (d. h. streng zionistischen) Hudson-Institut in den USA aktiv und für ihre Verwicklung in Angelegenheiten der Republikanischen Partei bekannt war. Herr und Frau Kravis sind beide aktive Mitglieder des Council on Foreign Relations und haben an Treffen der Bilderberg-Gruppe teilgenommen, die sich jedes Jahr unter der Schirmherrschaft des Rothschild-Imperiums und seiner Satelliten der Rockefeller-Familie trifft. Kravis selbst ist Vizepräsident der Rockefeller-Universität, was ihn in die Gruppe der Juden einreiht, die die Rockefellers in vielen der ursprünglich von dieser Familie gesponserten Institutionen verdrängt haben.

RONALD LAUDER wäre drei Milliarden Dollar wert. Er und sein Bruder Leonard sind die Erben des Kosmetikvermögens Estee Lauder. Lauder ist seit langem mit den Geschäften der Republikanischen Partei verbunden und diente während der Reagan-Regierung als stellvertretender Verteidigungsminister für Europa- und NATO-Politik im Pentagon. Später ernannte ihn Präsident Reagan zum Botschafter der Vereinigten Staaten in Österreich. Irgendwann versuchte er vergeblich, Bürgermeister von New York City zu werden, wurde aber bei den Vorwahlen der Demokratischen Partei der USA (GOP) von Rudy Giuliani, einem führenden jüdischen Interessenvertreter, der kein Jude war, besiegt. Da Lauder besonders stark in jüdische Intrigen verwickelt war, leitete er das Ronald S.

Lauder, der sich auf jüdische Angelegenheiten in Mittel- und Osteuropa konzentriert. Er hat auch in osteuropäische Medien und das israelische Fernsehen investiert. Er ist an zahlreichen jüdischen Organisationen beteiligt, wie der Anti-Defamation League, dem Jewish Theological Seminary und wurde 2007 zum Präsidenten des Jüdischen Weltkongresses gewählt. Erwähnenswert ist auch, dass Lauders Tochter Jane mit Kevin Warsh, einem Mitglied des Board of Governors der Federal Reserve, verheiratet ist.

S. I. NEWHOUSE und sein Bruder **DONALD NEWHOUSE** sind die Erben des von ihrem verstorbenen Vater gegründeten Verlagsvermögens. Im Jahr 2007 listete *Forbes* Newhouse und seinen Bruder auf Platz 37 der reichsten Amerikaner, wobei ihr Vermögen auf 8 Milliarden US-Dollar geschätzt wurde. Ihr verstorbener Vater, Sam Newhouse, unterhielt seit langem Verbindungen zum organisierten Verbrechen. Newhouse' Vermögen im Medienbereich ist so umfangreich, dass es sich lohnt es aufzuzählen

NEWHOUSE-ZEITUNGEN:

Alabama

- *Die Birmingham News*

- *Die mobile Presse*

- *Das mobile Presseregister*

- *Das bewegliche Register*

Louisiana

- *Die Times-Picayune aus New Orleans*

Michigan

- *The Ann Arbor News*

- *Die Flint Times*

- *The Grand Rapids Press*

- *Die Kalamazoo-Gazette*

- *The Saginaw News*

- *The Times* (Bay City)

Mississippi

- *The Mississippi Press* (Pascagoula)

- *The Mississippi Press Register* (Pascagoula) **New Jersey**

- *The Jersey Journal* (Jersey City)

- *The Star-Ledger* (Newark)

- *The Times* (Trenton)

New York (auf Englisch)

- *The Herald-American* (Syracuse)

Ohio

- *The Plain-Dealer* (Cleveland)

Oregon

- *Der Oregonian*

Pennsylvania

- *The Patriot-News* (Harrisburg)

- *Der Juniata Sentinel*

- *Die Perry County Times*

- *The Duncannon Record*

- *The News-Sun* (Perry County)

NEWHOUSE-ZEITSCHRIFTEN:

- *American City Business Journals (28 lokale wöchentliche Wirtschaftszeitungen)*

- *Parade* Magazine (die berühmte Sonntagsbeilage)

- *Allure*

- *The New Yorker*

- *Architektur-Digest*

- *Conde Nast Traveler*

- *Bon Apetit*

- *Fräulein*

- *Verheiratet*

- *Vanity Fair*

- *Details*

- *Vogue*

- *Glamour*

- *Gentlemen's Quarterly*

- *Gourmet*

RONALD PERELMAN. Wahrscheinlich besser bekannt als Chef des Kosmetikimperiums Revlon, galt Perelman zeitweise als der reichste Mann Amerikas. Im Jahr 2007 degradierte ihn das *Forbes* Magazine jedoch zum 28. reichsten Amerikaner (und 87. reichsten Menschen der Welt) mit einem Wert von rund 9 Milliarden US-Dollar. Seine wichtigste Fassadenoperation ist MacAndrews & Forbes Holdings (offenbar keine Verbindung zu dem oben erwähnten *Forbes-Verlag*). Das klingt natürlich nach einer protestantischen angelsächsischen Investmentgesellschaft alter Prägung, ist es aber nicht. Perelman ist ein sehr frommer Jude mit orthodoxen Tendenzen und unterstützt nachdrücklich zahlreiche jüdische Wohltätigkeitsorganisationen. Er widmet an jedem jüdischen Sabbat drei Stunden dem Gebet und unterhält sogar ein koscheres Haus. Eine seiner bevorzugten Wohltätigkeitsorganisationen ist die Gruppe Chabad Lubavich, eine der kompromisslosesten jüdischen Sekten. Was an Perelman bemerkenswert ist, ist das breite Spektrum seiner Investitionen. Zunächst einmal stammte er aus einer relativ wohlhabenden Familie. Die Familie seines Vaters kontrollierte das Unternehmen American Paper Products und kaufte später Belmont Iron Works, einen Hersteller von Baustahl, ein Unternehmen, in dem Perelman das Geschäft erlernte. Später spezialisierte er sich auf die Wirtschaft und erwarb an der renommierten Wharton School der University of Pennsylvania einen

Master of Commerce. Als Geschäftsmann, der er ist, stieg Perelman in viele verschiedene Bereiche ein. Er kaufte Fernsehsender und Unterhaltungsunternehmen wie Genesis Entertainment. Er erwarb auch große Mengen an Aktien des berühmten Unternehmens Sunbeam, obwohl dieses später in Konkurs ging. Er war auch einer der Haupteigentümer von Consolidated Cigars, einer Holdinggesellschaft, die zahlreiche Zigarrenmarken besitzt. Perelman soll außerdem zwischen 600 Millionen und 1,2 Milliarden US-Dollar verdient haben, indem er in die Krise der Spar- und Kreditkassen stürzte und eine Reihe insolventer Unternehmen aufkaufte, um sie anschließend zu seinen Gunsten umzustrukturieren. Perelman ist unter anderem Eigentümer der Marvel Entertainment Group, die Comics und alle dazugehörigen Marketing-Gadgets produziert. Er hat auch die Unternehmen Skybox International und Fleer Corporation, die im Bereich der Baseballkarten tätig sind, sowie die Panini-Gruppe, einen italienischen Stickerhersteller, der Artikel mit Sportbezug produziert, aufgekauft. Auch wenn man normalerweise nicht daran denkt, ist es eine Tatsache, dass die Comic-Industrie einen wichtigen Absatzmarkt für politische Propaganda darstellt. Perelman ist also auf seine Weise eine wichtige Kraft im Einflussbereich der Rothschilds.

NICHOLAS J. PRITZKER ist heute der Kopf des Vermögens der in Chicago ansässigen Pritzker-Familie (seit langem mit dem jüdischen organisierten Verbrechen verbunden) und Präsident der Hotelkette Hyatt Development Corporation, die sich im Besitz seiner Familie befindet. Die Familie kontrolliert außerdem das Trans-Union Credit Bureau (eine wichtige Quelle für „interne" Daten über Millionen von Menschen zur Nutzung durch das Rothschild-Imperium) und die Caribbean Cruise Lines. Die Pritzkers gehören zusammen mit der bereits erwähnten Familie Crown aus Chicago (siehe LESTER CROWN) zu denjenigen, die als Teil des „engen Kreises" des neu gewählten US-Präsidenten Barack Obama beschrieben werden.

SUMNER REDSTONE wurde in Boston geboren und ist der Sohn von Michael Redstein, dem Besitzer der Northeast Theater Corporation, die später in National Amusements umbenannt wurde. Obwohl Redstone zunächst als Anwalt tätig war und für das US-Justizministerium in San Francisco arbeitete, entschied er sich für den Einstieg in die Firma seines Vaters, wo er begann, in Filmproduktionsfirmen und Studios wie Columbia Pictures, Twentieth Century Fox, Orion Pictures und Paramount Pictures zu investieren. Schließlich übernahm Redstone die Kontrolle über Viacom International, das ein Spin-off von CBS war. Später übernahm Redstone über Viacom die Kontrolle über die oben genannten Filmgesellschaften. Heute ist Viacom eines der größten Medienunternehmen der Welt. Viacom ist heute eines der größten Medienunternehmen der Welt. Zu seinen Beteiligungen gehören Blockbuster Entertainment und nun CBS selbst, das Redstone im Jahr 2000 aufkaufte. Redstone wäre die 86. reichste Person der Welt und wäre 9 Milliarden US-Dollar wert.

SAMUEL REICHMANN, ein jüdischer Einwanderer aus Ungarn, ist der Gründer eines weiteren legendären jüdischen Vermögens mit Sitz in Kanada, das in der nordamerikanischen Geschäftswelt besonders einflussreich war. Mit Sitz in Montreal ist die Familie Bronfman (weitere Informationen zu dieser Familie finden Sie im vorherigen Kapitel). Reichmanns Erben sind seine Söhne Paul, Ralph, Albert, Louis und Edward (der nach Israel auswanderte und mittlerweile verstorben ist) sowie seine Tochter Eva. Die Hauptquelle des Reichtums der Reichmanns war der Bau und die Erschließung von Immobilien. Sie waren für den Bau des First Canadian Place, des höchsten Gebäudes in Kanada, verantwortlich und ihre Besitzungen erstreckten sich ins Ausland, u. a. nach New York und Tokio; zeitweise waren sie die größten Immobilienentwickler der Welt. Obwohl ihr Olympia & York-Imperium schließlich bankrott ging, sind die Reichmanns sehr wohlhabend und bleiben einflussreich in globalen Angelegenheiten. Sie sind für ihre immense Hingabe an ihr orthodoxes jüdisches Erbe bekannt, was so weit ging, dass selbst inmitten ihrer Gebäudeentwicklung und anderer Immobilienprojekte die Bauarbeiten an den jüdischen heiligen Tagen zum Erliegen kamen. Sie waren im Rahmen internationaler Partnerschaften mit jüdischen Geschäftemachern wie George Soros und Laurence Tisch u. a. verbunden (siehe GEORGE SOROS und LAURENCE TISCH).

HAIM SABAN, der über 3 Milliarden Dollar wert ist, ist ein Jude ägyptischer Abstammung, dessen Familie 1956 nach Israel auswanderte. Heute lebt er in Beverly Hills und Israel und wird von *Forbes* als die 102. reichste Person Amerikas bezeichnet. Saban, der zunächst als Fernsehproduzent tätig war, schloss sich mit der News Corporation von Rupert Murdoch, dem Strohmann der Rothschilds, zusammen und verkaufte Fox Family Worldwide an die Walt Disney Company. Der Verkauf des Senders, der inzwischen in ABC Family Channel umbenannt wurde, war die größte Transaktion zwischen einem Unternehmen und einer Privatperson in der Geschichte, und Saban erzielte einen Gewinn von 1,6 Milliarden US-Dollar. Derzeit ist er einer der Leiter der Investmentgruppe, die die Kontrolle über Univision, das größte spanischsprachige Medium in den USA, übernommen hat, was den ägyptischen Staatsbürger mit amerikanisch-israelischer Doppelstaatsbürgerschaft zu einer wichtigen Figur in der Ausrichtung der spanischsprachigen Medien macht, in den USA immer wichtiger wird, was ihm einen großen politischen Einfluss auf die spanischsprachige Bevölkerung verleiht, von der jüdische Gruppen und ihre Sprecher häufig darauf hingewiesen haben, dass sie eine Bedrohung für die jüdischen Interessen darstellen könnte (hauptsächlich aufgrund ihrer historischen Verbindungen zur römisch-katholischen Religion). Saban finanziert das Saban Center for Middle East Policy an der Brookings Institution in Washington, D.C. Saban gab gegenüber der *New York Times* einmal freimütig zu: „Ich habe nur ein Problem, und mein Problem ist Israel".

FAMILIE SASSOON. Eine weitere der jüdischen Familien Babylons, die später die Rothschilds heiratete. Eines der ersten Oberhäupter der Sassoon-Dynastie war der Bankier des Provinzgouverneurs von Bagdad und später ließ sich sein Sohn in Bombay, Indien, nieder. Zu dieser Zeit expandierten die Sassoons nach Burma, Malaysia und Ostasien. Es heißt, dass es in jeder Filiale der Bankhäuser der Sassoons, die mit dem Opiumhandel verbunden waren, einen Rabbiner gab. Die Sassoon haben sich auch in China niedergelassen, mit Büros in Hongkong und Shanghai. Es ist bemerkenswert, dass der chinesische Nationalist Chang Kai Shek mit der Tochter von T.V. Soong verheiratet war, einem Beamten einer Bank der Sassoon-Familie. Die Sassoons stellen eine wesentliche Erweiterung des Rothschild-Imperiums in Asien dar.

WALTER SHORENSTEIN könnte als „der jüdische König von San Francisco" bezeichnet werden. Als Immobilienmagnat, der angeblich etwa 1 Milliarde US-Dollar wert ist, war Shorenstein viele Jahre lang der größte Betreiber von Gewerbeimmobilien in San Francisco und kontrolliert angeblich etwa 25 % der Innenstadt, wo die Immobilienpreise in die Höhe geschossen sind. Das heute achtzigjährige Shorenstein-Imperium wird von seinem Sohn Douglas geleitet. Shorenstein ist auf nationaler Ebene insofern bekannt, als er ein bedeutender finanzieller Spender der Demokratischen Partei war, auch wenn die Basisdemokraten in den Kleinstädten und ländlichen Gemeinden der USA offensichtlich noch nie von diesem jüdischen Genie gehört haben. Eine von Shorensteins wichtigsten Propagandainitiativen zur Beeinflussung der öffentlichen Angelegenheiten ist die Finanzierung einer (nach seiner verstorbenen Tochter benannten) Einrichtung namens Joan Shorenstein Center on the Press, Politics and Public Policy an der John F. Kennedy School of

Government der Harvard-Universität. Shorenstein ist also seit langem ein wichtiger Akteur in einer Großstadt, in der jüdisches Geld seit langem Supreme ist. Es ist kein Zufall, dass Roy Bullock, der wichtigste Geheimagent der Anti-Defamation League, die lange Zeit amerikanische Dissidenten ins Visier nahm, die den israelischen Einfluss und die jüdische Macht in Frage stellten, von San Francisco aus operierte (eine Studie der ADL und einen persönlichen Bericht des Autors Michael Collins Piper über seine eigenen Begegnungen mit Bullock finden Sie unter *The Judas Goats*).

GEORGE SOROS, der ungarischstämmige Börsenspekulant und Raubtier, hat sich in den letzten Jahren als „liberale" Figur im politischen Geschäft der USA präsentiert. Von *Forbes* mit einem geschätzten Wert von 8,5 Milliarden Dollar als 80. reichste Person der Welt eingestuft, saß er im Vorstand des Council on Foreign Relations, dem New Yorker Ableger des Rothschild-Imperiums. Wegen seiner internationalen Finanzschiebereien wurde er zu Recht von vielen einflussreichen Nationalisten in der Welt angegriffen, insbesondere vom damaligen malaysischen Premierminister Dr. Mahathir Mohamad. In Thailand bezeichneten die Nationalisten Soros als „Wirtschaftskriegsverbrecher, der dem Volk das Blut aussaugt". Eines von Soros' Hauptprojekten war die „Verbreitung der Demokratie" in Osteuropa und er versuchte auch, sich in die politischen Angelegenheiten Russlands einzumischen, als der nationalistische russische Premierminister Wladimir Putin die Intrigen des Rothschild-Imperiums und seine Tentakel unter den jüdischen Oligarchen in Russland (von denen viele die russisch-israelische Doppelstaatsbürgerschaft besitzen) anzweifelte. Soros war ein „Kritiker Israels" und äußerte sich besorgt über „Antisemitismus". Er erkannte an, dass die weltweite Sorge um die jüdische Macht aus der Ernüchterung über Israels Behandlung der christlichen und muslimischen palästinensischen Araber herrührt. Er gab offen zu, dass die Unterstützung der USA für Israel zum Anstieg des Antisemitismus beigetragen hat und dass Personen wie er, die in der globalen Finanzgemeinschaft involviert sind, einer „antisemitischen" Rhetorik ausgesetzt sind. Aufgrund seiner erheblichen Finanzierung einer Reihe von „liberalen" Organisationen, die die Regierung von George W. Bush in Frage stellten, versuchte Soros tatsächlich, diese Institutionen und Personen zu kooptieren, um von jüdischen Intrigen abzulenken, indem er die Rolle des „jüdischen Kritikers" der „Neokonservativen" spielte.

Der in Brooklyn geborene **MICHAEL H. STEINHARDT** wurde zu einer der ersten Führungsfiguren der Hedgefonds-Finanzindustrie.

Steinhardt gab zu, dass er seine Karriere dank der Finanzierung durch seinen Vater Sol Frank „Red" Steinhardt begonnen hatte, der der erste „Hehler" von gestohlenem Schmuck in New York City war und eng mit dem Chef des jüdischen Verbrechersyndikats, Meyer Lansky, verbunden war. Steinhardt sagte aus, dass sein Vater ihm Umschläge mit 10.000 Dollar in bar überreichte, was der durchschnittliche Amerikaner aus der Mittelschicht nie gesehen hatte. Steinhardt deutete sogar an, dass sein eigenes Studium an der renommierten Wharton School of Business der Universität von Pennsylvania möglicherweise durch die Aktivitäten seines Vaters im Bereich des organisierten Verbrechens finanziert worden war. Wie dem auch sei, Steinhardt ist heute ein unermesslich reicher Mann, der für seine Hingabe an jüdische Anliegen bekannt ist. Das vielleicht beste Beispiel dafür ist seine Finanzierung der pro-israelischen Tageszeitung *The New York Sun, die* der „neokonservativen" Richtung zuzuordnen ist. Dieser Spross des Verbrechens ist auch Mitglied im Vorstand der Stiftung zur Verteidigung der Demokratien, die er aktiv finanziert hat. Dabei handelt es sich um das Projekt von Clifford May, einem ehemaligen Journalisten, der zum Professor zionaler Propagandist der globalen jüdischen Agenda wurde. Herr Steinhardt war auch Vorsitzender des Democratic Leadership Council, einer angeblich „zentristischen" Organisation. Er war auch Vorsitzender seiner eigenen Steinhardt-Stiftung für jüdisches Leben und von Taglit Birthright Israel, die Israelreisen junger amerikanischer Juden finanziert.

Heute ist Steinhardt Präsident von WisdomTree Investments, das etwa 5 Milliarden US-Dollar verwaltet und angeblich um 10 % pro Monat wächst.

ARTHUR OCHS SULZBERGER, JR. Sulzberger, geboren 1951, ist Herausgeber der New York Times und Vorsitzender der New York Times Company, der Erbin der Familie Sulzberger, die die *Times* zur führenden Tageszeitung Amerikas gemacht hat. Die traditionell liberale *Times* ist auch die erste Stimme - vielleicht weltweit - für die Interessen der Juden im Allgemeinen und des Rothschild-Imperiums und seine weltweiten Anliegen. Mehr über den Einfluss dieses Presseimperiums und seiner Familie zu sagen, hieße, die Dinge zu verkomplizieren.

LAURENCE TISCH UND PRESTON TISCH, die Begründer der modernen Dynastie, waren Miteigentümer der Loew's Entertainment Corporation. Die Tisch-Brüder waren auch Schlüsselfiguren des Unterhaltungsimperiums CBS, und ihre Erben sind nach wie vor wichtige Akteure in globalen jüdischen Angelegenheiten.

SANFORD I.WEILL ist kein allgemein bekannter Name, aber er ist einer der führenden jüdischen Finanziers. Zu einem bestimmten Zeitpunkt war er Präsident und CEO der City Group, Inc. Diese sind amerikanische Satelliten der von den Rothschilds kontrollierten Bankinstitute in der „City" von London (siehe an anderer Stelle auf diesen Seiten für eine detaillierte Analyse der „City"). (Diese amerikanischen Bankkonzerne mit dem Zusatz „City" vor dem Namen waren schon immer Erweiterungen der Rothschild-Banken in London. Weill stieg Mitte der 1960er und 1970er Jahre auf, als er seine eigene Firma mit anderen Firmen zu Shearson-Loeb-Rhodes fusionierte, einer modernen Inkarnation der alten Loeb-Bankgesellschaft mit Sitz in New York (übrigens nicht zu verwechseln mit Kuhn-Loeb, einem anderen Netzwerk von „Notre Foule"), die aus deutschen Juden bestand. Anfang der 1980er Jahre verkaufte Weill Shearson-Loeb-Rhodes an American Express, aber 1993 kaufte er seine alte Firma zurück, die nun als Shearson-Lehman bekannt war (und Lehman war natürlich der Name eines *anderen* New Yorker Bankinstituts von „Unser Schwarm" im Bereich des Rothschild-Imperiums). Im Jahr 1997 übernahm er die Kontrolle über Salomon Inc, die Muttergesellschaft der berühmten jüdischen Bank Salomon Brothers. Weill nannte seine neue Firma Shearson-Lehman-The Travelers Group, die später mit CitiCorp fusionierte, wodurch Weill die Führung dieser Gruppe übernahm. Weill, dessen Wert auf 1,9 Milliarden US-Dollar geschätzt wird, wurde außerdem zum Direktor der „Klasse A" der Federal Reserve Bank of New York City ernannt. Er ist zweifellos ein Schlüsselverwalter des Rothschild-Imperiums.

SAMUEL ZELL, der angeblich 6 Milliarden US-Dollar wert und der 52. reichste Amerikaner ist, begann seinen Aufstieg im Immobiliengeschäft. Zu einem bestimmten Zeitpunkt war sein Unternehmen Equity Residential der größte Eigentümer von Wohnungen in den USA; ein verwandtes Unternehmen war der größte Eigentümer von Büroflächen im Land. Über sein Unternehmen Manufactured Home Communities spielte er auch eine wichtige Rolle in der Mobilheimbranche. Der Sohn polnisch-jüdischer Einwanderer stieg auch in die Medienbranche ein und ist heute eine Schlüsselfigur bei Anixter International, dem weltweit größten Händler von Kommunikationsprodukten und elektronischen Drähten und Kabeln. Am bemerkenswertesten ist, dass Zell im Jahr 2007 die Kontrolle über die Tribune Company übernahm, den Herausgeber angesehener amerikanischer Zeitungen wie der *Chicago Tribune*, der *Los Angeles Times* und der New Yorker *Newsday*. Er ist auch Eigentümer des

Baseballteams Chicago Cubs (das der Tribune Company gehört). Die bekannte jüdische Wochenzeitung *Forward* bezeichnete Zell als „überzeugten Zionisten". Er spendete mehrere Millionen Dollar an israelische akademische Einrichtungen und finanzierte das Israelische Zentrum für sozialen und wirtschaftlichen Fortschritt, das als „rechts" eingestuft wird. Es überrascht nicht, dass Zell auch das rechtslastige American Jewish Committee finanziell unterstützt hat und für seine Neigung bekannt ist, politische Spenden an die Interessen der Republikanischen Partei zu leisten.

Wie alle jüdischen Vertreter der Macht ist er jedoch auch bereit, der Demokratischen Partei Spenden zukommen zu lassen. Vor kurzem wurde bekannt, dass Zell die Tribune Company in den Bankrott treibt, nachdem er diese amerikanische Institution verwüstet hatte.

Seine Beschäftigten müssen offenbar mit dem Verlust eines großen Teils ihrer Rentenfonds rechnen.

KHEDORI ZILKHA war viele Jahre lang der moderne Patriarch dieser jüdischen Familie, deren Ursprünge bis nach Babylon zurückreichen. Sie gehören zu den jüdischen Prinzen, die in Babylon herrschten und dort auch nach dem Ende ihres Exils blieben. Zilkha wurde von der jüdisch-zentrischen Zeitung *New York Sun* (die teilweise dem Erben des jüdischen Verbrechersyndikats, Michael Steinhardt, gehört - siehe MICHAEL STEINHARDT) als „eine imposante Figur, die die Finanzlandschaft im Nahen Osten, in Europa, Amerika und Asien dominiert hat und zu einem wichtigen Akteur im internationalen Bankwesen geworden ist" beschrieben. Doch wie viele Amerikaner haben schon einmal von der Familie Zilkha gehört? Die Dynastie wird heute von Ezra Zilkha geleitet, der erklärte: „Meine Familie war stolz darauf, zu der von Nebukadnezar gegründeten jüdischen Gemeinde zu gehören. Als die babylonische Gefangenschaft endete und viele Juden nach Jerusalem zurückkehrten, blieben meine Vorfahren an Ort und Stelle. Ich bin mir der Geschichte immer noch bewusst. Meine Sensibilität ist in der Antike verwurzelt". Diese Familie gehört zu den mächtigsten und reichsten Kräften des Rothschild-Imperiums, das seinen talmudischen Wurzeln und dem Traum des Talmuds von der jüdischen Weltherrschaft treu bleibt. *Die New York Sun* bezeichnete Ezra Zilkha selbst sogar als „eine lebende Legende".

MORTIMER ZUCKERMAN. Diese Figur, eine Schlüsselfigur im jüdischen Machtnetzwerk, hat es dank ihrer Position als ehemaliger Vorsitzender der Konferenz der Präsidenten der großen jüdischen Organisationen in den USA zu höchstem Einfluss gebracht. Allein diese

Funktion verleiht ihm große Macht, nicht nur innerhalb der „zionistischen" Bewegung, sondern auch innerhalb der gesamten jüdischen Gemeinschaft in den USA und damit auch weltweit. Allerdings hat er seine Rolle und seinen Einfluss ausgeweitet, indem er sich in den amerikanischen Medien engagiert. Zuckerman ist natürlich vor allem als Herausgeber des *US News & World Report* bekannt, einer der ehrwürdigen und einst traditionell konservativen Stimmen der amerikanischen Presse, die lange Zeit als „konservative Alternative" zu den liberalen *Time* und *Newsweek* galt, obwohl viele ehrliche Medienkritiker die Frage aufwerfen würden, inwieweit *Time* und *Newsweek* wirklich „liberal" gewesen sind. Wie dem auch sei, unter Zuckermans Einfluss wurde der *US News & World Report*, insbesondere in Zuckermans Kommentaren, die auf seinen Seiten erscheinen, zu einem kompromisslosen Sprecher Israels und seiner internationalen Ziele.

Zuckerman begann als Bauunternehmer und Immobilienbetreiber in Boston, in früher Partnerschaft mit Elementen aus dem Bereich der kanadischen Bronfman-Familie, wodurch er sein anfängliches Vermögen anhäufte.

Heute kontrolliert Zuckerman andere amerikanische Institutionen wie die *New York Daily News* und bis vor kurzem auch The *Atlantic*. Zuckerman wurde als der 188. reichste Amerikaner eingestuft. Er spielte eine aktive Rolle im „New Yorker Büro" des Royal Institute for International Affairs des Rothschild-Imperiums, das als Council on Foreign Relations bekannt ist, und im Washingtoner Institut für Nahostpolitik. Getreu der Tradition des Rothschild-Imperiums trug Zuckerman zur Entstehung anderer jüdischer Vermögen bei, insbesondere die seines Schützlings Daniel Snyder, der besser bekannt ist als Besitzer des Footballteams Washington Redskins. Snyder ist eine bemerkenswerte Fallstudie. Unterstützt von Zuckerman und über Snyder Communications, ein kleines Familienunternehmen, führte der junge Snyder in den gesamten Vereinigten Staaten „Kesseltreiben" durch, sammelte Namen von Amerikanern mit spanischen Namen (legale und illegale), stellte Listen dieser Namen zusammen und vermarktete dann Calling Cards, Ferngespräche, Hypotheken, Autokredite und Kreditkartenangebote an sie. Dies war wahrscheinlich die allererste Namenssammlaktion dieser Art, die sich auf die schnell wachsende Latino-Bevölkerung in den USA bezog, und sie machte nicht nur Snyder (und *ihn* zum Milliardär!) und das Rothschild-Imperium reich, sondern schuf auch ein besonderes Maß an Einfluss auf diese demografische Einheit, die aufgrund ihrer großen Zahl immer mächtiger wird. Dies ist nicht etwas, das sehr bekannt ist, nicht einmal unter Latinos, aber es ist etwas, das sie wissen sollten.

Es handelt sich also um die „Herzöge und Herzoginnen" - die höchsten Ränge - des Rothschild-Hofes. Betrachten wir nun die „dritte" Ebene - die „Lords und Ladies", die zum königlichen Hof der Rothschild-Dynastie gehören.

Eine ausgezeichnete Ruhmeshalle - 2008 richtete die israelische Regierung offiziell einen Tempel der Schande ein - eine virtuelle «Feindesliste» -, zu der auch der amerikanische Autor Michael Collins Piper gehört. Dies ist ein Pantheon amerikanischer und anderer (früherer und gegenwärtiger) Persönlichkeiten, die beschuldigt werden, «antisemitisch» zu sein oder Israel nicht ausreichend zu unterstützen. Und das ist nur eine Handvoll!

- Präsident Richard Nixon
- Präsident John F. Kennedy
- Präsident Jimmy Carter
- Präsident George H.W. Bush
- Präsident Gerald Ford
- Präsident Harry Truman
- Senator Robert F. Kennedy (D-N.Y.)
- Senator J. William Fulbright (D-Ark.)
- Senator J. William Fulbright (D-Ark.)
- Senator Charles Percy (R-Ill.)
- Senator Jim Abourezk (D-S.D.)
- Senator Adlai Stevenson (D-Ill.)
- Senator Ernest F. Hollings (D-S.C.)
- Senator Mike Gravel (D-Alaska.)
- Rep. Cynthia McKinney (D-Ga.)
- Rep. Paul Findley (R-Ill.)
- Rep. Pete McCloskey (R-Calif.)
- Rep. Ed Zshau (R-Calif.)
- Mary Rose Oakar (D-Ohio)
- General George V. Strong (Leiter des militärischen Nachrichtendienstes - 1942-45)
- Oberst Sherman Miles (Leiter des militärischen Nachrichtendienstes)
- General George Brown (Vorsitzender des Joint Staff)
- General Pedro Del Valle (U.S. Marine)
- Dr. Mahathir Mohamad
- Thomas Edison
- Carl Jung
- H. L. Mencken
- Theodore Dreiser
- Ernest Hemingway
- Thomas Carlyle
- Henry Adams
- George Eliot
- Jack Kerouac
- Percy Shelley
- H. G. Wells
- D. H. Lawrence
- James Russell Lowell
- Henry Miller
- Sir Walter Scott
- George Sand
- Johannes Brahms
- - William Faulkner
- Rep. Mervin Dymally (D-Kalif.)
- Rep. Gus Savage (D-Ill.)
- Rep. John R. Rarick (D-La.)
- Rep. Steve Stockman (R-Texas)
- Rep. Jim Traficant (D-Ohio)
- Rep. Earl Hilliard (D-Ala.)
- Bill Scranton, Botschafter der Vereinten Nationen
- UN-Botschafter Andrew Young
- Gouverneur John B. Connally (D-Texas)
- Verteidigungsminister James Forrestal
- Sekretär für Verteidigung Caspar Weinberger
- Staatssekretär James Baker
- General George Patton
- General George C. Marshall
- General George Stratemeyer
- General Albert Wedemeyer
- Oberst Charles A. Lindbergh
- General Robert Wood
- Generalmajor George Van Horn Moseley (Stellvertreter Stabschef der US-Armee)
- Admiral Thomas Moorer (Vorsitzender des Generalstabs)
- W. A. Carto
- Walt Disney
- Henry Ford
- Truman Capote
- Lord Byron
- Nathaniel Hawthorne
- Henry James
- F. Scott Fitzgerald
- T. S. Eliot
- Washington Irving
- Gore Vidal
- Rudyard Kipling
- C. Northcote Parkinson
- Franz Liszt
- Somerset Maugham
- Eugene O'Neill
- Ezra Pound
- George Bernard Shaw
- Richard Wagner
- Robert Louis Stevenson
- - George Orwell

KAPITEL XII

Die „Lords" der amerikanischen jüdischen Aristokratie: Die dritte Ebene der Familien des Rothschild-Hofes

Die folgenden Informationen beruhen größtenteils auf den Profilen von etwa 180 namentlich genannten (und oft miteinander verbundenen) jüdischen Familien, die in einer „Tribut-Sonderausgabe" (datiert 1997-1998, Bd. 21, Nr. 10) des in New York ansässigen Magazins *Avenue* veröffentlicht wurden - einer „Gesellschaftszeitung", die außerhalb des Kreises derjenigen, die gerne über die Moden und Eigenheiten der Machtelite lesen, kaum verbreitet wird.

Diese Sonderausgabe mit dem Titel „Porträts des Familienerfolgs in der jüdischen Gemeinschaft Amerikas" beleuchtet die Namen und Unternehmen amerikanisch-jüdischer Familien und konzentriert sich dabei auf diejenigen, die in der jüdischen Gemeinschaft und ihren vielfältigen philanthropischen und politischen Unternehmungen aktiv waren.

Es ist anzumerken, dass es buchstäblich Hunderte, wenn nicht Tausende jüdische Gemeindeorganisationen und andere Körperschaften auf lokaler und nationaler Ebene gibt.

Obwohl eine Handvoll jüdischer Gruppen wie das American-Israel Public Affairs Committee (AIPAC) und die Anti-Defamation League (ADL) of B'nai B'rith häufig in den Mainstream-Medien auftauchen, hauptsächlich im Zusammenhang mit „politischen" Nachrichten, gibt es viele andere derartige Körperschaften, die selten erwähnt werden, außer in den Zeitungen der jüdischen Gemeinschaft, die natürlich für den Durchschnittsamerikaner keine „tägliche" Lektüre sind.

Was den Begriff „philanthropisch" - wie er hier verwendet wird - betrifft, so wird er recht vage verwendet, da viele jüdische Familien - wenn nicht sogar die meisten - nur in Bezug auf spezifisch jüdische Wohltätigkeitsorganisationen philanthropisch sind, obwohl es auch Ausnahmen gibt.

Die *Avenue-Liste* - so wie sie hier dargestellt ist - erwähnt nicht die zahlreichen Wohltätigkeitsorganisationen sowohl in den USA (mit jüdischer und nichtjüdischer Ausrichtung) als auch in Israel, die die genannten Familien mit großem Erfolg finanziert haben. Wir haben diese Informationen nur dann aufgenommen, wenn eine bestimmte Familie eng mit einem bestimmten „Zweck" verbunden war.

Es sollte auch angemerkt werden, dass die meisten der genannten Familien dem *Avenue-Bericht* zufolge offenbar die eine oder andere Familienstiftung mit beschränkter Beteiligung gegründet haben und diese Stiftungen zur Unterstützung verschiedener Zwecke nutzen. Die meisten dieser Zwecke - aber nicht alle - sind jüdischer Natur und nicht selten mit dem Staat Israel und verschiedenen israelischen Behörden und Institutionen verbunden. Einige dieser Namen wurden übrigens bereits in der zusammenfassenden Liste im vorherigen Kapitel genannt.

So versteht es sich - mit einigen Ausnahmen - von selbst, dass die hier aufgeführten Namen die „Reichsten der Reichen" (und damit die mächtigsten) unter der jüdischen Elite Amerikas darstellen, doch soll damit nicht suggeriert werden, dass die hier auftauchenden Namen tatsächlich eine offizielle Liste der „reichsten Juden Amerikas" darstellen. Weit gefehlt! Tatsächlich gibt es viele andere wohlhabende Unternehmer jüdischer Herkunft, sozusagen, die es nicht in die Schlagzeilen schaffen. Es gibt zum Beispiel viele wohlhabende jüdische Kriminelle, die es vorziehen, sich bedeckt zu halten und nicht versuchen, sich oder ihre Spenden an jüdische philanthropische Organisationen bekannt zu machen. In dieser Hinsicht ist es unwahrscheinlich, dass die Zeitschrift *Avenue* bereit wäre, die „Leistungen" eines jüdischen Kriminellen zu würdigen. Die Liste von *Avenue* ist daher in dieser Hinsicht unvollständig.

Bezüglich der Liste ist zu beachten, dass Sie beispielsweise Henry Kissinger nicht finden werden. Zwar ist Kissinger reich und mächtig, aber sein Reichtum und seine Macht waren immer das Ergebnis seiner Entwicklung in der Sphäre der reichen und mächtigen Menschen. Kissinger ist eine politische Figur und als solche nichts anderes als ein gut bezahlter Beamter der Rothschild-Dynastie.

Kissingers Ruhm und seine „Leistungen" sind in vielerlei Hinsicht eine Schöpfung der jüdisch kontrollierten Medien, aber im Gegensatz zu vielen anderen, die auf der *Avenue-Liste* stehen, ist er nicht *per se* einer der Medienbesitzer. Diese Unterscheidung ist vielleicht ausreichend, um Kissinger nicht auf der Liste aufzuführen. Obwohl Kissinger in den Aufsichtsräten vieler Unternehmen, einschließlich der Medien, sitzt, war er immer mehr eine öffentliche Person (die zufällig jüdisch ist), die als Vermittler für die Mächte hinter den Kulissen fungiert, als ein echter „Umzugshelfer" im Alleingang. Ohne die Schirmherrschaft mächtiger Sponsoren wäre Kissinger nicht mehr als ein weiterer farbenfroher jüdischer Akademiker.

Darüber hinaus gibt es für die Betrachtung des Lesers noch einen weiteren Faktor, der angemerkt werden könnte: Henry Kissinger wurde in der *unmittelbaren* Sphäre der Rockefeller-Familie bekannt, die im Wesentlichen immer als Satellit des Rothschild-Imperiums fungiert hat, obwohl sie manchmal auch unabhängige Interessen im Spiel hat.

Und um den vielen amerikanischen jüdischen Millionären - und vielleicht Milliardären - gegenüber fair zu sein, die nicht von *Avenue*'s Liste der „Familienleistungen" geehrt wurden und die nicht unbedingt in kriminelle Handlungen verwickelt sind, sollte man anmerken, dass viele von ihnen viel Reichtum angehäuft haben, aber nicht danach streben, von der Öffentlichkeit bejubelt, von Gesellschaftsmagazinen anerkannt oder von ihrer eigenen jüdischen Gemeinschaft geehrt zu werden.

Es gibt also sicherlich noch viele andere jüdische Vermögen, die in der von *Avenue* zusammengestellten Liste nicht erwähnt wurden. Aber die von Avenue zusammengestellte Liste ist tatsächlich sehr umfassend und als Register der - in finanzieller Hinsicht - wichtigsten Akteure der jüdischen „High Society" ist die Liste von *Avenue* sicherlich ein wertvolles Dokument (der Autor hat ehrlich gesagt noch nie etwas so Vollständiges gesehen). (Offen gesagt hat der Autor noch nie etwas so Vollständiges gesehen.) Man kann wahrscheinlich sagen, dass, obwohl jüdische Namen einen beträchtlichen Teil der jährlichen *Forbes* 400-Liste der reichsten Familien Amerikas ausmachen, eine sekundäre Liste dessen, was man als „*Forbes* 800" bezeichnen könnte - d.h. eine Liste der nächsten Gruppe von 400 reichen Familien nach den ersten 400 - zweifellos praktisch alle Namen enthalten würde, die auf der hier zusammengefassten *Avenue-Liste* stehen. Kurz gesagt: Obwohl ein großer Teil des jüdischen Reichtums an der Spitze akkumuliert wird, gibt es eine noch größere Akkumulation im viel breiteren „Mittelfeld" der wohlhabenden amerikanischen Familien.

Nach all diesen Ausführungen wollen wir nun die „Herren und Damen" der jüdischen Aristokratie - die „dritte Ebene" (sozusagen) des Rothschild-Hofes - unter die Lupe

ABESS. Miami, Florida. Kontrolliert die City National Bank of Florida. Zu den Mitgliedern gehören Leonard Abess und Allan Abess, Jr.

ALTHEIM. New York City. Philip und Barbara Altheim kontrollieren Forest Electric, eine Tochtergesellschaft von EMCOR und das größte Elektrobauunternehmen der Welt. Ihre Söhne und Töchter sind Marc, Jill und Gary.

ANNENBERG. Philadelphia. Lange Zeit vom verstorbenen Walter Annenberg geleitet, der US-Botschafter in England war und von Richard Nixon zum ernannt wurde. Triangle Publications Imperium. Veröffentlicht den *TV Guide* und den *Philadelphia Inquirer*.

ARISON. Miami. Teds Sohn Micky kontrolliert heute das Familienimperium, das die Kreuzfahrtgesellschaft, Hotels, Resorts und das Basketballteam Miami Heat umfasst. Ted Arison ist nach Israel zurückgekehrt.

ARNOW-WEILER. Boston. Der russischstämmige Jack Weiler schloss sich mit Benjamin Swig für die Geschäftsentwicklung zusammen und übernahm über sieben Millionen Quadratmeter. Seine Tochter Joan, ihr Ehemann Robert Arnow und ihr Sohn David leiten heute das Imperium. Sie haben einen Sohn, Noah.

BARNETT. Fort Worth, Texas. Hat die Hilton-Hotels in Israel betrieben. Louis Barnett und seine Frau Madlyn (geborene Brachman, siehe BRACHMAN) haben einen Sohn, Eliot, der sich mit der Entwicklung von Einkaufszentren befasst. Die Familie ist außerdem im Immobilien-, Pharma- und Ölgeschäft tätig. Die Familie finanziert das Barnett Institute of Biotechnology an der Northeastern University.

BELFER. New York. Als Flüchtlinge aus Polen gründeten Arthur und Rochelle Belfer die Familie, die heute von Robert Belfer und seinen Töchtern Selma Ruben und Anita Saltz geleitet wird. Arthur Belfer war in die Öl- und Erdgasbranche involviert, aus der später das berüchtigte Unternehmen Enron hervorging. [Mehr über die „jüdische Verbindung" von Enron finden Sie in *The New Jerusalem (Das neue Jerusalem)* von Michael Collins Piper]. Sein Sohn Robert war Mitglied des Exekutivkomitees von Enron, entging aber der Aufmerksamkeit der Medien.

BELZ. Memphis. Belz Enterprises und die Peabody Hotel Group (Memphis) sind Teil des Familienbesitzes, der von Philip Belz gegründet wurde, der in das Immobilien- und Managementgeschäft eingestiegen ist. Sein Sohn Jack Belz und seine Frau Marilyn kümmern sich um die Geschäfte der Familie. Ihre Tochter Jan, die mit Andrew Groveman verheiratet ist, beginnt sich zu behaupten und ist im Bereich der sowjetisch-jüdischen Emigration aktiv.

BELZBERG. Kanada-New York-Israel. Sam Belzberg leitet die Firma Gibralter Capital. Ehefrau: Frances. Tochter Wendy (Redakteurin bei der einflussreichen jüdischen Zeitung *Forward*) ist mit Strauss Zelnick verheiratet, dem Geschäftsführer von BMG Records. Tochter Lisa ist mit Matthew Bronfman (siehe BRONFMAN) verheiratet. Die Familie ist einer der ersten Geldgeber des Simon-Wiesenthal-Zentrums. Ihr ehemaliger Rabbiner, Marvin Heir, zog von Kanada nach Los Angeles, wo er das Zentrum gründete.

BENARD-CUTLER. Boston. Zusammen mit seinen Partnern -Heldon Adelson, Irwin Chafetz und Dr. Jordan Shapiro- leitet Ted Benard-Cutler die Interface-Gruppe, die die Comdex, eine weltweite Fachmesse für Computer und die Kommunikationsindustrie, entwirft. Die Comdex wurde 1995 an das japanische Unternehmen Softbank verkauft. Benard-Cutler und Chafetz leiten heute GWV International, das organisierte Reisen nach Neuengland veranstaltet. Benard-Cutler und seine Frau Joan haben die Söhne Joel und Robert und eine Tochter, Ellen Colmas.

BERNHEIM. New York. Der Börsenmakler Leonard Bernheim wurde sozial von seiner Frau Elinor Kridel Bernheim übertroffen, die in jüdischen Geschäften in New York aktiv war, ebenso wie ihre Söhne Charles und Leonard.

BINSWANGER. Philadelphia. Isidor Binswanger ist der Gründer des Maimonides College, des ersten rabbinischen Colleges an der amerikanischen Küste. Sein Sohn Frank hat eine gigantische internationale Immobilienfirma mit 20 Büros in den USA und Kanada gegründet. Er ist auch in Japan und anderen Ländern in Asien und Europa aktiv. Frank Jr. und John Binswanger sind im Familienunternehmen tätig. Sein Sohn Robert leitet die Dartmouth Higher School of Education.

BLACK. New York. Leon Black ist ein ehemaliger Geschäftsführer von Drexel Burnham Lambert und derzeit Vorsitzender von Apollo Advisors LP und dessen Tochtergesellschaft Lion Advisor, LP.

BLAUSTEIN. Baltimore. Louis Blaustein verkaufte zunächst Kerosin, bevor er die American Oil Company (AMOCO) gründete. Sein Sohn und Erbe Jacob wurde einst als „Titularvorsteher der jüdischen

Gemeinde Amerikas" bezeichnet und spielte eine wichtige Rolle in den frühen Jahren der Vereinten Nationen. Schwestern Fanny Thalheimer und Ruth Rosenberg. Zu den weiteren Familienmitgliedern gehören David Hirschhorn, Barbara Hirschhorn, Mary Jane Blaustein, Arthur Roswell, Elizabeth Roswell, Jeanne Blaustein Borko und Susan Blaustein Berlow.

BLOCK. New York. Alexander Block gründete Block Drugs, das zur Herstellung von Polident, Nytol und Sensodyne kam. Sein Sohn Leonard, sein Enkel Thomas und seine Enkelin Peggy Danziger (Ehefrau von Richard Danziger) sind im Familienunternehmen tätig.

BLOOMBERG. New York. Michael Bloomberg wurde 2001 zum Bürgermeister von New York gewählt. Er begann bei Salomon Brothers, bevor er ein Multimedia-Imperium aufbaute, das Zeitungen mit Artikeln versorgte und ein direktes Satellitenfernsehnetzwerk mit 24-Stunden-Betrieb aufbaute.

BLUMENTHAL. Charlotte, North Carolina. Herman Blumenthal leitet die Radiator Speciality Company, die rund 4000 Autoprodukte herstellt. Mit seiner Frau Anita hat er drei Söhne, Alan, Philip und Samuel, die sich aktiv an den Aktivitäten des Unternehmens und den „philanthropischen" Aktivitäten der Familie beteiligen.

BRACHMAN. Fort Worth. Der Familiengründer Leon Brachman gründete ein Unternehmen zur Herstellung von Chemikalien und diversifizierte sich mit der Gründung von Computerized Business Systems, das Programme für kleine Unternehmen entwickelt. Sein Sohn Marshall ist Partner des American-Israel Public Affairs Committee (AIPAC) in Washington. Seine Tochter Wendy lebt in Israel. Familienmitglied Madlyn heiratete die Familie Barnett aus Ft.Worth (siehe BARNETT).

BRAMAN. Miami. Norman Braman begann in Philadelphia, wo er die Keystone Discount Stores (38 Geschäfte) gründete. Mit seiner Frau Irma zog er sich nach Miami zurück, wo er eine Kette von Autohändlern betreibt. Ehemaliger Besitzer der Mannschaft Philadelphia Eagles.

BROAD. Los Angeles. Eli Broad gründete das Finanzdienstleistungsunternehmen SunAmerica, Inc. Er ist Miteigentümer der Sacramento Kings und auch als Sammler zeitgenössischer Kunst bekannt.

BUTTENWIESER. New York. Der verstorbene Benjamin Buttenwieser war ein Partner des Kuhn-Loeb-Bankenimperiums und war nach dem Zweiten Weltkrieg stellvertretender Hochkommissar der Vereinigten Staaten in Deutschland. Seine Frau Helen war Mitglied der Bankiersfamilie Lehman Brothers. Ihr Sohn Lawrence ist Partner in der New Yorker Anwaltskanzlei Rosenman & Colin. Sein Sohn Peter war Direktor einer High School in Philadelphia und steht in Verbindung mit den Aktivitäten der (nichtjüdischen) Ford- und Danforth-Stiftungen. Sein Sohn Paul ist Psychiater und Romanautor in Belmont, Massachusetts.

CARDIN. Der Reichtum von Shoshana Cardins verstorbenem Ehemann, dem Immobilienmagnaten Jerome Cardin, ermöglichte ihr den Aufstieg in der jüdischen Gemeinschaft als erste weibliche Vorsitzende der Konferenz der Präsidenten der wichtigsten jüdischen Organisationen der USA und als Vorsitzende des United Call for Israel. Ihre Tochter Nina ist eine der ersten Frauen, die als konservative Rabbinerin zugelassen wurden. Ihr Sohn Sandy leitet die Schusterman-Stiftung in Tulsa, Oklahoma.

CARTER. Victor Carter wird nachgesagt, er habe sich „auf die Sanierung von Unternehmen in Schwierigkeiten spezialisiert", aber er ist vor allem dafür bekannt, United Way, City of Hope und Israel Bonds geleitet zu haben. Seine Frau Andrea engagierte sich in der Country Music Commission.

CHANIN. New York. Die Brüder Irwin und Henry Chanin waren Anfang des 20. Jahrhunderts wichtige Immobilienentwickler in New York. Irwins Sohn Marcy und seine Frau Leona Feifer Chanin (erste Vizepräsidentin des American Jewish Congress) haben Kinder: Zwei von ihnen sind Anwälte, James Chanin aus Oakland, Kalifornien, und Ann Glazer aus Los Angeles. Eine weitere Tochter, Nancy Sneider, wohnt in Boca Raton, Florida. Irwins Sohn, Paul Chanin, ist in Aspen, Colorado, ansässig, wo sich die Familienstiftung befindet. Er betreibt das berühmte Restaurant Pinon's als Nebenerwerb.

COHEN. New Orleans. Rosalie Cohen, die Tochter des Universal Furniture-Gründers Leon Palter, ist eine wichtige Akteurin in der mächtigen jüdischen Gemeinde der Halbmondstadt.

CONE. Große jüdische Familie aus den Südstaaten (aus den ersten 13 Kindern von Herman Cone), die durch Cone Mills, den größten Denim-Hersteller der Welt, reich geworden ist.

CORWIN. Los Angeles. Bruce C. Corwin ist Vorsitzender der Metropolitan Theatres Corporation, die Kinos und Popcorn-

Konzessionen besitzt. Finanziers der „konservativen" Pepperdine University in Malibu.

CROWN. Chicago. Der inzwischen verstorbene Henry Crown war eng mit dem organisierten Verbrechen in Chicago verbunden und baute ein großes Immobilienimperium auf, das auf dem Baustoffunternehmen Material Service Corp. basierte. Im Jahr 1959 übernahm die Familie die Kontrolle über das Rüstungsunternehmen General Dynamics. Die Crown-Familie spielte eine wichtige Rolle bei der Finanzierung des geheimen israelischen Programms zur Entwicklung von Atomwaffen. Sohn Lester steht heute an der Spitze der Familie. Sein Sohn Dan leitet die Crown Kinos.

CUMMINGS. Chicago. Nathan Cummings gründete das bekannteste Konglomerat der Lebensmittelproduktion für die „Sara Lee"-Produkte. Seine drei Kinder und zehn Enkelkinder halten die Familiengründung aufrecht.

DAVIDSON. Detroit. William Davidson übernahm das Windschutzscheibengeschäft seines Onkels, das zu Guardian Industries wurde, dem fünftgrößten Glashersteller der Welt. Besitzer des Teams Detroit Pistons. Das von Davidson finanzierte William Davidson Institute an der School of Business Administration der University of Michigan, mischte sich in die neu entwickelten Volkswirtschaften Osteuropas ein.

DEUTSCH. Santa Monica. Carl Deutsch verwaltet die Immobilien- und Managementdienstleistungen der Familie.

DURST. New York. Joseph Durst und seine drei Söhne Seymour, David und Royal sowie seine Enkel Douglas, Robert, Jonathan und Joshua erschlossen große Teile der Third Avenue und der West Side von New York.

EISNER. Los Angeles. Michael Eisner organisierte die Fusion von Capital Cities, dem Eigentümer von ABC und anderen Immobilien. Er übernahm 1984 die Walt Disney Company. Enkel des Mitbegründers der American Safety Razor Co.

EPPLER. Cleveland-Palm Beach. Der deutschstämmige Heinz Eppler übernahm Miller-Whol und baute das Unternehmen auf 420 Geschäfte für Damenbekleidung aus, die 1984 an die Petrie Stores Corporation verkauft wurden. Sein Sohn David ist in Washington, D.C. ansässig.

EVERETT. Als „erfolgreiche Privatinvestoren" beschrieben, sind Henry und Edith Everett in verschiedenen jüdischen Philanthropien aktiv. Ihr Sohn David ist ebenfalls in jüdischen Geschäften aktiv.

FEINBERG. Chicago. Rueben Feinberg ist Vorsitzender der Jefferson State Bank in Chicago.

FELDBERG. Boston. Die Cousins Sumner und Stanley Feinberg gründeten die Geschäfte T.J. Maxx (über 500 Verkaufsstellen), Hit or Miss (500 Verkaufsstellen) und den Chadwick-Katalog.

FELDMAN. Dallas. Der inzwischen verstorbene Jacob „Jake" Feldman gründete Commercial Metals, ein großes, in New York börsennotiertes Unternehmen. Sein Sohn und Erbe Robert war in der jüdischen Gemeinde von Dallas aktiv.

FEUERSTEIN. Westport, Connecticut-Newport Beach, Kalifornien-Los Angeles-New York City. Erben von Aaron Feurstein, dem Besitzer des Textilimperiums Malden Mills, das Polartec-Stoff aus dem Recycling von Plastikflaschen herstellte. Aarons Bruder Moses war eine führende Persönlichkeit des orthodoxen Judentums in den USA. Moses' Sohn Morty leitet die orthodoxe Gemeinde in Vancouver, Kanada.

FISHER. New York. Gegründet von Zachary und Lawrence Fisher, handelt es sich um eine bedeutende New Yorker Immobilienentwicklerfamilie.

MAX FISHER. Detroit. Als großer Ölindustrieller und wichtiger Akteur in den Angelegenheiten der Republikanischen Partei unterhielt Max Fisher seit langem Geschäftsbeziehungen zu Israel und den israelischen Geheimdiensten. Die *National Police Gazette* (Dezember 1974) beschrieb ihn als einen der mächtigen „mysteriösen Männer", die dem in Michigan ansässigen republikanischen Politiker Gerald Ford (dem späteren US-Präsidenten) sagten, „was zu tun sei und wann es zu tun sei". (In *Final Judgment*, der Studie dieses Autors über die Verschwörung zur Ermordung von JFK, haben wir die Ford-Fisher-Verbindung - und Fishers Verbindungen zum israelischen Geheimdienst - im Lichte von Fords Rolle in der Warren-Kommission beschrieben, die vorgeblich die Ermordung von JFK „untersuchte", in Wirklichkeit aber dazu diente, die lange geheim gehaltene israelische Verbindung zur Ermordung des Präsidenten zu verschleiern).

FRIEDMAN. Mill Valley, Kalifornien. Eleanor Friedman - eine der vielen Erbinnen der Milliarden von Levi Strauss - und ihr Ehemann

Jonathan Cohen sind die Gründer des New Israel Fund, der als eine der „liberalen" Stiftungen gilt, die sich für linke Anliegen in Israel einsetzen, darunter Frauenrechte, religiöser Pluralismus und bessere Beziehungen zu christlichen und muslimischen Palästinensern.

GERBER. Chicago. Max Gerber gründete die Gerber Plumbing Fixtures Company, die heute von seiner Tochter Harriet Gerber Lewis und ihren Kindern Alan und Ila kontrolliert wird.

GIDWITZ. Chicago. Gerald Gidwitz ist Vorsitzender von Helene Curtis, dem Unternehmen für Körperpflegeprodukte. Sein Sohn Ronald ist Präsident des Unternehmens, das 1996 von Unilever aufgekauft wurde. Der Familie gehört auch die Continental Materials Corporation, die Heizungs- und Klimaanlagen herstellt.

GODCHAUX. New Orleans. Erben von Godchaux Sugar, einst der größte Zuckerproduzent in Louisiana, und des berühmten Kaufhauses Godchaux in New Orleans. Die Familienmitglieder sind über die gesamten USA verteilt.

GOLD. Los Angeles. Stanley Gold leitet Shamrock Holdings, eine diversifizierte Investmentgesellschaft, die mit den Disney-Erben verbunden ist. Er ist einer der Hauptinvestoren von Koor Industries, dem größten Industrieunternehmen in Israel. Herr Gold hat einen Sohn, Charles, und eine Tochter, Jennifer.

GOLDSMITH. New York. Mehrere Kinder von Grace, der Ehefrau des Börsenmaklers Horace Goldsmith - James, William und Thomas Slaughter - kontrollieren die Stiftung, die dank Goldsmiths Großzügigkeit gegründet wurde. Richard und Robert Menschel - zwei Banker von Goldman Sachs, die Cousins sind - sind ebenfalls an den Unternehmen der Familie beteiligt.

GOLDENBERG. Philadelphia. Erben eines Vermögens im Bereich Süßwaren und Schokoriegel, die den Goldenberg Peanut Chew, das einzige Produkt des Unternehmens, herstellen. Zu den Familienmitgliedern gehören Carl, Ed und David.

GOTTSTEIN. Alaska. Barney Gottstein. Leitet das Unternehmen Carr Gottstein Foods mit Sitz in Anchorage, das größte Unternehmen in Alaska, das in Supermärkte, Lebensmittelgroßhandel und Immobilien involviert ist. Er war nationaler Vizepräsident der israelischen Lobbygruppe AIPAC und gehörte dem Nationalkomitee der Demokraten an. Sein Sohn Robert arbeitet eng mit dem pro-israelischen christlichen Evangelisten Pat Robertson zusammen, um jüdische Anliegen zu fördern.

GRASS. Scranton, Pennsylvania. Alex Grass brachte das Thrift Discount Center im kleinen Bundesstaat Keystone City auf die Überholspur und gründete über 2700 Rite Aid Apotheken in 23 Bundesstaaten mit Tochterunternehmen wie Auto Palace (Autoteile), Concord Custom Cleaners, Encore Books und Sera-Tec Biologicals. Er war Präsident der Hebräischen Universität von Israel. Zu seinen Kindern zählen seine Söhne Martin und Roger.

ALAN GREENBERG. New York. Alan „Ace" Greenberg war Vorsitzender von Bear Stearns und engagierte sich für zahlreiche jüdische Anliegen.

MAURICE GREENBERG. New York. Der unter dem Namen „Hank" Greenberg bekannte Versicherungsbaron übernahm die Kontrolle über American International (AIG) und war im Fernen Osten aktiv. Er spielt eine wichtige Rolle im einflussreichen Council on Foreign Relations (Rat für Auswärtige Beziehungen). Seine Kinder sind Jeffrey, Evan, Lawrence „Scott" und seine Tochter Cathleen.

GRUSS. New York. Joseph Gruss war in der Öl- und Gasexploration in Texas, Oklahoma und Wyoming tätig und gründete die Firma Gruss & Company, die sich mit Fusionen und Übernahmen im Öl- und Gasbereich befasst. Der Ehemann ihrer Tochter Evelyn, Kenneth Lipper, ist Rechtsanwalt, Investmentbanker und ehemaliger stellvertretender Bürgermeister von New York für Finanzen. Ihr Sohn Martin ist an Pferderennen beteiligt.

GUMENICK. Miami. Nathan Gumenick baute und besaß 10.000 Wohnungen und 500 Häuser in Miami und wurde damit zum ersten Bauträger von Wohntürmen im jüdischen Mekka des Ruhestands. Er war einer der Hauptunterstützer des U.S. Holocaust Memorial Museum während seiner Entwicklungsphase. Sein Sohn Jerome ist in der jüdischen Gemeinde in Richmond, Virginia, aktiv.

HAAS. Die Mitglieder dieser unermesslich reichen Familie sind die Erben des Vermögens der Levi-Strauss-Kleidung. Insgesamt macht der kombinierte Reichtum der verschiedenen Familienmitglieder sie zweifellos zur reichsten Familie des Landes.

HALPERN. Sam Halpern und sein Bruder Arie - Einwanderer polnischer Herkunft, die nach Amerika gekommen waren - waren stark am Bau von Hotelkomplexen in Israel beteiligt. Es ist offensichtlich, dass die Halperns ihr Vermögen auf dem Schwarzmarkt in der Sowjetunion und später in der Bauindustrie in den USA angehäuft haben.

HASSENFELD. New York-Rhode Island. Erben des Hasbro-Imperiums, Hersteller von Mr. Potato Head und GI Joe, dem größten Spielzeugunternehmen der Welt. Zu den Familienmitgliedern gehören Alan und Harold.

HASTEN. Indianapolis, Indiana. Hart und Mark Hasten haben eine Kette von 1.500 Genesungszentren aufgebaut und waren im Bank- und Immobiliengeschäft tätig, darunter die Familienholding Hasten Bancshares, Inc. Hart steht dem Likud-Block in Israel nahe.

HECHINGER/ENGLAND. Washington, D.C. Entstanden aus der Kette der Hechinger-Hartwarengeschäfte in der nationalen Hauptstadtregion, John Hechinger und Ross Hechinger. Richard England heiratete ein Mitglied der Hechinger-Familie. Ihr Sohn Richard war Mitglied des Exekutivausschusses des American-Israel Public Affairs Committee (AIPAC).

GOTTESFELD HELLER. Fanya Gottesfeld Heller, die Witwe des Investors Joseph Heller, beansprucht ihre Berühmtheit nicht nur aufgrund der Großzügigkeit ihres Mannes, die sie für jüdische Zwecke verteilt, sondern auch, weil sie weithin gepriesene Memoiren über ihre Jahre als in der Ukraine geborene „Holocaust-Überlebende" verfasst hat.

HEYMAN. New York-Connecticut. Sam Heyman und seine Frau Ronnie (beide Absolventen der Universitäten Yale und Harvard) wurden durch Sams Beteiligung an der GAF Corporation, einem großen Hersteller von Baumaterialien und Chemikalien, reich. Im Jahr 1991 trennte sich Sam von der Chemiesparte, die heute ein börsennotiertes Unternehmen ist, das unter dem Namen International Specialty Products bekannt ist. Frau Heyman (geborene Feuerstein, siehe FEUERSTEIN) war eine Kommilitonin von Hillary Rodham Clinton an der juristischen Fakultät.

HOCHBERG. New York und Chicago. Erben von Joseph Hochberg, der Children's Bargaintown USA leitete. Sein Sohn Larry ist Vorsitzender von Sportmart, einer Sportartikelkette.

HOFFMAN. Dallas, Texas. Edmund Hoffman hat sein Vermögen als erster Abfüller und Vertreiber von Coca-Cola (mit Sitz in Dallas) im Südwesten von Texas gemacht. Sein Sohn Richard ist ein bekannter

Arzt in Colorado. Sein Sohn Robert ist einer der Gründer der humoristischen Zeitschrift National Lampoon.

JESSELSON. New York. Michael, Daniel und Benjamin sind die Erben von Ludwig Jesselson, der CEO des Unternehmens Philipp Brothers wurde, einem der weltweit größten Märkte für über 150 Rohstoffe, darunter Stahl, Rohöl, Chemikalien und Zement. Das Unternehmen wurde später von der internationalen Bank Salomon Brothers, Inc. aufgekauft.

KAPLAN. New York. Stanley Kaplan ist der Bildungsmagier, der die SAT-Trainingskurse ins Leben gerufen hat, mit denen sich Highschool-Schüler auf die Aufnahmeprüfungen für die Universität vorbereiten. Stanley gibt an, dass er sich besonders für die Ausbildung von „Führern" in der schwarzen und hispanischen Gemeinschaft interessiert,, was für die schwarzen und hispanischen Führer an der Basis bedeutet, schwarze und hispanische Persönlichkeiten auszubilden, die den Befehlen der jüdisch-amerikanischen Elite gehorchen werden.

KEKST. New York. Gershon Kekst leitet das Unternehmen für Finanz- und Unternehmenskommunikation Kekst and Company. Sein Sohn ist David und seine Frau Carol.

KLINGENSTEIN. New York. Zu den Erben von Dr. Percy Klingenstein, dem Leiter der chirurgischen Abteilung des dritten Generalkrankenhauses der US-Armee, gehören der Investmentbanker Frederick Klingenstein und John Klingenstein.

KRAFT. Boston. Als Besitzer der New England Patriots machte Robert Kraft ein Vermögen, indem er International Forest Products gründete, eines der größten privaten Papier- und Verpackungsunternehmen des Landes.

KRAVIS. Tulsa. Das Familienvermögen wurde von Raymond Kravis begründet, einem Öl- und Gasberater, zu dessen Kunden Joseph P. Kennedy und die von den Rockefellers kontrollierte Chase Bank gehörten. Seine Söhne Henry und George taten sich mit ihrem Cousin George Roberts zusammen und verhalfen ihrer Firma Kohlberg Kravis Roberts & Company im Rahmen der fremdfinanzierten Firmenübernahmen der 1980er Jahre zu internationalem Ruhm und Vermögen. 36 Unternehmen wurden aufgekauft, darunter auch RJR Nabisco. Das Team Kohlberg-Kravis war eng mit der damaligen republikanischen Politik verbunden.

KRIPKE. Omaha. Eine gute Beziehung! Myer Kripke war ein Rabbiner aus Omaha, Nebraska, dessen Frau Dorothy Kinderbücher schrieb. Der Ehefrau des legendären (nichtjüdischen) milliardenschweren Investors Warren Buffet, der in Omaha ansässig war, gefielen die Bücher von Frau Kripke, und die beiden Frauen wurden Freundinnen. So kam es, dass die Kripkes als „bescheidene Investoren" in Buffets Firma Berkshire Hathaway eingeladen wurden und einen großen Batzen Geld einsteckten. Ihr Sohn Paul ist Professor für Philosophie in Yale.

LAUDER. New York. Leonard und Ronald Lauder sind die Erben des Kosmetikvermögens von Estee Lauder. Ronald war außerdem US-Botschafter in Österreich und Vorsitzender des Jüdischen Nationalfonds. Er kandidierte 1989 als Republikaner für das Amt des Bürgermeisters von New York.

THOMAS H. LEE. Boston. Thomas H. Lee, ein Betreiber von fremdfinanzierten Aufkäufen, hat viel Geld verdient, als er seine Limonadenfirma Snapple an Quaker Oats verkaufte. Heute ist er, wie alle gut erzogenen jungen Juden, Philanthrop.

LEHMAN. Skokie, Illinois. Nicht zu verwechseln mit der deutsch-jüdischen internationalen Bankiersfamilie „Our Crowd" aus New York, verdiente die Familie Lehman - angeführt von Kenneth Lehman - ihr Geld mit einem Familienunternehmen, Fel-Pro Incorporated, einem Hersteller von Autoersatzteilen. Zu seiner Verteidigung sei gesagt, dass Lehman kein Sklaventreiber ist. Sein Unternehmen bietet seinen Mitarbeitern zahlreiche Vergünstigungen und alle Arten von Geldgeschenken und Stipendien.

LENDER. Connecticut. Marvin und Murray Lender sind Magnaten des gefrorenen Bagels, die ihr Unternehmen verkauft haben und ihr Vermögen jüdischen Zwecken widmen.

LEVENTHAL & SIDMAN. Boston. Als Partner von Beacon Properties, dem größten Immobilieninvestmentfonds der USA, brachten Edwin Sidman und Alan Leventhal ihr Unternehmen 1994 an die Börse und weiteten ihre Interessen landesweit aus. Leventhal war eng mit den politischen Aktivitäten von Bill Clinton verbunden.

LEVIN. New York. Gerald Levin, der mittlerweile CEO des von der Bronfman-Familie kontrollierten Time Warner-Imperiums ist, begann als Leutnant von Lewis Strauss, dem jüdischen Leiter der Atomenergiekommission. Obwohl nichts in den öffentlichen Archiven darauf hindeutet, ist es sehr wahrscheinlich, dass Levin und Strauss dazu beigetragen haben, Israel bei der Entwicklung von Atomwaffen zu „helfen". Heute ist Levin Mitglied des von den Rothschilds kontrollierten Rates für Auswärtige Beziehungen. Eine wichtige Medienfigur, in der Tat.

LEVINSON. New York. Morris Levinsons Witwe Barbara wurde zu einer Führungsfigur der jüdischen Gemeinde, indem sie den Reichtum verteilte, den Morris als Lebensmittel- und Kosmetikkonglomerat, das mit Nabisco fusionierte, angehäuft hatte. Morris ist auch einer der Gründer des Zentrums für Demokratische Studien, das als „der erste Think Tank" beschrieben wird. Sein Sohn Adam hat seinen Sitz in Tallahassee, Florida, ist aber auf nationaler Ebene in jüdischen Angelegenheiten aktiv. Sohn Joshua ist Professor an der Hebräischen Universität. Tochter Judy ist mit John Oppenheimer verheiratet.

LEVY. Dallas, Texas. Die Brüder Irving, Milton und Lester Levy kontrollieren die NCH Corp., die Reinigungsprodukte herstellt und an Hotels, Regierungsbehörden und Industrieunternehmen vertreibt. Ihre vier Söhne arbeiten ebenfalls im Familienunternehmen.

LEON LEVY. New York. Als führendes Mitglied der sephardisch-jüdischen Elite Amerikas (die Stephen Birmingham in seinem Buch *The Grandees* würdigt) machte Leon Levy sein Vermögen als Geschäftsführer von Urban Substructures, Inc., die am Bau und an der Planung zahlreicher prominenter Immobilien in New York City beteiligt war. Levy war außerdem Vorsitzender der Konferenz der Präsidenten der wichtigsten jüdischen Organisationen in den USA. Seine Kinder sind Mark, Mimi, Judy und Janet. Seine Frau Elsi ist Berufsmusikerin.

LIPPERT. New York. Albert und Felice Lippert verdienten Millionen, indem sie Millionen von Menschen beim Abnehmen halfen. Gemeinsam mit Jean Nidetch, einer korpulenten jüdischen Hausfrau, die Selbsthilfegruppen für Diäten ins Leben gerufen hatte, gründeten sie Weight Watchers International und verkauften das florierende Unternehmen 1978 an Heinz Foods. Söhne Keith und Randy.

LISTE. New York City. Albert List hat Erfolg mit dem Vertrieb von Haushaltsgeräten, diversifiziert dann aber und übernimmt die Kontrolle über die Hudson Coal Company und stellt ein Konglomerat zusammen, zu dem auch die RKO-Kinokette gehört.

LOEB. New York. Der inzwischen verstorbene Carl Morris Loeb verdiente Millionen mit American Metal Co. und gründete später Loeb Rhoades (heute Shearon Lehman/American Express). Carls Sohn John heiratete die Tochter von Arthur Lehman von der Lehman Brothers Bank. John Loeb hat zwei Söhne, Arthur und John Jr (der US-Botschafter in Dänemark war), und seine Tochter Ann heiratete Edgar Bronfman, von dem sie einen Sohn, Edgar Bronfman Jr, hat. Diese Heirat zwischen jüdischen Familien ist ein Beispiel dafür, wie die jüdische Elite ihren Reichtum sozusagen „im Stamm" behielt. Diese Familie Loeb ist übrigens nicht zu verwechseln mit der Familie Loeb des Bankimperiums Kuhn Loeb, das mit den Rothschilds verbündet ist, einem weiteren beträchtlichen jüdischen Vermögen.

LOWENBERG. San Francisco. Der Holocaust-Überlebende William Lowenberg, der die Lowenberg Corporation leitet, ist ein wichtiger Immobilienentwickler in San Francisco, einem der wichtigsten Zentren jüdischen Reichtums in Amerika. Sein Sohn David führt den Namen der Familie und ihr Engagement im jüdischen Geschäft fort.

MACK. New York. H. Bert Mack begann mit Abrissarbeiten und war für große Einsätze an den Standorten verantwortlich, an denen die Vereinten Nationen, die New Yorker Weltausstellung und die Triboro Bridge errichtet wurden. Die Mack Company ist heute ein bedeutender Immobilienentwickler. Seine Söhne sind Earl, Bill, David und Fred.

MANDEL. Cleveland. Morton, Jack und Joseph Mandel gründeten die Premier Industrial Corporation, die heute ein wichtiger Akteur in der Herstellung von Elektronikprodukten ist. Sie fusionierten Premier mit Farnell Electronics, einem britischen Unternehmen, zu Premier Farnell PLC.

MARCUS. Dallas. Es handelt sich um die Familie des berühmten Kaufhauses Nieman-Marcus. Obwohl das Unternehmen 1969 verkauft wurde, blieb Stanley Marcus mehrere Jahre lang im Vorstand. Er war auch Präsident der American Retail Federation.

BERNARD MARCUS. Atlanta. Das Home Depot-Imperium, das größte des Landes, ist das Werk von Bernard Marcus, dessen Kinder Fred, Morris und Suzanne die Erben des Vermögens sind.

MERKIN. New York. Hermann Merkin gründete die Investmentbank Merkin & Co. zu der auch sein Sohn Sol und sein Schwiegersohn Andrew Mendes gehören. Seine Tochter Daphne ist Kolumnistin bei der *New York Times*.

MEYERHOFF. Baltimore. Harvey Meyerhoff, ein Bau- und Einkaufszentrumsmagnat, war der erste Präsident des U.S. Holocaust Memorial Museum in Washington, D.C. und auch Präsident von United

Way. Sein Sohn Joseph Meyerhoff II ist eine wichtige Persönlichkeit in Baltimore, ebenso wie seine Tochter Terry Rubenstein und Zoh Hieronimus, ein bekannter Radiomoderator.

MEYERSON. Dallas. Mort Meyersons Ruhmtitel ist seine Verbindung mit Ross Perot, der als Präsident von Electronic Data Systems und später als CEO der Perot Systems Corporation als seine „rechte Hand" bezeichnet wird.

MILKEN. New York-Los Angeles. Die berüchtigten Milken-Brüder - Michael und Lowell - wurden durch die Finanzskandale der 80er Jahre bekannt. Dennoch sind sie wichtige Figuren in der jüdischen Gemeinschaft weltweit und werden von den „Konservativen", die die Piraterie à la Milken bewundern, respektiert.

MILLSTEIN. New York. Ira Millstein ist Partner der einflussreichen New Yorker Anwaltskanzlei Weil Gotshal & Menges und hat an der Yale School of Management und der New York University School of Law gelehrt. Er war Mitglied in zahlreichen Regierungskommissionen und in der National Association of Corporate Directors.

MILSTEIN. New York City. Die von Morris Milstein gegründete Circle Floor Company verlegte die Böden des Rockefeller Centers und der Vereinten Nationen, doch Morris' Söhne Seymour und Paul bauten das Familienunternehmen, Milstein Properties, zu einem großen Immobilienunternehmen aus, dem Hotels, Büros und Wohnungen gehörten. Eine Zeit lang kontrollierten sie auch das internationale Imperium United Brands und 1986 kauften sie die Emigrant Savings Bank. Die Familienmitglieder Howard und Edward kontrollieren Douglas Elliman, ein Unternehmen, das Immobilien verwaltet und vermittelt, sowie die Liberty Cable Television Company.

MUSHER. New York. Sidney Musher war eine Führungskraft in der Pharmaindustrie, die eine wichtige Rolle bei der Öffnung des US-Marktes für israelische Produkte spielte. Seine Söhne David und Daniel sind Ärzte.

NAGEL. Los Angeles. Die Nagel Construction Company finanziert das Geschäft von Jack und Gitta Nagal, die beide den Holocaust überlebt haben. Ihre Kinder sind Ronnie, David und Careena, die in Los Angeles ansässig sind. Ihre Tochter Esther lebt in Englewood, New Jersey.

NASH. New York. Zusammen mit seinem Partner Leon Levy (siehe LEON LEVY) war Jack Nash einer der Gründer des erfolgreichen privaten Investmentfonds Odyssey Partners. Sein Schwiegersohn ist der Investor George Rohr. Jacks Frau Helen ist die anspruchsvolle Autorin von koscheren Kochbüchern.

NASHER. Dallas. Als weiteres Mitglied der jüdischen Elite von Texas war Raymond Nasher ein wichtiger Entwickler von Einkaufszentren, zu dessen Erfolgen auch der berühmte NorthPark zählt.

OFFIT. New York. Der ehemalige Direktor von Salomon Brothers, Morris Offit, gründete später seine eigene Investmentbank, die Offitbank, und seine eigene Investmentberatungsfirma, Offit Associates.

PEARLE. Dallas. Der Optometrist Dr. Stanley Pearle hat sein Vermögen mit den berühmten Pearle Vision Centers gemacht, den größten Brillenhändlern der Welt.

PECK. New York. Stephen und Judith Peck sind hochrangige jüdische Society-Mitglieder. Er war Vorstandsvorsitzender des berühmten Krankenhauses Mt. Sinai und sie war Vorstandsvorsitzende der United Jewish Appeal-Federation. Ihre Schwiegertochter, Stephanie Rein, und ihr Sohn, Emmanuel, sind große Namen in der jüdischen Geschäftswelt New Yorks.

PERELMAN. Geboren in Philadelphia, ist er Erbe von Belmont Industries. Der in Philadelphia geborene Ronald Perelman ist Erbe von Belmont Industries, einem Metallunternehmen, das zur Holdinggesellschaft für mehrere andere Unternehmen in der Region wurde. Heute kontrolliert er über das MacAndrew & *Forbes-Imperium* hinweg mehr als 44 Unternehmen. Zu seinen bekanntesten Beteiligungen gehören der Kosmetikriese Revlon, Coleman Co (stellt Campingausrüstung her), die California Federal Bank und Consoli dated Cigar (stellt mehrere Zigarrenmarken her). Sein Sohn Steven ist an den Geschäften der Familie beteiligt.

POLK. Chicago. Sam und Sol Polk gründeten die Kaufhäuser Polk Brothers, die bis zu ihrer Schließung im Jahr 1992 eine wichtige Rolle in der Metropolregion Chicago spielten, doch die Familie bleibt reich. Zu den Familienmitgliedern gehören Howard Polk, ein Börsenmakler, Roberta Lewis und Bruce Bachmann, ein leitender Angestellter im Immobiliengeschäft.

PRITZKER. Chicago. Hyatt Hotels, Royal Caribbean Cruise Lines, Continental und Braniff Airlines, das *McCall*'s Magazine und die Unterhaltungskrake Ticketmaster - sie alle waren Teil des gigantischen

Vermögens der Pritzker-Familie. Der Familiengründer Nicholas war ein Einwanderer aus Kiew, der eine Anwaltskanzlei gründete, die er nutzte, um seinen Aufstieg zu Reichtum und Macht zu beginnen. Seine Söhne Harry, Jack und Abraham sowie dessen Söhne Jay, Robert und Donald sind die „Großen" der Familie. Ihre Marmon-Gruppe ist auf den Kauf und die Umstrukturierung von Unternehmen in Schwierigkeiten spezialisiert.

RATNER. Cleveland-New York. Aus der Buckeye Material Company der Familie Ratner mit Sitz in Cleveland wurde Forest City Enterprises (heute Forest City Ratner Companies), die in ihrer Heimatstadt und in New York ein wichtiger Immobilienentwickler ist. Sie waren an der Neugestaltung der 42th Street beteiligt. Zu den Familienmitgliedern gehören Charles, James, Ronald, Albert, Leonard und Max, der der Gründer der Amerikanisch-Israelischen Handelskammer war. Mark Ratner ist Professor für Chemie an der Northwestern University.

REDSTONE. Als „Rothstein" geboren, übernimmt Sumner Redstone die Kinokette seines Vaters. Der als „Rothstein" geborene Sumner Redstone übernahm die Kinokette seines Vaters und erweiterte sie auf fast 900 Filialen. Im Jahr 1987 orchestrierte er die fremdfinanzierte Übernahme von Viacom, Inc. Das Unternehmen ist eines der größten globalen Medienunternehmen und kontrolliert die Studios Paramount, Blockbuster Video, Simon & Schuster, Nickelodeon und MTV. Seine Tochter Shari Redstone ist zunehmend in das Imperium ihres Vaters involviert.

RESNICK. New York City. Jack und Pearl Resnick und ihr Sohn Burton haben ein Vermögen mit New Yorker Immobilien gemacht, indem sie Büros gekauft und renoviert haben. Ihre Tochter Marilyn ist mit Stanley Katz verheiratet und kümmert sich aktiv um jüdische Angelegenheiten in den USA und Israel.

RIFKIND. New York. Simon Rifkind ist ein bekannter Rechtsanwalt und Partner der einflussreichen und elitären Kanzlei Paul, Weiss, Rifkind Wharton & Garrison. Er war „Berater" von General Dwight Eisenhower in Fragen wie dem Schicksal entwurzelter Überlebender des Holocaust und spielte eine führende Rolle bei der Lobbyarbeit für die Gründung Israels. Sein Sohn Robert, Partner der ebenso elitären Anwaltskanzlei Cravath, Swaine & Moore, war Präsident des American Jewish Committee.

ROSE. David Rose wurde in Jerusalem geboren, zog nach New York und gründete eine große und mächtige Immobilienfirma, Rose

Associates. David Rose wurde in Jerusalem geboren, zog nach New York und gründete eine große und mächtige Immobilienfirma, Rose Associates, die Immobilien in New York sowie in Washington, D.C., Boston, Florida und Connecticut gebaut, besessen und/oder verwaltet hat. Seine Söhne Frederick, Daniel und Elihu sowie seine Enkel Adam und Jonathan sind heute für die Geschäfte des Rose-Imperiums verantwortlich.

ROSENWALD. Chicago-New Orleans. Julius Rosenwald machte ein Vermögen, indem er die Kontrolle über den Katalogriesen Sears & Roebuck übernahm. Sein Sohn Lessing verärgerte jedoch viele Mitglieder der jüdischen Gemeinschaft in den USA, da er sich stark für antizionistische Anliegen einsetzte. Seine Tochter Edith, die eine große Befürworterin der „Bürgerrechte" im Süden war und ihre Tätigkeit in einer fabelhaften Villa in New Orleans ausübte, die von „Tara" in „*Vom Winde verweht*" inspiriert war, heiratete die Familie Stern. Ihre Familie leitete das Medienimperium WDSU in New Orleans und war ein persönlicher Freund von Clay Shaw, der von Jim Garrison, dem Staatsanwalt von New Orleans, wegen seiner Beteiligung am Mord an John F. Kennedy verfolgt wurde (siehe *Final Judgment* von diesem Autor, Michael Collins Piper, für weitere Einzelheiten über die seltsame Rolle der Familie Stern in den Fällen um Shaw und den mutmaßlichen Mörder Lee Harvey Oswald). Die Familie ist recht groß und weiterhin im Immobiliengeschäft und im Kabelfernsehen tätig.

RUDIN. New York. Jack und Lewis Rudin und ihre Kinder, darunter die Söhne William und Eric, leiten das Unternehmen Rudin Management, das Büro- und Wohngebäude in New York verwaltet.

SAFRA. New York-Monte Carlo. Obwohl der aus Syrien stammende Jude Edmond Safra vor mehreren Jahren in Monte Carlo bei einem mysteriösen Brand ums Leben kam (mit Behauptungen, dass das russisch-jüdische organisierte Verbrechen an seinem Tod beteiligt war), gibt es kein Geheimnis darüber, dass sein globales Bankenimperium, das auf der Republic New York Corp. und der in der Schweiz ansässigen Trade Development (die mit American Express fusionierte) beruhte, in der dunklen Welt der internationalen Finanzwelt sehr mächtig war. Das Familienimperium wird heute von seinen Brüdern Joseph und Moise und deren Erben kontrolliert.

SAUL. New York. Joseph Saul gründete die Modekette Brooks Fashion, die er 1984 mit großem Gewinn verkaufte. Heute setzt er seine Gewinne für zahlreiche jüdische Zwecke ein, insbesondere für israelische Interessen.

SAUNDERS. Boston. Die Saunders Real Estate Corp. von Donald Saunders besitzt das Park Plaza Hotel in Boston sowie eine Vielzahl weiterer Gewerbeimmobilien im Bay State. Seine Töchter Lisa und Pamela werden als Erben des Vermögens angesehen. Saunders ist mit der Schauspielerin Liv Ullman verheiratet.

SCHEUER. New York. Ein Gas- und Kohleunternehmen sowie Immobilien in New York begründen den Reichtum dieser Familie. Ein Mitglied der Familie, James, saß im Kongress. Walter ist Investmentmanager und Produzent von Dokumentarfilmen. Steven ist Medienkritiker. Amy ist Psychotherapeutin. Richard war Vorsitzender des Kuratoriums des Hebrew Union College und finanziert archäologische Ausgrabungen in Palästina.

SCHOTTENSTEIN. Columbus, Ohio. Dieses Einzelhandels- und Immobilienimperium ist bekannt für die Schottenstein Stores Corporation, Value City Department Stores, Value City Furniture und American Eagle Outfitters. Jay Schottenstein steht heute an der Spitze des Familienimperiums.

SCHUSTERMAN. Tulsa, Oklahoma. Charles Schusterman leitet die Samson Investment Company, den größten unabhängigen Gasproduzenten mit Sitz in Oklahoma. Seine Tochter Stacy ist in das Familienunternehmen involviert. Sein Sohn Jay lebt in Colorado. Sein Sohn Hal lebt in Israel.

SELIG. Atlanta. Als Erbe des Immobilienentwicklers Ben Massell ist S. Stephen Selig über Selig Enterprises selbst ein wichtiger Bauunternehmer in Atlanta. Seine Tochter, Mindy Selig Shoulberg, ist eine wichtige Akteurin in der jüdischen Gemeinde der Stadt.

SILVERSTEIN. New York. Larry Silverstein, Sohn eines Immobilienmaklers, der zu einem großen Bauträger von Bürotürmen wurde, ist heute wohl am besten bekannt als der jüdische Betreiber, der kurz vor der Tragödie des 11. September die Kontrolle über die Pachtverträge des World Trade Center übernahm - ein Thema, über das Journalisten der *American Free Press*, der populistischen nationalen Wochenzeitung mit Sitz in Washington, D.C., ausführlich berichteten. Gerüchte, die Silverstein mit der CIA und dem organisierten Verbrechen in Verbindung brachten, kursierten schon seit einiger Zeit.

SIMON. Indianapolis. Eines der fünf größten Einkaufszentrumsimperien des Landes - das zweitgrößte sogar - bildet die Grundlage für das Vermögen der Brüder Melvin und Howard Simon, die 62 Einkaufszentren und 55 Einkaufspassagen entwickelt haben. Ihr Vermögen wurde 1996 noch größer, als sie mit der (nichtjüdischen) DeBartolo Realty Corp. fusionierten. Mel ist Miteigentümer des Basketballteams der Pacers und hat „Trash"-Filme wie *Porky's* produziert. Sein Sohn David, der als Investmentbanker bei CS First Boston und Wasserstein tätig war, Perella, spielt nun eine Rolle im Familienunternehmen, zu dem auch die berühmte Mall of America in Minneapolis gehört, die einst sicherlich das größte Einkaufszentrum Amerikas war.

SKIRBALL. Los Angeles. Jack Skirball war Rabbiner, Immobilienentwickler und Filmproduzent - drei Berufe, die anscheinend für alle guten jüdischen Jungs interessant sind. Seine reiche Familie ist nach wie vor in jüdischen Geschäften in Kalifornien aktiv.

SLIFKA. New York City. Die Halcyon/Alan B. Slifka Management Company versorgt die Familie mit dem Geld, das sie braucht, um in jüdischen Geschäften in New York aktiv zu bleiben.

CHARLES E. SMITH. Washington, D.C. Lassen Sie sich nicht vom Namen täuschen. Er ist jüdisch und war einer der größten Immobilienentwickler im Großraum Washington. Robert Smith und sein Schwager Robert Kogod leiten heute das Imperium, zu dem auch der Apartmentkomplex Crystal City in Arlington, Virginia, und Skyline City in Virginia gehören.

RICHARD SMITH. Boston. Die in Neuengland ansässige Kinokette General Cinema expandierte und übernahm die Kontrolle über Neiman-Marcus (das in Dallas ansässige Kaufhaus) sowie Harcourt Brace Publishing (heute Harcourt General). General Cinema ist heute unter dem Namen GC Cos bekannt. Robert Smith, Richards Sohn, übernahm die Geschäfte der Familie. Die Familie wird als „sehr diskret" beschrieben.

SONNABEND. Boston. Robert, Paul und Stephanie Sonnabend sind die Geschäftsführer der Sonesta International Hotels Corporation. Sie besitzen 19 Hotels, darunter eines in Kairo, Ägypten.

SPERTUS. Chicago. Die Brüder Herman und Maurice gründeten die Metalcraft Corporation (später Intercraft Industries Corporation), ein Unternehmen zur Herstellung von Bilderrahmen, und brachten der Familie ein Vermögen ein.

SPIELBERG. Los Angeles. Jeder kennt Stephen Spielberg, die Filmlegende, die für eine Vielzahl von Filmen verantwortlich ist, darunter auch *Schindlers Liste*, eine Extravaganz über den Holocaust. Sein Hauptunternehmen ist Dreamworks SKG. Amblin Entertainment ist ein weiterer Teil des Spielberg-Imperiums.

MARY ANN STEIN. Indianapolis. Mary Ann Stein, Erbin von Bankiers und Geschäftsleuten, ist so aktiv in liberalen Anliegen, dass sie Präsidentin des New Israel Fund wurde, einer Organisation, die sich der Förderung des „Liberalismus" in der israelischen Gesellschaft widmet - ein Anliegen, das zionistische Hardliner entflammt, insbesondere wenn man die freundlichen Gesten des New Israel Fund gegenüber christlichen und muslimischen Palästinensern in Betracht zieht (siehe auch FRIEDMAN).

SAM STEIN. Jacksonville, Florida. Sam Stein gründete das Geschäft Steinmart in Mississippi und sein Sohn Jay baute eine Kette von 150 Geschäften in 21 Staaten auf, die sich auf „hochpreisige, überteuerte Waren" spezialisiert haben. Jays Frau Cynthia ist Kunstlehrerin und beteiligt sich aktiv an den jüdischen Angelegenheiten in Jacksonville.

STEINBERG. New York. Saul Steinberg machte sein Vermögen mit Leasco, einer Firma für Computervermietung, und später mit Reliance Insurance, die er 1968 kaufte. Sein Bruder Robert und sein Schwager Bruce Sokoloff haben sich stark in die Familiengeschäfte eingemischt. Seine Tochter Laura ist mit Jonathan Tisch vom mächtigen Medienimperium Tisch (siehe TISCH) verheiratet. Sein Sohn Jonathan ist Eigentümer von *Financial Data*, das die Zeitschrift Individual Investor herausgibt.

STEINHARDT. New York. Der Hedgefondsmanager und Magnat Michael Steinhardt hat eine „Leidenschaft", so heißt es, für die „jüdische Kontinuität". Obwohl er laut *Avenue* „ein bekennender Atheist" ist, ist Steinhardt „einer der größten amerikanischen Verfechter jüdischer und israelischer Anliegen". Er ist einer der Finanziers von *Forward*, der einflussreichen jüdischen Wochenzeitung mit Sitz in New York.

STERN & LINDENBAUM. New York. Leonard Stern ist Erbe des Hartz Mountain-Vermögens (Produkte für Haustiere), besitzt die „liberale" Zeitung *Village Voice* und ist in verschiedenen Immobilienunternehmen engagiert. Sein Sohn Emanuel leitet das SoHo Grand Hotel und ist mit der einflussreichen Familie Peck (siehe PECK) verheiratet. Der Reichtum von Leonards Schwiegermutter Ghity Amiel Lindenbaum trägt ebenfalls zum Familienvermögen bei.

STONE. Cleveland. Irving, Morris und Harry Stone waren die Erben der American Greetings (card) Corporation. Die Cartoon-Figur „Ziggy" ist einer ihrer Beiträge zur Populärkultur.

STONEMAN. Boston. Samuel Stoneman war stellvertretender Vorstandsvorsitzender der General Cinema Corporation. Seine Töchter sind Jane Stein und Elizabeth Deknatel. Sie leiten die Familienstiftung.

AARON STRAUS. Baltimore. Das Vermögen der Familie beruht auf der staatlichen Reliable Stores Corporation. Sie leisten einen großen Beitrag zu „guten" Zwecken in der Region Baltimore.

NATHAN & OSCAR STRAUS. New York City. Erben des Vermögens der Kaufhäuser R. H. Macy und Abraham & Straus. Oscar Straus II und Oscar Straus III sind heute Schlüsselfiguren der Familie.

STRAUSS. Dallas. Der ehemalige nationale Vorsitzende der Demokratischen Partei und US-Botschafter in Russland, Robert Strauss, ist ein sehr einflussreicher Anwalt der Kanzlei Akin, Gump, Strauss, Hauer & Feld. Als Sohn des Kaufmanns Charles spielte Robert Strauss eine Schlüsselrolle dabei, Lyndon Johnson zum Präsidenten zu machen. Die Ehefrau seines Bruders Ted, Annette, war Bürgermeisterin von Dallas.

STRELITZ. Norfolk, Virginia. Die in Virginia ansässige Möbelkette Haynes ist der Grund für den Reichtum dieser Familie. E. J. Strelitz ist der Geschäftsführer.

SWIG. San Francisco. Dieser Familie gehören das Fairmont Hotel in San Francisco und weitere Fairmonts im ganzen Land. Das Plaza Hotel ist eines der Kronjuwelen der Familie. Benjamin Swig und sein Sohn Melvin eröffneten das erste Einkaufszentrum der USA. Ben war im Bereich der Gewerbeimmobilien mit Jack Weiler (siehe ARNOW-WEILER) verbandelt. Bens Bruder Richard und Bens Söhne Kent, Robert und Steven sind in die Aktivitäten der Familienstiftung involviert, ebenso wie ein Schwager, Richard Dinner.

SYMS. New York. Syms, Leiter der Syms Corp, einer Kette von 40 Geschäften, die Designermarken zu reduzierten Preisen verkauft, hat seinen Sohn Robert und seine Tochter Marcy in das Unternehmen eingebracht. Marcy war früher Vizepräsidentin des American Jewish Congress. Die Familie stieg auch in das Immobiliengeschäft ein.

TAUBER. Detroit. Joel Tauber hat sein Vermögen in der Fertigungsindustrie gemacht: Key Fasteners, Key Plastics (Autoteile), Keywell Corporation (Schrott) und Complex Tooling & Molding

(Computerteile). Sein Sohn Brian ist am Familienunternehmen beteiligt. Seine Tochter Ellen Horing arbeitet als Fondsmanagerin in New York. Seine Tochter Julie McMahon arbeitet mit benachteiligten Kindern.

TAUBMAN. New York. Als Entwickler großer Einkaufszentren im ganzen Land hatte Taubman frühe Geschäftsbeziehungen mit Max Fisher aus Detroit (siehe MAX FISHER) und war eng mit Leslie Wexner (siehe WEXNER) von The Limited Stores verbunden. Taubman war am Kauf und Verkauf der Irvine-Ranch in Südkalifornien beteiligt. Taubman kaufte das Auktionshaus Sotheby's und wurde wegen Preisabsprachen zu einem Jahr Gefängnis verurteilt. *Vanity Fair* berichtete Ende 2002, dass Taubman eine beliebte Figur unter seinen Mithäftlingen war. Die Söhne William und Robert sind wichtige Akteure im Familienimperium.

TISCH. New York. Als wichtigste Unterstützer Israels, die heute vor allem für ihre Kontrolle über das audiovisuelle Imperium CBS bekannt sind, zählten Lawrence und Preston Tisch zu den mächtigsten Juden Amerikas, obwohl Lawrence vor kurzem verstorben ist. Loews, CAN Financial, Lorillard und Bulova sind alle Teil des Tisch-Imperiums. Lawrence hatte die Söhne James, Daniel, Tom und Andrew, wobei letzterer im Exekutivausschuss des American Israel Public Affairs Committee sitzt. Preston, dem die Mannschaft der Giants gehört, war früher Postminister der Vereinigten Staaten. Sein Sohn Steve ist Filmemacher und sein Sohn Jonathan ist Präsident der Loew's Hotels.

TISHMAN. New York City. Zu dieser Bauherrenfamilie gehören David, Norman, Paul, Louis und Alex. Viele Familienmitglieder sind in jüdischen Geschäften sehr aktiv. Nina Tishman Alexander und ihr Ehemann Richard Alexander sowie Bruce Diker, ein weiterer Erbe der Familie, gehören zu den Familienmitgliedern, die sich für verschiedene Zwecke engagieren.

WASSERMAN. Los Angeles. Der verstorbene Lou Wasserman, langjähriger Chef des Unterhaltungskonglomerats MCA, war zusammen mit seinem Partner Jules Stein einer der Paten des (filmischen und politischen) Aufstiegs von Ronald Reagan. Er wurde als „König" von Hollywood bezeichnet.

WEILL. New York. Als Vorstandsvorsitzender und Geschäftsführer der Travelers Group ist Sanford Weill einer der reichsten jüdischen Magnaten Amerikas. Sein Sohn Marc steht an der Spitze von Travelers. Seine Tochter Jessica Bibliowicz leitet Smith Barney Mutual Funds.

WEINBERG. Baltimore-Hawaii. Harry Weinberg begann im öffentlichen Nahverkehr in Baltimore und expandierte dann nach Hawaii, wo er in den 1950er Jahren, als der Flugtourismus zu den Inseln boomte, zu einem wichtigen Akteur im Immobiliengeschäft wurde.

WEINER. New York. Walter Weiner, Präsident und geschäftsführender Direktor der Republic National Bank of New York und der Republic New York Corporation - gegründet von Edmond Safra (siehe SAFRA) - war einer der Gründungspartner von Kronish, Lieb, Weiner & Hellman. Seine Söhne sind John und Tom.

WEXNER. New York-Columbus, Ohio. Leslie Wexner scheint alles zu besitzen: The Limited, Express, Lerners, Victoria's Secret, Henry Bendel, Abercrombie & Fitch, Bath and Body Works und Lane Bryant. Sein besonderes Anliegen ist die Ausbildung der zukünftigen jüdischen Führungskräfte.

WINIK. New York. Elaine Winik war die erste weibliche Präsidentin der United Jewish Appeal-Federation und Vorsitzende des United Jewish Appeal. Ihre Tochter Penny Goldsmith ist eine wichtige Figur in der AIPAC und der ADL. Das Vermögen der Winiks wurde mit der Produktion von Handtaschen gemacht.

WINTER. Milwaukee. Elmer Winter gründete Manpower, die Zeitarbeitsfirma mit 1.000 Büros in 32 Ländern. Er spielte auch eine aktive Rolle bei der Entwicklung der Handelsbeziehungen zwischen den USA und Israel und war nationaler Direktor des American Jewish Committee.

WOLFENSOHN. New York. James Wolfensohn wurde in Australien geboren und in London zum Investmentbanker ausgebildet. Er wurde geschäftsführender Partner von Salomon Brothers in New York. Im Jahr 1995 wurde er zum Leiter der Weltbank ernannt, einer wahren jüdischen Zentrale im Alleingang.

WOLFSON. Miami. Die Wolfson-Meyer Theater Company wurde zu Wometco und 1984 von Kohlberg, Kravis, Roberts & Company aufgekauft, nachdem sie sich in den 1920er Jahren als Pionier der Film- und Fernsehübertragung etabliert hatte. Die Investmentgesellschaften Wolfson Initiative Corporation und Novecentro Corporation sind Teil des Familienimperiums. Zu den Familienmitgliedern gehören Louis III. und Mitchell. Der bekannteste Wolfson ist der berüchtigte Louis, der in einen unangenehmen Skandal verwickelt war, in den der ehemalige Richter am Obersten Gerichtshof der USA, William O. Douglas verwickelt war, der Geld von der Wolfson Familienstiftung erhielt.

ZABAN. Atlanta. Mandle Zaban, sein Bruder Sam und sein Sohn Erwin gründeten aus einem Wartungsunternehmen die Firma Zep Manufacturing, aus der später die National Service Industries hervorgingen, die heute von Erwin geleitet wird, der früher Direktor der Anti-Defamation League war.

ZALE. Texas. Morris Zale schuf eine der größten Juwelierketten der Welt, doch das Unternehmen wurde 1987 verkauft. Die Erben David, Marjory, Stanley und Janet sind in jüdischen Geschäften aktiv. Die beiden Söhne sind immer noch im Schmuckgeschäft tätig. (Das Schmuckgeschäft war schon immer besonders „jüdisch") ZARROW. Tulsa, Oklahoma. Henry und Jack Zarrow produzieren über die Firma Sooner Pipe and Supply Corporation Teile und Lieferungen für Ölanlagen.

William F. Buckley Jr. jüdisch?

Obwohl der verstorbene William F. Buckley, Jr. weithin als glühender „irischer Katholik" anerkannt wurde, stammte seine römisch-katholische Vorgeschichte nicht, wie allgemein angenommen, von der Seite seines schottisch-irischen Vaters, sondern vielmehr von der Seite seiner Mutter. Obwohl Buckleys Mutter in eine katholische Familie in New Orleans namens Steiner (ein deutscher Name, der manchmal auch jüdisch ist) hineingeboren wurde, vertraute Walter Trohan, Kolumnist der *Chicago Tribune*, privat Vertrauten an, dass man ihm gesagt habe, dass es in der Familie von Buckleys Mutter jüdisches Blut gebe, dass sie aber zum Katholizismus konvertiert sei, wie es viele jüdische Familien in New Orleans im 18. und 19. In jedem Fall war Buckley ein Anhänger des Zionismus.

ZILKHA. Als echte „globale" jüdische Familie sind die Zilkhas die Erben der Internationalen Zilkha-Bank, die die größte private Handelsbank der arabischen Welt war. Nach der Gründung Israels zog die in Bagdad ansässige französischsprachige Familie in den Westen. Das Familienoberhaupt Ezra seinen Sohn Elias und seine Töchter Donna Zilkha Krisel und Bettina-Louise. Wichtige Akteure der kleinen sephardisch-jüdischen Elite in Amerika und aktiv in Israel. Sie waren auch in der Waffenherstellung tätig.

ZIMMERMAN. Boston-Atlanta-Palm Beach. Harriet Zimmerman, Tochter eines Schuhmagnaten aus Boston, war Vizepräsidentin der AIPAC und brüstete sich damit, dass „der größte Spender Israels in der

Welt der US-Kongress ist". Ihr Sohn Robert arbeitet in Connecticut. Seine Tochter Claire Marx ist in jüdischen Angelegenheiten aktiv.

Dies ist also ein Überblick über die mächtigsten jüdischen Familien in Amerika. Wie bereits erwähnt, ist diese Liste keineswegs erschöpfend. Es könnten noch viele weitere Namen in die Liste aufgenommen werden, in der Regel „Däumlinge" (wenn man so will) in einigen kleineren Städten und Orten des Landes. Darüber hinaus lässt sich eine wachsende Zahl mächtiger und wohlhabender jüdischer Familien aus dem Ausland - aus Israel, dem Iran, Russland und anderen Ländern - an den Küsten der USA nieder.

Obwohl es als bunter literarischer Kunstgriff bequem ist, sagen zu können, dass es „200" oder „300" oder „400" bestimmte Familien gibt - im Stil einiger fantasievoller und verschwörungstheoretischer Bücher oder sogar im Stil der *Forbes-* und *Fortune-Magazine* -, würde dies die Realität verraten.

Was wir hier für den Leser in einem leicht lesbaren Format auf der Grundlage einer durchaus „respektablen" und sympathischen Quelle zusammengestellt haben, ist ein nützlicher und aufschlussreicher Bericht über das breite Spektrum an Reichtum und Macht, das in einer relativ kleinen Anzahl von Händen versammelt ist, einigen Familien, deren Gesichter und Namen der amerikanischen (oder weltweiten) Öffentlichkeit insgesamt größtenteils unbekannt sind.

Aber seien Sie versichert, dass sie mächtig sind und dass die Menschen hinter den Kulissen (und diejenigen, die politische Ämter innehaben) sehr genau wissen, wer diese Elite-Broker sind. Sie sind in der Lage, amerikanische Präsidenten und Politiker zu machen, und sie sind in der Lage, sie zu brechen. Sie sind wirklich diejenigen, die in Amerika herrschen - oder zumindest alles in ihrer Macht stehende tun, um dies zu tun.

Eine Schlussfolgerung, die einige sensible Leser entsetzen könnte: Es ist wahrscheinlich kein Zufall, dass Dr. Miriam Rothschild aus dem britischen Zweig der Familie eine international anerkannte Entomologin war, und zufällig waren Flöhe und andere Parasiten ihr Spezialgebiet. Sie schrieb übrigens ein Buch mit dem Titel *Fleas, Flukes and Cuckoos*, das das Rothschild-Imperium in einen unwahrscheinlichen Bestseller verwandeln konnte. Und es ist wahrscheinlich kein Zufall, dass David Rockefeller, der amerikanische Strohmann des Rothschild-Imperiums, ebenfalls von Käfern, einem weiteren Parasiten, fasziniert ist und diese unermüdlich sammelt.

(Diese Rothschilds und Rockefellers sind wirklich Parasiten einer bestimmten „menschlichen" Ordnung, und um sie herum sind diese mächtigen parasitären Gesellen geschwappt, die die Welt konsumieren wollen.

Es ist jedoch möglich, sie zu stoppen.

Wie die Juden Martin Luther King ins Visier nahmen

Im Jahr 2007 veröffentlichte die American Civil Liberties Union (ACLU) in aller Eile eine retrospektive „Fallstudie" über „die Gefahren der heimischen Spionage durch die Bundespolizei". Die Studie konzentriert sich auf die heute weithin bekannte (aber damals völlig geheime) Überwachung des verstorbenen Martin Luther King Jr. durch das FBI in den 1960er Jahren, die sie als „ein schändliches Kapitel in der Vergangenheit Amerikas" bezeichnet.

Während der ACLU-Bericht die Gefahren des Einsatzes des FBI für die nationale Überwachung von US-Bürgern zu politischen Zwecken aufzeigte, ließ er einen besonders interessanten Aspekt unerwähnt: die Tatsache, dass ein Großteil der „schändlichen" Überwachung von King und anderen durch das FBI tatsächlich im Auftrag des FBI von der mächtigen jüdischen Agentur durchgeführt wurde, die als Anti-Defamation League (ADL) von B'nai B'rith bekannt ist.

Dass die ADL King angriff, war für viele überraschend, zumal die ADL King oft lobte, vor allem in ihren Publikationen, die sich an das schwarze Publikum richteten. Die erste öffentliche Enthüllung, dass die ADL King ausspioniert hatte, erfolgte in der Ausgabe vom 28. April 1993 der *San Francisco Weekly, einer* liberalen „alternativen" Zeitung, die berichtete: „Während der Bürgerrechtsbewegung übernahmen viele Juden die Führung im Kampf gegen den Rassismus: Während der Bürgerrechtsbewegung, als viele Juden die Führung im Kampf gegen den Rassismus übernahmen, spionierte die ADL Martin Luther King aus und leitete die Informationen an J. Edgar Hoover weiter, sagte ein ehemaliger Mitarbeiter der ADL.

„Es handelte sich um Allgemeinwissen, das beiläufig akzeptiert wurde", sagte Henry Schwarzschild, der zwischen 1962 und 1964 in der Publikationsabteilung der ADL arbeitete.

„Sie dachten, King sei eine Art Freigeist", sagte Schwarzschild. „Es handelte sich um einen Baptistenprediger und niemand konnte sicher sein, was er tun würde. Die ADL war sehr besorgt, dass er eine ungelenkte Rakete haben könnte.

Es stellte sich heraus, dass die ADL auch andere schwarze Bürgerrechtsführer, nicht nur King, intensiv ausspioniert hatte. Die Veröffentlichung von zuvor als geheim eingestuften FBI-Dokumenten über die Ermordung von Präsident John F. Kennedy im Jahr 1995 und die anschließenden Ermittlungen der Warren-Kommission enthüllten weitere Intrigen der ADL gegen den berühmten schwarzen Komiker und politischen Aktivisten Dick Gregory, der sich am Rande der Affäre als unabhängiger Ermittler in die Ermordung von John F. Kennedy eingeschaltet hatte.

KAPITEL XIII

Die jüdischen Taktiker: Ein Überblick über die wichtigsten hochrangigen politischen Operateure des Rothschild-Imperiums

Zwar gibt es buchstäblich Hunderte, wenn nicht Tausende von jüdisch-zentrierten politischen Organisationen, die in den Vereinigten Staaten und auf der ganzen Welt tätig sind, doch die politischen Organisationen mit Sitz in den Vereinigten Staaten tendieren dazu, die einflussreichsten zu sein. Sie agieren nicht nur, um die Angelegenheiten der jüdischen Gemeinschaft zu kontrollieren, sondern viele von ihnen agieren auch, um alle Angelegenheiten Amerikas zu kontrollieren, indem sie die öffentliche Meinung manipulieren, Zeitungen, Zeitschriften und andere Medien unter Druck setzen, damit sie der Linie der jüdischen Propaganda folgen, diejenigen bedrohen und einschüchtern, die sich dem jüdischen Einfluss widersetzen, und natürlich Lobbyarbeit für Israel betreiben.

Im Laufe der Jahre wurden mehrere umfassende Bücher über die Geschichte (und manchmal auch die Intrigen) dieser Organisationen veröffentlicht, und die Erforschung all dieser Einheiten würde den Rahmen dieses Buches sprengen. Doch in diesem Kapitel geben wir einen Überblick über einige der wichtigsten jüdischen Taktiker, die auf amerikanischem Boden operieren.

Die folgende zusammenfassende Liste ist keinesfalls erschöpfend, sondern repräsentativ und konzentriert sich auf diese besonderen Führungspersönlichkeiten - manche würden sie als „Schurken" bezeichnen -, die als Publizisten und politische Meinungsmacher für die jüdische Gemeinschaft fungieren und somit Einfluss auf die öffentlichen Angelegenheiten insgesamt haben.

ABRAHAM FOXMAN, der in Polen geboren wurde und 1950 in die USA kam, ist aufgrund seiner Position als Präsident und Nationaldirektor der Anti-Defamation League (ADL) der B'nai B'rith sicherlich einer der mächtigsten Juden der Welt. Obwohl Foxman einen Abschluss in Rechtswissenschaften besitzt, besuchte er auch das Jewish

Theological Seminary of America (Jüdisches Theologisches Seminar von Amerika).

Den Großteil seiner Karriere widmete er jedoch den Geschäften der ADL, der er erstmals 1965 in ihrer Abteilung für internationale Angelegenheiten beitrat. Foxman herrscht jedoch seit 1987 als nationaler Direktor über die ADL und ist eine vertraute Figur in den amerikanischen Medien. Mehr über Foxmans Aktivitäten zu sagen, würde zu weit führen. Die ADL fungiert nicht nur als Propagandaagentur für den Staat Israel, sondern betreibt auch eine umfassende illegale nationale Spionage von Personen, die als „verdächtig" gelten. Die ADL ist ein bekannter Kanal des israelischen Geheimdienstes Mossad. Siehe *The Judas Goats* von Michael Collins Piper für eine gründliche Untersuchung des kriminellen Hintergrunds der ADL.

MARVIN HIER und ABRAHAM COOPER - Diese beiden Rabbiner sind wie zwei Tropfen Wasser im Meer. Hier ist der selbsternannte „Dekan" der in Los Angeles ansässigen jüdischen Propagandaoperation, die als Simon Wiesenthal Center bekannt ist, und Cooper ist sein „Associate Dekan". Hier wurde 2007 vom Magazin *Newsweek* als „Amerikas einflussreichster Rabbiner" bezeichnet, das feststellte, dass Hier „nur einen Anruf von fast allen Weltpolitikern, Journalisten und Hollywood-Studiochefs entfernt ist". Hier gewann zwei Oscars für seine Beteiligung an der Produktion von zwei Dokumentarfilmen über den Holocaust. Das Simon-Wiesenthal-Zentrum, das sich als „Menschenrechts"-Organisation ausgibt, wird von jüdischen Geldkönigen wie der Familie Belzberg (siehe SAMUEL BELZBERG) gut finanziert und ist sehr einflussreich geworden. Cooper ist eine allgegenwärtige Figur, deren Leitartikel ständig von einem Ozean zum anderen in den USA und weltweit veröffentlicht werden. (Cooper hat diesen Autor, Michael Collins Piper, einmal als „antiamerikanisch" bezeichnet, weil er es gewagt hatte, die Unterstützung der USA für Israel zu kritisieren. Dieser Autor seinerseits bezeichnet Cooper zu Recht als „Hakenwurm"). Diese beiden gut bezahlten Rabbiner, Hier und Cooper, sind wichtige Akteure im globalen jüdischen Netzwerk.

MALCOLM HOENLEIN, langjähriger geschäftsführender Vizepräsident der mächtigen Konferenz der Präsidenten der wichtigsten jüdischen Organisationen Amerikas, war natürlich an vielen der einflussreichsten zionistischen Operationen beteiligt. Er war auch eine wichtige Figur in den Reihen des Council on Foreign

Relations, dem US-Zweig des in London ansässigen Royal Institute of International Affairs des Rothschild-Imperiums. Zu den Unternehmen, mit denen er verbunden ist, gehört wenig überraschend die Bank Leumi USA, eine Abteilung des in Israel ansässigen Bankunternehmens.

MORTON KLEIN, nationaler Präsident der Zionist Organization of America, ist eine der mächtigsten jüdischen Persönlichkeiten der Welt. Der in einem Lager für Vertriebene in Deutschland nach dem Zweiten Weltkrieg geborene Klein, von Beruf Ökonom, ist mit allen wichtigen jüdischen und zionistischen Operationen in den Vereinigten Staaten integral verbunden und wurde von zahlreichen jüdischen Quellen als - wenig überraschend - eine der wichtigsten Stimmen für die weltweite zionistische Sache gelobt.

JACQUES TORCZYNER wurde in Belgien geboren und kam 1940 in die Vereinigten Staaten, wo er in der Zionistischen Organisation von Amerika aktiv wurde und fünf Amtszeiten in Folge deren Präsident war. Er war auch Vorsitzender der amerikanischen Sektion des Jüdischen Weltkongresses. Er gehörte zu den „Amerikanern", die 1945 an einer vom Gründungsvater Israels, David Ben-Gurion, einberufenen Sondersitzung teilnahmen, die die Unterstützung jüdischer Terrorgruppen in Palästina organisierte.

1990 wurde Andrew St. George, diplomatischer Chefkorrespondent der in Washington, D.C. ansässigen Zeitung *Spotlight*, diskret darüber informiert, dass in New York ein hochrangiges Treffen zwischen einigen der wichtigsten finanziellen Gönner und Führer der weltweiten zionistischen Bewegung stattgefunden hatte. Das Treffen fand in der New Yorker Wohnung von Edgar Bronfman, dem Vorsitzenden des Jüdischen Weltkongresses, statt.

Das Treffen war der Planung eines energischen Angriffs auf den angeblich „zunehmenden Antisemitismus in Amerika" gewidmet. Neben Bronfman nahmen unter anderem jüdische Geldkönige wie Michael Milken und Ivan Boesky, der Wall-Street-Finanzier (und spätere US-Botschafter in Frankreich) Felix Rohatyn und Jacques Torczyner (damals Vorsitzender der ZOA) an dem Treffen teil.

Die Quelle von St. George erzählte ihm, dass der oben erwähnte Torczyner bei diesem Treffen Folgendes sagte: „Es ist an der Zeit, dass wir Willis Carto und Liberty Lobby [dem Herausgeber von *The Spotlight*] das Handwerk legen. Wir müssen ihn töten".

Torczyner erklärte ausdrücklich, dass Carto und seine Partner von Liberty Lobby „keine Spießer" seien - d. h. keine einfachen Leute ohne

Einfluss - und dass sie „wie Wachteln gejagt und geschlachtet" werden sollten.

Es ist offensichtlich, dass Torczyners Offenheit bei einigen dieser jüdischen Machtbarone für Aufregung sorgte, als sie erklärten: „Wir können gegen unsere Feinde nicht die Art von Taktik anwenden, die die Nazis gegen uns angewandt haben" (oder Worte in diesem Sinne).

Es war Felix Rohatyn, der St. George von diesem Treffen berichtete. Als internationaler Korrespondent für Time-Life hat St. George im Laufe der Jahre viele schillernde und einflussreiche Personen kennengelernt, vom kubanischen Diktator Fidel Castro über den Gangster Frank Costello bis hin zu vielen anderen, darunter auch Rohatyn.

Jedenfalls berichtete St. George die Geschichte Carto und Mark Lane, dem kühnen und rücksichtslosen jüdischen antizionistischen Anwalt von Liberty Lobby, der daraufhin einen Brief an Torczyner schrieb, in dem es sinngemäß hieß: „Wir wissen, was Sie gesagt haben, und wir nehmen Ihre Drohungen ernst": „Wir wissen, was Sie gesagt haben, und wir nehmen Ihre Drohungen ernst. Sie wurden gewarnt".

Natürlich hatte Lanes Brief die gewünschte Wirkung, und wie aus den Akten hervorgeht, führte Liberty Lobby den Krieg gegen den Zionismus weiter, bis sie 2001 in den Bankrott getrieben wurde und schließlich ihre Tätigkeit einstellte, nach einer langen, acht Jahre dauernden juristischen Schikane, die in Gerichtssälen von Kalifornien über Washington, DC, bis in die Schweiz stattfand, eine Reihe von Umständen, die schlüssig belegten, dass zionistische Elemente hinter dem Fall standen.

Glücklicherweise schlossen sich Willis Carto und seine Partner - darunter der Autor Michael Collins Piper - nach der Zerstörung von Liberty Lobby zusammen und gründeten die *American Free Press* mit Sitz in Washington.

Es genügt zu sagen, dass Jacques Torczyner die niederträchtigsten, gewalttätigsten und hasserfülltesten Elemente des Rothschild-Imperiums vertritt.

Wieder einmal ist diese Liste jüdischer Taktiker, die als „Beine" für das Rothschild-Imperium und die neuen Pharisäer in ihrem Streben nach Weltherrschaft fungieren, bei weitem nicht vollständig. Diese Kriminellen haben zahlreiche Agenten, die in praktisch jeder Stadt Amerikas für sie arbeiten und viel dazu beigetragen haben, Amerika -

und die Welt - in den gefährlichen Zustand zu bringen, in dem wir uns heute befinden. Sie sind die Taktiker an vorderster Front der Neuen Weltordnung.

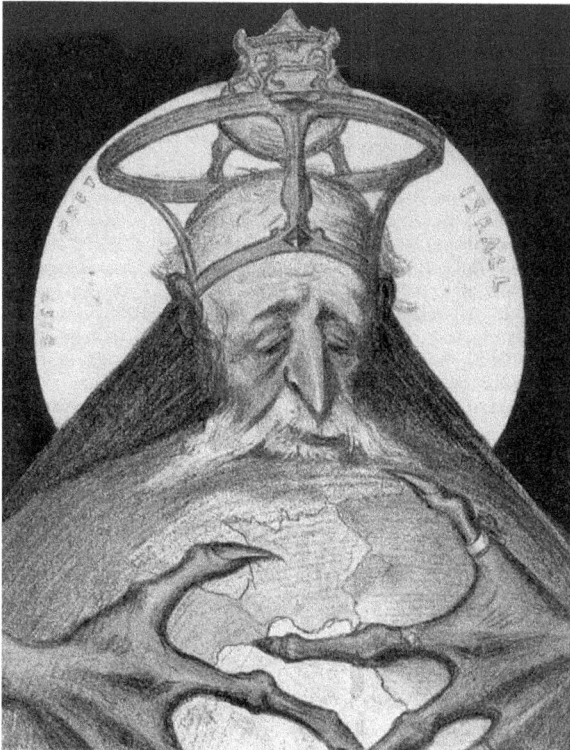

Diese französische Karikatur aus dem Jahr 1898, die den gekrönten Alphonse de Rothschild - den französischen Zweig der Rothschild-Familie - als gieriges Raubtier darstellt, das den Globus in seinen Klauen hält, schildert genau, wie die europäische Rothschild-Bankendynastie ihre imperiale Hegemonie ausgeweitet hat. Im heutigen Amerika ist der Einfluss der Rothschilds - obwohl er überragend ist - weitgehend verborgen, da einige „angesehene" Familien und Finanzinstitute - die nicht alle jüdisch sind - als „Fassaden" der Rothschilds fungieren.

Amerikaner (und andere), die es wagen, das Rothschild-Imperium (und die zionistische Sache) herauszufordern, werden mit betrügerischen Machenschaften, Wirtschaftsboykott, Schikanen, Verfolgung und sogar strafrechtlicher Verfolgung konfrontiert. Tatsächlich wird die jüdische Präsenz im sozialen, wirtschaftlichen und politischen Leben in Amerika und der Welt zunehmend anerkannt, wobei die Vereinigten Staaten allgemein als der eigentliche Ort jüdischer Macht angesehen werden. Wenn sich das jüdische Volk nicht der Gemeinschaft der Menschen anschließt, könnte es mit ernsthaften Problemen konfrontiert werden.

KAPITEL XIV

Jüdische Macht in Amerika: Der „Größte" triumphiert

Der britische Schriftsteller Geoffrey Wheatcroft stellte in seinem 1996 erschienenen Buch *The Controversy of Zion* fest, dass in Bezug auf jüdische Macht und jüdischen Einfluss „der Triumph in Amerika am größten von allen ist". Er stellt fest, dass die Juden mit etwas mehr als 2,5% der amerikanischen Bevölkerung „einen erstaunlich unverhältnismäßigen Erfolg in allen Bereichen genießen, in denen ihnen erlaubt wurde, sich zu betätigen".

Wie bereits erwähnt, war der jüdische Professor Norman Cantor, der in *The Sacred Chain* schrieb, noch offener - und sogar tiefgründiger - in seiner Einschätzung: Nichts in der jüdischen Geschichte hat dieses Ausmaß an jüdischem Aufstieg zu Macht, Reichtum und Vorrang erreicht. Weder im muslimischen Spanien, noch im Deutschland des frühen 20. Jahrhunderts, noch in Israel selbst, denn es gab keine vergleichbaren Ebenen von Reichtum und Macht im Weltmaßstab, die in diesem kleinen Land zu erreichen gewesen wären.

Cantor schloss: „Die Morgans, die Rockefellers, die Harrimans, die Roosevelts, die Kennedys, die Titanen vergangener Epochen, wurden vom Juden als Urheber makelloser Leistungen verdrängt...".

Ähnlich beantwortete der jüdische Autor Charles Silberman in *A Certain People* die Frage, wer die amerikanische Elite dominiert: Laut einer Untersuchung der ethnischen und rassischen Herkunft der Personen, die in der Ausgabe 1974-75 des *Who's Who in America* aufgeführt waren, war es für Juden zweieinhalb Mal wahrscheinlicher, dort aufgeführt zu werden, als für Mitglieder der allgemeinen Bevölkerung.

Außerdem gab es im Verhältnis zur Bevölkerung mehr als doppelt so viele Juden wie Menschen englischer Abstammung, der Gruppe, die einst die amerikanische Elite dominiert hatte.

Die Entwicklung im vorangegangenen halben Jahrhundert ist auffällig: 1924-25 war die Wahrscheinlichkeit, auf die Liste zu kommen, für Personen englischer Herkunft fast zweieinhalbmal so hoch wie für amerikanische Juden...

Die Soziologen Richard D. Alba und Gwen Moore analysierten 1971-1972 eine viel kleinere Gruppe von Führungskräften in etwa acht Branchen und stellten eine noch größere Konzentration fest.

Von den 545 untersuchten Personen waren 11,3% Juden, viermal mehr als in der Gesamtbevölkerung...

Das Phänomen ist nicht auf die Vereinigten Staaten beschränkt. In Großbritannien stellen Juden etwa 1% der Bevölkerung, aber 6-10% der britischen Elite; in Australien, wo Juden 0,5% der Bevölkerung ausmachen, bilden sie 5% der Elite...

Die jüdische Vertretung unter den erfolgreichen Unternehmern ist erheblich höher als unter den Geschäftsführern: Rund 23% der Personen auf der *Forbes-Liste* 1984 der 400 reichsten Amerikaner waren Juden... Der genaue Anteil schwankt von Jahr zu Jahr etwas.

Im Jahr 1982, dem ersten Jahr der Veröffentlichung des *Forbes* 400, waren 105 Mitglieder der Gruppe (26%) jüdisch. Diese Zahl sank 1983, als der Aktienmarktboom eine Reihe von Neulingen auf die Liste katapultierte, auf 98 (25%) und 1984 auf 93 (23%).

Der jüdische Schriftsteller Edward S. Shapiro hat in *A Time for Healing: American Jewry Since World War II* den hohen Status der Juden innerhalb der „amerikanischen Elite" weiter belegt.

Auf der Grundlage von Einkommen und Bildung befanden sich Juden in den 1980er Jahren in den oberen Schichten der amerikanischen Gesellschaft und hatten politische, wirtschaftliche und soziale Machtpositionen erlangt.

Ab den 1960er Jahren leiteten Juden einige der wichtigsten Zweige der Bundesregierung, darunter die Federal Reserve und die Ministerien für Arbeit, Handel, Staat und Finanzwesen...

Das Sozialsystem war offen genug, um Juden die Möglichkeit zu geben, ein wichtiger Teil der amerikanischen Elite zu werden.

Laut einer Analyse der Daten der American Leadership Study durch die Soziologen Richard D. Alba und Gwen Moore stellten Juden mehr als 11% der amerikanischen Elite...

Washington, D.C., war ein Sonderfall. Die Expansion der Bundesregierung in der Nachkriegszeit führte zu einem Anstieg der jüdischen Bevölkerung im Großraum Washington von weniger als zwanzigtausend Menschen im Jahr 1945 auf einhundertfünfundsechzigtausend vier Jahrzehnte später.

Der gleiche jüdische Autor stellte auch fest, dass etwa ein Viertel der reichsten Amerikaner Juden sind: Seit Anfang der 1980er Jahre veröffentlicht das *Forbes* Magazine jedes Jahr eine Zusammenstellung der vierhundert reichsten Amerikaner. Wenn man streng nach ihrem prozentualen Anteil an der Gesamtbevölkerung geht, hätten etwa zwölf Juden auf dieser Liste stehen müssen. Stattdessen waren es mehr als hundert. Juden, die weniger als 3 % der amerikanischen Bevölkerung ausmachen, stellen mehr als ein Viertel der reichsten Amerikaner. Sie waren um den Faktor neun überrepräsentiert. Im Gegensatz dazu waren ethnische Gruppen, die weitaus zahlreicher sind als Juden - Italiener, Hispanics, Schwarze und Osteuropäer - auf der Liste kaum vertreten. Je höher die von *Forbes* aufgelistete Vermögenskategorie, desto höher ist der Anteil der Juden. Über 30 % der US-Milliardäre sind Juden. Dasselbe Phänomen findet sich in Kanada, wo die drei größten Unternehmerfamilien allesamt jüdisch sind: die Belzbergs aus Vancouver, die Bronfmans aus Montreal und die Reichmanns aus Toronto.

Es ist sogar möglich, dass *Forbes* die Zahl der superreichen amerikanischen Juden unterschätzt hat, da viele von ihnen im Immobiliengeschäft reich geworden sind, dem Bereich, der am schwierigsten zu bewerten und am leichtesten zu verschleiern ist.

Eine noch beeindruckendere Liste wurde in der Ausgabe der *Financial World* vom 22. Juli 1986 veröffentlicht. Sie listet die hundert Wall-Street-Manager - Investmentbanker, Fondsmanager, Arbitrageure, Buyout-Spezialisten, Spekulanten, Rohstoffhändler und Broker - auf, die 1985 mindestens 3 Millionen Dollar verdient hatten.

Die Liste beginnt mit Ivan Boesky, der angeblich 100 Millionen Dollar verdient hat... Boeskys Gewinne wurden von den 500 Millionen Dollar, die Michael Milken im folgenden Jahr verdiente, in den Schatten gestellt... Milken und Boesky waren Juden, wie die Hälfte der von der *Financial World* zitierten Personen. Zu den jüdischen Großverdienern an der Wall Street gehörten George Soros (93,5 Millionen Dollar), Asher Edelman (25 Millionen Dollar), Morton Davis (25 Millionen Dollar) und Michael Steinhardt (20 Millionen Dollar).

Der oben erwähnte jüdische Schriftsteller Charles Silberman stellte in *A Certain People* fest, dass es den Juden „besser" gehe als „den meisten anderen" Gruppen:...Wenn auch das Stereotyp, dass Juden einheitlich reich sind, falsch ist, so geht es ihnen doch im Durchschnitt besser als den Angehörigen der meisten anderen ethnischen und religiösen Gruppen. Im Jahr 1984 verfügte beispielsweise weniger als eine von sechs jüdischen Familien in den USA über ein Einkommen von weniger als 20.000, während es bei den nicht-hispanischen Weißen nur eine von zwei war.

Am anderen Ende der Einkommenspyramide hatten 41% der jüdischen Haushalte ein Einkommen von 50.000 US-Dollar oder mehr, viermal so viel wie nicht-hispanische Weiße.

Ein Grund für diesen Unterschied ist, dass Juden besser ausgebildet sind als andere Amerikaner. Drei von fünf jüdischen Männern haben einen Hochschulabschluss, fast dreimal so viel wie nicht-hispanische Weiße; einer von drei hat einen Hochschul- oder Berufsabschluss, dreieinhalbmal so viel wie die Gesamtbevölkerung.

Die Unterschiede zwischen jüdischen und nichtjüdischen Frauen sind in etwa gleich: Erstere haben doppelt so häufig wie letztere einen Universitätsabschluss und viermal so häufig einen Fachhochschul- oder Berufsabschluss. Heute ist zudem der Besuch einer Universität unter jüdischen Jugendlichen fast überall üblich.

Eine 1980 durchgeführte landesweite Umfrage unter Oberschülern und Oberschülerinnen ergab, dass 83% der jüdischen Schüler und Schülerinnen planten, eine Universität zu besuchen, und die Hälfte von ihnen erwartete, eine höhere oder berufliche Ausbildung zu absolvieren; von den weißen, nichtjüdischen Schülern und Schülerinnen plante die Hälfte, eine Universität zu besuchen, und weniger als ein Fünftel erwartete, eine höhere oder berufliche Ausbildung zu absolvieren.

Der Unterschied ist qualitativ und quantitativ. Juden gehen nicht nur häufiger zur Schule, sie erhalten auch eine bessere Bildung...

Seit den 1950er oder 1960er Jahren, als die Ivy-League-Institutionen eine meritokratische Zulassungspolitik einführten, machen Juden etwa ein Drittel der Undergraduate-Studenten aus und etwa denselben Prozentsatz in Jura und Medizin.

Auch der amerikanisch-jüdische Autor Lenni Brenner, der in *Jews in America Today* schreibt, betont, dass die Juden „die reichste ethnische Gruppe" sind.

Während [die Juden] 2,54% der Bevölkerung ausmachen, beziehen sie etwa 5% des Nationaleinkommens. In der gesamten Mittel- und Oberschicht des Landes stellen Juden fast 7 %.

1972 gehörten fast 900.000 von zwei Millionen jüdischen Familien zur Mittel- und Oberschicht, während nur 13,5 Millionen von 53 Millionen amerikanischen Familien dieser Kategorie zugerechnet wurden. Laut [Gerald Krefetz, in *Jews and Money*] verdienten 43 Prozent aller Juden mehr als 16.000 US-Dollar, während es bei allen Amerikanern nur 25,5 Prozent waren.

Während Millionärsfamilien nur knapp 5% der jüdischen Bevölkerung ausmachen, stellten Juden zwischen 1982 und 1985 zwischen 23 und 26% der 400 reichsten Amerikaner und vielleicht noch mehr der steuerpflichtigen Millionärsbevölkerung, die 1980 auf 574.342 Personen geschätzt wurde.

Es besteht kein Zweifel daran, dass das amerikanische Judentum im Durchschnitt die reichste ethnische oder religiöse Gruppe des Landes ist. Laut *American Demographics* vom Juni 1984 beträgt das durchschnittliche jährliche Einkommen jüdischer Haushalte 23.300 US-Dollar gegenüber 21.700 US-Dollar bei den Episkopalianern. Presbyterianer erhalten durchschnittlich 20.500 US-Dollar, Personen ohne Religionszugehörigkeit 17.600 US-Dollar, Katholiken 17.400 US-Dollar, Methodisten 17.000 US-Dollar und Lutheraner 16.300 US-Dollar. Weiße Fundamentalisten und Baptisten aus dem Süden verdienen mehr als 14.000 Dollar. Die Statistiken zeigen, dass Juden seit Ende der 1960er Jahre mehr verdienen als Episkopale und Presbyterianer, der Archetyp der WASPS... „Sie sind keine Paria-Elite mehr", schreibt Brenner, die reichen modernen amerikanischen Juden sind gleichberechtigte Partner ihrer christlichen Pendants.

Der jüdische Autor Steven Silbiger stellte in seinem Buch *The Jewish Phenomenon (Das jüdische Phänomen)*, das im Wesentlichen ein Werk war, in dem der jüdische Erfolg gepriesen wurde, Folgendes fest: Eine 1993 durchgeführte Umfrage unter den Abonnenten von *The Exponent*, der jüdischen Wochenzeitung in Philadelphia, ergab ein klares Bild des jüdischen Reichtums und der Ausgaben der Juden. Diese Art von Umfrage ist entschieden unwissenschaftlich, aber die Ergebnisse zeigen, dass Juden [in Bezug auf Steuern] konservativ sind, aber für Dinge ausgeben, die sie schätzen:

- 26,1% besaßen einen Zweitwohnsitz

- 34,7 % waren in den letzten zwölf Monaten außerhalb der USA gereist

- 49,2% sind in den letzten dreißig Tagen zehnmal oder öfter in einem Restaurant essen gegangen

- 21% gehören einem Gesundheitsclub an.

In *The Jewish Phenomenon (Das jüdische Phänomen)* ließ Silbiger die Katze aus dem Sack, dass Juden den Veröffentlichungserfolg eines Buches im Wesentlichen „machen oder brechen" können, denn, wie er betonte:

Juden sind der Eckpfeiler des Verkaufs gebundener Bücher und „machen zwischen 50 und 75% der Verkäufe gebundener Bücher ohne institutionelle Bindung in den USA aus". Selbst 25% würden einen erstaunlich unverhältnismäßigen Anteil am Gesamtverkauf ausmachen. Taschenbücher sind die teuersten Ausgaben, die vor den billigeren Taschenbüchern erscheinen und den Verlegern die höchsten Gewinnspannen ermöglichen. Jüdisch-amerikanische Käufer sind daher für die Verlagsindustrie extrem wichtig.

In demselben Buch führte Silbiger genaue Zahlen an, die belegen, dass zwar im nationalen Durchschnitt 19% der Befragten in den vorangegangenen 12 Monaten ein gebundenes Buch gekauft hatten, aber ein erstaunlicher Prozentsatz von 70% der befragten Juden dies getan hatte.

Beim Kauf von 1 bis 5 Büchern lag der nationale Durchschnitt bei 13%, bei jüdischen Buchkäufern dagegen bei 39%. Was den Kauf von 10 oder mehr Büchern betrifft, waren die Zahlen ebenso auffällig. Der nationale Durchschnitt lag bei 3 %, gegenüber 17 % bei jüdischen Käufern.

So werden einige sagen, dass dies nur die Alphabetisierung der Juden belegt, andere könnten argumentieren, dass es stattdessen nur die Tatsache widerspiegelt, dass Juden insgesamt mehr verfügbares Einkommen (zum Kauf von Büchern) haben als Nicht-Juden.

Um diesen Punkt zu unterstreichen, sollten wir uns Silbigers Tabelle über die Höhe der gehaltenen Wertpapiere und Investitionen ansehen und dabei den nationalen Durchschnitt mit dem der jüdischen Investoren vergleichen:

Wert der gehaltenen Wertpapiere	Nationaler Durchschnitt	Jüdische Investoren
Wertpapiere besitzen	27%	73%
50,000 $ à 99,999	2.1%	12%
100K$ oder mehr	1.8%	38%
$100K-$499,999	NA	24%
$500K-$999,999	NA	7%
1 Million Dollar oder mehr	NA	7%

Auch in vielen anderen Bereichen stellen wir fest, dass die Juden dem Durchschnittsamerikaner einen Schritt voraus sind. Der oben erwähnte jüdische Autor Edward S. Shapiro schreibt in *A Time for Healing: American Jewry Since World War II*, Edward S. Shapiro, der oben erwähnte jüdische Autor, stellt fest, dass die Juden in Bezug auf „das höchste Bildungsniveau" herrschen: In der Nachkriegszeit wurden die Juden in Amerika zu den am besten ausgebildeten aller großen ethnischen oder religiösen Gruppen in den USA. Mitte der 1970er Jahre hatten Juden laut der Studie *Ethnicity, Denomination, and Inequality* (1976) von Pater Andrew M. Greeley durchschnittlich vierzehn Jahre Schulbildung. Das war ein halbes Jahr mehr als bei den Episkopalianern, der religiösen Gruppe in den USA mit dem höchsten sozialen Status.

Während weniger als die Hälfte der Amerikaner eine höhere Bildung anstrebt, tun dies über 80% der Juden, und wie aus den Statistiken von Harvard, Princeton und Yale hervorgeht, besuchen Juden mit größerer Wahrscheinlichkeit Eliteeinrichtungen. Im Jahr 1971 stellten Juden beispielsweise 17% der Studenten an Privatuniversitäten.

1982 stellte der jüdische Autor Gerald Krefetz, der in *Jews and Money* schrieb, die starke Vertretung von Juden in den Bereichen Medizin und Recht fest:... In den Vereinigten Staaten gibt es etwa 30.000 jüdische Ärzte, das sind fast vierzehn Prozent aller in Privatpraxen tätigen Ärzte. Von den fünfhunderttausend Anwälten sind schätzungsweise mehr als zwanzig Prozent Juden, was fast dem Zehnfachen der zu erwartenden Vertretung entspricht.

1939 wurde geschätzt, dass mehr als die Hälfte der in New York tätigen Anwälte Juden waren. Heute ist der Anteil noch höher: Vielleicht drei von fünf Anwälten sind jüdisch.

Die letzte Erhebung der New Yorker Anwaltskammer ergab, dass 60% der 25.000 Anwälte in der Stadt jüdisch, 18% katholisch und 18% protestantisch sind. Die meisten jüdischen Anwälte - etwa 70% von ihnen - stammen aus Osteuropa... *Der* jüdische Schriftsteller Steven Silbiger ergänzt in *The Jewish Phenomenon (Das jüdische Phänomen)* die Angaben zu Juden in der Medizin und im Recht: Die American Medical Association schätzt, dass es derzeit 684.000 Ärzte in den Vereinigten Staaten gibt. Die Zahl der jüdischen Ärzte liegt bei etwa 100.000, was 15 % entspricht. Wie bei den Anwälten ist diese Zahl siebenmal höher als der Anteil der Juden an der Gesamtbevölkerung. Neun Prozent der Bewerbungen an medizinischen Hochschulen im Jahr 1988 stammten von Juden.

Heute sind 15% der 740.000 Anwälte in den Vereinigten Staaten jüdisch. Die jüdische Vertretung ist damit siebenmal so hoch wie in der Gesamtbevölkerung. In den Elitekreisen der Juristen ist die Konzentration noch auffälliger. Vierzig Prozent der Partner in den führenden Anwaltskanzleien in New York und Washington sind jüdisch. Juden besetzen zwei der neun Sitze (22 %) im Obersten Gerichtshof.

Der jüdische Schriftsteller Lenni Brenner hat in *Jews in America Today* die Fakten rund um die jüdische Dominanz in der akademischen Welt der USA dargelegt: Mindestens 20 Prozent der Professoren an den wichtigsten amerikanischen Universitäten sind Juden, davon über 25 Prozent an den renommierten medizinischen Hochschulen, 38 Prozent an ähnlichen juristischen Hochschulen und noch mehr in Harvard, wo die Hälfte der juristischen Fakultät jüdisch ist. Heute stellen Juden 20% der Ärzte und Anwälte des Landes.

In *A Time for Healing: American Jewry Since World War II* führte der jüdische Schriftsteller Edward S. Shapiro diesen Punkt weiter aus: 1940 waren nur 2% der amerikanischen Lehrer jüdisch. In den 1970er Jahren waren es 10%. Die jüdische Präsenz der Nachkriegszeit in der akademischen Welt war nicht nur wegen ihres hohen Anteils, sondern auch wegen ihres unverwechselbaren Profils bemerkenswert.

Jüdische Akademiker versammeln sich in den intellektuell anspruchsvollsten Bereichen - Bereiche, in denen abstraktes und theoretisches Denken im Vordergrund steht - und in den angesehensten Institutionen.

Sie waren in Anthropologie, Wirtschaft, Geschichte, Mathematik, Physik und Soziologie überrepräsentiert und in Landwirtschaft, Bildung, Hauswirtschaft, Journalismus, Bibliothekswesen, Krankenpflege und Sportunterricht unterrepräsentiert.

In der Elektrotechnik, dem theoretischsten Zweig des Ingenieurwesens, war der Anteil der Juden größer als im Maschinenbau, im Bauwesen oder in der Chemie.

Die Medizin war ein hochrangiger Beruf und Juden waren dispro portioniert in Biochemie, Bakteriologie, Physiologie, Psychologie und anderen akademischen Bereichen, die mit Medizin zu tun hatten, vertreten.

Nach allen möglichen Kriterien schrieben Everett Carl Ladd Jr. und Seymour Martin Lipset 1975, dass jüdische Akademiker ihre nichtjüdischen Kollegen „bei weitem übertroffen" hätten.

Zu dieser Zeit stellten Juden ein Fünftel der Professorenschaft der Eliteuniversitäten und ein Viertel der Professorenschaft der Ivy League. Sie stellten einen noch größeren Anteil der Ivy-League-Professoren unter 35 Jahren und der Professorenschaft an den Elitehochschulen für Medizin und Recht.

1968 waren 38 Prozent der Professoren an den amerikanischen Elite-Rechtsschulen Juden.

Der jüdische Schriftsteller Charles Silberman fügte hinzu: „Wie auch immer das genaue Verhältnis aussieht (die Elite einer Person ist der Klüngel einer anderen), es besteht kein Zweifel daran, dass Juden eine wichtige Rolle im intellektuellen Leben Amerikas spielen.

So stellten Juden 1975 beispielsweise 10% aller Professoren, aber 20% der Professoren, die an Eliteuniversitäten lehrten; fast die Hälfte der jüdischen Professoren - im Vergleich zu 24% der episkopalen und 17% der katholischen Professoren - unterrichteten an den am höchsten eingestuften Institutionen.

Jüdische Professoren veröffentlichen auch viel häufiger Artikel in gelehrten Zeitschriften als ihre nichtjüdischen Kollegen; so stellen Juden 24% der akademischen Elite, d.h. derjenigen, die zwanzig oder mehr Artikel veröffentlicht haben.

Und der bereits viel zitierte Steven Silbiger behauptete: „Die Welle jüdischer Akademiker ist relativ neu: Die Welle jüdischer Akademiker ist relativ neu.

1940 waren nur 2% der amerikanischen Lehrer jüdisch. Bis 1970 hatte sich diese Zahl auf 10% verfünffacht. Die restriktiven Quoten der ersten Hälfte des Jahrhunderts waren zu Ende und eine neue Generation von Juden wurde in größerer Zahl ausgebildet.

In den 1990er Jahren stellten Juden 35% der Professoren an Elitehochschulen und ein Jude war heute Präsident fast jeder Eliteeinrichtung, darunter Harvard, Yale, Penn, Columbia, Princeton, das MIT und die Universität von Chicago.

All dies kann als Anerkennung der harten Arbeit der Juden betrachtet werden. Aber noch einmal: Wir haben festgestellt, wie die Juden in ihren eigenen Schriften und Zeitungen offen die jüdische intellektuelle Überlegenheit behaupteten, die - wie sie sagen - auf dem Status der Juden als „Gottes auserwähltes Volk" über allen anderen beruht.

Manche werden (zu Recht) sagen, dass ein Großteil dieses „Phänomens" (wie von Steven Silbiger beschrieben) darauf zurückgeführt werden kann, dass - wie so viele Juden und Nichtjuden festgestellt haben - „die Juden zusammenhalten und sich gegenseitig helfen, Fortschritte zu machen".

Ist das eine gute Sache - oder ist es das nicht? Die Tatsache, dass „die Juden zusammenhalten", hat zu einer unverhältnismäßig großen jüdischen Rolle in der Führung der amerikanischen und globalen Angelegenheiten geführt. Genau dieses Phänomen haben wir im Laufe der Geschichte immer wieder beobachtet: Es reicht bis in die Zeit Babylons zurück, als der Talmud die jüdische Philosophie und Lebensweise kodifizierte, das Programm für die ultimative jüdische Herrschaft über den Planeten verkündete und den Grundstein für die jüdische Utopie - die Neue Weltordnung - legte.

In den Vereinigten Staaten sind wir heute Zeugen der überwältigenden Macht der Rothschild-Dynastie. Was einst die mächtigste Nation des Planeten war, steht unter dem Einfluss dieser bösartigen Dynastie und fungiert als Mechanismus, mit dem die Neue Weltordnung vom Traum zur Realität wird.

Die Akte und die Fakten sprechen für sich.

Die Frage ist, ob sich die Amerikaner von heute an die Realitäten anpassen müssen, die Wilhelm Marr seine deutschen Landsleute im 19.

Jahrhundert mit deutlichen Worten ermahnte, sich ihnen zu stellen. Er sagte zu seinem Volk: „Ich flehe euch an: Ich beschwöre euch. Schilt nicht die Juden. Ihr wählt die fremden Herren in eure Parlamente. Ihr macht sie zu Gesetzgebern und Richtern. Ihr macht sie zu Diktatoren des staatlichen Finanzsystems. Ihr liefert ihnen eure Presse aus, weil auffällige Frivolität mehr nach eurem Geschmack ist als moralische Ernsthaftigkeit.

Was erwarten Sie von all dem

Die jüdische Rasse gedeiht dank ihres Talents. Sie wurden geschlagen und haben es tausendfach verdient.

Beschweren Sie sich nicht darüber, wie die Juden die Preise im Geschäftsleben drücken oder wie sie die Überproduktion der Gauner in den Großunternehmen an sich reißen und zu unschlagbaren Preisen verkaufen, Geld verdienen und es wucherisch investieren. Steht das alles nicht im Einklang mit dem Dogma des abstrakten Individualismus, das Sie von der Judenschaft begeistert angenommen haben

Sie können die große Mission des Semitismus nicht mehr verhindern. Der jüdische Cäsarismus ist nur eine Frage der Zeit.

Ich bin mir dessen sicher.

Erst wenn dieser Cäsarismus seinen Höhepunkt erreicht hat, kann uns vielleicht dieser „unbekannte Gott" helfen, für den im kaiserlichen Rom Altäre gebaut wurden.

Wir müssen es wieder einmal zugeben, also sehen wir den Tatsachen ins Auge: Wir sind die Besiegten. Wir sind die Unterworfenen.

Das stolze und kühne Gesicht dieses arabischen Kriegers spiegelt die zukunftsorientierte Haltung so vieler guter Menschen auf der ganzen Welt wider, die bereit sind, gegen die Kräfte zu kämpfen, die sich für ein weltweites jüdisches Imperium einsetzen. Heute stehen in Palästina belagerte Christen und Muslime an vorderster Front, doch in den kommenden Jahren werden sich viele andere Völker dem Kampf um das Überleben der Menschheit anschließen.

SCHLUSSFOLGERUNG

Wird das Haus Davids als Herrscher regieren?

Dieses Buch war eine lange, schwierige und schmerzhafte Reise, die einen Überblick über die unbequemen Fakten umfasst, die auf die Realität dessen hinweisen, was die Neue Weltordnung ausmacht.

Wie wir gesehen haben, ist vieles von dem, was viele seit langem für die Neue Weltordnung halten, alles andere als die Wahrheit.

Wir haben uns die Fakten und Mythen angesehen und kommen nun zu dem Punkt, an dem wir darüber nachdenken müssen, welchen Weg die Gegner der Neuen Weltordnung in Zukunft einschlagen sollen.

Diejenigen, die daran arbeiten, die Neue Weltordnung voranzutreiben - die Neuen Pharisäer - wussten schon immer, woher sie kamen und wohin sie gingen (und gehen). Die Tagesordnung der Neuen Pharisäer hat sich nie geändert.

Ihr Ziel ist es, den Thron Davids wiederherzustellen und die jüdische Weltherrschaft zu errichten - das jüdische Utopia.

Die Rothschild-Dynastie hat die amerikanische Republik gekapert und die Vereinigten Staaten sind zum neuen Babylon geworden, da die Kräfte der Neuen Weltordnung ihre Agenda unermüdlich in einem schnelleren Tempo als je zuvor vorantreiben. Sie glauben, dass der Endsieg in ihrer Reichweite liegt, aber nur, wenn sie in der Lage sind, die Opposition zu zerstören und weiterhin diejenigen zu spalten und zu erobern, die es wagen, ihre Agenda in Frage zu stellen.

So werden das Blut und die Schätze des amerikanischen Volkes in globale Konflikte geworfen, die die neue Weltordnung herbeiführen sollen. Die Kriege, die im Namen der israelischen Hegemonie im Nahen Osten geführt werden, sind in Wirklichkeit nur der Anfang. Viele weitere Eroberungskriege stehen uns noch bevor. Nationen, die die neue Weltordnung herausfordern, werden ins Visier genommen.

Und damit es keinen Zweifel daran gibt, dass das Rothschild-Imperium und die neuen Pharisäer die USA jetzt als die herausragende Kraft in ihrem Streben nach einem weltweiten Imperium betrachten, ist es entscheidend, diesen Punkt zu untersuchen: Die Propagandisten der jüdischen Agenda werfen Kritikern Israels (und der amerikanischen Bevorzugung Israels) nun offen vor, nicht nur antisemitisch und anti-israelisch, sondern auch anti-christlich und anti-amerikanisch zu sein, dass antiisraelische Gefühle tatsächlich die zugrunde liegende Basis des Antiamerikanismus sind und dass der Antiamerikanismus wiederum untrennbar mit antiisraelischen, antisemitischen und sogar *antichristlichen* Gefühlen verknüpft ist. Diese außergewöhnlichen Behauptungen werden auf den höchsten Ebenen der von Juden kontrollierten Medien aufrechterhalten und in den Diskurs der öffentlichen Debatte in Amerika eingeflochten.

In gewissem Sinne steckt ein Körnchen Wahrheit in dem Thema „Antiamerikanismus", das eine Form der Opposition gegen Israel darstellt. Viele Menschen in der Welt, die über den neuen Imperialismus besorgt sind, der von den USA im Namen Israels verfolgt wird, erkennen, dass diese Politik kein „Amerikanismus" ist, sondern in Wirklichkeit das Produkt der Rothschild-Dynastie und der historischen jüdischen Agenda.

Wie üblich zeigen die Theoretiker der jüdischen Utopie jedoch stets eine große Fähigkeit, die Realität so zu verzerren, dass sie in ihre spezielle Weltanschauung passt. Tatsächlich sind die Völker der Welt nicht besonders „antiamerikanisch" (in dem Sinne, dass sie ein Problem mit dem amerikanischen *Volk* haben).

Weil Menschen mit unterschiedlichem Hintergrund auf der ganzen Welt also oft besser verstehen als die Amerikaner, wer Amerika wirklich regiert, haben sie eine gewisse Sympathie für die Amerikaner, die sich von einer mächtigen Minderheit unermüdlich manipulieren ließen. Es gibt also nur sehr wenig „Antiamerikanismus" im allgemeinen Sinne des Wortes.

Tatsächlich haben die meisten Menschen auf der Welt kein Problem mit den Grundsätzen von Demokratie, Freiheit und Unabhängigkeit, auch wenn sie sehr vage definiert sind. Die Vorstellung, dass der Rest der Welt (mit Ausnahme Israels) „antiamerikanisch" sei, ist ein gefährlicher Mythos, der mit dem Ziel verbreitet wird, die Amerikaner gegen alle aufzuhetzen, die es wagen, die jüdische Macht in Amerika in Frage zu stellen.

Das Konzept des „Antiamerikanismus" ist somit eine jüdische Erfindung. Im Zuge der Terroranschläge vom 11. September und im

Vorfeld der US-Invasion im Irak 2003 begannen die jüdisch kontrollierten Medien mit dem „Antiamerikanismus", um den sogenannten „Krieg gegen den Terrorismus" anzuheizen, von dem behauptet wurde, dass der Feldzug zur Zerstörung des Irak ein wesentlicher Bestandteil davon sei.

Die Medien begannen, die Amerikaner darüber zu informieren, dass „die ganze Welt gegen uns ist" - oder, wie es in den Medien allgemein hieß, dass „die ganze Welt gegen uns, die guten Amerikaner, und unseren guten Freund Israel ist": „Die ganze Welt ist gegen uns, die guten Amerikaner, und unseren guten Freund Israel". Das Thema des grassierenden „Antiamerikanismus" wurde den Amerikanern mit dem Ziel eingetrichtert, all jene zu „Anti" zu machen, die sich weigerten, die Kriege zu unterstützen, die die jüdische Lobby von den Amerikanern verlangte. In gewisser Weise wurde die Unterstützung für den Irak-Krieg (insbesondere) zum Messinstrument, um festzustellen, wer mit der globalen jüdischen Agenda übereinstimmte und wer nicht.

Auf jeden Fall wird, wie bereits erwähnt, „Antiamerikanismus" mit einer Opposition nicht nur gegen Israel und jüdische Interessen, sondern auch gegen das Christentum selbst gleichgesetzt - ein wirklich außergewöhnliches Thema.

Obwohl es für den Durchschnittsamerikaner zweifellos schwierig ist, einen historischen und geopolitischen Konflikt von solchem Ausmaß und mit offensichtlich immensen globalen Verzweigungen zu verstehen, behauptet einer der renommiertesten „Intellektuellen" der jüdischen Elite genau dies in einem kühnen Essay, der in der Januarausgabe 2005 des *Commentary* Magazine, der Zeitschrift des American Jewish Committee, erschienen ist.

In seinem Essay „Der Amerikanismus und seine Feinde" behauptet der Yale-Professor David Gelernter, dass der „Amerikanismus" selbst - zumindest so, wie er von Gelernter und seinen Kollegen definiert wird - nichts anderes ist als eine moderne Weiterentwicklung des alten zionistischen Gedankenguts, das bis ins Alte Testament selbst zurückreicht. Amerika, so argumentierte er, sei im Wesentlichen das neue Israel - ein virtueller Helfer des Staates Israel.

Die Tatsache, dass Gelernters Vorschlag in *Commentary* - *lange Zeit* von dem neokonservativen „Ex-Trotzkisten" Norman Podhoretz *herausgegeben* und heute von dessen Sohn John Podhoretz geleitet - veröffentlicht wurde, bedeutet viel. Bekannt als eines der wichtigsten Medien zur Beeinflussung der US-Außenpolitik unter der Bush-

Regierung, ist *Commentary* sicherlich eine der wichtigsten - und härtesten - Stimmen der jüdischen Machtelite, nicht nur in Amerika, sondern auf der ganzen Welt.

Außerdem werden Gelernter, obwohl er Informatiker ist, seine Ansichten zu politischen Angelegenheiten regelmäßig mit großem Pomp in den Seiten aller Magazine und Zeitungen *der* amerikanischen Elite veröffentlicht, von der *Washington Post* über die *New York Times* bis hin zum *Weekly Standard*, der „neokonservativen" Zeitung des Medienbarons des Rothschild-Imperiums, Rupert Murdoch.

Zu verstehen, was Gelernter behauptet, bedeutet, die Geisteshaltung derjenigen zu verstehen, die eine neue Weltordnung propagieren, und zu erkennen, dass Amerika nun als die Kraft gesehen wird, die dieses jüdische Imperium verwirklichen wird.

Gelernter behauptet, dass das, was er als „amerikanischen Zionismus" bezeichnet, in amerikanischen Begriffen auf die Zeit der puritanischen Gründerväter und Pilgerväter zurückgeht, und stellt fest, dass „die Puritaner sich als Gottes neues auserwähltes Volk betrachteten, das in Gottes neuem verheißenen Land lebte - kurz gesagt, als Gottes neues Israel".

Gelernter fügt hinzu, dass „viele Denker darauf hingewiesen haben, dass der Amerikanismus vom Puritanismus inspiriert ist, ihm nahesteht oder sich mit ihm vermischt", und dass „einer der beeindruckendsten Akademiker, die dies in letzter Zeit gesagt haben, Samuel Huntington in seinem großartigen Buch [von 2004] über die amerikanische Identität, *Who Are We?*[4] Herr Gelernter erklärt unter die Adresse, dass

---

[4] Als alter Stammgast des Council on Foreign Relations (CFR), dem New Yorker Ableger der Rothschilds, ist Huntington auch der Autor von *Die Krise der Demokratie*, das 1975 von der Trilateralen Kommission, einer mit dem CFR verbündeten Machtgruppe der Neuen Weltordnung, *veröffentlicht wurde* und nahelegt, dass es in Amerika *zu viel* Demokratie gibt und dass sie abgeschafft werden sollte. In den Augen der Elite ist „Demokratie" ein Recht, das nur denjenigen zugestanden wird, die ihr wohlgesonnen sind. Huntington war es, der den inzwischen berühmten Ausdruck „Kampf der Kulturen" in einem Artikel, der 1993 in der CFR-Zeitschrift *Foreign Affairs* erschien, und in seinem 1996 veröffentlichten Buch *The Clash of Civilizations and the Remaking of World Order (Der Kampf der Kulturen und die Neugestaltung der Weltordnung)* populär machte. Der Ausdruck „Kampf der Kulturen" wurde jedoch

der Puritanismus der von Herrn Huntington gewählten Art das wahre Fundament Amerikas ist und seit den ersten Tagen unserer Geschichte die treibende Kraft hinter dem amerikanischen Denken ist. Alles ist jüdisch, so Gelernter: Der Puritanismus hat den Amerikanismus nicht nur inspiriert oder beeinflusst, er hat sich selbst in den Amerikanismus verwandelt... Man kann die Pilgrims oder die Puritaner im Allgemeinen nicht wirklich verstehen, ohne die hebräische Bibel und die klassische jüdische Geschichte zu kennen; auch das Judentum selbst zu kennen, ist hilfreich...

Die frühen Anhänger des Amerikanismus neigten dazu, sogar ihr eigenes *Christentum* [mit Betonung auf Gelernter] in einer Weise zu definieren, die es dem Judentum ähneln ließ.

Und es ist wahrscheinlich nützlich, darauf hinzuweisen, dass Gelernter feststellt, dass der Puritanismus einen Übergang erlebt hat, und zwar so sehr, dass viele puritanische Gemeinden unitarisch geworden sind. Die Ironie dabei ist, dass es viele Christen gibt - einschließlich fundamentalistischer Anhänger Israels -, die Unitarier nicht einmal als Christen betrachten (eine weitere Frage, die andere diskutieren werden). (Jedenfalls deutet Gelernter an, dass (zumindest aus Sicht der Zionisten) die moderne Form des „Puritanismus", die dem „Amerikanismus" zugrunde liegt, in Wirklichkeit alles andere als christlich ist. Und das würde natürlich wiederum viele christliche Unterstützer Israels überraschen, die verkünden, dass Amerika eine

---

erstmals 1956 in einer Universitätspublikation mit geringer Auflage, *The Middle East Journal, von* dem jüdischen Theoretiker und kompromisslosen antiarabischen und antimuslimischen Propagandisten Bernard Lewis und später in seinem Buch *The Middle East and the West (Der Nahe Osten und der Westen) aus* dem Jahr 1964 verwendet. Lewis griff sein „Clash"-Thema für hochrangige Kreise in einem Artikel mit dem Titel „The Roots of Muslim Rage" (Die Wurzeln der muslimischen Wut) auf, der im September 1990 im *Atlantic Monthly* erschien, das damals dem jüdischen Milliardär Mortimer Zuckerman gehörte, der mehrere Jahre lang Vorsitzender der Conference of Presidents of the Major American Jewish Organizations war, dem offiziellen Zusammenschluss der wichtigsten jüdischen Machtgruppen in den USA. 2004 verkündete Huntington in seinem Buch *Who Are We?* (zitiert von Gelernter) - öffentlich die „anglo" Wurzeln Amerikas und befürwortete, bestimmte Gruppen - Muslime und hispanische Katholiken - im Namen des „Kampfes gegen Terrorismus und Antisemitismus" an der Einreise in die USA zu hindern, da die Juden immer davon ausgegangen waren, dass Katholiken und Muslime der jüdischen Macht misstrauten und nicht leicht zu kontrollieren seien.

christliche Nation ist, die ihren Teil dazu beiträgt, bei der Erfüllung der sogenannten Versprechen Gottes an das jüdische Volk zu helfen.

Gelernters Bewertung der Bibel, wie er sie liest, lautet, dass insbesondere die Amerikaner „eine göttliche Mission gegenüber der gesamten Menschheit" haben und dass daraus drei Schlussfolgerungen gezogen werden können: „Jeder Mensch, wo immer er auch sein mag, hat ein Recht auf Freiheit, Gleichheit und Demokratie. Hier begann Gelernter, sein spezielles Thema zu entwickeln, nämlich dass der Zionismus ein integraler Bestandteil dessen ist, was er „Amerikanismus" nennt, und dass er untrennbar mit diesem verbunden ist: Das Credo des Amerikanismus auf Freiheit, Gleichheit und Demokratie für alle zusammenzufassen, ist nur die halbe Wahrheit. Die andere Hälfte handelt von einem gelobten Land, einem auserwählten Volk und einer universellen Mission, die göttlich geordnet ist. Dieser Teil des Amerikanismus ist die amerikanische Version des biblischen Zionismus: kurz gesagt, der amerikanische Zionismus.

Mit der Behauptung, dass der „Amerikanismus" (wie er ihn definiert) ein „amerikanischer Zionismus" sei - dass Amerika ein zionistisches „gelobtes Land" sei, das eins mit dem Staat Israel und dem traditionellen Zionismus selbst sei, legt Gelernter nahe, dass sowohl Israel als auch Amerika jüdische Staaten seien, indem er erklärt:

Der Beitrag des klassischen Israel (und des klassischen Zionismus) zum Amerikanismus ist unermesslich. Kein moderner Historiker oder Denker, der mir bekannt ist, hat dieser außergewöhnlichen Tatsache Gerechtigkeit widerfahren lassen... Wenn wir sie nicht erfassen, werden wir den Amerikanismus - oder den Antiamerikanismus - niemals vollständig verstehen können.

Kurz gesagt behauptete Gelernter, dass „Antiamerikanismus" die Opposition gegen die zionistische Theologie sei, die seiner Meinung nach eine beträchtliche Rolle als „Mörtel" gespielt habe, der „die Fundamente der amerikanischen Demokratie zementiert" habe. Gelernter wandte all dies auf seine Sicht der internationalistischen Ausrichtung der amerikanischen Außenpolitik an, die in ihrer großartigsten Bedeutung insbesondere unter der Regierung von Woodrow Wilson aufzutauchen begann (zu dieser Zeit, wir erinnern uns, zementierte das Rothschild-Imperium seine Macht in Amerika mit der Einrichtung des Monopols der Federal Reserve über die Wirtschaft und das politische System der USA).

In seinem 2007 erschienenen Werk mit dem hochtrabenden Titel
Americanism: The Fourth Great Western Religion, das eigentlich ein
Buch *ist, das* seinen Essay aus *Commentary* wiedergibt, schreibt
Gelernter Die Teilnahme Amerikas am Ersten Weltkrieg war sein
Versuch, als das neue auserwählte Volk zu agieren, sich auf eine
ritterliche Suche zu begeben, um die Welt zu vervollkommnen, um
Freiheit, Gleichheit und Demokratie über die gesamte Menschheit zu
verbreiten...

Kein Präsident hat die Sprache der Bibel, der göttlichen Mission und
des amerikanischen Zionismus konsequenter gesprochen als Woodrow
Wilson... [und] der Amerikanismus inspirierte seine herzzerreißende
und historische Entscheidung, Amerika in den Krieg zu führen...

Mit der Zeit kam er zu der Überzeugung, dass Amerika, das zu einer
Großmacht geworden war, darum kämpfen musste, der Welt den
Amerikanismus zu bringen... Und einige von Wilsons Kritikern
machten es sich zur Aufgabe, die alttestamentarische Komponente von
Wilsons Überzeugungen als besonders abscheulich hervorzuheben.

Wer Gelernters Einschätzung von Wilsons Internationalismus und
seiner Version des „Amerikanismus" liest, kommt nicht umhin, sich -
wie er es tun sollte - an das große Projekt der jüdischen Utopie zu
erinnern, wie es weiter oben auf diesen Seiten beschrieben wurde. So
ist nach Gelernters Einschätzung Amerika nun damit beauftragt, eine
neue Weltordnung zu schaffen.

Laut Gelernter führten nachfolgende Präsidenten wie Franklin D.
Roosevelt und Harry S. Truman Kriege im Namen des
„Amerikanismus". Und Ronald Reagan bekräftigte diesen
„Amerikanismus", als er von einer „glänzenden Stadt auf einem Hügel"
sprach und dabei das biblische Buch Matthäus zitierte, ganz im Sinne
des puritanischen Paters John Winthrop.

Es war Reagan, so Gelernter in *Commentary*, dessen „Gebrauch dieser
Wörter das moderne Amerika mit der christlich-menschlichen Vision,
der puritanischen Vision, der Vision (letztlich) der hebräischen Bibel
und des jüdischen Volkes, das diese Nation geschaffen hat, in
Verbindung brachte". Heute behauptet Gelernter, dass „die Tatsache,
dass der Amerikanismus der Nachfolger des Puritanismus ist,
entscheidend für das [Verständnis] des Antiamerikanismus ist".

Nach der von Gelernter vertretenen jüdisch-zentrischen Sichtweise ist
der Widerstand des modernen Europas gegen die globalen Pläne der
pro-israelischen Neokonservativen nichts anderes als die Manifestation

einer seit langem bestehenden Ansicht: Im 18. Jahrhundert waren die Antiamerikaner konservativ, monarchistisch und antipuritanisch... Im 19. Jahrhundert wurden die europäischen Eliten zunehmend feindselig gegenüber dem Christentum, was zwangsläufig zu einer Feindseligkeit gegenüber Amerika führte.

So verkündete Gelernter strahlend... In der Neuzeit ist der Antiamerikanismus eng mit dem Antichristentum *und dem* Antisemitismus verbunden. [Hervorhebung durch Gelernter].

Und während viele amerikanische Christen von Gelernters Diskussion über das Christentum, wie es auf seine Version des „Amerikanismus" zutrifft, begeistert sein könnten, sollten diese Christen darauf hingewiesen werden, dass Gelernter in seinem Buch *„Amerikanismus: Die viertgrößte westliche Religion"* unmissverständlich feststellt, dass „Sie an den Amerikanismus glauben können, ohne an Gott zu glauben, solange Sie an den Menschen glauben". Gelernters Definition des „Christentums" (von dem die meisten Christen behaupten, es sei ein Glaube an Gott) ist also nicht die, von der Christen fälschlicherweise annehmen könnten, Gelernter spreche, wenn er über das Christentum und den „Amerikanismus" diskutiert.

Kurz gesagt: Gelernters Version des „Amerikanismus" ist keineswegs das Christentum.

Es handelt sich vielmehr um einen modernen Ausdruck des alten babylonischen talmudischen Traums von einer jüdischen Utopie: die Weltherrschaft der Juden über alle Völker. Im gegenwärtigen Kontext werden die Juden jedoch Amerika und den „Amerikanismus" benutzen, um ihre Agenda voranzutreiben. Gelernters Theorie steht ganz im Einklang mit dem Vorschlag des jüdischen Philosophen Max Dimont (der auf unseren ersten Seiten untersucht wurde), dass Amerika tatsächlich der neue Ort der jüdischen Macht ist, dass es in Wirklichkeit das neue Babylon ist.

In seinem Buch behauptet Gelernter offen, dass die Vereinigten Staaten (als Grundlage dessen, was er als „amerikanischen Zionismus" bezeichnet) nun die imperiale (oder sogar göttliche) Pflicht haben, die Welt neu zu gestalten, dass der „Amerikanismus" das „Credo" dieses Weltprogramms ist, dass diese „vierte große westliche Religion" die treibende Kraft ist, die einem neuen Regime auf dem gesamten Planeten zugrunde liegt - und es errichten soll: kurz gesagt, die Neue Weltordnung: Wir sind der einzige und größte Junge [der heutigen Welt]. Wenn es Gerechtigkeit in der Welt geben soll, muss Amerika sie schaffen... Wir müssen nach Gerechtigkeit streben, den Leidenden helfen und die Tyrannen stürzen. Wir müssen das Glaubensbekenntnis verbreiten.

All dies spiegelt die Geisteshaltung derjenigen wider, die heute im Namen eines großen Projekts, das ihre globale Agenda vorantreiben soll, die amerikanische Politik diktieren.

Was er vertritt, ist nichts anderes als die neue Weltordnung, vor der amerikanische Patrioten seit Generationen gewarnt haben, ein Projekt, das in seiner elementarsten Definition echter „Antiamerikanismus" ist.

Das Endergebnis im großen Plan ist die Errichtung eines von Amerika aus gesteuerten Weltreichs, das nun das neue Fundament - das neue Babylon - der jüdischen Utopie ist: die Neue Weltordnung.

Während das „echte" Jerusalem im besetzten Palästina als spirituelle Hauptstadt des internationalen Zionismus dienen kann, wird Amerika Geld, Waffen und junge Männer und Frauen bereitstellen, die kämpfen und sterben werden, um die Welt für jüdischen Reichtum und jüdische Vorherrschaft sicher zu machen - alles im Namen des „Amerikanismus", der nun die große jüdische Maske ist.

Letztendlich ist also die von uns erforschte These - dass das Rothschild-Imperium und die neuen Pharisäer Amerika als ihre neue Machtbasis beanspruchten - keine schreckliche, hasserfüllte „antijüdische Verschwörungstheorie".

Tatsächlich ist Amerika, wie wir gesehen haben, nach jüdischer Weltsicht die Grundlage für den Weltzionismus im 21.

Diese Schlussfolgerung ist unausweichlich.

Die Fakten, die zu dieser Schlussfolgerung führen, liegen vor uns - allzu sichtbar.

Letztendlich bleibt die einzige wirkliche Frage, die bleibt, was die Amerikaner - und andere in der Welt - diesbezüglich zu tun gedenken...

1940 schätzte die deutsche Nachrichtenagentur World Service die Lage des Britischen Empire genau ein, und im Rückblick spiegelten die deutschen Kommentare prophetisch die Lage des heutigen Amerikas wider.

Ersetzen Sie in den folgenden Absätzen das Wort „englisch" durch „amerikanisch" und *denken Sie über die schockierenden Parallelen in der modernen amerikanischen Realität nach...*

Die Staatsmänner der englischen Plutokratie sind also nur die Abgeordneten und Verwalter der herrschenden Klasse, die aus Juden und einer stark judaisierten Aristokratie besteht, die im Besitz des enormen Reichtums des britischen Empire sind.

Sie sind im Übrigen nichts anderes als die Geschäftsführer eines riesigen Hochfinanzunternehmens, die nur ein Ziel vor Augen haben, nämlich den Reichtum dieses Unternehmens in kürzester Zeit und in möglichst großem Umfang zu steigern.

Folglich sind englische Staatsmänner entweder selbst Großkapitalisten, die ein starkes Interesse an vielen Industrieunternehmen haben, oder sie werden vom jüdisch-englischen Finanzkapitalismus gekauft und müssen blind den Diktaten der jüdisch-englischen Plutokratenclique gehorchen.

In derselben tragischen Zeit beschrieb der amerikanische Ikonoklast Ezra Pound den laufenden Krieg in Europa als einen „Krieg gegen die Jugend - gegen eine Generation", der seiner Meinung nach das natürliche Ergebnis des „Alters der wichtigsten Kriegszuhälter" war.

Pound prangerte energisch die Vorstellung an, dass junge Amerikaner bald in den Krieg ziehen sollten, um die jüdisch-kapitalistische Agenda voranzutreiben: Ich will nicht, dass meine Landsleute im Alter von 20 bis 40 Jahren in den Krieg ziehen und sich abschlachten lassen, um die Schutzgelderpressungen von Sassoon und anderen britischen Juden in Singapur und Shanghai aufrechtzuerhalten. Das ist nicht die Vorstellung, die ich von amerikanischem Patriotismus habe.... Die Männer, die in Valley Forge überwinterten, litten nicht unter diesen Monaten bitterer Kälte und Hunger... in der Hoffnung, dass... die Union der Kolonien eines Tages in der Lage sein würde, Kriege zwischen anderen Ländern zu entfachen, um ihnen Munition zu verkaufen.

Die Unruhestifter würden Sie lieber in einen zehnjährigen Krieg ziehen und fünf oder zehn Millionen junge Männer töten, als die Diskussion über die Währungsreform auf den Titelseiten der amerikanischen Zeitungen blühen zu lassen.

Pound sagte seinen amerikanischen Landsleuten, dass sie den Feind verstehen müssten: „Sterben Sie nicht wie ein Tier. Wenn Sie entschlossen sind, mitten im Atlantik oder Pazifik versenkt oder in der Wüste verbrannt zu werden, dann wissen Sie wenigstens, warum man es mit Ihnen macht. Zu sterben, ohne zu wissen, warum, bedeutet, wie ein Tier zu sterben...

Um wie ein Mensch zu sterben, muss man zumindest wissen, warum es einem angetan wird.

1899 verabschiedete die Deutsche Sozialreformpartei Resolutionen, die die Macht des Rothschild-Imperiums widerspiegelten, und schlug vor, dass „die Judenfrage zu einer Weltfrage wird, die gemeinsam mit den anderen Nationen gelöst wird...". Die 'wahre' Friedenskonferenz wird diejenige sein, auf der sich die Völker der Welt mit der Stellung der Hebräer befassen". Bis dahin, so die Reformer, wird es die Aufgabe jeder Nation sein, sich selbst mit der Macht des Geldes zu befassen.

Adolf Stoecker, die große deutsche Stimme des Nationalismus, schlägt eine Lösung für das Problem vor. Die Lösung liegt in den Händen des jüdischen Volkes: Israel muss den Wunsch aufgeben, der Herrscher zu sein... Es muss die Anmaßung aufgeben, dass das Judentum die Religion der Zukunft sein wird, da es vollständig der Vergangenheit angehört. Und dass die törichten Christen die Nation nicht länger in ihrer Finsternis bestärken. Wenn Israel dies erkannt hat, wird es seine angebliche Mission gebührend aufgeben...

Kurz gesagt: Alles hängt von den Juden ab. Werden sie ihren Anspruch, Gottes auserwähltes Volk zu sein, aufgeben und sich endlich der Gemeinschaft der Menschen anschließen

Werden sie die Suche nach der jüdischen Utopie aufgeben, oder werden die Juden den unvermeidlichen Kampf - und die verheerende Niederlage - riskieren, *die* ihnen der „Andere" zufügen wird? Die Wahl liegt bei ihnen.

Michael Collins Piper

EIN BRIEF DES AUTORS

Liebe Leserin, lieber Leser:

Als mir in meinen jungen Jahren die Natur des politischen Prozesses in den USA bewusst wurde, glaubte ich fälschlicherweise, es ginge um „Demokraten gegen Republikaner", und entwickelte mich dann zu der Vorstellung, dass es eigentlich um „Liberale gegen Konservative" ging.

Schließlich begriff ich, dass diese alten Etiketten überhaupt nichts bedeuteten: dass die Macht des Geldes das war, was das politische Leben in Amerika und der ganzen Welt wirklich diktierte.

Ich habe jedoch viele Jahre gebraucht, um zu verstehen, dass der wahre Kampf in Wirklichkeit zwischen Gut und Böse stattfindet, und ich habe schließlich erkannt, dass diejenigen, die heute an den Schalthebeln der Geldmacht auf unserem Planeten sitzen - diejenigen, die auf eine Neue Weltordnung (eine Weltplantage unter ihrer Kontrolle) drängen -, dieses Böse repräsentieren.

Dieser Band, THE NEW BABYLON, ist mein bescheidener Versuch, auf der Grundlage der Arbeit vieler anderer, die Beweise zusammenzutragen, die dies belegen.

Ich kann gar nicht sagen, wie sehr ich die freundlichen Worte und die Ermutigung schätze, die ich immer wieder von meinen Lesern erhalte.

Beste Wünsche und Gottes Segen

MICHAEL COLLINS PIPER

DAS IST MICHAEL COLLINS PIPER

Es besteht kein Zweifel daran, dass Michael Collins Piper heute eines der Hauptziele der Israel-Lobby ist...

Michael Collins Piper, der als „amerikanischer Voltaire" bezeichnet wird, ist wahrlich der Autor, den die Israel-Lobby am liebsten hasst.

Piper wird wiederholt von Propagandisten Israels angegriffen und lässt sich nicht unterkriegen, obwohl sein Leben von Irv Rubin, dem gewalttätigen Anführer der terroristischen Jewish Defense League, bedroht wurde.

Als Piper eines Tages herausfand, dass ihr Telefon abgehört wurde, sagte sie ironisch: „Es war nicht der Vatikan, der mich abgehört hat".

Im Stil seines kämpferischen und farbenfrohen Ururgroßvaters, des berühmten Brückenbauers „Colonel" John Piper - Ersatzvater und erster Geschäftspartner des Industriegiganten Andrew Carnegie -, freut sich der wortgewandte Autor über jede Gelegenheit, seine zahlreichen Kritiker zu konfrontieren, obwohl diese sich in der Regel weigern, mit ihm zu debattieren.

Wie sein Vorfahre ist auch Piper auf seine Weise ein Brückenbauer: In den letzten Jahren hat er weltweit Vorträge gehalten, an so unterschiedlichen Orten wie Abu Dhabi (Vereinigte Arabische Emirate), Moskau (Russland), Kuala Lumpur (Malaysia), Tokio (Japan), Teheran (Iran) und in ganz Kanada. Die polizeilich orientierten Befürworter von Krieg und Imperialismus wurden durch Pipers energische Bemühungen, Bande der Verständigung zwischen Völkern aller Glaubensrichtungen und Hautfarben zu schmieden, verunsichert.

Als Liebhaber von Hunden, Katzen und allen Tieren und als altmodischer amerikanischer Progressiver in der Tradition von LaFollette-Wheeler lehnt Piper die Etiketten „liberal" und „konservativ" ab, die er für archaisch, künstlich und spaltend hält - von den Medien manipulierte Modewörter, die darauf ausgelegt sind, den Dissens des Volkes und die freie Prüfung zu unterdrücken. Bei einer Gelegenheit wurde Piper ein lukrativer Auftrag in einer geheimen Geheimdienstoperation in Afrika angeboten, den er jedoch ablehnte, weil er seine Unabhängigkeit vorzog - eine Haltung, die seinem ethnischen Erbe entspricht: Ein anderer Ururgroßvater Pipers war ein reinblütiger Native American.

Piper schöpft einen Großteil seiner Schriften aus seiner Bibliothek von rund 10.000 Bänden, darunter viele seltene Werke, und schreibt regelmäßig Beiträge für die *American Free Press*, die nationale Wochenzeitung mit Sitz in Washington, D.C., und die historische Zeitschrift *The Barnes Review*. Ein Medienkritiker lobte Piper als einen der 25 besten Schriftsteller im Internet. Im Jahr 2006 begann Herr Piper, einen Radiokommentar im Internet zu moderieren, der nun unter michaelcollinspiper.podbean.com abrufbar ist.

Im Laufe seiner Karriere hat Piper mehreren wichtigen Geschichten den Weg geebnet. Im Jahr 1987 enthüllte er *als Erster* den vom Justizministerium inszenierten Anschlag auf Budd Dwyer, den Schatzmeister des Staates Pennsylvania, der zu dessen schockierendem öffentlichen Selbstmord führte. Piper war auch *der erste*, der enthüllte, dass der in San Francisco ansässige Roy Bullock ein Agent der Anti-Defamation League (ADL) war, ein Mittelsmann des israelischen Mossad, der an der illegalen Spionage von US-Bürgern beteiligt war. Das war *sieben Jahre* bevor *die New York Times* Bullocks Verbindung zur ADL bestätigte. *Die ADL wird Piper nie die entscheidende Rolle verzeihen, die er an vorderster Front bei der Enttarnung Bullocks gespielt hat.*

Piper war der *einzige* Journalist, der es wagte zu behaupten, dass der Anschlag in Oklahoma City eine „false flag"-Operation des Mossad war, um Saddam Hussein zu verwickeln - ein Vorhaben, das von den amerikanischen Ermittlern entgleist wurde, die Israels Machenschaften ablehnten und sich stattdessen für eine weitere Vertuschung durch einen „einsamen Verrückten" entschieden. Pipers bahnbrechende Arbeit über die Rolle Israels beim 11. September wurde von Wahrheitssuchern aufgegriffen und von Israel-Verteidigern wegen ihrer Genauigkeit verurteilt.

Andere Titel

OMNIA VERITAS. OMNIA VERITAS LTD PRÄSENTIERT:

DIE ENTEIGNETE MEHRHEIT

DAS TRAGISCHE UND DEMÜTIGENDE SCHICKSAL DER AMERIKANISCHEN MEHRHEIT

OMNIA VERITAS.

LICHTTRÄGER DER FINSTERNIS

Dieses Buch ist ein Versuch, durch dokumentarische Beweise zu zeigen, dass die gegenwärtigen Weltverhältnisse unter dem Einfluss von mystischen und geheimen Gesellschaften stehen, durch die das Unsichtbare Zentrum versucht, die Nationen und die Welt zu lenken und zu beherrschen.

OMNIA VERITAS.

DIE SPUR DER SCHLANGE

Ein Versuch, die Verehrung der alten Schlange, des schöpferischen Prinzips, des Gottes aller Eingeweihten der Gnostiker und Kabbalisten, die von den hellenisierten Juden in Alexandria ausging, nachzuzeichnen.

www.ingramcontent.com/pod-product-compliance
Lightning Source LLC
Chambersburg PA
CBHW071635270326
41928CB00010B/1934